Un tueur peut en cacher un autre

Comment les serial killers passent
à travers les mailles du filet

DU MÊME AUTEUR

Les Disparues d'Auxerre, *avec Philippe Jeanne, Ramsay, 2001.*

Corinne Herrmann
avec la collaboration de Philippe Jeanne

Un tueur peut en cacher un autre

Comment les serial killers passent à travers les mailles du filet

Stock

Ouvrage publié sous la direction
de Véronique de Bure

ISBN 978-2-234-06141-5

Au petit ange, martyr de l'autoroute A10.

Aux « mamans courage » des jeunes filles assassinées en Saône-et-Loire.

Aux « sœurs courage » de l'Isère, qui recherchent toutes désespérément la vérité et se heurtent à un mur depuis des années.

Avis au lecteur

Il convient de rappeler au lecteur que toute personne accusée d'un délit ou d'un crime est présumée innocente tant que sa culpabilité n'a pas été définitivement établie par une juridiction de jugement, et ce, quels que soient les aveux qu'elle a pu passer ou les preuves de sa culpabilité qu'elle a pu fournir ou qui ont été révélées par les enquêtes menées.

Dès lors, les commentaires, interprétations, déductions et analyses figurant dans cet ouvrage n'ont pas de valeur probante concernant la condamnation de criminels en série qui n'auraient pas encore été jugés.

Seules les juridictions en possession des dossiers en cours d'instruction ou de jugement pourront valablement se prononcer sur leur culpabilité.

Et l'auteur ne présume pas des suites judiciaires que connaîtront les séries de crimes non jugés qui sont évoqués dans cet ouvrage.

Si certains passages peuvent donner l'impression que certains criminels en série sont déjà considérés comme coupables de plusieurs crimes, il convient de souligner que cet ouvrage n'a pas été élaboré pour leur nuire, ni les désigner comme coupables, encore moins pour étayer l'accusation ou la détruire, mais au contraire pour analyser, dans ses grandes lignes, un phénomène criminel encore largement incompris.

Ces remarques s'appliquent également à ceux qui sont morts avant qu'une juridiction se soit prononcée sur leur culpabilité ; ils demeureront innocents pour l'éternité.

Enfin, il convient également de souligner que les faits et événements évoqués ou analysés dans cet ouvrage sont réels et ne découlent que d'éléments qui ont déjà été rendus publics d'une manière ou d'une autre, de jugements déjà rendus ou d'audiences publiques, en aucun cas de documents soumis au secret de l'instruction ou au secret professionnel et qui seraient directement rendus publics par l'auteur.

1
L'ombre sentinelle

Bourgogne, autoroute A6, pont de Charnay-lès-Mâcon.

Présence fantomatique, elle se détache dans la grisaille d'un ciel triste, l'ombre, l'ombre accrochée à la rambarde. Le bitume défile, elle se rapproche. Bientôt, la silhouette se fait plus précise, ses contours se dessinent, une aube sombre… Vision venue du fond des âges, décalée, elle prend l'allure d'un moine.

On hésite, s'interroge, perd un instant la route de vue, le regard fixé sur elle. Le pont s'approche, l'ombre demeure, sans couleur, sans visage. Un sentiment diffus s'installe, de mal-être, d'appréhension. Plus près, toujours plus proche, l'ombre grandit, s'agite… D'un coup elle est là, au-dessus, comme suspendue dans la tristesse du ciel. Puis, soudainement, le noir, celui du pont, et plus rien… Seulement l'asphalte, et cette impression indéfinie de malaise, qui persiste. L'ombre a disparu, mais elle a investi l'esprit. Impossible de s'arrêter, de faire demi-tour, de vérifier. Le bitume continue de défiler, monotone, mais l'ombre est toujours présente, comme une persistance rétinienne se surimprimant sur le paysage.

L'imagination s'emballe et la route défile maintenant habitée d'images irrationnelles, de silhouettes sans visage, celle de la mort agitant sa faux, des pestiférés agitant leur crécelle, images d'un autre temps que l'on tente de chasser, entre questionnement et angoisse instinctive. S'agit-il d'un présage ?

Les kilomètres se succèdent, la prochaine aire se dessine. Les autres l'ont-il vue ? Alors on interroge, le pompiste, la serveuse, un routier, un touriste, un représentant, indifféremment, juste pour s'assurer qu'il ne s'agit pas d'une illusion, peut-être aussi pour éloigner cette idée obsédante de la mort, du présage. N'était-elle là que pour moi ? Quel message m'était destiné ? Pauvres égocentriques que nous sommes.

Les autres aussi l'ont vue. Soulagement. Le moine existe bien. Il est réel.

Ange ou démon ? L'imagination est au rendez-vous. Pour certains, il s'agit de l'ange de la mort ou d'un sorcier, jetant des mauvais sorts du haut de son pont. Pour d'autres, il s'agit d'un malade ou d'un fou, d'un mannequin ou d'un automate publicitaire destiné à impressionner les conducteurs. D'autres enfin pensent qu'ils sont plusieurs à se relayer tellement le sort de cet homme, accroché au pont, leur semble improbable. Ils le voient tantôt remuer une poupée tachée de sang, tantôt une croix ou une colombe d'argent. Tous voudraient en savoir plus.

Les habitués en ont une perception toute différente. Pour eux, il est au contraire une sorte d'ange gardien, à la rigueur un homme un peu dérangé, mais gentil, amical, sans lequel la route serait bien monotone. Et là, au kilomètre 389, c'est comme un rendez-vous nécessaire, rassurant, avec la silhouette monacale et son signe bienveillant auquel on répond d'un petit coup de klaxon, d'un appel de phares.

Depuis combien de temps est-il là ? Pour les Mâconnais, rien de nouveau, la silhouette fait partie du paysage depuis bien longtemps déjà. Aussi loin qu'ils se souviennent, le moine a toujours été là, arpentant les routes du pays de sa démarche claudicante, à destination de son pont. Certains le croisent même depuis leur enfance. Les années s'accumulant, sa démarche s'est faite plus pesante, plus lente, plus hésitante ; pourtant, il continue d'arpenter les mêmes chemins, à destination de son pont. Mais il vieillit... et ceux qui le croisent régulièrement se demandent parfois s'ils le reverront le lendemain, combien de temps encore il illuminera leur route.

Il se nomme frère Antoine. C'est un ancien oblat de la célèbre abbaye de Cîteaux[1] devenu pèlerin du bitume. Il arpente chemins et voies du Mâconnais depuis qu'une voix le jeta un jour sur ces routes, pour y prier. Depuis qu'un accident l'empêcha, dit-on, de demeurer à Cîteaux... Alors, sous vents et pluies, il poursuit sa « mission » dans ce paysage austère et impersonnel, la silhouette voûtée dans son aube sombre ceinturée d'un cordon blanc, le visage dissimulé dans l'ombre de sa capuche, la démarche peu assurée malgré sa canne. Il déambule ainsi depuis dix, quinze, vingt ans, personne ne sait plus tant sa silhouette sans âge et sans visage fait désormais partie du décorum de l'autoroute, au kilomètre 389.

Parvenu à son pont, infatigable, l'homme, armé d'une simple colombe de bois blanchi, salue d'un geste presque mécanique les voyageurs tout en s'accrochant à la rambarde. Mais son esprit ne semble plus là, comme s'il s'était

1. Abbaye située en Bourgogne entre Dijon et Beaune, fondée en 1098 par Robert de Molesme. Berceau de l'ordre des Cisterciens, elle est aujourd'hui la maison mère de l'ordre. Elle est toujours habitée par des moines cisterciens.

évadé de son corps pour voyager le long de l'autoroute, suivre la course effrénée des véhicules qui passent à ses pieds. Il avance dans sa tête pendant que d'autres avancent sous ses pieds... Des heures durant, inlassablement, tant que ses forces le lui permettent, il piétine sur place, poursuivant ainsi sa marche pénitente et secrète, en priant et chantant pour eux, pour nous, pour nos pauvres existences qui défilent sous son pont.

De temps à autre, un klaxon retentit, sinistre, le son étiré par la vitesse. Sur le pont, là-haut, c'est comme une plainte qui s'élève. Un signe amical adressé par un habitué soulagé que la silhouette du moine veille toujours sur sa route. Lui, heureux, répond de sa colombe.

Pourquoi a-t-il choisi ce lieu déshumanisé et froid, sinistre et gris par tous les temps ? Pourquoi veille-t-il là, telle une sentinelle, souriant ou saluant les centaines de milliers d'hommes et de femmes qui filent sous ses yeux pour disparaître en quelques secondes vers l'horizon, là où le ciel et le ruban de bitume s'unissent ? Lorsqu'on l'interroge, il dit simplement qu'« une main l'a poussé » vers la route. Une vocation ? Dieu ? De toute façon, il voulait « faire le pèlerin », perpétuer son salut de paix avec sa colombe. Il aurait aimé partir sur les routes, mais ses pieds ne le lui permettent pas, alors ce sont les autres qui viennent à lui, à ses pieds malades et faibles. Lui, le pèlerin de l'autoroute, de son poste d'observation, bénit tous ceux qui tournent vers lui des regards intrigués, curieux, apeurés ou ravis. Distingue-t-il leurs visages levés vers le ciel pour lui ? Devine-t-il leurs exclamations, leurs interrogations ? Perçoit-il furtivement leurs états d'âme, leur gaieté, ou leur tristesse, leur crispation, leur angoisse, leur peur et leur souffrance ? Ressent-il aussi la présence du mal parmi eux ? Ces regards noirs de haine et de folie, ces visages tordus de violence se tournent-ils aussi vers lui ?

Sait-il seulement que parmi tous les conducteurs qu'il bénit, se succèdent touristes, représentants, transporteurs divers et pressés, mais pas seulement… ?

L'envers du décor

Tu es aux premières loges, moine. Mais le vois-tu seulement, l'envers du décor ? Sous tes pieds, bien plus que dans tout lieu de culte, bien plus que dans ton abbaye, l'humanité défile au rythme de tes chants grégoriens. Et depuis le temps que tu veilles du haut de ton pont, ils ont été des millions, peut-être plus encore, de toutes origines, de tous horizons, au-delà des frontières, du plus modeste au plus riche, de tous les métiers, de toutes les confessions, de toutes les couleurs à passer sous ton pont. Et tes chants rythment les grandes migrations de l'hiver, de l'été, des week-ends allongés, jusqu'à quatre mille véhicules par heure sous tes pieds, et bien plus d'humains encore. Toute l'humanité, dans sa diversité, mais aussi dans ce qu'elle a de plus terrifiant. Car parmi eux, il y a ceux qui n'ont plus rien d'humain que leur apparence…

Toi, tu ne t'en préoccupes pas, tu bénis.

As-tu conscience de ce qui se noue réellement au-dessous de toi ? As-tu reçu un signe ? Un signe qui t'a guidé en ce point ? Est-ce pour cette raison que tu veilles, là, sur le parapet de ton pont, telle une sentinelle ? Est-ce pour cela que tu t'imposes cette pénitence par tous les temps, qu'il pleuve, vente ou que le soleil te réchauffe un peu, là, très exactement au centre de l'autoroute la plus longue d'Europe ? Tu dispenses ta lumière en ce point que traverse toute la faune de l'autoroute. Mais sous tes pieds, au rythme de tes chants harmonieux, c'est aussi l'humanité barbare qui défile.

Il y a ces véhicules familiaux qui semblent si banals, où des enfants pourtant pleurent en silence, tremblent, tant leurs géniteurs tortionnaires, pour l'instant occupés par le volant, leur font subir de violences, de maltraitances, de privations. Il y a ces femmes battues, violées par leur conjoint, qui redoutent les moments à venir. Il y a aussi ces voleurs et trafiquants de toutes sortes, ces alcooliques ou ces drogués, véritables dangers de la route.

Ceux qui s'engagent sur l'autoroute ne sont pas toujours conscients du risque qu'ils prennent. Je ne parle pas là de l'accident de la circulation. Il existe d'autres dangers le long de la ligne blanche. Comme de croiser ces conducteurs de l'extrême des convois à la *Mad Max*, les *go fast*, des bolides lancés à plus de deux cents kilomètres à l'heure qui déboulent dans les rétroviseurs. Ils surgissent de nulle part, dépassent à droite, à gauche, au milieu, font du gymkhana entre les voitures sans lever le pied, de véritables fous du volant. Ceux-là passent sous ton pont sans même t'apercevoir. Ils n'ont pas le temps. Ils se hâtent pour semer la mort. Tuer des ados, des accros… Chargés de stupéfiants, ils traversent le pays à pleine vitesse pour emporter leur chargement empoisonné vers la capitale ou dans d'autres pays du nord de l'Europe. C'est l'un des principaux moyens d'acheminement du cannabis en provenance d'Afrique du Nord.

La plupart du temps, ces *go fast* sont constitués de plusieurs bolides volés. Il y a la voiture ouvreuse, qui repère la route, les obstacles, signale la présence de forces de police ou de gendarmerie. Plusieurs kilomètres derrière, suit le « mulet », cette voiture chargée à bloc de drogue, le plus souvent de cannabis ; elle est parfois suivie d'un troisième véhicule, dont le rôle sera, en cas de pépin, de récupérer les passeurs. Ils sont reliés entre eux par leurs téléphones portables. De véritables convois de la mort, parfaitement organisés, menés par des conducteurs recrutés dans des rodéos automobiles, qui prennent tous les risques, surtout pour ceux qu'ils dépassent. Rien de plus effrayant, pour un automobiliste normal, que d'être pris de vitesse par ce conducteur cagoulé qui peut, sous ses yeux éberlués, forcer un péage, le doubler à tombeau ouvert sur la bande d'arrêt d'urgence, quand il ne s'ouvre pas une nouvelle voie à coups d'avertisseur et d'appels de phares.

Derrière eux, subsiste comme une traînée de haine et de mort. Elle croise celles d'autres habitués de l'autoroute. Ceux-là viennent y rechercher des plaisirs sexuels parfois interdits et se dirigent vers leurs lieux de rencontre habituels, des aires spécialisées.

Aires d'autoroute, aires de tous les vices

Il y a des îlots de vie, des oasis de repos et de restauration tout au long du ruban de bitume dont elles rompent le déroulé monotone. Ces aires sont censées offrir aux voyageurs carburant, restauration, hôtels et jeux pour les enfants, des parkings réservés aux routiers afin de leur permettre de rattraper quelques heures de sommeil. Elles ne sont pas toutes identiques, certaines sont gigantesques, proposent des prestations si complètes qu'elles prennent l'allure d'espèces de villes autoroutières et, de nuit, on aperçoit leur halo de lumière rassurant. D'autres sont plus sombres, sinistres, elles n'offrent aucune prestation, juste la possibilité de s'arrêter un peu, de se soulager… Mais souvent, à la nuit tombée, elles prennent un tout autre visage, deviennent les aires de jeux d'un autre genre. Certaines offrent même des spécialités…

Il y a celles qui attirent les couples échangistes ou sadomasochistes. Ils s'y donnent rendez-vous et pratiquent dans leurs véhicules ou dans les chambres d'hôtels autoroutiers ; sur d'autres, les routiers et autres clients savent qu'ils trouveront des prostituées de toutes origines, capables de satisfaire le moindre de leurs désirs. D'autres encore sont les lieux privilégiés de rencontres homosexuelles, tels des agences ou des clubs de rencontres, et de relations furtives. Dans ce monde à part, certaines aires prennent l'apparence de quartiers chauds sans les néons des bars et boîtes spécialisées…

Mais il n'y a pas que le sexe. Ces aires sont le siège d'autres activités, elles drainent toutes sortes de délinquants et criminels itinérants. En réalité, tous les types de criminalité s'y croisent. Dans les véhicules garés là, voitures ou utilitaires, camionnettes ou camions, on trouve drogues et substances stupéfiantes ou médicamenteuses de toutes sortes, cigarettes de contrebande et autres marchandises de contrefaçon. Ces parkings servent souvent de plate-forme d'approvisionnement pour les réseaux locaux. Dans d'autres véhicules, ce sont les trafiquants d'animaux qui ont entreposé leur marchandise, vivante ou morte. À côté, des clandestins tentent de survivre aux conditions inhumaines de transport, certains sont peut-être déjà morts… Plus loin, là-bas, adossés à leur véhicule ou attablés à côté d'une buvette, des guetteurs, de ceux qui dévalisent votre voiture en moins de deux, surveillent les arrivées des routiers et vérifient discrètement, d'un coup de couteau dans la bâche, la nature de leur cargaison afin de les dévaliser la nuit venue, lorsqu'ils dormiront dans leur cabine ou se restaureront. Ils appartiennent à de véritables bandes organisées de pilleurs capables de vider un chargement en quelques minutes. Et ainsi de suite, tous ceux qui entendent braver interdits et lois trouvent en ces lieux une aire de jeux privilégiée, car peu surveillée. Et c'est sans conteste là que nous côtoyons le plus grand nombre de criminels en même temps, c'est même l'endroit où nous avons le plus de chances de les croiser. Car au milieu de tous ces délinquants, les plus dangereux rôdent et se dissimulent : des violeurs, des pédophiles, des tueurs en série. Est-ce pour ces raisons que nous nous y sentons rarement bien, que nous y sommes parfois envahis d'une impression désagréable, d'un sentiment d'insécurité ? Nous avons rarement envie de nous y attarder et c'est avec soulagement que l'on reprend la route ; on accélère alors sur la bretelle d'accès sans regretter l'atmosphère glauque qu'on laisse derrière soi, oubliant bien vite, les kilomètres défilant, les visages croisés, les véhicules aperçus.

C'est cela, la face cachée de l'autoroute, l'envers du décor dont on parle peu, le moins possible, que les journaux se gardent de trop nous décrire. Pourtant, nous le pressentons tous de façon plus ou moins diffuse, intuitive. Mais en quittant ces aires de repos, on rejoint à nouveau la voie de tous les excès, ce monde clos et monotone dans lequel le conducteur ordinaire se sent rassuré, qu'il trouve sécurisant… Sans savoir qu'en réalité, dans l'habitacle d'à côté, les mêmes criminels sont là. On croit les avoir laissés derrière, mais eux aussi ont repris la route, jeunes désœuvrés en mal de vitesse et de sensations, et qui s'amusent à des rodéos automobiles et autres courses de vitesse pour le plaisir et pour singer les rallyes internationaux, comme la Gumball (ou Cannonball) anglaise, une course de vitesse à travers l'Europe, le rallye des héritiers et vedettes qui ne trouvent rien de mieux à faire que de mettre la vie des autres en danger. Une course qui ne passe plus par la France, mais qui a fait des émules… C'est aussi la voie qu'empruntent certains braqueurs pour s'échapper à pleins gaz, les escrocs à la carte bleue et autres pirates de l'autoroute prêts à tout, à vous percuter, à vous tuer pour quelques euros, au point que des appels à la vigilance ont été adressés aux conducteurs. Il y a aussi tous ces transports de matières prohibées et dangereuses, d'armes, qu'il vaut mieux ne pas serrer de trop près... Ou encore ce conducteur tellement banal, un Britannique, qui traverse la France avec, dans son coffre, le corps de sa femme...

Avons-nous seulement une idée de ce qui peut se passer dans l'habitacle d'à côté ? Qu'est-ce qui différencie tel véhicule, tel conducteur d'un autre ? Rien ne permet *a priori* de le deviner. Si l'on arrêtait la circulation sous ton pont, moine, aux heures où elle est la plus dense, on trouverait des hors-la-loi de toutes les spécialités, parmi lesquels de nombreux criminels en série... Car c'est bien là, précisément là, que nous avons le plus de chances de les croiser. Les bordures de l'autoroute, de l'autre côté de la bande blanche de la bande d'arrêt d'urgence, sont régulièrement le théâtre de scènes de crimes...

Mais ce que nous venons de décrire n'est rien... Il y a pire, bien pire, juste à la croisée des chemins qui te retiennent sur ton pont depuis des années.

Où étais-tu le 1er septembre 1983, à 4 heures du matin quand, à hauteur de l'aire de Saint-Albain, des gyrophares déchiraient la nuit ? Leurs flashs alertaient les conducteurs. Ils ont ralenti par réflexe. Un accident de plus... Dans chaque véhicule, on essayait de voir, d'apercevoir, de comprendre... Puis on dépassait les lumières de mort avec cette angoisse sourde qui envahit, tenaille, mêlée d'un certain soulagement parce qu'on pense d'abord à soi... On jette un dernier coup d'œil dans le rétroviseur mais la route défile, l'obscurité retombe, et l'on oublie... Pourtant, là-bas, sur le bas-côté, le corps inerte d'une jeune femme baigne dans son sang. Tandis que le flot des véhicules continue de s'écouler, les pompiers chargent délicatement le corps meurtri dans leur véhicule. La jeune femme a été laissée pour morte par ses agresseurs sur la bretelle d'accélération, à la sortie de l'aire d'autoroute, tel un détritus. Elle porte des ecchymoses sur tout le corps, des traces de strangulation, son visage est méconnaissable, elle est nue, dans le coma. Monique – c'est son nom – s'est désespérément accrochée à la vie et elle a survécu.

Que savons-nous vraiment ? Monique n'a pas su expliquer ce qui lui était arrivé, ni décrire son agresseur.

Toi, moine, tu parles d'un don, du don que t'a donné « la voix », cette voix que personne n'entend, pas même les moines de l'abbaye de Cîteaux qui t'ont chassé un jour, il y a longtemps, te jetant sur les routes de Bourgogne. Mais pourquoi l'autoroute, pourquoi ce pont… ? Pourquoi la voix t'a-t-elle mené là ? Pourquoi tes prières et tes chants doivent-ils résonner en cet endroit précis ? On dit que les lieux gardent la mémoire des drames qui s'y sont déroulés… et que certains les perçoivent ! Et toi, moine ? La voix t'a-t-elle dit ? T'a-t-elle dit le corps de Marthe, une auto-stoppeuse, à quelques mètres de là, désarticulé, la tête en sang ? Et celui de Nathalie, défigurée par les coups d'un fou criminel ? T'a-t-elle dit leurs souffrances ? Leurs cris, leurs pleurs, leur peur ?

T'a-t-elle décrit le flot des véhicules qui, imperturbable, continua de s'écouler le long du corps de Marthe comme son sang s'écoulait de son corps meurtri, ces halos de lumière qui déchiraient la nuit à quelques mètres d'elle alors que la dernière étincelle de vie la quittait ? Jusqu'à ce qu'enfin quelqu'un s'inquiète de cette masse inerte sur la bande d'arrêt d'urgence, à moins de trois kilomètres de l'aire de Saint-Albain. Tout près de ton pont. Étais-tu déjà là, moine, ce jour d'août 1987 ?

T'a-t-elle dit les hurlements de Nathalie ? Elle effectuait un stage pour mettre un peu d'argent de côté pour ses études, c'était une gentille fille, elle avait accepté de le prolonger d'une semaine pour rendre service... Victime de qui, pourquoi ? Combien avons-nous été à passer cet été-là sur l'autoroute A6, et à nous arrêter sur cette aire ? Combien avons-nous été à apercevoir sa silhouette dans sa baraque à frites ? Peut-être même avons-nous été servis par elle, qu'elle nous a souri sans qu'on lui accorde la moindre attention... Ce 2 septembre 1987, sa route à elle devait s'arrêter là, sur l'aire de Saint-Albain, dans ce cabanon, à deux pas à peine de touristes attablés à une table de bois, à quelques mètres de la station-service où des gendarmes faisaient le plein. Pourtant, leur présence n'a pas effrayé son agresseur, pas plus que les cris de Nathalie. Parce qu'elle a crié, hurlé même, et ses cris ont bien été entendus, mais mal interprétés. De la musique, forte, s'échappait de la baraque de bois ; les touristes ont continué à dîner tranquillement, croyant à des jeunes qui chahutaient ou se disputaient, sans se douter que là, tout près d'eux, Nathalie usait ses dernières forces à tenter de desserrer le lien enserrant son cou, alors que son souffle s'estompait et que son sang se répandait, s'échappant de la plaie à l'arrière de son crâne. Tout à coup, la musique s'est tue. À l'intérieur du cabanon, Nathalie a cessé de sourire pour toujours. Une victime de plus sur cette aire maudite.

Cœurs dans la nuit

Tu confies à un journaliste ton malaise ce 2 septembre 2001 : « Je suis allé communier, mais c'est toujours la nuit dans mon cœur. » Plusieurs jours durant, tu vas jeûner, comme si tu t'appropriais la pénitence d'un autre...

À cette date, il y a tout juste quatorze ans, Nathalie mourait à quelques dizaines de kilomètres de là. Depuis, sa mère, ta voisine, connaît, elle aussi, « la nuit dans son cœur ». Elle ne sait même pas si quelqu'un se soucie encore de sa fille. La voix t'a-t-elle dit que le tueur de Nathalie n'a toujours pas été identifié ? Tu pries, tu bénis les conducteurs, encore et toujours, et lui passe sous ton pont. Lui aussi prie. Il prie pour ne pas être pris et, jusque-là, sa prière a été exaucée. Alors il envisage d'autres Marthe, d'autres Nathalie... Ton cœur est dans la nuit, celui des parents des victimes aussi. Le sien est d'un noir d'encre.

On dit que les lieux gardent la mémoire. Celle des cris, des pleurs, du sang répandu, celle de ces deux jeunes femmes sauvagement assassinées, celle de Monique la miraculée. Celle de ces trois autres jeunes femmes sauvagement agressées sur la même aire d'autoroute, tombées là, sous les coups d'un ou plusieurs criminels.

Oui, leurs tortionnaires prient. Ils prient, à leur façon, pour que justice ne soit jamais rendue. Et toi, tu veilles du haut de ton pont. Pénitent, tu pries, tu piétines, tu bénis, tu chantes... Mais ces deux innocentes de l'autoroute du Soleil n'ont pas été les seules cet été-là sur le réseau autoroutier français à mourir agressées. Personne n'a sérieusement tenté de relier ces deux affaires et les suivantes pour voir si ces tueurs ont œuvré ailleurs... Rien n'a été fait, et même aujourd'hui, cela n'intéresse toujours pas ! Pourtant, il existe des similitudes entre toutes ces agressions. Et il y eut d'autres âmes perdues sur le réseau autoroutier français. Il y eut cette toute petite fille, retrouvée ce 11 août 1987 en bordure de l'autoroute A10, de l'autre côté de la glissière de sécurité, pauvre poupée de chiffon défigurée et atrocement mutilée, mais dont le corps avait été soigneusement, presque tendrement, emmailloté... Et tandis qu'elle attend toujours que justice lui soit rendue, d'autres enfants, d'autres jeunes femmes encore ont été tuées ou agressées cette même année sur l'autoroute. Il y a cette jeune femme dont le corps a été découvert sur un parking du côté de Nîmes, elle présentait des blessures au crâne, similaires à celles de Nathalie. Et plus loin, en Corrèze, cette tentative de meurtre par strangulation sur une jeune fille, encore comme Nathalie… Et puis cette touriste allemande, violée sur le parking d'une aire de l'A6, et beaucoup d'autres, essentiellement des auto-stoppeuses, comme Marthe… Et combien qui en ont réchappé ? Combien qui n'ont rien dit, combien que l'on ignore ?

Combien de ces affaires ont été résolues ? Quelles mesures ont été mises en place pour rechercher ces tueurs de l'autoroute ? A-t-on seulement conservé la trace de toutes les agressions criminelles le long des voies ou sur les aires ? Est-on certain qu'un ou plusieurs tueurs ne continuent pas d'essaimer sur nos autoroutes ? Mais non, voyons ! Nous avons de la chance, il n'existe pas de tueur en série sur le réseau autoroutier français ! On nous l'assure : contrairement à nos voisins européens, nous serions épargnés par ce fléau ! Soit c'est un miracle, soit c'est un mensonge. La froide réalité est en fait la suivante : des jeunes filles, des enfants sont morts dans des conditions inhumaines et sauvages le long des autoroutes françaises, sans que personne ne sache ni pourquoi, ni par qui. Les enquêteurs et la justice sont toujours impuissants à résoudre ces affaires, quand ils n'ont pas tout simplement abandonné les enquêtes… Alors, on nie qu'il puisse exister les pires prédateurs sur ces voies, des tueurs itinérants à la recherche de proies pour leur bon plaisir, qui nous observent, nous attendent et frappent en toute impunité. Car il y a bien des séries de meurtres inexpliqués sur les autoroutes françaises et, assurément, si l'imagination fait défaut aux autorités judiciaires, les tueurs, eux, n'en manquent pas.

Car depuis 1987, de nombreuses autres agressions ont eu lieu.

Et ce n'est pas tout... On ne peut se contenter de référencer les affaires qui ont directement eu lieu sur l'asphalte maudit de l'A6, l'A10 ou l'A40. Il faut également prendre en considération toutes celles qui touchent les sorties de ces autoroutes. Les terrains de chasse des criminels sont de plus en plus éloignés de chez eux, et même de leur pays, grâce à ces voies qui permettent de parcourir de grandes distances en peu de temps et en toute impunité. Et justement, une jonction existe entre l'autoroute A6 et l'autoroute A40, qui enjambe la Saône, juste en dessous de Mâcon. Mieux, une bretelle de l'A6 vient directement se jeter dans la Saône, à Mâcon même, comme si elle naissait là, au ras des flots... là où plusieurs autres corps ont été retrouvés, là où plusieurs jeunes filles ont disparu, point de jonction entre tous ces meurtres non résolus.

Sous la protection de frère Antoine

Ton errance ne t'a pas jeté au hasard sur les routes du Mâconnais. On dit que tu vis dans les faubourgs de Mâcon, juste entre l'autoroute du Soleil et la Saône. Précisément à la croisée de deux voies entachées de traces sanglantes. Celles qui subsistent sur le bitume froid, celles qui se sont diluées dans le lit du fleuve... Tu arpentes tous les jours la route qui relie le fleuve à l'autoroute, véritable trait d'union entre les plaintes des victimes de la Saône-et-Loire, ces plaintes qui s'échappent de l'asphalte, celles qui s'élèvent du fond de la Saône, où les corps de plusieurs jeunes filles ont été retrouvés martyrisés par des monstres, malmenés par le courant, gonflés, tuméfiés, méconnaissables... Ces derniers temps encore, un ou plusieurs fous criminels ont frappé. À leur tour, Vanessa et Anne s'en sont allées rejoindre leurs sœurs de souffrance...

Marthe, Nathalie... Qui entend encore leurs pleurs, leurs plaintes... ? Les enquêteurs ? Non, ils te diront que tous ces meurtres ne se ressemblent pas. Que ces jeunes filles n'avaient rien de commun, même si elles avaient le même âge, des physiques semblables, et qu'elles ont laissé leur sang dans la même zone autoroutière. Ils te diront qu'il n'y a rien à rapprocher... Pourtant, comment autant de meurtres et d'agressions de jeunes femmes ont-ils pu avoir lieu en un même point ? La loi des probabilités nous dit que le phénomène ne peut être ignoré. D'autant que d'autres agressions ont été perpétrées sur l'ensemble du réseau autoroutier de la région. Les deux Christelle, Sylvie, Virginie et les autres ont également été massacrées en Saône-et-Loire, à peu de distance de l'autoroute, de ses voies d'accès ou de la Saône... Alors, d'où viennent leurs tueurs ?

Fidèle à ta mission, tu veilles avec ta colombe blanche bien dérisoire, au bord de ton pont, là même où le dernier souffle de vie de ces jeunes filles les a quittées, là où leurs âmes ont pris leur envol... À moins que celles-ci ne soient demeurées prisonnières du bitume ou du fleuve, et errent en attendant que leurs tortionnaires soient enfin mis hors d'état de nuire. Pour l'instant, on se contente d'évoquer les « meurtres de l'A6 », du nom de la voie qui les réunit toutes, d'une façon ou d'une autre.

Elles avaient au moins un point commun, qu'elles partagent avec nous et avec plus de quatre-vingt-dix pour cent des victimes de tueurs ou de criminels en série : au moment où leurs tueurs les ont repérées et approchées, elles se trouvaient au bord d'une rue, d'une route ou d'une autoroute. Ce sont toutes des victimes de bord de route.

Alors ce n'est peut-être pas un hasard si le ciel t'a assigné cette mission… La voix a eu raison de t'amener en ce lieu, sur ce pont, à la jonction de tous ces crimes impunis, où tant de fous criminels sont passés un jour, comme leurs victimes qui, malheureuses inconscientes, se croyaient en sécurité sur le bitume…

Tous, nous partageons cette illusion d'être en sécurité sur ces voies, dans nos voitures. Une illusion, parce que ceux qui s'y trouvent le plus, en sécurité, ce sont d'abord les criminels et surtout les pires d'entre eux, les tueurs en série itinérants. Des prédateurs qui savent qu'ils pourront passer inaperçus sur ces voies et y bénéficier d'une relative impunité, tout en y trouvant des proies de choix… Et ces proies, c'est nous. Ils sont les chasseurs et nous sommes leur gibier…

Lorsque frère Antoine nous dit que « c'est un don, c'est une force, c'est Dieu… Ce n'est pas de moi-même que je suis venu ici, c'est une mission… », on comprend mieux son rôle à la croisée de ces meurtres, là où nous passons en oubliant les règles les plus élémentaires de prudence ; en oubliant que la plupart des victimes des tueurs en série français n'ont pas été tuées chez elles, mais bien au bord de routes ou d'autoroutes, ou après y avoir été choisies et enlevées. Et si nous voulons essayer de les repérer, essayer de connaître leurs terrains de chasse, leur manière de sélectionner leurs victimes et de les enlever, il faut à présent se rendre sur le bitume. L'arpenter à leur recherche, se mettre dans leurs roues, essayer d'observer le terrain comme eux, apprendre leur vision… puis les y attendre et mettre en place un filet dont les mailles seront resserrées aux bons endroits, afin qu'ils ne passent plus au travers. Car, comme le rappelle frère Antoine dans sa grande sagesse : « On ne peut pas recommencer une vie… On ne le peut pas… »

Première partie

Sur la route des tueurs

2

L'autoroute sanglante, l'autoroute des larmes

Le conducteur d'à côté

Le syndrome du « garçon d'à côté » ou « du voisin d'à côté », adapté de l'expression *next door syndrome*, résume notre difficulté à croire que des personnes d'apparence normale puissent commettre des atrocités. Il est en effet difficile de saisir comment une même personne peut réunir en elle deux personnalités diamétralement opposées, présenter deux visages si contraires... sauf à s'enfermer dans la paranoïa.

Pire, comment admettre qu'un tel être puisse vivre, travailler, s'amuser à nos côtés !

Pourtant, parmi ceux que l'on côtoie occasionnellement, qui attirent à peine notre attention ou que nous méprisons, ceux que nous croisons quotidiennement ou que nous fréquentons, dans notre immeuble, dans notre quartier, dans les transports, au café du coin ou au travail, certains ne sont pas ceux que l'on croit. Parmi eux se dissimulent des prédateurs de la pire espèce. Impossible pourtant de les distinguer, ils ont endossé notre costume, celui de la normalité. Ils sont comme Monsieur Tout-le-Monde.

C'est l'une des clés de leur impunité.

Mais ce n'est pas la seule.

Il en existe d'autres. L'une des principales tient à leurs capacités de déplacement. Les tueurs en série frappent rarement au même endroit. Ils se déplacent à la recherche de leurs proies, mais également pour assurer leur impunité… et ils y parviennent. Certains choisissent un peu par hasard l'univers impersonnel des autoroutes comme terrain de chasse, le plus souvent à l'occasion d'un déplacement pour un autre motif. D'autres, au contraire, y sévissent régulièrement, par choix, par goût ou parce que leur métier les place en permanence sur ces autoroutes. Ils sont là, dans leur véhicule, ils vous dépassent, attendent au péage ou dans la station essence à côté de vous, ils vous sourient, vous observent, vous envisagent… C'est ce « conducteur d'à côté », si banal. Et les exemples se multiplient de ces prédateurs que nous croisons tous sans le savoir, dans le véhicule d'à côté.

Il est temps d'entrer dans leur monde. De prendre l'autoroute sur leurs traces, de les observer à notre tour. Pour cela, inutile de s'encombrer de définitions compliquées, si éloignées de la réalité, inutile de s'équiper d'articles et autres livres savants. Il suffit de prendre la route à leur suite, de leur emboîter le pas et de les accompagner sur les lieux de leurs crimes. Un voyage à travers la France, un voyage à travers le temps, à les regarder, à les épier.

Chanal, le moine soldat

Rendez-vous en Bourgogne, plus exactement à l'endroit précis où le pont de Charnay-lès-Mâcon enjambe l'autoroute A6, sous le poste d'observation de frère Antoine, le 8 août 1988. Un combi vert passe juste à nos côtés. On le suit sans attendre. Il roule lentement, se coule tranquillement dans la circulation. À son bord, deux hommes communiquent par gestes. Le passager, un jeune étudiant hongrois qui faisait du stop au péage de Chalon-sur-Saône, un peu au nord sur l'A6, qui ne parle pas français, tente d'expliquer au conducteur, qui ne comprend pas l'anglais, qu'il arrive de Paris et souhaite se rendre sur la côte d'Azur, chez des amis, via Lyon. Le conducteur vient de prendre le jeune homme à son bord sur la bretelle d'accès à l'autoroute A6, à Chalon-sur-Saône. Il suit l'autoroute du Soleil, puis se ravise et emprunte une sortie à Mâcon. Après avoir quitté l'autoroute, il poursuit sur la route nationale, puis sur des voies secondaires, et bifurque sur la départementale surnommée « la route des Allemands », un axe totalement désert la nuit. Enfin, sous prétexte de consulter sa carte, il s'arrête dans un chemin isolé, rassure son passager en lui montrant qu'il existe plusieurs itinéraires pour se rendre à Lyon. Mais dans son esprit, le scénario est déjà écrit.

Son sang bouillonne, frappe ses tempes, gonfle les veines de son cou. Dans sa tête, les images de ses fantasmes, entremêlées de celles du jeune Hongrois, se bousculent. Le processus est enclenché, inexorable. L'homme confie sa carte routière au jeune auto-stoppeur, se rend à l'arrière du véhicule, soi-disant pour y prendre des fruits et d'autres cartes routières, mais il se place derrière le siège du Hongrois, l'attrape violemment en lui passant une sangle autour du cou, le ligote, le tire à l'arrière du véhicule. En une fraction de seconde, le jeune homme se retrouve sanglé sur une paillasse. Le conducteur est comme fou, le visage déformé, les yeux exorbités, les gestes mécaniques. Le Hongrois croit sa dernière heure arrivée tandis que l'autre serre encore et encore…

Commence alors une nuit de torture. Frappé, violé sous l'objectif voyeur d'une caméra avide d'images violentes, le jeune homme vit un calvaire. Un supplice inhumain qui se prolonge toute la journée suivante, à quelques kilomètres seulement de l'autoroute du Soleil. Mais, sur ce chemin isolé, le fourgon finit par attirer l'attention. Il intrigue une patrouille de gendarmes de Charnay-lès-Mâcon. Ils décident de le contrôler, s'approchent, mais le chauffeur, qui les a vus, tente une marche arrière afin de s'échapper. Une attitude forcément suspecte. Les gendarmes lui barrent facilement la route, le van étant garé sur un chemin au bord du ballast du TGV, juste derrière le grillage. Ils contournent le fourgon, s'adressent au conducteur qui décline rapidement son identité : « Je suis officier dans l'armée. »

L'homme a l'air mal à l'aise, inquiet. En faisant le tour du combi Volkswagen vert, un gendarme avise, dans l'entrebâillement des rideaux d'une vitre arrière, un homme allongé, partiellement dissimulé sous une couverture. En regardant mieux, il se rend compte que le jeune homme a l'air terrorisé, il semble appeler au secours. Les gendarmes découvrent un jeune auto-stoppeur hongrois, enchaîné et sanglé, en état de choc. Ses premiers mots, le regard suppliant : « *Help me, he wants to kill me !* » – « Aidez-moi, il veut me tuer ! ». Il dira plus tard : « Je me rendais compte qu'il lui était difficile de me relâcher après ce qu'il venait de me faire, je ne voulais pas mourir… J'ai l'impression que je n'étais pas le premier… » Les gendarmes décident d'interpeller le conducteur, mais celui-ci conteste, tente de justifier la situation, leur précise qu'ils sont tous deux homosexuels, qu'il ne s'agit là que de jeux sadomasochistes consentis, prétexte que le jeune homme aurait demandé à être attaché, que « je suis homosexuel, et c'est ça le folklore »... Le Hongrois, bien qu'encore sous le coup de la peur et de la souffrance, conteste. Sa version est tout autre. Il détaille son calvaire, malgré son émotion, une véritable nuit de cauchemar. Ce qui sera confirmé par la cassette saisie dans le combi ; elle parlera pour lui, le montrant apeuré, entravé, terrorisé, contraint à divers gestes sexuels sur lui-même. Dans le fourgon aménagé en chambre des tortures sadomasos, des chaînes, des slips de tailles différentes, des godemichés et autres objets... un signal d'alerte de plus. L'homme est transféré à Chalon-sur-Saône. Son identité vérifiée, il est immédiatement interrogé.

Du même coup, l'affaire dite « des disparus de Mourmelon » rebondit. Mourmelon, ce camp militaire aux six appelés disparus, six « déserteurs » pour l'armée, la « grande muette ».

L'affaire commence au début des années 1980. En quelques années, huit jeunes gens dont six appelés du contingent, un civil et un touriste irlandais, ont disparu sans laisser de traces alors qu'ils faisaient du stop au bord des routes de la Marne. Disparus dans une sorte de triangle des Bermudes marnais... Les enquêteurs chargés de ce dossier sont rapidement avisés de cette arrestation. C'est un véritable coup de théâtre dû au réflexe de l'un des enquêteurs mâconnais qui, retournant la carte militaire que lui présente l'adjudant, constate que ce dernier a passé neuf ans à Mourmelon. Or il vient juste de réceptionner la note établie par Jean-Marie Tarbes, chargé de l'enquête sur les disparus de Mourmelon, à tous les enquêteurs, leur indiquant le profil de l'homme qu'ils recherchent. Le gendarme fait alors le lien, Tarbes est aussitôt averti.

Il est 2 heures du matin ce 10 août 1988 lorsque Jean-Marie Tarbes se présente à la gendarmerie de Chalon-sur-Saône. C'est sa première rencontre avec ce militaire aux mâchoires carrées et serrées. Une rencontre qui l'obsédera pendant près de quinze ans, tant il a, dès cet instant, l'intime conviction qu'il tient son tueur. En rencontrant cette nuit-là l'adjudant-chef Pierre Chanal, il reconnaît ce portrait en l'homme solide de quatre-vingt-cinq kilos, instructeur à Mourmelon, qui a effectué des stages commandos. La piste Chanal devient alors prioritaire.

Le 22 août 1990, Pierre Chanal est condamné à dix ans de réclusion criminelle pour les actes auxquels il s'est livré sur le jeune Hongrois. Une question reste cependant sans réponse : où emmenait-il sa proie ? Les corps des jeunes disparus de Mourmelon sont-ils tous dans la région de Mourmelon ? Combien d'autres victimes sur les bords de cette autoroute qu'il empruntait régulièrement pour se rendre à des stages de parachutisme, visiter sa famille à Saint-Étienne, etc. ? L'étudiant hongrois n'a certainement pas été le seul à monter à bord du van vert. Combien d'auto-stoppeurs étrangers, dont personne ne connaît l'itinéraire, ont-ils pu ainsi disparaître, comme l'Irlandais auto-stoppeur nommé O'Keefe, lui aussi victime de Chanal, dont le corps a été retrouvé le 3 août 1987 en bordure de l'autoroute A26, dans l'Aisne, dissimulé à la lisière d'un bois, sous un monticule de terre fraîchement retournée ? Dans le combi de Chanal, un slip de marque anglaise sera retrouvé... Il faut souligner que le fameux triangle maudit de Mourmelon, là où les appelés disparaissaient, se trouvait précisément délimité par les autoroutes A26 et A4, et la nationale 77. Deux autoroutes, et au moins huit victimes... À l'époque, des rumeurs laissaient entendre que depuis la construction de l'A4, le coin n'était plus tranquille… Simple bon sens ?

Le jeune Hongrois l'a échappé belle grâce au hasard, ou à la curiosité des gendarmes. Combien n'en ont pas réchappé ? Qui sait combien nous avons été, ce 8 août 1988, à dépasser ou croiser ce combi vert ? Et combien des collègues de Chanal se sont trompés sur la véritable nature de l'officier, eux qui l'avaient même surnommé « le moine soldat » en raison de sa discrétion sur sa vie privée et de sa rigueur… ?

Chanal est-il un cas particulier ? Le seul de nos prédateurs à chasser sur la plus importante autoroute française ? On aimerait le croire. Croire que l'on n'a jamais pu en croiser d'autres en pleine traque lors de nos déplacements… Pourtant, l'A6 est bien un lieu activement fréquenté par tous les types de criminels et de délinquants, et particulièrement par les tueurs en série qui trouvent là des victimes potentielles en grand nombre.

Restons sur l'autoroute A6, prenons-la dans l'autre sens, rendez-vous un peu plus haut, aire de Nemours la même année, mais au mois de novembre, le 19 exactement. L'aire ne présente pas le même visage que lors des grandes migrations des vacances ou des fêtes, elle est même sinistre en cette période où les arbres ont déjà perdu leurs feuillages, où la nuit tombe rapidement et où seuls un ou deux routiers et quelques corbeaux se sont arrêtés… Jean [1], le VRP, sort de son véhicule mais ne voit pas celui qui arrive au ralenti sur une voie de service, ni le conducteur qui en sort.

Des routiers stationnés sur l'aire auraient peut-être pu apercevoir Jean jeter brusquement sa veste à la tête d'un individu, geste immédiatement suivi d'un claquement

1. Le prénom a été modifié.

sinistre… Ils auraient également pu voir Jean s'écrouler, commencer à se vider de son sang, pendant que l'autre fouillait à la hâte la veste qui lui avait été jetée à la figure pour y prendre un portefeuille et s'enfuir avec son maigre butin, un peu d'argent et un chewing-gum, en direction de son véhicule garé à proximité, sur la voie de service. Il espérait mettre la main sur une carte bleue, il en sera pour ses frais. Cela valait-il les risques encourus ? À moins qu'il ne se soit simplement livré à un jeu excitant ?

L'homme au fusil, qui a déjà rejoint son véhicule, ne voit pas le représentant tenter de chercher du secours malgré sa blessure à la cuisse droite, s'efforcer de confectionner un garrot à l'aide de sa cravate, et finir pas être enfin secouru par un routier. Jean portera plainte, mais son affaire sera classée sans suite. Il ne sait pas qu'il vient d'échapper à l'un des tueurs en série les plus dangereux de sa génération.

Michel Fourniret. Pendant dix-sept ans, il croira avoir tué ce représentant. Ce n'est que lorsque sa femme le dénoncera pour plusieurs meurtres que cette affaire resurgira. Elle mentionnera en effet le meurtre d'un VRP sur l'autoroute A6, certaine que celui-ci a bien été exécuté par son époux. Elle ajoutera que ce dernier s'est ensuite débarrassé de son arme sur la route du retour en la jetant d'un pont dans un cours d'eau. Fourniret avouera également les faits, et les policiers auront de grandes difficultés à retrouver la trace de cette affaire.

Jean, le miraculé, a aujourd'hui une réponse, enfin ! Il avait certainement tout envisagé comme agresseur, sauf un tueur en série… Les serial killers ne sont donc pas infaillibles.

S'il existait un fichier police-gendarmerie spécifique aux agressions autoroutières, recensant toutes les infractions commises sur le réseau autoroutier, de la plus insignifiante à la plus importante, peut-être que l'affaire de Jean aurait été plus facilement retrouvée et que d'autres pourraient favoriser des arrestations rapides. Il est nécessaire de centraliser les informations, de mettre en place un outil d'aide aux enquêtes et, surtout, de conserver la trace des affaires non résolues sur le réseau autoroutier. L'existence de frontières administratives, qui tronçonnent l'autoroute et ont pour effet de répartir les dossiers entre différentes juridictions, empêche d'avoir une vue d'ensemble et de suivre les traces d'un tueur sur l'ensemble du réseau. Ainsi le tueur demeure invisible parce que le système lui-même est aveugle...

Combien de fois Fourniret a-t-il agi de la sorte ? Il fallait qu'il sache ces aires accessibles par les voies de service. Aujourd'hui, nous assure-t-on, les autoroutes sont sécurisées, les voies de service ne permettent plus le passage de personnes étrangères à l'autoroute... Faux. Des enquêtes journalistiques viennent encore de démontrer que, chaque jour, des délinquants parviennent à subtiliser des marchandises dans les remorques des routiers en forçant ces passages barrés par de modestes grillages, voire de simples barrières mobiles faciles à enjamber. Or il n'existe aucune caméra pour piéger les contrevenants, aucune surveillance. Ainsi, si un Fourniret le voulait, il pourrait aujourd'hui agresser en toute impunité et de la même manière qui bon lui semblerait... et serait impossible à pister via les péages et autres zones sous surveillance. Un moyen de plus de passer au travers des mailles du filet.

Les serial killers sillonnent les autoroutes à la recherche de leur « gibier ». Et nous, nous laissons courir cette petite fille sur l'aire, jouer avec d'autres enfants, parfois, quelques secondes, notre attention se relâche... On y dépose cette jeune auto-stoppeuse... Tueurs, violeurs, pédophiles et autres pervers, ils sont là, profitant tous des mêmes insuffisances, utilisant les mêmes techniques pour garantir leur impunité. Le jeune Hongrois et le représentant l'ont échappé belle. Se sortir des griffes d'un tueur en série, ce n'est pas si commun. Cela tient à peu de chose, à l'instinct d'un gendarme un peu plus curieux, à une balle mal tirée… Ce qui est certain, c'est que tous n'en réchappent pas.

Sur la route, il y a Chanal, il y a Fourniret… Il y a aussi Dutroux et sa camionnette filant sur l'autoroute A6 en direction du Sud, il y a peut-être Heaulme, embarqué par un camionneur après avoir fait du stop… Et il y a ceux que nous ne connaissons pas encore, et qui agissent, en ce moment…

Ces prédateurs de la route ne constituent pas une exception française. Il suffit de s'engager sur les belles autoroutes américaines pour aller à la rencontre des fameux freeways killers ou « tueurs des autoroutes ». Ces grands axes, numérotés selon la direction qu'ils suivent et le lieu où ils se trouvent, permettent de traverser le pays de part en part, de sillonner les immensités caractéristiques du continent nord-américain. Des voies de communication démesurées, plantées dans des paysages fabuleux, dignes de servir de toile de fond aux meilleures productions hollywoodiennes… Mais parfois, c'est à d'autres scènes qu'ils servent de décor. D'authentiques scènes de crimes.

Cela fait bien longtemps que les services de police américains, les agents du FBI et autres analystes ou profileurs ont repéré et analysé un phénomène qui se développe sur tous les grands axes autoroutiers du monde. L'existence d'une catégorie particulière de tueurs en série spécifique à ces axes, au sein de laquelle on peut distinguer des tueurs d'autoroute qui ne fréquentent que les voies locales d'une part, et les camionneurs qui parcourent de plus grandes distances d'autre part. Le phénomène est donc bien connu aux États-Unis. Ceux de la seconde catégorie trouvent dans leur profession une couverture parfaite pour leurs crimes. Passant d'un État à un autre, ils échappent aux différentes juridictions et peuvent cibler des victimes idéales – auto-stoppeurs, prostituées, voyageurs isolés ou en panne – sans risquer d'être découverts. Ces tueurs routiers ne cessent de se multiplier, comme leurs victimes. Ainsi les problèmes relatifs à ces catégories, locaux ou camionneurs, ont pris aujourd'hui une telle ampleur que c'est devenu une véritable question de sécurité publique. Si bien que le FBI a mis au point un programme d'investigations, d'analyses et de recherches spécifiques aux tueurs autoroutiers, et en particulier aux camionneurs, dont nous ferions bien de nous inspirer en Europe.

L'un des plus épouvantables tueurs en série américains fut également l'un des plus célèbres freeways killers. Ed Kemper, surnommé « l'ogre de Santa Cruz » ou « Co-Ed Killer », un colosse de deux mètres et de plus de cent quarante kilos. À quatorze ans, il assassine ses grands-parents ; à partir de 1972, il s'attaque à des étudiantes. Il choisissait ses proies au bord des autoroutes de Californie, un peu comme on sélectionne un produit dans un rayon de supermarché. Son « produit » préféré ? Les jeunes et jolies étudiantes californiennes qui faisaient du stop à proximité de leur établissement scolaire. Il savait où les trouver, ne choisissait pas n'importe quelle école, préférant celles fréquentées par les enfants des familles aisées. Avec son air banal du parfait « Américain moyen » rentrant du travail, il n'éveillait aucune méfiance. Pendant des années, il les avait prises en stop sans leur faire de mal. Une sorte d'entraînement à ce qui devait suivre. Avec son air rassurant, il avait continué de les prendre dans sa voiture, mais il était passé au niveau supérieur. Il leur fit ainsi subir les pires tortures, mutilant atrocement leurs corps. Il parcourait des centaines de kilomètres pour abandonner leurs corps dépecés dans des comtés différents. Tout ça parce que sa mère, qu'il détestait, lui avait dit que ces jeunes filles étaient trop bien pour lui, et qu'elles ne voudraient jamais de lui. Alors il avait décidé qu'elles seraient siennes. Au bout de sept victimes, il finit par tuer sa mère, une amie de sa mère, puis alla se rendre à la police. Et il aura du mal à convaincre ! Le sergent de garde ne le croit pas. Il lui faudra passer plusieurs appels de manière à importuner les policiers au point qu'ils l'embarquent enfin, et constatent que les détails qu'il fournit sont sérieux.

Ce tueur nécrophile et cannibale va inspirer, comme d'autres tueurs célèbres, le personnage de Thomas Harris dans le fameux *Silence des agneaux*, Hannibal Lecter.

Mais l'homme demeurera toujours insatisfait sur un point au moins. Au moment où il semait la terreur sur les autoroutes californiennes, un autre tueur recrutait ses victimes sur le même terrain de chasse. Mais les meurtres de l'autre furent plus médiatisés que les siens. Cela l'aurait mis dans une fureur telle que ce serait pour cette raison qu'il aurait fini par se livrer, afin qu'on parle davantage de lui et que l'on reconnaisse enfin son « œuvre criminelle ». Leurs similitudes donnaient lieu à des confusions entre leurs victimes respectives. Ce second tueur, Herbert Mullin, comptabilise dix victimes sur les routes et autoroutes de Californie. L'une d'elles, en retard pour un entretien d'embauche, s'était résignée à faire du stop. Elle avait eu la chance d'échapper à Kemper, elle n'échapperait pas à Mullin…

Les deux tueurs se retrouvèrent dans la même prison.

Freeway Killer ou l'étrangleur de la Californie du Sud

Les profileurs américains redoutent tout particulièrement ces freeways killers. « Freeway Killer » est d'ailleurs le surnom qui sera donné à William Bonin. Ce dernier marquera lui aussi les annales des tueurs en série des autoroutes de l'Ouest américain, violant et étranglant des dizaines d'adolescents en Californie du Sud, à l'aide de différents complices. Mais son meilleur complice reste le labyrinthe mis à sa disposition par les autoroutes sud-californiennes, des méandres qui lui permettent de disparaître aussitôt après avoir frappé.

Conducteur de poids lourd, Bonin connaît les routes et autoroutes de Californie à la perfection. C'est son territoire, et c'est sur leurs bas-côtés qu'il sélectionne ses victimes. Interpellé en 1969, il est incarcéré pour avoir violé plusieurs garçons après les avoir menottés et avoir tenté de les étrangler. Il les a enlevés dans son van vert qui rappelle étrangement celui de Chanal. On peut même se demander si ce dernier ne s'en est pas inspiré.

Libéré rapidement, il récidive tout aussi rapidement et se refait prendre, cette fois en flagrant délit, mais il est à nouveau libéré à la suite d'une erreur administrative. Alors il décide que personne ne témoignera plus jamais contre lui. À partir de là, c'est l'escalade. Le massacre commence. Désormais, les corps de jeunes hommes, nus, sauvagement violés puis assassinés, seront découverts abandonnés sur le bas-côté des autoroutes ou dans des bennes de stations-service et d'aires de repos, comme celui de cet étudiant allemand qui traversait en stop les États-Unis et qui mourra, criblé de soixante-dix-sept coups de couteau, après être monté dans le véhicule de Bonin.

Ainsi, pendant des années, les corps de jeunes garçons seront retrouvés le long des autoroutes californiennes. Il y aura ceux de la Ventura Freeway, ceux de l'Ortega Highway, celui retrouvé au croisement de l'Ortega avec l'autoroute Interstate numéro 5, ceux à la jonction des autoroutes 210 et 605, ceux près de l'autoroute de Santa Monica, ceux sur Ortage Highway ou encore au bord de la Pacific Coast Highway. Dans un premier temps, la police s'en désintéresse ; après tout, il ne s'agit « que » d'homosexuels. Mais un journaliste, Maloney, décide de révéler l'affaire afin d'avertir les auto-stoppeurs de la présence d'un redoutable prédateur, considérant que ceux-ci, en danger de mort, ont le droit de savoir qu'ils risquent leur vie. C'est Maloney qui baptise le tueur « Freeway Killer ». Dans un premier temps, les autorités vont tenter de le discréditer, prétendant qu'il s'agit d'une invention. C'est sans compter sur les autres médias qui lui emboîtent bientôt le pas et se déchaînent autour de l'affaire du mystérieux « tueur des autoroutes ». Et ils ont de quoi faire... Les meurtres se succèdent, des corps sont découverts sur Artesia Highway et à nouveau Ortega Highway. Pour les policiers, il sera « l'étrangleur de la Californie du Sud ». On ne saura jamais combien de victimes il a pu égrainer ainsi, le long des autoroutes qu'il parcourait avec son van vert, mais aussi comme chauffeur de poids lourd. Placé sous surveillance policière à la suite du témoignage accablant de l'un de ses complices, il sera interpellé en flagrant délit de viol sur un jeune homme qu'il vient d'embarquer à bord de son van. Ce qui rappelle singulièrement l'affaire Chanal.

Bonin admettra vingt et un meurtres et sera suspecté d'au moins vingt autres. Mais l'enquête ne parviendra jamais à son terme. William Bonin meurt en prison, et parfois, il faut bien admettre que l'histoire se répète : plus de vingt ans après, Chanal, lui aussi, mourra en prison, où il se suicidera.

Auparavant, Bonin sera néanmoins parvenu à convaincre certains de ses nombreux complices de continuer à tuer et à abandonner des corps au bord des autoroutes californiennes, laissant ainsi croire que le Freeway Killer est toujours libre. La supercherie sera découverte, et pourtant les meurtres se poursuivent... Un second tueur du même type écume les routes de Californie du Sud. Dans l'ombre de William Bonin se trouvait Randy Kraft, un autre tueur d'homosexuels. Celui-ci sévissait sur les mêmes autoroutes que Bonin, et profitait de la même complicité que son « collègue », celle du labyrinthe qu'offrent les autoroutes sud-californiennes. Il sera interpellé trois ans après l'étrangleur, trois années durant lesquelles ses meurtres se sont confondus avec ceux de Bonin. Protégé par son ombre, il est passé au travers des enquêtes. Entre-temps, il aura tué trente-deux personnes et se préparait à en frapper des dizaines d'autres dont les noms étaient déjà soigneusement consignés sur une liste codée retrouvée chez lui. Quand on dit que dans l'ombre des tueurs d'autres se cachent...

Internés dans le même centre pénitentiaire, Bonin et Kraft auraient, dit-on, joué aux cartes ensemble. Peut-être discutaient-ils alors de la carte de leurs crimes, s'amusant des confusions qu'ils ont pu entretenir... tout en se détestant cordialement.

Bonin et Kraft ne sont pas les seuls à avoir écumé les freeways des États-Unis à la recherche de proies. Cela fait longtemps que les Américains ont compris ce problème et tentent d'adapter leurs techniques d'enquête à la traque de ce type de prédateurs. Les meilleurs s'y sont cassé les dents pendant des années, tels les profileurs et analystes comportementaux du FBI, rendus célèbres par le film *Le Silence des agneaux*, inspiré d'histoires vraies, notamment celle de Gary Ridgway, « le tueur de la Green River »

– « le tueur de la Rivière verte » –, qui officiait sur les autoroutes de Seattle et a tenu en échec tous les profileurs et analystes du FBI pendant près de vingt ans... parce qu'il ne correspondait pas au profil qu'ils avaient dressé !

Le tueur de la Highway 99

Partons pour Seattle, sur l'autoroute 99, au début des années 1980, plus précisément au sud de Seattle, à la rencontre de Gary, cet employé modèle qui peint des décorations sur des poids lourds. De temps en temps, il s'interrompt pour aller jeter un coup d'œil à son pick-up bleu, sur le parking. Puis il reprend son travail, songeant avec délices au corps féminin enfermé dans son coffre, auquel, ce soir, il fera subir les pires outrages. L'enchaînement de ses pensées le ramène ensuite à son père lorsqu'il le conduisait à l'école, au volant de son car, vociférant contre les prostituées qui envahissaient la Pacific Highway, notamment aux abords de l'aéroport international, qu'il devait emprunter chaque jour. Petit à petit, les racoleuses s'étaient approprié cette portion d'autoroute, si bien qu'elle avait été surnommée « le Strip ». Jour après jour, entre dégoût et intérêt, le nez collé à la vitre, le petit Gary les observait. À cette évocation, l'excitation de l'employé de Seattle ne fait qu'amplifier. D'autant qu'il est toujours partagé entre goût et dégoût pour ces filles interdites qu'il a fini par fréquenter avec assiduité. Ces prostituées qu'insultait son père, lui, il les possède jusqu'à la mort. Il en débarrassera le Strip, puis d'autres portions d'autoroutes.

Surnommé « le tueur de la Rivière verte » parce qu'il abandonne les corps de ses victimes sur les berges de la Green River, Gary Leon Ridgway est un tueur itinérant.

Au volant de son pick-up, il sillonne les autoroutes à la recherche de femmes avec lesquelles il peut envisager une relation sexuelle suivie d'une mise à mort. Identifié au terme de vingt ans d'enquête grâce à des tests génétiques, il est officiellement crédité de quarante-huit assassinats, et officieusement de plus de soixante-dix. Ce prédateur a commis tant de meurtres en quelques années que les policiers passeront plus de temps à ramasser ses victimes, rechercher des indices et tenter de protéger les « travailleuses de l'autoroute » qu'à le poursuivre. Soulagés quand, enfin, après des mois de massacre, les crimes cessent sur la Highway 99, ils comprennent bientôt que l'accalmie n'était qu'illusoire. Comme tous les tueurs en série, Gary s'adapte, et l'hécatombe reprend au bord d'autres autoroutes, là où policiers et agents du FBI ne grouillent pas… Il change de terrain de chasse. Désormais, c'est à proximité de l'aéroport, puis de la White River – la Rivière blanche – que des corps sont retrouvés, ceux des racoleuses du Strip, puis de l'autoroute 410 ou de la 18.

Au départ, les policiers ne croient pas à un lien entre ces meurtres et ceux de la Green River. Mais la topographie des lieux et les circonstances sont si semblables qu'ils finissent par se résoudre à rapprocher ces deux séries de crimes.

Malgré l'importance des forces de police déployées, rien n'arrête la frénésie meurtrière du tueur de la Green River. Sur les bords des autoroutes I-90, 18, 140, 410, le massacre continue. Et le tueur modifie encore ses habitudes. Les prostituées sont-elles moins nombreuses, plus méfiantes ? Il s'attaque désormais à toute femme croisée dans ces zones, serveuse, étudiante, mère de famille, autostoppeuse… toutes font l'affaire. Et son tableau de chasse s'accroît encore et encore, au point d'exciter la jalousie et la colère de Ted Bundy[1], considéré à l'époque comme le pire prédateur américain.

Serial killer et… profileur !

Ted Bundy craint-il pour sa couronne ? Ou cherche-t-il simplement le moyen de négocier le report de son exécution ? Le voici qui tente de convaincre Bob Keppel, agent du FBI, que son aide de tueur en série itinérant expérimenté pourrait lui être utile pour interpeller le tueur de la Green River ! Du fond de sa cellule en Floride, Monsieur se voudrait consultant ès serial killers ! Il offre au FBI d'expliquer comment « ils » fonctionnent et des agents iront effectivement l'interroger. Mais ses « consultations » ne seront d'aucune utilité. Il sera exécuté, et Gary Ridgway poursuit ses crimes.

Quant aux fameux profileurs qui travaillent sur le dossier de la Green River, ils écartent Gary Ridgway des suspects. L'homme ne correspond pas au profil établi, même si son pick-up ressemble bien à celui aperçu lors des enlèvements, et le tueur passe allègrement au travers des mailles du filet jusqu'en 2001.

En avril 2001, le nouveau shérif en poste décide d'élucider cette affaire vieille de vingt ans. Il constitue une nouvelle équipe d'enquêteurs, recourt à des méthodes de police technique de pointe. Dès septembre 2001, de vieux prélèvements effectués sur des victimes révèlent le profil génétique du tueur de la Rivière verte, et contre toute attente, il s'agit de… Gary Ridgway. Ainsi, le mari et

1. Theodore Robert Bundy, surnommé le « tueur de femmes », est le plus célèbre des tueurs en série américains. Beau et intelligent, il fut l'un des dix criminels les plus recherchés par le FBI.

employé modèle, qui ne correspondait pas au profil établi par les analystes du FBI, est bien le tueur en série de la Highway 99, le tueur de la Green River ! Sur le conseil de ses avocats, qui négocient avec le procureur les aveux de leur client contre une peine d'emprisonnement à perpétuité et lui évitent ainsi d'être exécuté, Gary avoue quarante-deux meurtres sur les quarante-huit qui lui sont reprochés et les soixante et onze supposés. Quarante-deux meurtres perpétrés en moins de huit ans ! Sans émotion, il détaille les actes auxquels il s'est livré, fournit des indications qui orientent les enquêteurs vers de nouveaux sites où ils mettent au jour les corps de victimes introuvables jusque-là. Mais combien de ses meurtres demeureront impunis ?

Parmi les nombreux tueurs en série américains, Ridgway est l'un des seuls qui suscite un intérêt au-delà des frontières depuis le début du XXIe siècle. Cela tient-il à la diffusion de ses aveux filmés, des aveux vides d'émotion ? À l'image de son procès ? À la psychose qu'il créa ? Ou à la véritable chasse à l'homme qui a été menée pendant tant d'années ? Personne, pourtant, ne s'interroge sur les stratagèmes de cet homme. Comment a-t-il pu échapper au bataillon de policiers et autres agents du FBI qui quadrillaient la région ? Voilà ce qu'il faudrait étudier, analyser, afin de se doter d'outils de prévention à la hauteur de ces tueurs redoutables parce que se fondant dans la circulation…

Les profileurs américains ont raison de redouter ces freeways killers. Extrêmement difficiles à repérer, ils comptabilisent de fait les plus longues séries de victimes et bénéficient d'une longévité criminelle hors norme. Les pires étant les camionneurs, ou les livreurs comme Robert Charles Browne, autre exemple de ces tueurs. Ce livreur de fleurs traversait le pays de part en part. Interpellé pour le meurtre d'une fillette, il décide de passer aux aveux, mais ce ne seront pas ceux qu'on attendait, pas seulement... Il confessera aux enquêteurs qui, depuis, ont vérifié ses dires, pas moins de quarante-huit meurtres commis dans les années 1970, 1980 et 1990... !

Il en existe d'autres, beaucoup d'autres, dont on ne sait pas encore l'identité. Mais on connaît déjà leurs premières victimes, comme au sud de la Louisiane où les corps de cinq hommes asphyxiés ont été retrouvés à proximité de ponts de l'US 90, faisant redouter la présence d'un nouveau freeways killer. Ou comme ce tueur des aires de repos des highways, recherché à travers tout le pays, qui s'attaque aux victimes les plus exposées, les prostituées des aires d'autoroute. Son terrain de chasse couvre les quatre coins du pays, d'État en État. Il choisit des femmes doublement méprisées parce que d'origine indienne ou hispanique. La série est indiscutable, le tueur plaçant d'une manière très reconnaissable les corps qu'il abandonne au bord des grandes autoroutes américaines.

On pourrait se demander s'il n'existe pas une connexion entre ces meurtres et ceux de la Highway 16, au Canada...

The « Highway of Tears »

Les Canadiens non plus ne sont pas épargnés par ces tueurs itinérants. On croit trop souvent les victimes réduites au silence par leur mort ou leur disparition. Ce n'est pas tout à fait exact. Même disparues, ce sont elles qui les dénoncent... en se multipliant. Elles nous alertent, nous parlent de leur meurtrier, de ses manies, de ses préférences. Il suffit de les écouter, d'étudier les circonstances de leur disparition, de leur mort, les traces qu'elles portent, leur origine, les lieux où elles ont croisé le tueur. Et sur ces autoroutes où, logiquement, il ne peut y avoir d'autres morts que celles occasionnées par des accidents de la circulation, elles peuvent même nous permettre de suivre sa piste en balisant ses parcours. Sur la Highway 16, par exemple, ce balisage se concrétise par des panneaux-souvenirs qui nous rappellent à tout moment la présence d'un ou plusieurs prédateurs parmi nous.

À la sortie de la ville de Prince Ruppert, sur la Highway 16, les parents de Tamara déposent des fleurs à l'endroit où elle a disparu après avoir fait du stop. Des parents qui redoutent chaque jour l'annonce d'une nouvelle disparition, d'un autre meurtre, sur cette voie qu'ils ont surnommée « the Highway of Tears » – l'autoroute des Larmes. Alors ils déposent des fleurs de plastique pour se souvenir de leur disparue, mais aussi pour « que chaque fois qu'il passe devant l'endroit, celui qui l'a prise en stop se remémore son acte et sache qu'on n'aura de cesse de le retrouver ». Peut-être aussi que ces simples fleurs sauront réveiller le courage de ceux qui savent quelque chose et ne témoignent pas.

D'autres parents, comme eux, n'ont comme seul moyen d'action que de modestes fleurs de plastique déposées le long de l'autoroute des Larmes, au lieu même où leur fille, leur sœur, leur mère a disparu. Parfois, un panneau accompagne le bouquet. À l'intérieur d'un profil humain en ombre chinoise, un chiffre fatidique, le « numéro d'ordre » de la victime.

Mais combien de bouquets ? Combien de victimes ?

Depuis 1989, elles sont officiellement neuf, âgées de quinze à vingt-cinq ans. Mais le désintérêt et l'inaction des autorités peuvent laisser redouter un recensement nettement sous-évalué. Le chiffre officieux serait donc bien plus élevé, bien plus inquiétant. Selon Amnesty International ou les associations locales, les victimes sont en effet beaucoup plus nombreuses. Cependant, comme il s'agit de « citoyennes de seconde zone », d'origine modeste et, surtout, indienne, des *natives* comme on les désigne, elles se sont volatilisées dans le silence et l'anonymat. Si bien que le décompte est impossible à établir.

Celles de l'autoroute A6, que les autorités se sont acharnées à présenter comme des prostituées, lesbiennes ou fugueuses, des citoyennes de seconde zone, sont-elles si différentes de leurs sœurs canadiennes ? Leur origine et leur niveau social justifieraient-ils le manque d'intérêt porté à leur sort ? Justifieraient-ils leur mort ?

Briser le silence !

Pour les proches des jeunes filles disparues, il faut briser le silence. Pour que les jeunes filles qui auraient l'intention de faire du stop au bord de la Highway 16 soient informées du danger. Ce que les autorités françaises n'ont jamais fait concernant les meurtres de l'A6, mais aussi d'autres séries de meurtres à proximité de cette autoroute. Une de plus, une de moins… peu importe. Ces filles de mineurs, de smicardes, d'assistantes à domicile ne sont rien, et rien qui meurt, c'est toujours rien… Pas de quoi déplacer ou mobiliser des enquêteurs trop occupés par des dossiers plus sérieux sans doute… ni les politiques retenus dans on ne sait quelle réunion. Pas la peine de briser le silence. Surtout ne pas briser le silence, ce serait, pour sûr, un crime.

Tamara est le porte-drapeau des Canadiennes disparues ou retrouvées assassinées au bord de la Highway 16. Elle avait vingt-deux ans, revenait d'une fête organisée par des amis, à laquelle elle s'était rendue en stop, et espérait rentrer de la même manière. Elle avait entendu parler des disparitions de la Highway 16, mais elle avait l'habitude de faire du stop, possédait quelques notions d'autodéfense et tenait à se rendre à cette fête. Quand on n'a pas de moyens, on fait avec ce qu'on a ! Elle était partie pour s'amuser, mais aujourd'hui son petit garçon de deux ans attend toujours son retour, sa maman s'est volatilisée. Elle se sentait de taille, or il ne faut pas se tromper, personne ne l'est face à de tels prédateurs. Tamara, ce si joli prénom, figure aujourd'hui au bas de la liste des victimes du tueur de la Highway 16. Ne subsiste d'elle qu'un panneau de bois avec un chiffre, accompagné d'un bouquet de fleurs de plastique délavées, qui ont perdu leurs couleurs à force d'intempéries, comme si elles se décomposaient au rythme des corps invisibles des disparues.

Mais leurs parents se battent. Leurs voix sont arrivées jusqu'à nous pour nous dire leur drame, pour nous dire l'absence d'intérêt des autorités, pour nous dire que partout le désintérêt pour les victimes est le même. Qu'il faut chaque fois que les parents se mobilisent, que les victimes se réunissent et développent des quantités surhumaines d'énergie pour qu'enfin les autorités décident de faire quelque chose, à contrecœur et souvent trop tard…

Alors, que reste-t-il aux parents ? Toujours le même moyen : alerter l'opinion via les médias, organiser une marche pour briser le silence, pour savoir, pour que leur droit à la vérité soit respecté. Les autochtones de Colombie-Britannique se sont révoltés. Devant l'indifférence des pouvoirs publics, face à tant de promesses non tenues, ils ont organisé une marche pour dénoncer l'inaction et l'inertie des autorités. Finalement, seize enquêteurs de la police canadienne ont été détachés. En France, aucun.

Elles ont disparu en sortant de cours, en faisant du stop, certaines réapparaîtront, ou plutôt leurs cadavres. Quatre à proximité de la Highway, dissimulés dans des fourrés. S'agit-il de corps moins bien dissimulés, d'une série différente ? Nul ne le sait. Pour les enquêteurs, il n'y a pas de tueur en série sur la Highway 16, mais plusieurs meurtriers isolés, et ce même si l'on retrouve des éléments communs à plusieurs dossiers. Pourtant, comme sur l'A6, les tueurs en série sur les axes routiers et autoroutiers existent. Et si quatre jeunes filles ont été retrouvées assassinées, cela laisse bien peu d'espoir pour les autres…

Parfois, un second panneau est venu rejoindre le premier. Il s'agit d'appels à témoin, ils portent un numéro de téléphone et une garantie, celle d'assurer l'anonymat de ceux qui fourniront des éléments. Une façon de plus d'avertir les éventuelles auto-stoppeuses du danger qui les guette… et de concrétiser les traces sanglantes du tueur.

Ces tueurs itinérants sont nombreux de par le monde, impossible de tous les observer. Mais on peut affirmer qu'aucun continent n'est épargné par le phénomène. Ainsi, sur le continent africain, des tueurs en série sévissent sur les autoroutes sud-africaines, comme ce tueur de jeunes femmes recherché depuis octobre 2002. Sa première victime a été découverte à proximité de l'autoroute R28, violée et assassinée, puis ce fut au bord des autoroutes N1, R21, R28 à nouveau et ainsi de suite… De même en Australie, où Ivan Milat, surnommé le « Backpack Murderer » – « le tueur de sac à dos » –, est responsable de la mort d'au moins sept auto-stoppeurs entre 1989 et 1993, dans la Nouvelle-Galles-du-Sud, mais on lui en attribue au moins vingt. Il embarquait des personnes seules ou en couple le long des autoroutes australiennes. Il les violait, les tuait à coups de couteau, à l'arme à feu ou par strangulation, puis les décapitait et les enterrait dans la forêt de Belango State, mais conservait toujours des objets de ses victimes, comme des trophées de chasse. Interpellé en 1994 à la suite d'un témoignage, il a été condamné à la prison à vie.

Nos tueurs n'ont donc rien inventé. Les meurtres au bord des grandes voies de communication ont toujours existé, et nier l'existence de tels prédateurs sur nos autoroutes sillonnées de touristes, de commerciaux, de chauffeurs et de délinquants ou criminels de toute l'Europe, est totalement irresponsable… et parfois impossible, quand d'autres pays sont intéressés par l'enquête.

Cette fois, c'est sur l'autoroute A10 que nous mène notre étude, précisément sur l'aire de Chermignac, en Charente-Maritime, le 25 juin 2001. Des gendarmes du peloton autoroutier de Saintes s'apprêtent à installer un radar, mais ils abandonnent bien vite leur projet. Ce jour-là, les automobilistes ne commettront pas d'excès de vitesse sur cette portion d'autoroute. Des gyrophares sont visibles de loin. Un ralentissement permet sans doute aux curieux de jeter un coup d'œil, mais ils ne verront pas le cadavre que les gendarmes viennent de découvrir, celui d'une jeune femme de vingt ans gisant à moitié nue dans le fossé. L'autopsie révélera qu'elle a été étranglée après avoir subi des sévices sexuels. La victime n'a pas de papiers, mais une demande d'asile qu'elle avait déposé à l'Office français des réfugiés va permettre son identification. Il s'agit de Sandra, une prostituée qui exerçait à Bordeaux. Une fois de plus, la thèse du règlement de comptes lié au milieu de la prostitution est privilégiée. Mais faut-il vraiment perdre du temps et mobiliser des moyens et des enquêteurs sur ce type de dossier ? Cela étant, une autre piste aurait dû être privilégiée. La jeune femme vendait parfois ses charmes à côté du Marché d'intérêt national à Bordeaux, un lieu où défilent toute la nuit des dizaines de camions à destination des quatre coins de France et d'Europe. Une piste à creuser. Mais l'enquête va au contraire sommeiller, rangée parmi d'autres du même type. Heureusement, les Espagnols auront plus d'obstination, plus de flair, ou plus de chance…

Le tueur au Polaroid

Plus que jamais, pour les tueurs en série, l'autoroute est un terrain de chasse privilégié. S'y croisent des véhicules de toutes nationalités, circulant en totale liberté, venant de tous les horizons. Parmi eux, des camions de toutes les origines, tel, par exemple, celui de ce chauffeur en provenance d'Allemagne. Un routier comme les autres, qui sillonne l'autoroute pour charger ou livrer ses cargaisons en Europe, rencontre les mêmes difficultés que ses collègues, avaries diverses, vols de cargaison ou de carburant, solitude. Pour la distraire, il a accroché dans un coin de sa cabine des photos de femmes, comme le font tant de routiers… Sauf que les siennes sont celles de femmes mortes, assassinées… ses victimes. Il est l'exemple même de ce type de routiers tueurs itinérants, invisibles, qui se fondent dans la masse des transporteurs. Rapidement surnommé par les médias le « tueur au Polaroid », il sera interpellé en novembre 2006 par les autorités allemandes, à la demande des autorités espagnoles.

L'homme se nomme Eckert Volker. Ce chauffeur routier aurait tué au moins trois jeunes femmes en Espagne, autant en France et en Allemagne. La dernière en date est une jeune Bulgare de vingt ans dont le cadavre a été retrouvé le 3 novembre 2006 en Catalogne, sur l'AP7. La victime de trop ! La victime fatale !

Les policiers espagnols enquêtaient déjà depuis un mois sur la mort d'une autre prostituée retrouvée le 4 novembre 2006 dans un fossé bordant l'autoroute reliant Barcelone à Perpignan. Ils rapprochent les deux affaires et parviennent à établir l'identité du tueur grâce aux enregistrements d'une caméra de surveillance privée bien indiscrète. L'homme se fait avoir bêtement ! La caméra a filmé par hasard une scène banale et triste de la vie nocturne des aires et parkings d'autoroute. On y aperçoit le véhicule qui s'arrête, puis les dernières images d'une prostituée entrant dans ce camion dont les plaques d'immatriculation sont visibles. La police catalane remonte alors rapidement à son propriétaire, obtient l'identité du conducteur et apprend que celui-ci a pris son chargement dans la périphérie de Barcelone pour le ramener à Cologne. Les services espagnols adressent alors aux autorités allemandes un mandat d'arrêt européen à l'encontre d'un certain Eckert Volker. Il est interpellé le 17 novembre 2007 à Cologne où il sera surnommé « le tueur au camion ». Ils déclenchent ainsi une vaste enquête internationale couvrant tous les pays traversés par Volker et, au premier titre, l'Allemagne. Les policiers allemands sont à leur tour saisis d'une enquête sur le suspect et découvrent rapidement qu'il s'est livré, dès l'adolescence, à des actes de violence sur les femmes. Ils le soupçonnent en outre de trois meurtres à la frontière tchèque. Combien d'autres encore ?

L'homme avoue rapidement les faits reprochés, il lui est difficile de les nier devant ces clichés macabres montrant ses victimes les yeux fermés, le visage bouffi, qu'il a réalisés à l'aide d'un Polaroid et que les enquêteurs ont retrouvés épinglés dans la cabine de son camion, annotés de phrases obscènes, tels de monstrueux trophées de chasse. Et c'est en se délectant de ces photographies qu'il sillonnait routes et autoroutes, croisant nos véhicules.

Les photos sont-elles des trucs de camionneurs ? Dans les années 1990, Robert Rhoades écumait les autoroutes américaines à la recherche de femmes à tuer à l'aide de son kit de torture. Dans le compartiment couchettes de son camion, transformé en chambre des sévices, il violait, martyrisait et tuait ses victimes, puis il leur coupait les cheveux. Sa carrière a pris fin le 1er avril 1990 en Arizona, lorsqu'un policier des autoroutes, remarquant le semi-remorque garé sur le bas-côté, s'est approché pour vérifier que le routier n'avait pas besoin d'aide. Il aura la surprise de trouver une femme menottée et enchaînée. Chez le tueur, les policiers découvriront des photographies de ses victimes, prises à chaque étape de son scénario de mort. L'une de ces femmes, retrouvée sur le bas-côté de l'I-70 dans l'Illinois, sera ainsi photographiée au fur et à mesure qu'elle est dénudée, puis lors de ses derniers moments. Les ultimes clichés montrent le corps au bord de l'autoroute. Les policiers mettent également la main sur les bijoux de ses victimes, dont certaines ont été retrouvées au bord de l'I-10 ou de l'I-15.

Volker et Rhoades, deux bonnes caricatures de tueurs fétichistes… Parce qu'il faut être sacrément dérangé pour conserver de telles preuves de ses crimes !

Mais ce n'est pas tout, les photos ne suffisaient pas à Volker. Il avait aussi besoin de garder d'autres trophées de ses chasses, quelque chose de palpable ayant appartenu à ses victimes. Alors il conservait des mèches de cheveux et des bouts de tissu prélevés sur leurs corps. Ces trophées l'ont désigné aussi sûrement que des témoins, via diverses expertises génétiques. Cependant, la liste de ses victimes est loin d'être close. Demeurent en effet des photographies ou des mèches de cheveux non identifiées, saisies à son domicile ou dans son camion. Volker ne fournit pas d'éléments sur ces inconnues, il faudra donc effectuer des recherches à travers toute l'Europe. Rien de plus difficile, tant sa carrière est déjà longue. Même si son mode opératoire, assez immuable, devrait faciliter l'identification des autres victimes.

Volker repérait des jeunes filles au bord des autoroutes, sur des aires de repos, qui semblaient se livrer à la prostitution. Il les invitait à bord de son camion et, après un rapport sexuel, il les dénudait, les attachait, les étranglait et les photographiait. Il leur arrachait ou coupait une mèche de cheveux et un morceau de vêtement, qu'il conservait dans une boîte en fer, puis il déposait leurs corps dans le fossé d'une autoroute, à distance du lieu où sa victime était montée.

Les confessions qu'il a livrées ne sont certainement pas complètes. Tel est, en tout cas, le sentiment de certains enquêteurs. Lors de ses aveux, il a précisé avoir débuté sa série meurtrière en France. Son premier meurtre aurait eu lieu à Bordeaux, en 1999 ; il aurait ensuite tué deux autres femmes, en 2001, en Espagne. Puis il aurait recommencé dans l'Aisne en octobre 2006, pour s'attaquer ensuite à la jeune Bulgare qui lui vaudra son arrestation. Mais les policiers français envisagent son implication dans la disparition et le meurtre d'une jeune femme à Reims, le 2 octobre 2006. Ils attendent des éléments de la part des autorités allemandes, via Interpol. Des démarches qui prennent du temps, trop pour les familles… On peut cependant se demander si Volker n'était pas déjà sur les routes françaises lorsque certaines autres jeunes femmes y ont été retrouvées sans vie.

Car il est clair qu'il ment, ou qu'il joue avec les enquêteurs.

Il n'a pas commencé sa carrière de tueur en France en 1999, mais en ex-RDA, à l'âge de quinze ans, en 1974. Sa victime n'avait que quatorze ans. À l'époque, l'enquête avait conclu au suicide de l'adolescente. Quatre ans plus tard, il s'en prend à une femme qui aurait repoussé ses avances et tente de l'étrangler. Il est alors condamné à six ans de réclusion. En 1989, le mur de Berlin tombe et les archives pénales de l'ex-RDA sont perdues... Son casier judiciaire redevient vierge. Ainsi, lorsque Volker avoue ces meurtres, il se contredit. La victime de Bordeaux n'était donc pas la première. Du fait de ce mensonge avéré, les polices européennes vont tenter de reconstituer le parcours macabre du routier allemand. On sait qu'il a longuement fréquenté les routes du nord de l'Italie où quarante et un meurtres demeurent mystérieux. Mais l'enquête progressant peu à peu, l'intuition des policiers se révèle exacte : ce n'est pas six, mais de dix-neuf à trente-trois meurtres qu'il aurait commis, selon les versions.

Dans l'ombre de Volker... un autre tueur était caché

Mais comme souvent lorsqu'on a affaire à des tueurs itinérants, donc susceptibles de se croiser sur les mêmes voies de circulation, dans l'ombre du « tueur au Polaroid », un autre tueur des autoroutes était tapi. Chauffeur routier comme Volker, il s'attaquait lui aussi à des prostituées. Et c'est une tentative avortée sur une jeune femme qui, saine et sauve, va témoigner contre lui et aider les policiers à établir un portrait-robot décisif, qui mettra fin à son parcours macabre. Il laissait ses victimes à proximité d'autoroutes très fréquentées. S'est-il inspiré d'articles parus sur les meurtres inexpliqués de prostituées au bord des autoroutes allemandes, désormais attribués à

Volker ? A-t-il voulu fondre ses propres meurtres dans ceux du tueur inconnu ? Ses victimes étaient, semble-t-il, uniquement localisées en Allemagne, mais en réalité, rien n'est moins sûr ! À l'occasion d'un déplacement à l'étranger, il a pu commettre, lui aussi, des crimes qui pourraient, à tort, être portés à l'actif d'autres tueurs.

Lorsque plusieurs criminels se côtoient ainsi sur les routes, il est difficile de les distinguer avant de les avoir interpellés. Sauf si leur mode opératoire est très facilement repérable, ce qui est loin d'être toujours le cas. De sorte que certains peuvent totalement disparaître derrière la série d'un autre. En outre, la présence de deux tueurs s'attaquant aux mêmes victimes, à la même période et avec des véhicules peut-être identiques, est source d'erreurs et de difficulté dans des enquêtes souvent peu considérées…

Difficile aussi de ne pas confondre les victimes de l'un et de l'autre. Celui-là avoue trois meurtres et la tentative de meurtre sur celle qui l'a confondu. Des tests génétiques sont venus confirmer les affirmations de la jeune femme. Mais les policiers ne sont pas dupes, de nombreuses autres vérifications sont en cours.

Ce qu'il faut retenir, c'est qu'il y avait, en 2006, au moins deux tueurs en série itinérants sur les autoroutes allemandes et/ou, européennes. Nous avons pu les croiser. Ne croyons pas qu'ils n'auraient pas pu s'en prendre à d'autres femmes qu'à des prostituées…

Retour aujourd'hui en Charente-Maritime, sur l'aire de Chermignac, sur l'autoroute A10, direction Saintes. Le parquet a ordonné la réouverture de l'enquête sur la découverte du cadavre de cette jeune prostituée sur le bas-côté de l'autoroute. Tenant compte des aveux de Volker Eckert, au cours desquels il a précisé avoir commis son premier meurtre en 1999 à Bordeaux, les enquêteurs ont procédé à des recoupements entre les affaires de la région de Bordeaux, sans résultat. Aucune affaire ne correspond à celle décrite par « le tueur au Polaroid ». Mais celle de la jeune Sandra dont le corps a été découvert sur l'aire de Chermignac pourrait bien, elle, correspondre à ses déclarations et à son mode opératoire.

Sandra était d'origine nigériane et se vendait sur les trottoirs bordelais. Elle travaillait parfois à proximité du Marché d'intérêt national de Bordeaux, où défilent des dizaines de camions. Pour l'instant, nous en sommes à trois victimes en France, mais Sandra devrait venir allonger cette liste macabre. Des comparaisons génétiques confirmeraient qu'elle a bien été violée par Volker. Depuis, les enquêteurs du SRPJ de Toulouse se penchent sur une autre affaire du côté de Tarbes. Mais à quoi aboutiront-elles, ces enquêtes, à présent que Volker est mort ? Car il s'est suicidé dans sa cellule.

Ce que l'on peut cependant retenir, c'est ce qu'il aurait confié aux enquêteurs lors de son arrestation : « Je suis heureux que vous m'ayez trouvé, je ne pouvais plus m'arrêter de tuer, ça ne pouvait plus durer… »

Les victimes balisent de leurs corps le passage de ces tueurs le long de nos axes autoroutiers. Mais personne n'en tient vraiment compte. Pourtant, abandonnées là dans le fossé, tels de vulgaires déchets, elles tentent de nous alerter, d'alerter les autorités… sans vraiment y parvenir. On les oublie facilement, trop facilement, considérant qu'il ne s'agit que de cas exceptionnels, isolés, concernant la plupart du temps des prostitués hommes ou femmes, des auto-stoppeurs, des étrangers ou des clandestins… Pas de quoi s'alarmer ! Ce ne serait pas un danger spécifique à ces voies, et ne nécessiterait donc pas la mise en place de mesures propres à ces situations.

Faux.

Qui a tenté de dénombrer les découvertes de cadavres depuis vingt ans sur nos axes autoroutiers ? Y a-t-il un tueur des aires d'autoroutes ? Y a-t-il un ou plusieurs tueurs en série sur l'A6 ? Sur d'autres autoroutes françaises ? Combien de meurtres sur ces aires sinistres ? Combien de ces affaires ont effectivement été élucidées ? Combien d'affaires dans lesquelles des victimes ont été enlevées à proximité d'un tel axe, et découvertes à distance de leur lieu d'enlèvement ? Que fait-on des victimes dont les cadavres ont été retrouvés à peu de distance de l'autoroute, mais à proximité de bretelles de sortie, dans des forêts avoisinantes, des étangs ?

Il y a bien des criminels attachés à ces voies de circulation. Et tandis que l'on ramasse çà et là des corps martyrisés, méprisés, parfois même enterrés sous X parce que méconnaissables ou sans papiers d'identité, eux continuent de sillonner notre pays. Ils partent de Bordeaux, de Toulouse, de Paris, de Dijon ou de Lille, parfois de villes étrangères, traversent plusieurs régions, commettent leurs forfaits et rentrent chez eux le soir même à des kilomètres des faits. Il suffit d'avoir un véhicule en état, un plein d'essence, et l'on peut sans difficulté enlever ou tuer une victime à plusieurs centaines de kilomètres de chez soi, passer des frontières, l'abandonner en d'autres lieux et rentrer paisiblement. Pire, on peut partir plusieurs jours en chasse à travers toute l'Europe et demeurer totalement invisible en dormant dans une camionnette aménagée ou la cabine d'un camion garé sur une aire. Dès lors, les enquêteurs se retrouvent à travailler sur des distances qui se rapprochent des grandes étendues américaines, grâce à un espace européen libre, sans frontières, où l'on peut circuler en toute liberté. C'est à cette échelle qu'il faut désormais envisager les déplacements de certains tueurs en série le long des voies rapides.

Considérée comme l'autoroute la plus fréquentée, l'A6 est au cœur du réseau autoroutier européen. Son centre névralgique se trouve à l'échangeur de Beaune, sur la plus grande aire d'Europe, où touristes et routiers de tous pays se croisent. De ce fait, elle rivalise avec certaines des grandes voies de circulation nord-américaines. Mais sa situation fait qu'elle concentre également une grande partie des criminels autoroutiers que nous redoutons. Les autres axes la rejoignent tous à un moment ou à un autre. Sommes-nous alors assurés que la surveillance est suffisante, et que les moyens qui lui sont consacrés le sont ?

Ne serait-il pas utile de mettre en place un véritable centre névralgique de la délinquance criminelle sur ces axes autoroutiers ? Un centre composé de spécialistes compétents sur l'ensemble du réseau, seuls habilités à se saisir d'une agression criminelle sur l'autoroute et à mener l'enquête, quelle que soit la région où elle a été perpétrée ? Une sorte de pôle des agressions criminelles autoroutières, une espèce de « Rosny-sous-Bois » du crime, capable de traquer les criminels qui sévissent sur ces voies et de les suivre sur la totalité de leur terrain de jeu. Un pôle de surveillance indépendant, comme eux, du découpage géographique des juridictions.

Nombre de tueurs en série, français ou étrangers, ont agi sur nos autoroutes, soit qu'ils y ont directement exécuté leurs victimes, soit qu'il les y ont sélectionnées pour les abandonner en d'autres lieux, soit encore que, mettant à profit notre réseau, ils ont pu couvrir de longues distances pour frapper loin de chez eux, le plus loin possible, bénéficiant du fait que les enquêtes resteront centralisées sur la région de découverte de leurs victimes. Certains de ces prédateurs sont tellement assoiffés de victimes qu'ils étendent leurs chasses à d'autres axes de circulation, nationales, départementales, etc. Et si vous ne les avez pas croisés sur une autoroute, c'est qu'ils étaient peut-être encore plus proches de vous que vous ne le pensiez, sur votre route quotidienne, là, dans le véhicule d'à côté, ce conducteur qui attendait que le feu passe au vert. Celui qui est là, devant vous, et vous observe dans son rétroviseur...

Le voyage continue...

3

Bitume maudit

Petit traité de la mort au bord de la route

Elle est là, qui veille au bord des routes. Sous son aube sombre, la faux à la main, il lui est facile de récolter les vies… toi, toi et toi. Elle remplit son quota chaque jour : piétons fauchés, cyclistes écrasés, automobilistes percutés, et parfois, elle varie ses plaisirs, rajoute à la liste quelques auto-stoppeurs exécutés, enfants et jeunes filles assassinés, qu'elle glane çà et là, au bord des départementales et des nationales.

C'est que l'on meurt beaucoup, au bord des routes. Il y a les victimes d'accidents de la circulation, piétons, cyclistes, automobilistes, on les ramasse à la pelle, et puis ceux qui meurent de la main de fous criminels œuvrant au service de la faucheuse… Pour permettre aux tueurs de remplir leur mission, elle leur a fourni le meilleur complice, le bitume. Il les conduit à leurs victimes, leur permet de les approcher au plus près en se fondant dans la masse des autres conducteurs. Le bitume est à la fois leur complice et leur meilleure arme. Toute voie goudronnée permettant de se déplacer dans un véhicule et d'agir en qualité de conducteur, passager ou auto-stoppeur, est un trait d'union entre eux et leur future prise. Et là, nul moine, nulle apparition, nous sommes tous, à un moment ou à un autre, seuls sur ces routes. Et seuls, nous multiplions les chances d'être à leur merci.

Dommage qu'aucune « Dame blanche », forme éthérée tel un fantôme, ou plus réaliste comme c'est parfois le cas, ne vienne avertir et protéger les enfants, les jeunes filles, les femmes ou les hommes juste avant leur rencontre avec ces criminels. Elle signale habituellement des lieux dangereux pour prévenir certains conducteurs d'un virage ou d'une route à risques, elle apparaît devant eux afin de leur faire lever le pied, et va même, certaines fois, jusqu'à monter dans leur voiture, jouant le rôle d'une autostoppeuse. Le plus souvent, elle crie juste avant de croiser l'endroit périlleux, puis, sitôt le danger écarté, elle disparaît subitement. On recense en France plus de trois cents lieux où de telles apparitions se manifestent régulièrement, parfois depuis plusieurs siècles. Mais hélas, aucune d'elles ne semble pouvoir intervenir pour nous sauver des criminels, nous obliger à changer de route, nous empêcher de monter dans un véhicule ou de les prendre à notre bord.

Sur la route des tueurs

Il n'y a pas que les autoroutes. Sur les routes de France aussi, vous les avez côtoyés. Parce que la route, comme l'autoroute, leur permet de se déplacer sans cesse. Un jour à Nantes, le lendemain à Lille ou à Lyon, ils sont difficiles à suivre. Une recherche rapide de nos tueurs en série *made in France* nous permet à coup sûr de les localiser sur nos routes au moment de la plupart de leurs forfaits.

Choisissons pour l'instant une seule partie du pays, pour observer ce qui s'est passé sur son réseau routier depuis ces vingt-cinq dernières années. Ce sera l'Est, au sens large, une zone qui s'étend de la Champagne aux confins de l'Alsace. Ses chaussées ont été sillonnées par de très nombreux tueurs en série, au point que, ayant vécu dans cette région, il est difficile de ne pas s'être trouvé une fois au moins à côté de l'un d'eux sur le macadam. Et mieux valait alors ne pas trop s'attarder, seul, sur leur chemin, à traîner sur le bitume. Parmi eux, il y avait le « routard du crime ».

De Reims à Bordeaux, en passant par Brest… Le routard du crime

Tout est résumé dans ce surnom, qui colle bien au tueur itinérant que fut Francis Heaulme. Il sillonna les routes de France durant huit ans, disséminant çà et là des cadavres sur son passage. Qui mieux que lui incarne cette idée du tueur en série sur nos routes ? Pourtant, ce Lorrain n'était pas destiné à être connu un jour. Issu d'un milieu familial modeste, alcoolisé et violent, livré à lui-même et en difficulté scolaire, il gagne sa vie comme manœuvre pendant plusieurs années dans une société de BTP qui participe à la construction du réseau autoroutier de l'Est. Il est âgé de vingt-six ans et vit encore chez ses parents lorsqu'un événement dramatique le jette sur les routes de l'Est, puis sur celles de l'ensemble du pays. C'est alors que débute son errance sanglante.

Ce drame, c'est le décès de sa mère, le 16 octobre 1984. Il évoque toujours ce moment pour expliquer sa dérive meurtrière : « Le jour où ma mère est morte, ç'a fait boum dans ma tête », dit-il. À peine quelques semaines plus tard, il commet le premier meurtre répertorié. De foyer Emmaüs en foyer, d'hôpital en hôpital, il sillonne les routes du pays et tue, tue encore et encore, croisant notre route huit années durant, de Strasbourg à Brest, de Boulogne-sur-Mer à Draguignan, en passant par Bordeaux, Paris, Périgueux...

Le 7 janvier 1992, il sera interpellé à Bischwiller par les gendarmes de la section de recherche de Rennes, pour le meurtre d'Aline Pérès, à Brest, le 14 mai 1989, tuée de plusieurs coups de couteau. Dès son arrestation, il avoue ce meurtre. Puis, au fil des interrogatoires, il fait rapidement comprendre aux enquêteurs qu'il est l'auteur de nombreux autres homicides, ne livrant que quelques bribes de son parcours sanglant, mélangeant les affaires et les lieux, mais fournissant des détails inédits et troublants qui n'avaient jamais été révélés. Dès lors, les gendarmes sont contraints de procéder à des recherches. Peu à peu, son itinéraire est reconstitué et confronté aux homicides non élucidés qui ont pu s'y produire. C'est ainsi que plusieurs affaires sont rapidement recensées.

Reims, 1984, elle avait raté son bus...

La plupart concernent des victimes repérées au bord des routes. Son premier meurtre a eu lieu quelques semaines à peine après le décès de sa mère, le 5 novembre 1984, dans la région de Reims. La victime n'avait que dix-sept ans, elle s'appelait Lyonnelle Gineste, son cadavre sera retrouvé dévêtu dans une forêt de Pont-à-Mousson, en Meurthe-et-Moselle. Elle a été étranglée et poignardée. Au départ, pourtant, dans cette affaire, les enquêteurs avaient privilégié l'hypothèse d'un tueur militaire, la scène de crime n'étant pas très éloignée de la région des camps militaires où disparaissent déjà de jeunes appelés. Lyonnelle faisait du stop, toujours le même scénario de la jeune fille seule au bord d'une route. Elle est montée, de gré ou de force, dans le véhicule du prédateur. Ce jour-là, elle avait raté son bus.

Metz, 1986 : A31, RN3.

Un peu plus a l'est, à Metz, le 30 décembre 1986, c'est au tour d'Annick Maurice. Caissière au supermarché voisin, elle commençait parfois à 5 heures du matin ; elle disparaît sur la route la menant à son travail, qu'elle empruntait à pied et seule, à 4 heures et demie du matin, sous le regard de sa mère qui la surveillait de sa fenêtre, ne la perdant de vue que quelques secondes, lorsqu'elle passait sous un pont pour piétons sous l'autoroute A31. Ce jour-là, sa fille n'a pas reparu… Elle venait de faire une rencontre fatale. Son corps serait retrouvé plusieurs mois plus tard, le 29 avril 1987, en bordure de la RN3 à Ogy. L'itinéraire reconstitué de Francis Heaulme le situait justement à proximité de Metz au moment de l'enlèvement d'Annick. Interrogé, il avouera le meurtre.

Reims, 1989 : RN51.

Le 19 juillet 1989, c'est à Sylvie Rossi qu'il s'en prend. Cette serveuse de trente-trois ans se sentait sûrement en sécurité dans sa voiture lorsqu'elle croisa cet auto-stoppeur sur la RN51, à la sortie de Reims, et le prit à son bord. Elle venait d'inviter le routard du crime à s'asseoir auprès d'elle… Il avait déjà plusieurs meurtres à son actif et reconnut celui-ci sans difficulté.

Metz, 1991 : une route de campagne.

C'est maintenant au tour de Laurence Guillaume, quatorze ans, tuée le 7 mai 1991 à la sortie d'une foire. Il est le passager dans le véhicule du cousin de Laurence, elle les précède sur son cyclomoteur, sur une petite route, de nuit, peu fréquentée à cette heure, cela va très vite, il suffit de bousculer son cyclo, de la déséquilibrer, elle tombe dans le fossé sur le bas-côté de la route, puis c'est l'engrenage, elle est montée de force dans le véhicule du cousin, emmenée dans un endroit isolé, violée, poignardée et abandonnée là... Son corps sera découvert, dévêtu, à proximité de Rugy, dans la région de Metz. Elle porte plusieurs coups de couteau, dont les plus appuyés se situent à la gorge. Heaulme s'est débarrassé de ses vêtements sur la route de retour.

Des jeunes filles sans protection sur la route, il y en aura bien d'autres... Nous verrons tout au long de ce livre les autres victimes de Heaulme, elles apportent d'autres éclairages sur ce que sont ces tueurs en série. Il y aura ainsi Joris Viville, un enfant belge rencontré au bord d'une route menant à l'entrée d'un camping varois, dont le corps fut déplacé et abandonné en forêt à des kilomètres du lieu de l'enlèvement. Ou l'affaire Laurent Bureau, à Périgueux, rencontré en pleine ville, dans une rue, comme Jean Rémy, rencontré le long d'une route côtière à Boulogne-sur-Mer... Encore et toujours des rencontres fortuites au bord du bitume, au bord d'une route, dans une rue... Il y aura bien d'autres victimes à travers le pays, mais également dans des pays frontaliers dont Heaulme a passé les frontières, nous le verrons... Si bien qu'aujourd'hui, la carte de ses crimes n'est toujours pas complète et que l'on peut redouter que le « chiffre noir [1] » de ses meurtres soit extrêmement important.

1. Expression symbolisant l'existence d'un nombre de victimes plus élevé que le chiffre officiel, mais dont on ne connaît pas le niveau... qu'on ne connaîtra jamais.

Heaulme est le spectre du crime incarné au bord des routes. Il y a commis des meurtres d'une violence inouïe et sa dérive criminelle a tant duré qu'il ne peut qu'y avoir eu d'autres victimes auxquelles il doit être rendu justice.

Son alliée préféré, la route, lui sert de diverses manières ; elle lui permet d'arrêter un véhicule, d'y monter, de parcourir rapidement de longues distances ; de nombreux routiers, de nombreux automobilistes l'ont pris à bord de leur camion, de leur voiture, sans savoir qu'ils venaient de faire monter le diable... La route lui permet aussi de repérer des victimes isolées sur ses abords, là où la plupart ont été choisies et chassées. Il a pu les agresser lorsqu'il se déplaçait à pied, mais également lorsqu'il se trouvait à bord d'un véhicule. La route lui permet d'enlever la victime, de la déplacer et de rejoindre un lieu à l'écart pour l'agresser sans être dérangé, puis d'abandonner le corps loin des lieux de recherche et de battue... Enfin, elle lui permet de disperser les objets et vêtements de la victime en différents lieux, puis de s'échapper rapidement, très rapidement ; il est capable de quitter une région en quelques heures, c'est pour cela que ces tueurs itinérants sont un véritable cauchemar pour les enquêteurs. Ces déplacements sont parfois si rapides, d'un bout à l'autre du pays, que les pistes finissent par s'emmêler. Et l'on comprend mieux comment il a pu passer si longtemps et si facilement au travers des mailles du filet.

Un détail, toutefois, à souligner. Heaulme ne sait, ne peut pas conduire et c'est le plus inquiétant. Parce que, lorsqu'il n'a pas agi seul à pied ou en stop, il est parvenu à amener des conducteurs différents, souvent très alcoolisés, à le suivre dans son itinérance criminelle, à assister à ses crimes, voire à y participer. Or sans véhicule, il est invisible, donc introuvable. Et c'est aussi ce qui garantit son impunité. Lui n'utilise pas l'autoroute pour ses crimes, cela ne lui convient pas, surtout avec des complices alcoolisés... Les petites routes sont plus indiquées, elles lui permettent plus rapidement et plus librement d'atteindre les lieux de ses crimes avec une victime récalcitrante.

La route, ce lieu de tous les dangers, porte d'autres prédateurs redoutables. C'est un peu comme si nous avions, à tout moment, la mort sur les talons...

La mort aux trousses

Au cours des années 1980, la campagne marnaise est encore porteuse de traditions militaires que l'on a oubliées aujourd'hui. L'importance des camps de manœuvres militaires qui y ont été installés par Napoléon au XIXe siècle permet d'y rassembler plusieurs milliers de conscrits et de soldats. Une véritable fourmilière. Des hommes de tous horizons s'y croisent, y circulent, en repartent... Parmi eux, de temps à autre, un homme manque à l'appel, un déserteur de plus... Mais l'affaire se corse lorsque les corps de certains de ces déserteurs sont découverts dans la campagne marnaise. Parce que des déserteurs, il y en a toujours eu, mais ils donnaient tôt ou tard des nouvelles à leurs familles et ne réapparaissaient pas sous la forme de cadavres... Les rumeurs se mettent à circuler, on parle bientôt de « l'ogre de Mourmelon ».

Années 1980, campagne marnaise : RN44, RN77, A26...

Comme beaucoup d'autres conscrits, ces jeunes ont fait du stop au bord des nationales 44 et 77, mais eux se sont volatilisés. Et désormais, ce n'est plus tout à fait pareil, le vendredi, devant la gare, lorsque les conscrits se rassemblent pour partir en permission. Ils sont toujours joyeux, excités, le barda à l'épaule, parce que c'est le retour au nid douillet, parce qu'on laisse derrière soi les rigueurs de l'armée, les supérieurs trop autoritaires, l'environnement ennuyeux de la caserne et la région morne des camps militaires. Mais désormais, on tente surtout de laisser derrière soi l'angoisse de l'ogre dévoreur d'appelés. Malgré la joie de partir, d'être arrivé vivant à la gare, une angoisse sourde tiraille, on redoute d'apprendre qu'il manque encore quelqu'un à l'appel, un copain qui ne serait pas arrivé à bon port, qui n'aurait pas réussi à traverser la lande du monstre, retenu dans on ne sait quel piège. On se compte pour se rassurer. Ce soir, le dangereux maniaque qui sévit sur les nationales et départementales aux abords des camps militaires de Mourmelon et de Mailly, qui enlève et tue les militaires auto-stoppeurs, est resté dans sa tanière...

Patrick Dubois n'est pas passé au travers. Il disparaît le 5 janvier 1980.

Puis c'est Serge Havez, Manuel Carvalho et Pascal Sergent, trois autres appelés du contingent qui disparaissent à six mois d'intervalle, entre le 20 février, le 7 août et le 20 août 1981, dans la même aire géographique. Serge Havez se fait déposer par deux camarades de régiment à la sortie du camp de Mailly afin de rentrer en stop chez ses parents, sa voiture étant tombée en panne ; il n'arrivera pas. Manuel Carvalho est parti en permission en stop, il n'a plus jamais donné de nouvelles. Pascal Sergent effectuait son service militaire à Mourmelon, trois de ses camarades le déposent au bord de la route à Mourmelon-le-Petit, on ne le reverra jamais.

Le 25 novembre 1982, un nouvel appelé du contingent de la Marne disparaît, le long de la nationale 77, nationale maudite où ses copains l'avaient déposé, tandis qu'un corps a été découvert peu avant, le 31 octobre, dans le même secteur.

La découverte de ce premier cadavre, celui d'Olivier Donner, disparu le 30 septembre, fait basculer une première fois le dossier. Son corps est retrouvé près de la RN77 au lieu-dit « la côte de justice », bien mal nommé, près de Mailly-le-Camp, dans un trou d'eau où il a séjourné au point qu'il n'est plus identifiable. Il est enterré sous X dans la fosse commune du cimetière de Troyes, par l'homme assigné à cette tâche, un ancien éboueur devenu fossoyeur, et qui s'occupe des funérailles sans savoir qu'il est probablement en train d'enterrer son propre fils... Olivier Donner a disparu alors qu'il faisait du stop pour rejoindre sa sœur à Troyes. Il était basé au camp de Mourmelon. Les circonstances de sa mort ne seront jamais élucidées.

Le 27 décembre 1985, c'est le corps d'un autre appelé du contingent qui est retrouvé torse nu au bord de la nationale 44. Laurent Puypalat, originaire de la région d'Angoulême, avait été porté manquant le 26 décembre.

Certains ont eu le droit de figurer parmi ceux que l'on appelle « les disparus de Mourmelon », d'autres non... De nombreuses autres disparitions ou découvertes de cadavres sont recensées dans la région, mais faute de preuves ou d'éléments, ces affaires ont été écartées. Puis c'est Patrick Gache qui disparaît le 30 avril 1987 ; en se rendant à la gare de Mourmelon pour rejoindre sa famille dans l'Ardèche, il a fait du stop. D'abord considéré comme un déserteur, il fait partie de ceux que l'on désigne comme les « disparus de Mourmelon ».

Aucun des permissionnaires de la RN77 et de la RN44 n'ont jamais réapparu. Les autorités militaires se voileront longtemps la face sur ce qui s'est réellement passé, continuant à les considérer comme des déserteurs. Il faudra du temps pour que toutes ces affaires soient prises au sérieux et rapprochées. Pourtant, dès le départ, elles présentaient de nombreux points communs.

Pendant ce temps, dans la région, les rumeurs vont bon train. « L'affaire du tueur de la nationale 77 », comme elle est surnommée au départ, fait déjà fantasmer. On parle de secte, de crimes homosexuels, on mentionne même l'existence d'un camionneur allemand qui vendrait des hommes pour approvisionner des réseaux homosexuels allemands, et puis il y a « l'ogre », certainement un maniaque vivant en ermite dans un blockhaus, l'ogre de la Champagne qui dévore les conscrits... Huit jeunes appelés ont disparu sans laisser de traces, les suppositions courent la campagne marnaise, les esprits s'échauffent et certains ont intérêt à les répandre pour diminuer l'impact des faits. Mais ces rumeurs ont au moins un effet positif : tout le monde a peur, et lorsqu'on a peur, on prend enfin des mesures de protection. C'est ce que fera l'armée. Ces jeunes hommes, en principe capables de se défendre, seront protégés. L'armée fait un effort, on convoie les appelés à la gare chaque vendredi et ils sont encadrés par des militaires en tenue. Des frais importants seront engagés pour raccompagner les centaines d'appelés qui rentrent chaque semaine chez eux. Les militaires qui les accompagnent ne quittent la gare qu'après le dernier train. Les gendarmes aussi surveillent les lieux. La psychose a vraiment gagné. Certains parents feront même des milliers de kilomètres pour venir chercher leur fils lors des permissions. Probablement que bien des vies seront sauvées grâce à ces mesures dues au combat des familles.

Plus d'auto-stoppeur... une bonne façon de pousser le tueur à la faute en le privant de ses proies. Il va alors devoir prendre des risques pour en trouver, une chance de plus de le localiser. Priver les prédateurs de leurs cibles en évitant que des enfants, des jeunes filles ou toute autre personne se trouvent isolés au bord d'une route, est le seul moyen de protéger les futures victimes avant qu'ils ne soient interpellés.

Le dossier connaîtra un nouveau basculement lorsque le corps d'un civil, ressemblant à s'y méprendre à un appelé, sera retrouvé. Il s'agit de Patrice Denis. Se rendant à Mourmelon le 23 août 1985 pour des essais de fusées expérimentales, il avait été déposé en stop à l'entrée de Châlons. Il n'avait aucun lien avec les camps, on ne pouvait donc supposer qu'il avait voulu déserter… Un civil, ça change la donne. La tension monte alors d'un cran dans la région, entretenue par la presse qui se passionne pour ces affaires.

Puis, de la même manière, l'affaire du jeune Irlandais Trevor O'Keeffe fera encore rebondir le dossier. On retrouve son corps, face contre terre, le 9 août 1987 en bordure de l'autoroute A26, près de Saint-Quentin. Il a été assassiné, gît face contre terre, et son visage présente des ecchymoses sur le côté gauche. L'autopsie révèle qu'il est mort étranglé. Longtemps Trevor O'Keeffe ne figurera pas officiellement sur la liste des disparus, pourtant son corps était enterré sous un monticule de terre, une habitude de militaire, surtout de para quand il s'agit de dissimuler leur parachute au bas d'un talus ; inutile de perdre du temps à creuser, il suffit de faire descendre un peu de terre sur le parachute, éventuellement quelques branchages. Le ravinement provoqué par l'eau de pluie fera le reste et viendra le recouvrir. Or c'est exactement comme cela que Trevor est enterré. C'est donc la signature d'un para. Il porte des traces de strangulation profondes, similaires à celles que présentera l'auto-stoppeur hongrois retrouvé dans le combi de Chanal lorsque ce dernier sera interpellé un an plus tard. L'Irlandais arrivait de Dublin en stop, et avait eu le malheur de passer à proximité du camp de Mourmelon. Ses affaires personnelles seront retrouvées éparpillées sur une centaine de mètres, et même, pour certaines, à plus de deux cents kilomètres du cadavre.

La particularité de cette affaire réside dans le fait que, dans ce coin de la Marne, des victimes potentielles se trouvaient là à foison, sur les bords des routes, à pratiquer régulièrement le stop, attirant des prédateurs de toutes sortes qui se sont mis à y rôder, sillonnant les routes des camps. Ils venaient y chasser l'homo, l'occase de passage. Parmi eux et dans leur ombre, se dissimulaient des prédateurs encore plus dangereux, un ou plusieurs tueurs en série. Cependant, les gendarmes découvriront que plusieurs criminels sont venus chasser dans la région, dont au moins un autre tueur en série que Chanal, un Suisse, Michel Peiry dit « le sadique de Romont » qui, lui aussi, sélectionnait ses victimes le long de sa route[1]. Il y en eut peut-être d'autres que l'on ignore, attirés tels des vautours par le festin...

Les enquêteurs vont rapidement rechercher un maniaque sexuel meurtrier, dont les fantasmes seraient incarnés par de jeunes soldats. Car toutes les victimes se ressemblent, y compris les civils. Un pervers insaisissable et imprévisible, sujet à des crises, et qui sillonne ces deux nationales maudites.

L'affaire du tueur de la nationale 77 devient celle des « disparus de Mourmelon ». Elle se déroule entre les nationales 21, 77 et 44, dans le triangle d'une quinzaine de

1. Michel Peiry a tué au moins deux personnes en France. Il reconnaît plusieurs meurtres d'auto-stoppeuses en Suisse, en Italie, en France et aux États-Unis. Il enlève ses victimes sous la menace d'une arme, les menotte, les viole et les tue à coups de marteau.

kilomètres qu'elles forment entre Châlons-sur-Marne, Suippes et Mourmelon, bordé par l'autoroute A4, une voie idéale pour dégager rapidement de la région, dont les enquêteurs fouilleront les abords. Peu à peu, l'affaire du triangle de Mourmelon prend corps, les familles se réunissent, plusieurs enquêtes sont ouvertes. Le triangle maudit devient une réalité qui laissera une trace amère dans l'histoire de France criminelle.

On sait désormais qui était l'ogre de Mourmelon. Il s'agit de l'adjudant-chef Pierre Chanal, un militaire interpellé le 9 août 1988 en flagrant délit d'enlèvement et de séquestration d'un jeune auto-stoppeur hongrois au physique proche de celui des jeunes appelés, qu'il a entravé, violé et torturé une nuit durant dans son combi [1]. Dans le cadre de l'affaire des disparus, Chanal avait été entendu à plusieurs reprises comme témoin. C'est un militaire rompu aux techniques commandos, notamment de neutralisation de gardes ou sentinelles. Or, l'enquête menée révèle qu'il connaissait plusieurs victimes, certaines étaient même placées sous ses ordres, et son emploi du temps montre qu'il était présent à Mourmelon au moment de la plupart de ces disparitions, sauf une, car il avait alors été muté à Fontainebleau. Mais les enquêteurs découvriront qu'il était ce jour-là aussi dans la région des camps, il y était revenu pour participer à des activités organisées à l'aéro-club, sa passion. Une passion qui lui permettait de traverser la France au volant de son combi… Combien d'autres victimes a-t-il essaimées le long des routes ? On parle d'au moins quinze disparitions dans la région des camps ; il y eut d'autres corps découverts, mais il n'existe pas suffisamment de preuves ou d'éléments pour les ajouter à la liste des disparus de Mourmelon. Ces affaires

1. Voir chapitre 2.

iront donc grossir le fameux chiffre noir de Chanal, et on découvrira, trop tard, peu avant sa mort, que deux jeunes appelés avaient déjà disparu d'un autre camp où il avait été affecté en 1975 et 1979. Il s'agit du camp de Valdahon, une base militaire dans le Doubs, aux environs de Besançon, dans l'Est encore... Ils avaient été considérés comme des déserteurs. Mais des déserteurs qui ne réapparaissent jamais, ce sont des disparus. Les dossiers ont été classés après des enquêtes bâclées. Pourtant, un instructeur avait quitté le camp peu de temps après ces disparitions, il s'appelait Pierre Chanal... Personne ne fait le rapprochement, alors pourtant que la France entière connaît son nom.

Son système était redoutable. Comment un jeune appelé pouvait-il suspecter un supérieur ? Ces soldats ne seraient peut-être pas montés dans le véhicule d'un inconnu, mais dans celui d'un militaire réputé pour sa rigueur et sa droiture, difficile de refuser ou de se méfier ! Ce supérieur qui vous offre ses services pour vous raccompagner à la gare... On sait maintenant pourquoi, en dépit des avertissements qui circulaient, des jeunes sont montés dans un véhicule : c'était celui de l'un de leurs supérieurs, un de ceux qui les mettaient en garde contre l'ogre de Mourmelon...

Chanal sera libéré en 1995, après avoir purgé sa peine pour les faits auxquels il s'est livré sur le Hongrois. Il demeurera donc libre jusqu'à son procès pour trois des affaires du « triangle maudit ». Mais il est placé sous contrôle judiciaire. Il en demandera la mainlevée, parce qu'il lui est intolérable d'être privé de son permis de conduire... Il voulait le récupérer, on le comprend bien, mais il ne l'obtiendra pas. Il faut bien reconnaître que c'était le seul moyen de l'empêcher de nuire sur le bord des routes. Que se serait-il passé si Chanal en avait obtenu la restitution ? Aurait-il pu résister à ses pulsions, une fois au volant, en voyant un jeune auto-stoppeur sur le bord de la route ?

Lui remettre son permis serait revenu à lâcher la mort aux trousses de ces jeunes !

Du bitume des parkings à celui des routes

Il n'y a pas de repos sur les nationales et les départementales de l'Est… D'autres tueurs en série y chassent, suivant les voies de bitume, comme Louis Poirson.

Louis Poirson, du parking de la place Kléber…

Où Louis Poirson sélectionne-t-il ses victimes ? Le long des routes, bien sûr. Il n'a pas été extrêmement médiatisé, pourtant il est interpellé, le 3 mai 2000, au petit matin, sur son lieu de travail dans les Yvelines où il est employé comme tailleur de pierre. Ce matin-là, sa dernière victime en date, une jeune femme, vient d'être découverte dans le grenier d'une ferme, ligotée et bâillonnée sur une chaise, inconsciente, abandonnée depuis la veille. Elle a été enlevée alors qu'elle rentrait à son domicile, sur la nationale.

L'homme, musclé, porte des Ray-Ban d'aviateur et une casquette militaire. C'est un fan de *Rambo*. Il a été façonné par l'armée, il voulait devenir commando parachutiste, comme Chanal. En conducteur sympathique, il lui avait proposé de la ramener. Elle avait accepté. Très vite, il bifurque, ne prend pas la bonne route. Elle proteste, crie, il cogne, la conduit dans une ferme isolée, la sort de force du véhicule, la traîne jusqu'au grenier, la ligote sur une chaise et l'abandonne en la menaçant. C'est là qu'elle sera heureusement retrouvée, terrorisée mais saine et sauve. Parfois, le hasard fait bien les choses. Ou alors, le tueur a commis une erreur. Louis Poirson n'a rien trouvé de mieux, en effet que de séquestrer sa proie sur l'un des chantiers où il intervient ! Malheureusement pour lui, son patron viendra inspecter son travail sans l'avertir. Il n'aura ni le temps ni le cœur de le contrôler, il a la surprise de découvrir une femme à moitié nue ligotée sur une chaise. La victime décrit son agresseur et son véhicule. Il est immédiatement identifié, interpellé, confronté à la jeune femme, mis en examen et incarcéré. Il ne fait pas de difficulté pour avouer l'enlèvement, les violences, la séquestration. Il n'exprime aucun regret, aucune crainte. Interrogé sur son mobile, il explique qu'il voulait « lui donner une leçon ».

Et c'est lui qui va prendre une leçon. Cette fois, les enquêteurs ont du nez. Ils mènent une enquête sur les antécédents de l'homme qu'ils retiennent dans leur bureau. Bingo ! En 1985, Louis Poirson a déjà été condamné pour divers viols et agressions sexuelles effectués dans le centre de Strasbourg ; pas une, pas deux victimes, neuf. L'homme a fait ses classes en Alsace… Son mode opératoire ressemble à s'y tromper à celui qu'utilisera Guy Georges dix ans plus tard. Poirson affectionne les parkings, particulièrement celui de la place Kléber, au centre de Strasbourg. Et il patiente là, au volant de son véhicule, à l'affût de la première proie qui se présentera. Mais Poirson n'est pas malin, il n'a qu'un seul terrain de chasse. Il se fait prendre facilement, direction la prison. Condamné à quinze ans, il en effectue dix.

… au bord de la D20

Ce fan de Stallone et Schwarzenegger a mis à profit cette parenthèse pour se préparer à ses chasses futures : musculation et body-building. Par ailleurs, il ne reste pas en Alsace, il change de terrain de chasse, il a compris la leçon… Désormais, il s'attaque à des victimes repérées le long des nationales et départementales de la région parisienne. À peine libéré, il teste un nouveau mode opératoire. Cette fois, plus de parking, plus de lieu clos, désormais il chasse… au bord des routes. En 1996, trois étudiantes portent plainte contre lui. Il les a prises en stop près de Mantes-la-Jolie, les a frappées, insultées, a menacé de les séquestrer, mais il finit par les libérer. Pas malin, Poirson, il a eu les yeux plus gros que le ventre, difficile de maîtriser trois victimes d'un coup. Il les relâche, s'excuse platement et tente de les convaincre qu'il a voulu « leur donner une leçon ». Interpellé, il expliquera : « Je voulais leur faire comprendre qu'il était dangereux de monter dans la voiture d'un inconnu. » Il prend deux ans pour tentative d'enlèvement.

Pour cette agression, il a utilisé le véhicule de sa compagne de l'époque, une Peugeot 205 rouge. Dans les locaux de la section de recherche de Versailles, les gendarmes font une recherche sur les agressions qui ont pu être référencées dans la région où il est question d'un véhicule du même type et de couleur identique. Ils ont la surprise de découvrir qu'en octobre 1999, le cadavre d'une femme âgée avait été retrouvé en bordure d'un bois dans un département limitrophe. La victime a été enlevée dans le courant du mois de septembre alors qu'elle marchait tranquillement le long de la départementale D20, près de chez elle, à Passy-sur-Eure. Plusieurs témoins ont aperçu une 205 rouge rôdant dans les alentours. Poirson effectuait alors un chantier à Passy-sur-Eure. Interrogé sur cette affaire, il avoue sans difficulté. Ce soir-là, il errait en voiture dans la campagne ; apercevant la vieille dame, il lui a offert de la raccompagner, puis l'a étranglée, placée dans son coffre et a repris la route à la recherche d'un endroit isolé pour s'en débarrasser.

Ce n'est pas la seule affaire non élucidée dans la région. En 1995, Jeannine et Monique, mère et fille, âgées respectivement de soixante-sept et quarante-quatre ans, ont disparu alors qu'elles se recueillaient sur la tombe de leur chienne, au cimetière pour animaux de Douains. Leurs cadavres ont été retrouvés peu de temps après dans les Yvelines, portant des traces de strangulation et de brûlures. Interrogé sur ces meurtres, Poirson avoue à nouveau. Sur sa route, il était énervé, il a voulu « casser des tombes » et s'est arrêté au cimetière. Il a vu les deux femmes, et il a trouvé ridicule et indécent de se recueillir sur la tombe d'un animal. Sous la menace d'un couteau, il les a obligées à le suivre, les a frappées, étranglées... la suite, nous la connaissons.

Trois meurtres après une série d'agressions et de viols. Trois, c'est le chiffre minimum pour être admis au club des tueurs en série. Poirson, surnommé « le tailleur de pierre », est donc un serial killer. Les gendarmes s'activent afin de référencer tous les meurtres non résolus qui correspondent au mode opératoire de Poirson. Ils découvrent douze homicides non élucidés, rien que dans les Yvelines. Parmi eux, la disparition d'une femme âgée de soixante-dix-neuf ans en avril 1999, à Mantes-la-Jolie, alors qu'elle rentrait à pied. Son corps n'a jamais été retrouvé, mais les gendarmes décident de tenter le coup, ils interrogent le tueur en série. Poirson, égal à lui-même, avoue simplement les faits. Il indique même où il a enterré le cadavre. Dans sa ferme préférée, là où sa dernière victime a été retrouvée ligotée. En quelques pelletées, la vieille dame est retrouvée. La caractéristique de Poirson, à l'instar de tous ces chasseurs de bord de route, c'est de frapper au hasard, la première venue.

Combien d'autres victimes ignorées ? L'enquête n'est pas encore terminée.

Le long des routes d'Alsace... Pierrot le fou

Pierre Bodein, surnommé « Pierrot le fou », sévit lui aussi dans l'est de la France. Comme ses prédécesseurs, il part en chasse sur les routes et y sélectionne ses victimes. Déjà, lors d'une première série, courant décembre 1992, il avait réussi à s'évader de l'hôpital psychiatrique d'Erstein (Bas-Rhin) par une fenêtre, alors qu'il se trouvait dans un fauteuil roulant depuis deux ans... Durant sa courte cavale, il avait volé plusieurs véhicules, pris deux femmes en otage avant de les séquestrer et de violer l'une d'elles. Il avait commis ensuite d'autres infractions, mais ce sont ces deux agressions où ses victimes sont sélectionnées sur la route qui sont significatives. Par la suite, à sa sortie de prison en 2004, il sélectionnera à nouveaux ses victimes lors de déplacements au volant de sa Ford blanche. Le 16 juin 2004, à Zellwiller dans le Bas-Rhin, la jeune Amandine est importunée par un homme dans une Ford blanche. Très rapidement, la situation dégénère, l'homme l'attrape et tente de la tirer à l'intérieur de sa voiture. Par chance, le passage d'autres véhicules la sauvent. Deux jours plus tard, c'est Jeanne-Marie qui sera importunée, elle est à bicyclette, mais là, pas de passage pour la sauver... Puis c'est le tour d'Antony, un jeune garçon qui se trouvera piégé dans la Ford blanche, mais il parviendra à s'échapper en sautant du véhicule en marche... Le lendemain, c'est Julie qui disparaît alors qu'elle circule à vélo. Lui aussi repère ses victimes lors de ses déplacements le long des routes d'Alsace, puis il les enlève et abandonne leurs corps sur la rive de divers cours d'eau. Il se déplace ainsi à travers nationales et départementales alsaciennes, ses victimes vivantes ou mortes dans le coffre… sans que personne ne puisse rien soupçonner… L'enquête révèlera qu'il passait une grande partie de ses journées à se promener (ou à chasser) dans la région au volant de son véhicule. On évalue à cent trente-deux kilomètres par jour ses « balades ».

La RN4… Le fantôme de Kehl

Les routes d'Alsace ne sont pas très rassurantes. Entre Strasbourg et Kehl, en Allemagne, un tueur en série a sévi plusieurs années sur la RN4, dénommée « la route du Rhin », de part et d'autre de la frontière. Il frappait au hasard de ses déplacements, disséminant ses victimes sur sa route. Il hantait les nuits de cette zone frontalière, pourtant il n'avait rien à voir avec un fantôme. Même si ce prédateur demeurait invisible de tous, ses victimes, elles, étaient bien réelles… Et c'est ce qui pétrifiait les frontaliers alsaciens et allemands, déclenchant une véritable panique chez ceux qui devaient tous les jours emprunter cette zone frontière, dont une partie enjambe le Rhin par le pont de l'Europe et relie la France à l'Allemagne. Une zone particulièrement propice à de tels tueurs, leur permettant de se fondre dans la masse des frontaliers. Celui-ci ne tuait pas au bord de la nationale, mais sur des voies ou dans des rues plus discrètes. Cependant, la nationale était son fil conducteur, la voie qu'il empruntait pour se rendre dans ses lieux de prédilection.

Le fantôme est aujourd'hui retenu par les murs d'une prison française, depuis que la cour d'assises du Bas-Rhin l'a condamné en mai 2005, mais son souvenir hante toujours le pont de Kehl.

Le fantôme de Kehl s'appelle Jacques Plumain. D'origine antillaise, âgé de trente et un ans, cet ancien militaire, au physique particulièrement puissant, est décrit à la cour d'assises comme « un chasseur qui a eu envie de tuer et est allé tuer ». Il semait les cadavres depuis 1999. Interpellé en 2003, on porte pour l'instant à son actif trois meurtres, plusieurs tentatives et plusieurs agressions diverses, le tout sous réserve du fameux chiffre noir. Il avouera avoir perpétré ses crimes à l'occasion de tournées et escapades morbides de chaque côté de la frontière, le long de la RN4. Ses victimes sont essentiellement des femmes rencontrées sur sa route. Son premier meurtre a lieu le 11 octobre 1999, il tue une jeune Turque de vingt-deux ans en la frappant à la tête ; puis, au petit matin du 23 novembre, il tente de tuer une femme de ménage de trente-huit ans à coups de manivelle, mais il la rate, elle survit. Le 4 décembre, il tire les leçons de son échec et change de méthode : il tue une porteuse de journaux, qui se déplace à bicyclette, de plusieurs coups de couteau. Puis, le 15 mai 2000, il s'en prend à une enseignante allemande, au nord de Strasbourg, qu'il tue également à coups de couteau après l'avoir repérée sur son vélo. Il agit toujours au petit matin. Toutes ses victimes ont un point commun : il les trouve au bord des routes. Un autre assassinat lui est actuellement attribué, qui fait l'objet d'une instruction. La liste pourrait bien encore s'allonger…

Surnommé « le fantôme de Kehl », il passait la frontière pour assouvir ses pulsions meurtrières et assurer son impunité. Mais parfois, au fil de sa route, ses pulsions l'amenaient à varier les plaisirs. C'est ainsi qu'il a décidé de s'en prendre à un automobiliste à coups de sabre ; il l'embroche allègrement, mais l'homme s'en sortira.

Il faut se méfier des apparences : sa compagne, en le décrivant, parlera du « loup et de l'agneau en un seul homme ». Difficile de distinguer le loup derrière l'agneau au volant…

Les grands tueurs de l'Est ont sillonné le reste du pays, mais ils ne sont pas les seuls. D'autres tueurs ont écumé les routes d'autres régions françaises. Émile Louis s'est contenté de celles de la Bourgogne, il donnait rendez-vous à ses victimes au bord de la nationale, elles montaient pour leur dernier voyage, ni vu ni connu. Et si un témoin avait assisté à la scène, il aurait trouvé cela normal puisque Émile Louis transportait régulièrement ces jeunes filles légèrement handicapées dans son véhicule personnel…

Les tueurs en série, nous l'avons dit, ne sont pas les seuls à chasser sur nos routes, d'autres espèrent également y trouver leurs victimes, si bien qu'il est extrêmement difficile de résoudre ces affaires, surtout quand tous les prédateurs d'une région peuvent venir d'horizons différents et y repartir à peine leur méfait accompli… De ce fait, beaucoup de ces affaires demeurent irrésolues tant que le criminel n'est pas lui-même passé aux aveux, ou n'a pas laissé une trace biologique sur la scène de crime.

Pourtant, ce type de criminalité est bien connu et déjà ancien. Les bandits de grands chemins ont toujours existé, et déjà, aux siècles précédents, des tueurs en série utilisèrent les mêmes voies qui n'étaient pas encore couvertes de bitume… Ainsi Joseph Vacher, le tueur de bergères, sillonna-t-il la France à la recherche de ses victimes. Bien entendu, ces pratiques existent également dans les autres pays puisque le principe même du mode de fonctionnement de ces tueurs résulte de leur itinérance. Et sinon, comment trouver diverses victimes tout en demeurant invisible ? Impossible dans un même lieu. Il n'y a pas d'autre solution que de partir sur les routes, et c'est cela le plus inquiétant…

Pourquoi les routes… ? Parce qu'un tueur qui récidiverait en bas de chez lui ou dans son village serait rapidement repéré ; parce qu'il n'aurait pas suffisamment de choix. Mais il ne faut pas s'y tromper, nous allons assister à une véritable multiplication de ces tueurs dans l'avenir. Les moyens de transport s'étant considérablement améliorés ainsi que les voies de communication, on n'est plus coincé dans son quartier ou dans son village, et on peut désormais frapper n'importe où et disparaître en peu de temps. En outre, la démocratisation des moyens de transport permet à des criminels qui, autrefois, auraient été repérés dès leur premier meurtre, dès les premières pulsions meurtrières, d'assurer leur anonymat et de produire de véritables séries criminelles. Et quoi qu'on en dise, il est toujours difficile de mettre en corrélation tous les meurtres d'un tueur lorsqu'ils sont éparpillés sur plusieurs régions ou pays… Il faudra des années avant que les liens soient faits, les recoupements établis, ce qui coûtera de nombreuses vies…

Ainsi le bitume, complice silencieux, concourt à assurer l'impunité des serial killers. Mais ils disposent également d'une autre arme redoutable : leur véhicule. Et celui utilisé par le tueur n'est pas n'importe lequel. Il est le plus souvent choisi avec soin, car lui aussi contribue à le rendre invisible…

4

L'enfer des camionnettes blanches

L'homme à la camionnette blanche, celui qui apparaît sur des dizaines, des centaines d'appels à témoin, emprunte autoroutes et voies rapides, routes et rues, sillonne la France de toutes parts à la recherche de ses proies… Il passe sous le pont de Charnay-lès-Mâcon, béni par le moine… Il roule au rythme des cris étouffés ou des sanglots de ses victimes, à l'arrière de son fourgon, laissant une traînée de pleurs dans son sillage… Lui, est un… Il est mille… Il a tant de noms, Fourniret, Dutroux, Leconte, Jourdain… mais un seul véhicule, banal, identique, une camionnette blanche.

Un piège qui se referme sur les victimes… mais aussi sur l'enquête.

Il faut maintenant abandonner l'espace de quelques instants le monde des tueurs en série pour jeter un coup d'œil à celui, plus général, des criminels récidivistes, des tueurs à victimes multiples. Il ne faut pas s'y tromper, ils ont tout du tueur en série : actes gratuits, victimes de rencontre, mode opératoire répétitif, etc., sauf le quota de victimes « nécessaires » – trois – pour avoir accès au club très fermé des serial killers, du moins selon la définition habituelle. La plupart d'entre eux ont cependant un palmarès impressionnant, plusieurs séries de victimes, parmi lesquelles un ou deux assassinats, sous réserve de ceux qui seraient encore ignorés.

Ces criminels en série, avec ou sans le « quota » imposé, sont les pires que l'on puisse rencontrer sur nos routes. Mieux vaut ne pas les croiser au volant de leur camionnette…

À la recherche de Caroline…

1996, Pleine-Fougères, Ille-et-Vilaine. Les hommes se croisent et se suspectent, les voisins s'épient, les femmes angoissent. L'atmosphère est devenue pesante, quasi irrespirable. Comme si un mauvais sort avait été jeté sur le village, un jour de juillet 1996. Dans ce pays de traditions et de légendes, proche du Mont-Saint-Michel, que faire pour conjurer le mauvais sort, enrayer la psychose, arrêter le coupable d'un meurtre effroyable – celui de Caroline, une toute jeune adolescente à peine âgée de treize ans ?

Dans la petite commune, loin du tumulte et de la violence des grandes villes, on se croyait à l'abri. Alors, quel mauvais génie a désigné Pleine-Fougères pour que le village occupe, cet été 1996, la une des faits divers ?

Les mauvaises langues jettent leur fiel sur les uns ou les autres, ravivant rancunes et rancœurs locales, racontars vengeurs et histoires ancestrales. Les corbeaux se mettent également à croasser, un vrai concert ! Les lettres anonymes se multiplient pour dénoncer le fils de… qui, dans le passé, a… ; et le mari de… qui, lui aussi, a… Et puis, il y a celui-là encore ! Ah, celui-là, il n'est vraiment pas catholique…

Pas très joli, ce genre d'attitude sur la tombe d'une jeune adolescente massacrée par un fou criminel. Pas très joli d'égarer les gendarmes et de leur faire perdre leur temps à vérifier toutes ces pistes qui les éloignent de la trace du véritable tueur !

Quant aux médias, ils ne calment pas le jeu et ne cessent, au contraire, d'exercer sur le petit village une pression insupportable. D'ailleurs, les mois passant, ils ne seront plus les bienvenus dans les bars locaux. Pourtant, dans les cafés, ça discute dur ! Il y a ceux qui pensent que le tueur vient obligatoirement d'ailleurs : « C'est certain, il n'est pas de chez nous… Et ici, il y a du monde qui passe, pensez donc, avec le Mont-Saint-Michel, y a des touristes ! » Alors, pourquoi pas un mauvais génie de passage ? Mais ça pourrait être un autochtone.

Alors, et c'est quasiment une première en France, un juge[1] ordonne des tests génétiques sur tous les hommes du village âgés de quinze à trente-cinq ans. Des prélèvements effectués sur la scène de crime ont en effet permis d'établir l'empreinte génétique du tueur ; il a laissé sa carte de visite. Il n'y a qu'à la comparer à celle des hommes du village et de quelques autres suspects potentiels. Ainsi, soit on démasquera le coupable, soit, au moins, ceux-là ne pourront plus être soupçonnés et les mauvaises langues se tairont. Les uns après les autres, les hommes de Pleine-Fougères sont contraints de se présenter pour un prélèvement buccal. Les résultats seront négatifs, aucun d'eux n'est le coupable. L'enquête piétine. L'angoisse, elle, s'accroît, on a peur pour ses enfants, on préfèrerait connaître le meurtrier, quitte à ce que ce soit un type du coin, et en finir avec cette attente qui confère

1. Renaud Van Ruymbeke, à l'époque conseiller à la cour d'appel de Rennes.

au mal une dimension mystérieuse, presque surnaturelle…

Le tueur de Pleine-Fougères a un nom. Il se nomme Franscico Javier Arce Montes. C'est cet être humain, oui, c'est bien un humain, qui a volé la vie de Caroline Dickinson.

Mais revenons à l'auberge de jeunesse.

Caroline était venue visiter notre pays avec un groupe de jeunes Anglais. Elle se sentait évidemment en sécurité, dans la chambre numéro 4 où quatre de ses amies dormaient avec elle. Que pouvait-il lui arriver ? C'est dans la nuit du 17 au 18 juillet 1996 qu'il l'a assassinée. Au matin, ses amies découvrent son corps inanimé, elles ne parviennent pas à la réveiller, son visage est livide et ses lèvres bleuies. Elles alertent leurs accompagnateurs, mais il est déjà trop tard, Caroline est morte. À leur arrivée, les gendarmes découvrent une scène effroyable et incompréhensible. Caroline gît sur son matelas. Celui-ci est posé à terre, entre les lits superposés de ses quatre amies. La chambre est extrêmement exiguë, pour y pénétrer, on cogne obligatoirement la porte au matelas. Cela paraît inimaginable. Comment une jeune fille peut être violée et tuée au milieu de quatre autres jeunes filles dormant à côté d'elle à la toucher ? Ce mystère durera longtemps.

Les légistes établirent que l'adolescente avait été violée et asphyxiée au même moment. La jeune fille est en effet morte par obstruction des voies respiratoires, à l'aide des mains ou d'un tissu. Le sperme retrouvé sur sa cuisse droite et sur son caleçon permit d'établir l'empreinte génétique de son agresseur.

Les années passent, l'affaire n'est toujours pas résolue.

La malédiction des camionnettes blanches

Voici un extrait de l'appel à témoin diffusé par la cellule « Caroline », sur Internet, en accompagnement du portrait-robot établi sur la foi de plusieurs témoignages convergents : « L'auteur était susceptible de se déplacer au moment des faits au moyen d'un véhicule utilitaire ancien modèle de couleur blanche. » Les médias répercutent l'appel. Un journal titre : « Un portrait-robot a été diffusé, regardez-le bien, cet homme circule dans une camionnette blanche »… Un autre souligne que l'homme sillonne la région, et peut-être la France, en camionnette blanche. Mais cette annonce recèle en réalité un piège terrible : à la date de sa diffusion, des dizaines de suspects à la camionnette ou au fourgon blancs sont recherchés à travers toute la France. Si bien que « l'avis Caroline » ne vient que s'ajouter à la longue liste d'avis de recherche de ces suspects, régulièrement adressés aux enquêteurs français.

Pour preuve…

L'affaire Natacha Danais

Le 24 novembre 1990, le corps de cette toute jeune adolescente est découvert par des promeneurs sur une plage de Vendée, près de Saint-Gilles-Croix-de-Vie, à soixante-dix kilomètres de Nantes. Les premières constatations permettent d'établir qu'elle a été tuée de trois coups de couteau à la poitrine[1]. Les gendarmes font immédiatement le rapprochement avec l'avis de recherche diffusé trois jours plus tôt dans toute la France par les

1. *Le Figaro*, 26 novembre 1990.

policiers de Nantes, concernant une adolescente âgée de treize ans ayant disparu de Rezé, dans la banlieue sud de Nantes. Natacha accompagne sa maman dans une grande surface proche de leur domicile, mais celle-ci, qui a oublié son porte-monnaie, envoie sa fille le rechercher. Natacha rebrousse chemin, et ne reviendra jamais. La suite, c'est Monique Olivier Fourniret qui la racontera... plus de quatorze ans plus tard.

En attendant, l'enquête se poursuit. Mme Danais alerte rapidement la police qui procède le jour même à un ratissage des alentours. Une enquête de grande envergure est immédiatement initiée, des avis de recherche sont diffusés, la photographie de l'enfant disparue est montrée aux passants, aux voisins, à la recherche de témoignages. Des cibistes prendront également le relais, diffusant des appels sur les ondes le soir même, mais rien. On sait déjà que Natacha est peut-être montée dans une voiture. Sa sœur aînée pense l'avoir vue : « Je ne peux pas affirmer que c'était elle, mais j'ai aperçu de loin quelqu'un, qui portait un manteau de la même couleur que celui de Natacha, grimper dans une fourgonnette blanche[1]. » Ce témoignage est immédiatement diffusé par les médias nationaux. *Le Journal du dimanche* du 25 novembre 1990 fera paraître un article prémonitoire : « Son visage porte des traces de coups. La jeune fille a été violée avant d'être tuée. Sans doute par le conducteur de cette mystérieuse fourgonnette blanche aperçue par la sœur de Natacha. » La camionnette a donc bien été vue. Malheureusement, personne n'a relevé sa plaque d'immatriculation, et sa course meurtrière va pouvoir se poursuivre. Le conducteur suit certainement la presse avec une grande attention, il sait maintenant qu'on l'a aperçu.

---

1. *Le Journal du dimanche*, 25 novembre 1990.

D'autres journaux reprendront cette information, en titrant : « Natacha a suivi quelqu'un qu'elle connaissait bien. » *France-Soir*, le 26 novembre 1990, relaiera les hypothèses de travail des policiers, soulignant que, selon eux, la jeune adolescente serait probablement montée de son plein gré dans cette fourgonnette blanche, parce que ce centre commercial est tellement fréquenté qu'une tentative d'enlèvement avec résistance de la victime aurait obligatoirement été remarquée. C'est donc l'environnement proche de la victime qui sera d'abord suspecte. Puis les enquêteurs s'intéresseront à des témoignages relatifs à un voisin proche, qui conduit malheureusement une camionnette blanche, et chez lequel des habitants du quartier ont noté la présence d'individus suspects[1]. Il s'agit de Jean G., vétérinaire, militant de l'Union démocratique bretonne, un mouvement autonomiste, et installé depuis peu dans la région. Les policiers se rendent à son cabinet, juste en face du domicile de Natacha, perquisitionnent, et s'intéressent à l'appartement situé à l'étage. Ils tentent d'entrer, mais la porte est fermée. Lorsqu'ils demandent la clé au vétérinaire, celui-ci se met à bafouiller, semble redouter quelque chose. Les policiers s'entourent alors de précautions, font quadriller le quartier, puis pénètrent dans les lieux. Ils découvrent un stock impressionnant d'armes, et trois terroristes espagnols, membres de l'organisation terroriste basque ETA militaire, qui se cachaient là depuis plusieurs semaines. Le vétérinaire sera mis hors de cause dans l'affaire Natacha, au moment de l'enlèvement, il pratiquait une intervention chirurgicale. Il sera néanmoins poursuivi pour association de malfaiteurs. Les journaux locaux titreront : « Natacha : un faux suspect et des vrais terroristes, l'insolite décou-

1. *France-Soir*, 30 novembre 1990.

verte de l'enquête sur la mort de Natacha », rappelant que le vétérinaire conduisait deux camionnettes blanches comme celle que la sœur de Natacha avait aperçue le jour de sa disparition. On ira jusqu'à publier que l'homme aurait pu avoir un mobile si Natacha avait découvert ses activités militantes. Simplement parce qu'il possédait une ou deux camionnettes blanches pour son activité professionnelle, qu'il connaissait Natacha et l'aidait même parfois en lui dispensant des cours de maths, sa réputation est détruite. Dépressif, peut-être parce qu'il n'a pu supporter les accusations un temps formulées contre lui pour le meurtre de cette petite fille qu'il connaissait, ou en raison du traitement qui a pu lui être réservé en prison comme « pointeur [1] » avant d'être innocenté, il se pendra dans sa cellule le 29 janvier 1991 [2]. Victime, en quelque sorte, d'un avis de recherche ! Victime indirecte des tueurs de Natacha.

L'affaire n'est pas encore résolue lorsque survient le meurtre de Caroline et qu'une nouvelle camionnette blanche est recherchée. Les enquêteurs nantais recherchent-ils encore la fourgonnette blanche qui enleva Natacha ? Cette affaire n'avait certainement pas quitté leur esprit lorsque leurs collègues rennais, saisis de l'affaire de Pleine-Fougères, leur adressent l'« avis Caroline ». Quelle angoisse les proches de Natacha ont dû ressentir lorsqu'ils ont appris que le tueur de Caroline se déplaçait en Bretagne, avec le même type de véhicule que celui aperçu lors de l'enlèvement de leur fille. Une

1. Surnom utilisé en détention pour désigner certains criminels qui se sont attaqués à des enfants et leur ont notamment fait subir des sévices sexuels. Rejetés et méprisés par les autres détenus, ils subissent humiliations et agressions physiques, ce qui nécessite souvent leur placement en cellule isolée pour les protéger...

2. *Le Parisien*, 29 janvier 1991.

angoisse peut-être teintée d'espoir, l'espoir que leur affaire pourrait être enfin résolue. Ils ont espéré, en vain...

Pour autant, les enquêteurs n'avaient pas tout à fait tort. La jeune fille est bien montée de son plein gré dans le véhicule. Il a fallu plus de quinze ans pour identifier l'auteur de ce meurtre. Ils étaient deux, Michel Fourniret et sa femme. Et l'on sait maintenant quel piège les époux démoniaques réservaient aux jeunes filles auxquelles ils demandaient leur route.

Mais le plus inquiétant est que cette démonstration peut être reproduite, encore et encore.

L'affaire Natacha résolue, c'est un de moins sur la longue liste des suspects en camionnette blanche recherchés. Pour autant, cette liste ne cesse de s'allonger chaque jour. Des voleurs, des trafiquants, des violeurs, des pédophiles et des criminels en série de toutes sortes utilisent également ce type de véhicule, accroissant ainsi le nombre des avis de recherche. Une simple recherche de tels avis sur Internet permet déjà de prendre conscience de l'importance du phénomène : des avis de recherche apparaissent immédiatement, de toutes les régions de France, pour toutes sortes de raisons. Ainsi, par exemple, dans l'Aude, en janvier et février 2006, une série de tentatives d'enlèvements d'enfants a lieu ; pour certaines de ces agressions, c'est le conducteur d'une camionnette blanche qui est décrit et recherché. On le verra tenter d'enlever une fillette à Issel, puis à Carcassonne. À Dijon, c'est un petit garçon qui est enlevé par le conducteur d'un tel véhicule... et ainsi de suite.

Ces avis de recherche ou appels à témoin sont si nombreux qu'ils finissent par brouiller à eux seuls les pistes, et par ne plus attirer l'attention. Sans compter que ces véhicules sont si répandus qu'en rechercher un revient à chercher une aiguille dans une botte de foin. Peut-être faudrait-il mettre en place un fichier spécifique ?

Questions autour d'une fourgonnette blanche

En 2002, un autre suspect au fourgon blanc est également recherché, cette fois dans la Somme. Trois meurtres de jeunes femmes viennent de s'y succéder en l'espace de sept mois, dans un périmètre géographique d'à peine quelques dizaines de mètres carrés, aux confins des deux principales voies de circulation empruntées par une grande partie de la population locale. La psychose s'empare du pays picard. Le suspect alors recherché ne pouvait être le tueur de Caroline puisque ce dernier venait d'être interpellé aux États-Unis. Mais la liste des affaires non résolues impliquant un suspect utilisant un fourgon blanc était encore longue. Était-ce alors le même homme que celui qui était recherché pour Natacha, et d'autres ? Non, il s'agissait cette fois de Jean-Paul Leconte [1], heureusement rapidement confondu par son ADN pour le meurtre de Patricia Leclercq, la deuxième victime de la Somme [2]. Elle a été aperçue quelques minutes avant sa disparition. Elle est encore sur son vélo, un pied à terre, elle semble importunée par deux ou trois hommes dans une

1. Jean-Paul Leconte a été condamné par la cour d'assises de la Somme en février 2005 à la réclusion criminelle à perpétuité, une condamnation confirmée par la cour d'assises d'appel de l'Oise en mars 2007.

2. Élodie Kulick, une jeune directrice de banque, disparaît dans la nuit du 10 au 11 janvier sur la route, entre Saint-Quentin, où elle venait de dîner avec des amis, et Péronne. On retrouve son corps abominablement martyrisé. Elle a été violée, étranglée et brûlée avec du white-spirit, dans un chemin de terre de la région. Elle tentera de contacter les secours avec son portable, le répondeur des pompiers va ainsi enregistrer ses dernières paroles, ses cris… son meurtre en direct, ainsi que les voix de ses tortionnaires.

camionnette blanche garée sur le bas-côté de la route. On retrouve son corps le surlendemain, elle a été sauvagement assassinée et porte des traces de pneus en travers du corps. On lui a volontairement roulé dessus. La camionnette blanche aperçue et ses occupants sont alors activement recherchés.

Un avis de recherche, sous forme d'appel à témoin, est diffusé par les services de gendarmerie, relayé par les médias nationaux : « 5 septembre 2002. Appel à témoin, concernant le fourgon avec trois personnes vu sur l'itinéraire de Patricia, entre 22 h 30 et 00 h 30, fourgon blanc garé sur la D52 à la sortie du village de Dernancourt, trois individus se trouvaient à proximité du fourgon et s'entretenaient avec une cycliste à l'arrêt. »

Cet avis sera, selon le cas, diffusé accompagné ou non d'une description de l'un des individus. Mais dans la région, ils sont nombreux à disposer de vieux utilitaires, blancs ou clairs la plupart du temps, remisés au fond de cours de fermes, et c'est toute la difficulté de ce dossier. Les témoignages recueillis permettront d'établir l'existence d'autres agressions de jeunes femmes dans le fameux « triangle de la mort » picard, ainsi que celle de divers cambriolages effectués par des hommes, deux, parfois trois, se déplaçant au volant d'une camionnette blanche. Ainsi, il y a bien au moins un équipage d'agresseurs au fourgon dans la région. Sont-ils pour autant les tortionnaires de Patricia ?

Beaucoup de vérifications seront effectuées. À ce jour, on ne sait pas si ces autres agresseurs ont été identifiés, s'ils peuvent être mis en cause dans l'affaire Kulick, la seule des trois qui n'ait pas été élucidée, et dans laquelle il est pourtant certain, grâce à l'enregistrement de leurs voix, que les agresseurs étaient au moins trois.

Des portraits-robots établis sur le fondement des témoignages de jeunes femmes, présentés sans résultat aux témoins et à la famille de Patricia, ont juste fait porter les soupçons sur certains suspects parmi lesquels des membres de la famille de la victime.

Mais le tueur de Patricia n'a pas agi au volant d'un tel fourgon... Un temps conséquent a été perdu à ces vérifications. Pourtant, l'ombre du ou des tueurs à la camionnette blanche, va bientôt obséder tout le monde. Et, l'espace d'un été, ce type de véhicule va susciter nombre de cauchemars en Picardie.

Le 21 août 2002, à quelques kilomètres de là, à Villers-Bretonneux, une camionnette blanche est retrouvée abandonnée dans un fossé en contrebas d'une petite route de campagne. Alors que les gendarmes ont des difficultés à dégager le véhicule, les médias se sont déjà emparés de l'information et diffusent les premières images du fourgon dont l'avant penche dans le fossé. Un véhicule taché de sang, où quelqu'un a manifestement été agressé. Sur le chemin, il y a une flaque de sang. À lui seul, le véhicule taché de sang préfigure la suite, devient acteur à part entière. Nul besoin de corps pour le filmer, le suspens est là, personnifié par la fourgonnette claire et pourtant tellement macabre.

Quelque chose bloque les roues avant... Alors que les gendarmes insistent plusieurs heures, et tandis que les journaux télévisés commentent en long et en large la découverte et font monter la pression, ils découvrent avec horreur le corps ensanglanté et broyé de Christelle Dubuisson, coincé sous les essieux. Elle est la troisième victime de la Somme. Elle était partie sur la route, seule et à pied, chercher un paquet de cigarettes au village voisin. Elle avait à peine dix-huit ans.

Christelle a été tuée de plusieurs coups de couteau, puis écrasée sous le véhicule. Le meurtrier n'a pu dégager son engin et a dû l'abandonner. Une pièce à conviction capitale. Les gendarmes lanceront de nouveaux appels à témoin, il leur faut retrouver tous ceux qui auraient pu apercevoir le véhicule et son chauffeur le jour du meurtre.

Désormais, c'est certain, l'ombre d'un tueur en série se profile sur la région. Mais dans le même temps naît un espoir : ce ou ces tueurs ont commis une erreur fatale en abandonnant la camionnette. Celle-ci parlera-t-elle ? Nous dira-t-elle qui était à son volant ? Elle est le centre de tous les articles, mais refuse de livrer des indices. Les journaux titrent déjà : « Questions autour d'une fourgonnette blanche ». Pour la première fois dans ces affaires, les enquêteurs disposent d'une pièce à conviction capitale ; elle sera soumise à toutes les analyses de police technique et scientifique possibles. Le véhicule porte sur ses flancs les coordonnées d'une entreprise. Les gendarmes parviennent rapidement à établir qu'il a été dérobé dans un entrepôt de Bucquoy, où une société de BTP entrepose ses utilitaires, situé à plus de trente kilomètres du lieu du crime. Deuxième chance incroyable : un voisin, un peu curieux, a aperçu le voleur ! L'homme était seul. Il est arrivé sur son cyclomoteur noir et reparti au volant du fourgon, précisément le soir des faits. La chasse à l'homme à la mobylette noire est lancée.

Mais le véhicule retrouvé sur le corps de Christelle ne « parle » pas, comme on dit en jargon policier. Il permet juste d'établir qu'un vélo ou un cyclomoteur a été transporté à l'arrière. Alors que les expertises se poursuivent, ce sont des analyses effectuées sur les vêtements de la deuxième victime, Patricia Leclercq, qui permettent finalement d'identifier un suspect. Il faudra attendre la découverte de l'empreinte génétique de Jean-Paul Leconte sur le slip et le jean de Patricia pour vérifier son emploi du temps et le confondre[1] également pour le meurtre de Christelle.

L'homme a un passé judiciaire impressionnant. C'est déjà un criminel en série. Il a à son actif huit victimes de viols et d'agressions sexuelles commis dans la région, précisément dans le triangle de la mort picard, et vient à peine de sortir de treize ans d'emprisonnement. L'homme dispose de plusieurs véhicules : une Fiat Panda rouge, une Escort noire et un vieux cyclomoteur noir. Pas de camionnette. Sauf que l'homme ne peut utiliser sa Fiat rouge pour partir en chasse. Plusieurs de ses victimes lors de cette série d'agressions avaient décrit ce véhicule et l'affaire reste présente dans la mémoire locale. Il serait dès lors immédiatement identifié. Il ne lui est pas possible non plus d'utiliser l'Escort noire, qui doit subir des réparations ; elle a probablement été dégradée lors du franchissement du corps de Patricia (les traces de pneus retrouvées sur la scène de crime correspondent à celles de cette voiture). Reste le cyclo. Mais Jean-Paul Leconte est malin. Il se souvient que des jeunes garçons ont été un temps soupçonnés du meurtre de Patricia pour lui avoir emprunté son vélo abandonné sur la chaussée et avoir embarqué ce dernier à bord d'un Kangoo, ne sachant pas que sa propriétaire venait d'être enlevée et assassinée. Il sait également que l'on recherche activement trois hommes et un fourgon… Il ne lui reste plus qu'à se procurer une camionnette blanche et y embarquer son cyclo. Lorsqu'il ne parvient pas à dégager le véhicule du corps de

1. Jean-Paul Leconte doit comparaître prochainement devant la cour d'assises de la Somme pour y répondre de ce meurtre. Jusqu'à cette date, il est présumé innocent du meurtre de Christelle Dubuisson.

Christelle, il ressort son cyclo et rentre tranquillement chez lui. Imparable !

Sur le chemin des amoureux...

Ces crimes frapperont particulièrement les esprits de toute la région. Ils ont eu lieu en quelques mois dans un périmètre réduit et concernent des victimes qui se ressemblent, à peu près du même âge, se déplaçant tard le soir et dont les corps ont été abandonnés sur des chemins de terre. Malgré cela, les autorités continueront longtemps à nier l'existence d'un lien entre les trois affaires.

Est-ce pour cela que quasiment personne ne fera mention de l'existence d'une autre affaire jamais élucidée, qu'il aurait alors été nécessaire de reprendre ? En 1986, à quelques centaines de mètres à peine du lieu de découverte de Christelle, le corps d'Isabelle, une jolie jeune fille âgée de vingt ans, avait déjà été retrouvé. Elle a été assassinée alors qu'elle marchait seule sur la route, non loin de la ville de Corbie. Elle a été enlevée et étranglée. Qu'est devenue cette affaire aujourd'hui ? Jean-Paul Leconte était-il libre à cette époque ? Cette victime resurgit du passé, sur ce même chemin désigné comme le « chemin des amoureux » par les habitants du coin... Et s'il s'agissait du même suspect ?

À défaut, cela voudrait dire que dans l'ombre de Leconte, se cachent un ou plusieurs autres criminels, libres, et qui sont passés au travers des mailles du filet. Mais qui s'en préoccupe encore ? Qui s'intéresse aux parents des victimes ? A-t-on seulement repris cette affaire pour vérifier d'éventuels liens avec celles que l'on connaît, et qui pourraient permettre de la résoudre ?

A-t-on recherché des indices susceptibles de faire avancer l'affaire Kulick ? Car celle-ci non plus n'est pas résolue...

La psychose a quitté la campagne picarde. À tort. Il reste des affaires en suspens. Des victimes pour lesquelles il n'est aucune justice. Et, peut-être, un ou plusieurs hommes aujourd'hui en chasse, au volant de leur fourgon, à la recherche de prochaines victimes isolées, sur le bord d'une route...

Confort et invisibilité...

Ainsi, la camionnette blanche est hélas une composante très répandue de la panoplie de nombreux agresseurs, en particulier des agresseurs sexuels agissant de préférence sur les routes. Ceci pour des raisons strictement pratiques et évidentes. Ces camionnettes sont tout d'abord invisibles. En effet, ce type de véhicule n'attire pas les regards. Il suffit de faire le test et d'observer autour de soi : les camionnettes sont presque toujours blanches, et l'on en croise des dizaines par jour ; rien de plus anodin, de plus banal, de plus discret. Comment les enquêteurs pourraient-ils en permanence arrêter et vérifier toutes celles qui sont signalées et recherchées ?

Ces fourgonnettes sont également pratiques parce qu'elles présentent un avantage technique : on peut y séquestrer, violer, tuer une personne tranquillement, dans un confort et une discrétion bien plus grands que dans une voiture. Michel Fourniret l'avait compris depuis longtemps. Il avait aménagé sa fourgonnette de sorte à pouvoir y vivre de manière autonome pendant quelques jours. Pas de trace de lui dans des hôtels ou des pensions, il était invisible. Il pouvait à loisir y séquestrer des victimes s'il le désirait, les transporter sur de longues distances sans qu'elles soient aperçues dans son véhicule. Il n'est pas le seul à avoir compris cela. Dans un appartement ou une maison, les voisins peuvent entrevoir la victime ou percevoir ses cris. En pleine nature, dans une fourgonnette, le risque est faible.

Les siamois de l'horreur

D'autres que Fourniret utilisent ce type de véhicule pour assurer et garantir « l'invisibilité de leurs actes ». Dans la nuit du 11 au 12 février 1997, à l'aide de leur fourgon, les deux frères Jourdain, Jean-Louis et Jean-Michel, des ferrailleurs, ont enlevé quatre jeunes filles âgées de dix-sept à vingt ans, parties, insouciantes et déguisées, s'amuser à une soirée carnaval du Portel, dans le Pas-de-Calais. À quatre, à leur âge, pas d'inquiétude pour les parents, elles étaient capables de se défendre... Malheureusement, les frères Jourdain vont démontrer le contraire. Ils enlèvent et tuent les quatre jeunes filles au cours de la même séquence criminelle. Avec leur fourgon, trafiqué pour que les passagères ne puissent l'ouvrir de l'intérieur, ils les prennent en stop. Dès lors, prisonnières, elles sont frappées, violées puis étranglées, soit dans le fourgon, soit à l'extérieur après en avoir été extraites l'une après l'autre, le scénario exact ne sera jamais connu.

L'affaire, d'une horreur absolue, défraye d'autant plus la chronique que, dans un premier temps, les autorités publiques privilégient l'hypothèse d'une fugue. Il apparaît en effet impossible qu'elles aient été enlevées ensemble. Un message très vite, trop vite, relayé par les médias, tandis que leurs parents, fous d'angoisse, fouillent eux-mêmes les alentours, convaincus qu'il s'est passé quelque chose.

Des témoins décrivent les allées et venues d'une camionnette suspecte le soir de la disparition. Cette camionnette, c'est celle des frères Jourdain. Les sachant capables du pire, la justice, qui connaît bien les deux hommes – ils ont déjà un casier judiciaire bien rempli, l'un a été condamné pour viol, l'autre pour meurtre – s'intéresse alors à eux. Placé en garde à vue, Jean-Louis craque, passe aux aveux, indique les lieux où les corps des jeunes filles ont été dissimulés. Le quadruple meurtre à la camionnette dépasse l'imaginable… Les deux frères Jourdain seront dès lors surnommés « les siamois de l'horreur ».

Sur le chemin des vacances

Été 1985, Michelle et Marc Dutroux roulent au volant d'une camionnette claire, direction le Sud, anonymes au milieu des millions de touristes qui empruntent la même route des vacances. Du côté de Collioure, ils croisent une auto-stoppeuse. Marc s'arrête à sa hauteur et la fait monter. Il prend soin de laisser le volant à son épouse et de placer la jeune fille entre eux deux. Elle n'a aucune chance de s'échapper. Alors, il se livre à quelques caresses qui dégénèrent rapidement. La jeune fille tente de se défendre. Mais Marc est plus fort, il l'attire à l'arrière de la camionnette pendant que sa femme continue de rouler. Qu'entend-elle ? Que voit-elle ? Surveille-t-elle la scène dans le rétroviseur ? L'auto-stoppeuse crie, se débat, pleure, Michelle l'entend… s'en délecte ? Lui la viole. Est-elle ressortie vivante du fourgon ? Combien d'autres comme elle ? Le couple au fourgon a-t-il été recherché localement ? Dommage que cette jeune femme n'ait pas témoigné. Quelques années plus tard, le couple aurait agi de la même manière du côté de Marseillan, petit port entre Sète et Montpellier. À combien d'autres agressions se sont-ils livrés encore dans le sud de la France ?

Est-il encore recherché dans le nord de la France ? Combien de viols restés impunis, combien de meurtres ? La même année, Marc Dutroux, comme Michel Fourniret, confie tous ses crimes à son épouse. Il avoue un autre viol commis dans le nord de la France. Il aurait remarqué une jeune fille marchant seule à travers champs. Elle ne lui échappera pas. Il la rattrape, la viole. Marc Dutroux, le « monstre belge », a sillonné les routes et les autoroutes françaises à bord de sa camionnette blanche. Combien de victimes sont passées dans cette camionnette ? Personne ne semble s'en être vraiment préoccupé côté français. Autant de crimes impunis, d'avis de recherche de camionnettes blanches tombés dans l'oubli.

Dutroux, Fourniret, au volant de leurs camionnettes, se sont croisés dans les années 1990 sur les routes de France, dans le Sud, le Nord, peut-être ailleurs. Chacun était avec sa chacune, elle conduisait, servait d'alibi, endormait la méfiance des victimes. Puis, longtemps après, ils se sont à nouveau croisés sur les routes de Belgique. Leurs camionnettes se ressemblaient, elles étaient blanches, quoi de plus banal ? Sur leurs routes, les avis de recherche se sont multipliés, ils se sont souvent trouvés épinglés côte à côte au même tableau, dans le même dossier et, parfois, se sont confondus… Comme lors de l'affaire Élisabeth Brichet, attribuée un temps à Dutroux… Il doit bien en rester un, çà et là, qui les concerne et qui finira, jauni par le temps, dans la poubelle d'un commissariat ou d'une brigade. Pourtant, dans toutes les affaires non résolues impliquant une camionnette blanche, il serait utile de vérifier qu'aucun de ces deux tueurs n'est concerné, et ce afin d'être en mesure de repérer les évolutions d'un autre couple de diaboliques à la fourgonnette sur la carte des crimes.

Quant à leurs camionnettes, que deviennent-elles ? Celle de Fourniret subit-elle encore des expertises, celle de Dutroux est-elle oubliée dans une casse ou un entrepôt judiciaire ? S'y trouve-t-il encore des indices inexploités, oubliés ?

Les criminels en série agissant au bord des routes sont invisibles, nous l'avons dit. Leurs véhicules seront toujours décrits à peu près de la même manière par les témoins ou victimes, et c'est un piège redoutable pour les enquêteurs.

Au milieu de ce magma d'avis et d'appels à témoin, le premier à apparaître lorsqu'on tape ces mots sur un moteur de recherche est celui relatif à la disparition d'Estelle.

Estelle Mouzin

2003. Un avis est lancé concernant un homme recherché comme témoin essentiel. « Un individu de type européen à la peau relativement mate, aux sourcils fournis, portant des lunettes rondes [...]. Véhicule susceptible d'être utilisé : Citroën Jumpy, Peugeot Expert ou Fiat Scudo, sans inscription. De couleur blanche, ce véhicule dispose de vitres opacifiées sur les portes arrière. »

Estelle disparaît le 9 janvier 2003 au retour de l'école, entre 18 h 15 et 18 h 30. Il fait nuit et extrêmement froid. Elle parcourt une partie du chemin avec une amie de classe, puis se sépare d'elle à moins de cinq cents mètres de son domicile. Mais elle ne franchira jamais le seuil de sa porte, elle se volatilise... Personne ne voit rien. Les enquêteurs ne retrouvent rien, pas un vêtement, pas un sac, rien.

Quelques semaines auparavant, une autre fillette a été importunée à la sortie de l'école par un homme en camionnette blanche. À l'aide de son témoignage, les policiers établissent un portrait-robot, celui de « l'homme au Jumpy ». Celui-ci est diffusé par le procureur de la République de Meaux le 24 juin 2003, via tous les médias. Depuis, il hante nos esprits… et tous les sites de recherche.

Fourniret est encore inconnu. Pourtant, dès son arrestation à la suite de la tentative d'enlèvement avortée de Marie[1], beaucoup se demanderont si l'homme au Jumpy apparaissant sur le portrait-robot n'est pas lui… Si bien que les policiers chargés de l'enquête sur la disparition d'Estelle vont rapidement s'intéresser à lui, alors surnommé « le forestier des Ardennes », et pas encore mis en cause pour des tentatives d'enlèvement de fillettes. Ses déplacements sont vérifiés, des prélèvements effectués dans son C15 sont analysés à la recherche de traces d'Estelle, sans résultat. Leur emboîtant le pas, dès juillet 2003, le quotidien *Le Parisien* souligne les nouvelles orientations de l'enquête sur la disparition de la petite fille. Pourtant, à l'époque, Fourniret n'est pas encore passé aux aveux sur les autres affaires et il n'est pas encore question des aveux de sa femme. Mais l'homme demeure suspect.

Cependant, cet avis de recherche a été établi sur le témoignage d'une fillette importunée par un homme au volant d'un tel véhicule, mais il n'existe pas de témoignage

1. Prénom modifié. Voir les détails de cette affaire dans ce même chapitre, page 116.

concernant les circonstances exactes de la disparition d'Estelle. Personne n'aurait rien vu.

Ce qu'il faut retenir, c'est que le nombre de fourgonnettes ou d'hommes à la camionnette blanche ainsi recherchés est extrêmement important. Et cela complique singulièrement les recherches. Si, en plus, ces criminels se déplacent, sillonnant la France avec leur véhicule comme le faisait Fourniret, ils deviennent alors quasiment invisibles.

De même, en matière de rapprochements policiers, la difficulté résulte souvent de ce que plusieurs criminels agissent de façon similaire, dans les mêmes régions. La confusion est donc possible et, le temps de vérifier toutes les affaires, d'entendre tous les suspects... la piste du criminel refroidit. Et il passe inaperçu, sous le pont de frère Antoine, sous tous les ponts des autoroutes, sur toutes les routes... Il passe au travers des mailles du filet, et de victime en victime.

En France, et partout ailleurs

Sur la Toile, avis de recherche et appels à témoin de toutes origines se multiplient. Il suffit de lancer un moteur de recherche et apparaissent des appels à témoin concernant le Québec, la Suisse, la Hollande, l'Italie et bien d'autres pays encore. Meurtres et enlèvements à la camionnette, on a l'embarras du choix... On peut ainsi découvrir que la Hollande recherche un violeur à la camionnette blanche dans laquelle il séquestre ses victimes avant de les relâcher. Un portrait-robot a été établi. L'homme est susceptible d'avoir également agi en Belgique, il aurait notamment tenté d'y enlever une cycliste en février 2006. D'autres messages rappellent d'anciennes affaires ou les font resurgir dans l'actualité du Net à l'occasion d'événements nouveaux. En Suisse, les avis font encore état de la disparition d'Ylenia. Depuis, son tortionnaire se serait suicidé, et on a retrouvé le petit corps disparu en juillet 2007…

Lors de l'enquête sur le meurtre d'Amélie Lagrange[1], tuée à Londres par Levi Bellfield, un criminel en série surnommé « le tueur au marteau », il fut question d'une camionnette claire suspecte découverte sur des bandes de vidéosurveillance se trouvant sur le parcours d'Amélie ce soir-là. Des images de ce véhicule, garé à proximité d'un distributeur de billets, des images de nuit, sinistres, ont été diffusées via les médias accompagnées d'un appel à témoin.

Idem aux États-Unis. Les sites référencent par exemple l'affaire de l'usurpateur du « tueur de la Green River ». Ce serial killer, identifié depuis comme étant Gary Ridgway, écumait les autoroutes de la région de Seattle au début des années 1980 à bord de son pick-up bleu[2]. Les recherches vont s'égarer un temps à la recherche d'une camionnette claire.

Il en va de même en Autriche. Le 2 mars 1998, lorsque Natascha Kampusch disparaîtra à bord d'un fourgon blanc, tous les services de police n'auront de cesse de

---

1. En 2004, Amélie Lagrange, vingt-deux ans, étudiante française, séjourne à Londres pour parfaire son anglais. Le 19 août, elle rentre seule, coupe à travers le parc de Twickenham, est agressée à coups de marteau par un homme qui prétendra choisir ses victimes au hasard de ses pulsions. L'enquête permettra d'établir qu'il a déjà commis un précédent meurtre de la même manière en 2003, sur une jeune femme dénommée Marsha. Lors de l'agression, Amélie se trouvait à moins de deux cents mètres d'une terrasse où dînaient plusieurs personnes qui n'ont rien entendu. Découverte blessée à la tête, elle décèdera à l'hôpital. Levi Bellfield sera condamné mi-février 2008 pour les meurtres d'Amélie et de Marsha, ainsi que pour d'autres agressions.

2. Voir chapitre 2.

retrouver ce véhicule. Natascha, dix ans, a été kidnappée alors qu'elle se rendait à l'école à pied ; il était 7 heures du matin. Elle sera séquestrée pendant huit longues années. Une écolière a assisté à la scène, elle a aperçu un homme poussant la petite fille dans une camionnette blanche. Priklopil, le ravisseur de Natascha, a bien fait de s'inspirer de Dutroux en utilisant une fourgonnette blanche pour enlever sa victime, puis en creusant sa cache pour y enfermer sa prisonnière... Il est demeuré tranquille huit ans. Et quand sa victime s'est échappée, il s'est enfui, pour se suicider en se jetant sous un train. Lui aussi s'est échappé... définitivement.

En Belgique, les avis de recherche se croisent. Ceux de Natacha, d'Élisabeth, et celui de Laetitia, un mois à peine après le meurtre de Caroline en France, le tout au milieu d'autres... Comment, alors, dénouer ces affaires ? Le fait est que lorsque Dutroux est interpellé, tous les regards se focalisent sur lui et son supposé réseau, et Fourniret, de son côté, dans son ombre, en profite...

Avis de recherche. Laetitia, quatorze ans, disparue le 9 août 1996 à Bertrix, un bourg situé à dix kilomètres de Neufchâteau. La Belgique angoisse. Laetitia vient rallonger la liste des enfants disparues, elle est la quinzième depuis 1989. Elle vient de quitter la piscine de Bertrix, il est 22 heures, lorsqu'une camionnette s'approche d'elle. Le conducteur lui demande si c'est bien ce week-end qu'ont lieu les 24 Heures automobiles de Bertrix. Elle n'a pas bien compris, s'approche du véhicule, quand un homme surgit dans son dos, la ceinture, la bâillonne, la jette dans le fourgon, puis la force à ingurgiter des somnifères. Elle se réveillera dans une petite cellule sans lumière, au côté de Sabine, une fillette séquestrée depuis deux mois dans cette cave. Ensemble, elles vont vivre l'effroi.

Le 15 août suivant, un jeune étudiant aperçoit une camionnette blanche qui rôde à proximité de la piscine de Bertrix. Elle est bruyante, a un comportement étonnant. Il la décrit comme ancienne et couverte d'autocollants. Il relève l'immatriculation et alerte les autorités policières, sans se douter qu'il vient de déclencher l'affaire criminelle la plus traumatisante que les Belges n'aient jamais connue, et que, surtout, il vient de sauver la vie de Sabine et Laetitia. C'est ainsi que le 13 août 1996, les policiers arrêtent Marc Dutroux. Il n'opposera aucune résistance et avouera rapidement six enlèvements de six victimes ainsi que le meurtre de son complice. Sabine et Laetitia sortiront de leur cellule ; Julie, Mélissa, An et Eefje seront retrouvées… enterrées par leur tortionnaire dans son jardin. Le pays s'enfonce dans l'horreur.

L'homme à la camionnette blanche a été identifié. Mais on ne peut attribuer au pédophile meurtrier les neuf autres disparitions d'enfants belges, qui demeurent irrésolues, parmi lesquelles celle d'Élisabeth Brichet.

Alors que la Belgique relève à peine la tête et que le procès Dutroux s'annonce enfin, de nouveaux enlèvements ont lieu. Plusieurs enfants ou jeunes filles se plaignent d'un homme à la camionnette blanche. Les cauchemars belges resurgissent.

Wallin, en Belgique, juin 2003. Deux petites filles s'amusent dans le jardinet de leur maison. Lui les filme, l'œil rivé à son objectif. Aucun de leurs rires, de leurs chants, de leurs sautillements n'échappe à sa caméra. Il passe et repasse devant le jardinet, lentement, au volant de son fourgon C15 blanc, son caméscope enregistre chaque geste des enfants. Les petites filles ne le remarquent même pas, trop occupées à leurs jeux innocents. Ce caméraman est un chasseur, il repère des proies. Mais leur père s'aperçoit du manège du pervers, il intervient et porte plainte.

Ce n'est qu'une affaire de plus…

Un an plus tôt, il y a eu cette tentative d'enlèvement d'une écolière. L'homme l'avait abordée de sa camionnette claire. Un dossier toujours pas résolu. Rien n'exclut que ces affaires appartiennent à « l'ogre des Ardennes ». Il y a tant d'enfants qui manquent à l'appel ! Tant d'affiches jaunies sur les murs des commissariats, des gendarmeries, des lieux publics, comportant des photos d'identité d'enfants souriants ou joyeux qui détonnent dans cet univers. Derniers souvenirs de ceux qu'on n'a plus jamais revus… Qui est leur ogre ? Est-il seulement recherché ? Va-t-il récidiver ?

Je m'appelle Michel Fourniret

Quelques jours plus tard, sur la route qui relie Dinant à Beauraing, Stéphanie roule, perdue dans ses pensées. Des prés succèdent aux bois et défilent le long du ruban de macadam monotone. Stéphanie s'apprête machinalement à ralentir à un carrefour au bord d'un champ de maïs, quand elle sursaute et freine brutalement. Une adolescente vient de surgir du maïs, elle s'est précipitée sur la route et court maintenant en direction de la voiture en agitant les bras, manifestement paniquée. Stéphanie s'arrête. C'est une toute jeune fille qui monte dans son véhicule. Elle est toute tremblante et semble très choquée. Stéphanie tente de l'interroger sur sa présence sur cette route isolée, mais l'adolescente éprouve des difficultés à articuler quelques mots entre deux sanglots. Stéphanie parvient néanmoins à comprendre qu'elle s'appelle

Marie[1], a treize ans, et vient d'échapper à un kidnapping. Stéphanie la croit, s'efforce de la rassurer, et prend la direction du poste de police le plus proche.

À mesure qu'elles s'éloignent de leur lieu de rencontre, Marie parvient à raconter le cauchemar qu'elle vient de vivre. Tout en scrutant les véhicules qui les croisent, la peur dans la voix, elle dit demeurer à Ciney. Elle est sortie de chez elle vers 14 heures pour se rendre au supermarché. Elle n'était pas très loin encore quand une camionnette blanche s'est arrêtée à sa hauteur. Le chauffeur, qu'elle décrit comme étant un homme de plus de soixante ans, pas très grand, aux cheveux poivre et sel, avec de petites lunettes et un tee-shirt blanc, lui a demandé avec insistance de le conduire à l'école. Dans un premier temps, elle a refusé. Mais l'homme, se faisant passer pour un professeur, lui a dit que « ce n'était pas bien de ne pas faire confiance aux gens… que c'est pour ça que le monde va mal ! ». Marie est très croyante, l'argument la convainc. L'homme avait l'air gentil et l'a « embobinée ». Elle lui a cédé, est montée dans la camionnette, méfiante malgré tout, se disant que s'il se passait quelque chose, elle arriverait à s'échapper. À peine s'est-elle assise que l'homme change d'attitude. Il la menace. Marie comprend immédiatement le danger. À tout moment, l'homme peut devenir violent. Il ne lui laisse pas le temps de réfléchir, il la presse de questions personnelles. Il veut tout savoir d'elle. Alors elle répond mécaniquement à ses questions, qui deviennent de plus en plus personnelles et qui sont maintenant accompagnées de divers attouchements. Tout à coup, l'homme arrête la camionnette, sort des liens, lui entrave les pieds et les mains, la fait passer à l'arrière du fourgon, puis se réinstalle au volant. Marie est maintenant

1. Le prénom a été modifié.

dissimulée derrière un rideau séparant les fauteuils avant de l'arrière du véhicule, on ne peut plus l'apercevoir. Le cœur battant, réduite à l'impuissance, elle examine le fourgon. La camionnette est aménagée comme un camping-car, il y a des placards, une bâche bleue sur laquelle elle est recroquevillée, des cartes routières françaises et belges… Marie l'entend marmonner : « Je suis pire que Dutroux. » Mesure-t-elle la portée de cette phrase ? Elle sait la gravité de la situation. Résignée, elle prie, elle prie la Vierge Marie de tout son cœur, de toute son âme. Elle a eu raison. Car un véritable miracle va avoir lieu.

Aussi incroyable que cela puisse paraître, l'homme a été négligent. Les liens sont trop lâches… Marie parvient à se détacher. Elle raconte à Stéphanie qu'elle pensait ouvrir la portière arrière et sauter en marche, mais le véhicule roulait trop vite, elle se blesserait et l'homme la rattraperait. Par chance, il ralentit et s'arrête à un carrefour. Elle en profite et s'échappe. Il n'a rien vu, le rideau qui protégeait si bien l'arrière du fourgon des regards indiscrets protège la fuite de Marie. Elle court se cacher dans un champ de maïs, à proximité du carrefour. Son cœur bat à tout rompre, l'homme va-t-il faire demi-tour, revenir la chercher ? Va-t-il la retrouver ? Elle s'efforce de réfléchir, de se repérer. Elle aperçoit un panneau de signalisation et comprend qu'elle se trouve à vingt-trois kilomètres de son domicile. Il lui faut donc arrêter le premier automobiliste qui se présentera. Ce sera Stéphanie.

Consciente de la gravité de la situation, la jeune femme se dirige vers Bouras, à une dizaine de kilomètres de là. Sur la route, elle a d'instinct le bon réflexe. Elle dit à Marie qu'elles vont peut-être croiser son agresseur. Si cela arrive, elle lui demande de bien mémoriser sa plaque d'immatriculation. Et cela arrive. Une camionnette blanche croise leur route. L'homme s'est-il aperçu que sa victime lui a échappé, la recherche-t-il ? Marie reconnaît immédiatement le conducteur : « C'est lui ! » Malgré son émotion, elle parvient à mémoriser une partie de l'immatriculation.

À Bouras, les policiers qui les entendent prennent très au sérieux le récit de la fillette. Grâce aux éléments qu'elle fournit, tout va très vite. Le propriétaire du fourgon est rapidement identifié. C'est un Français, il demeure à Sart-Custinne, à une quinzaine de kilomètres de la frontière franco-belge. Dès lors commence une véritable course contre la montre. Il n'est pas question de perdre une seconde, l'affaire risque de s'ébruiter et le suspect pourrait tenter de passer la frontière. Les policiers s'équipent, montent dans leurs véhicules et se rendent à Sart-Custinne. Leur arrivée ne passe pas inaperçue dans ce petit village ardennais de cent vingt habitants. Des rideaux se soulèvent, certains voisins sortent sur le pas de leur porte. Ils sont là pour le Français.

Mais le Français n'est pas là. Alors les policiers l'attendent. À 17 heures, la camionnette blanche se profile au bout de la rue. Son conducteur rumine-t-il son échec ? Est-il inquiet, préoccupé ? A-t-il peur que la fillette ait parlé ? Envisage-t-il de disparaître rapidement ? Quand, soudain, il accélère. Il a aperçu les policiers et tente un passage en force. Il a compris que l'adolescente l'a dénoncé. Mais un véhicule de police, placé en travers de la chaussée, barre la route. L'homme se rend sans résistance. Les témoins de la scène retiendront, étonnés, l'expression de leur voisin au moment de son interpellation : il sourit, sûr de lui. Placé en garde à vue, il ne montre aucun stress, semble serein et maître de lui. Une attitude qui tranche avec la situation, on lui reproche tout de même le rapt d'une enfant ! Cet homme, c'est Michel Fourniret.

Malgré ses dénégations, il est maintenu en détention provisoire, essentiellement pour permettre aux enquêteurs de vérifier son parcours et son éventuelle implication dans d'autres affaires, des deux côtés de la frontière franco-belge. Ce qu'ils découvrent les pousse à poursuivre les vérifications concernant toutes les affaires d'enlèvement, de disparition ou de meurtre d'enfants et d'adolescentes non résolues. Selon les médias, dès octobre 2003 les enquêteurs belges, en moins de quatre mois, vont exhumer deux cent soixante cas non résolus ! Le chiffre avancé par l'enquête belge est dramatique, pourtant combien d'autres prédateurs sont en liberté ? Combien d'enquêtes bâclées, et donc de victimes en danger ? Combien d'avis de recherche de camionnettes sans solution ?

Tous les regards convergent vers le suspect français. Dans les médias, on pressent l'événement. Moins d'un an plus tard, sa femme le dénoncera. Il reconnaîtra huit meurtres et plusieurs agressions. Sur les neuf meurtres d'enfants disparues en Belgique depuis 1989, il finira par en avouer au moins un, celui d'Élisabeth Brichet. Ce n'était donc pas Dutroux !

Actuellement, une cellule d'enquête serait toujours en place en Belgique. Elle travaillerait sur d'autres affaires qui pourraient être attribuées au tueur en série, celui-ci ayant admis avoir fait au moins deux victimes par an, soit, au total et sur dix-sept ans, plus de trente-quatre… Or il n'est poursuivi « que » pour sept assassinats et trois enlèvements. En revanche, en ce qui concerne Dutroux et Fourniret, on n'entend toujours pas parler d'enquête dans les pays de l'Est. Pourtant, ils y auraient tous deux promené leur fourgon clair… Combien d'avis les y recherchent sans le savoir ?

Des scènes de crime mobiles

Quoi qu'il en soit, ce type de véhicule, même lorsqu'il déroge à la règle de la couleur et devient donc plus facilement identifiable, demeure un piège redoutable. Si bien que nous devons désormais faire face à de véritables scènes de crime… mobiles.

Ces véhicules, blancs ou non, semblent en effet de plus en prisés par ces criminels. Est-ce parce qu'ils offrent la possibilité de prendre des victimes au piège sans que personne ne puisse les voir de l'extérieur ? Ou parce que ces véhicules peuvent supporter des aménagements utiles aux actes criminels et sexuels envisagés, mais insoupçonnables car bien dissimulés, n'éveillant pas la méfiance des futures victimes ?

Une chose est sûre : de plus en plus de signalements et de recherches concernent ce type d'« utilitaires ». Cela mériterait que l'on réfléchisse à des moyens de les repérer plus rapidement. À l'achat, en fonction des couleurs, etc.

En Belgique, la camionnette bleue aperçue dans le cadre de l'affaire dite « du dépeceur de Mons » fait toujours l'objet de recherches. Ce tueur, qui compte au moins cinq victimes à son actif, abandonne leurs corps dépecés dans des sacs-poubelle en plastique aux environs de Mons. Une camionnette bleue aurait été repérée par un témoin au moment où le tueur se débarrassait de sacs dans lesquels ont été retrouvés des restes humains. À ce jour, cette affaire n'est toujours pas résolue…

Robert Pickton, l'un des pires meurtriers en série de l'histoire du Canada avec quarante-neuf victimes, a avoué ses meurtres à un policier qui se faisait passer pour un codétenu. Le procès de cet éleveur de porcs canadien a eu lieu en janvier 2007, après une enquête d'énorme ampleur au cours de laquelle des policiers, vingt et un mois durant, vont rechercher, dans sa ferme, corps et indices. Une femme, membre de la gendarmerie royale canadienne, s'explique à la barre sur l'interception, en mars 1999, d'un conducteur de camionnette qu'elle croyait ivre. Il s'agissait de Pickton, au volant de son fourgon avec, à son bord, l'une de ses futures victimes.

Un autre tueur canadien, Thomas Svekla, surnommé « le tueur d'Edmonton », terrifia durant vingt ans la ville d'Edmonton, dans l'ouest du Canada. Il aurait tué une douzaine de femmes, des prostituées dont les corps ont été retrouvés dans un rayon de vingt kilomètres. Livreur le jour, il sélectionnait ses victimes la nuit, au volant de sa camionnette.

Chanal aussi avait bien compris les avantages que l'on peut tirer d'un tel véhicule. Lui aussi l'aménagera pour pouvoir y dormir et y vivre de manière autonome et, surtout, y torturer, violer et séquestrer ses victimes dans un certain confort. L'auto-stoppeur hongrois qui a subi ce sort, retrouvé ligoté à l'arrière du fourgon du militaire, a eu beaucoup de chance que l'un des rideaux obturant une fenêtre ait été mal tiré ! Chanal lui avait posé une sorte de collier étrangleur qui lui permettait, depuis son volant, d'empêcher sa victime de crier. Mais il a été le seul à déroger à la règle du véhicule blanc : il avait opté pour une camionnette verte – qui, dans un chemin forestier, n'était peut-être pas aussi repérable qu'une blanche ? Art du camouflage… Déformation militaire, sans doute !

La liste est encore longue de tels véhicules ayant permis à des criminels en série de procéder à leurs repérages, à l'enlèvement de leurs victimes ou à des violences diverses, en particulier sexuelles, et enfin à leur mise à mort. Ces camionnettes sont devenues de véritables scènes de crime sur lesquelles la police technique doit désormais tenter de reconstituer la série macabre des faits qui s'y sont déroulés…

Certains de ces véhicules ont été tellement médiatisés, photographiés et décrits qu'ils ont pris une dimension mythique. De véritables « célébrités », tel que le combi vert de Chanal ou le C15 de Fourniret, et surtout de redoutables publicités pour cet outil de choix… au bénéfice des criminels en série !

Deuxième partie

Le pacte du mal

5
La femme de l'ogre… complice de jeu

La femme de l'ogre

La fascination du public pour les crimes en série ne puise-t-elle pas en partie son origine dans la petite enfance ? Rappelez-vous, enfant, ces contes si terrifiants qu'on nous lisait… Ces personnages monstrueux dont on nous contait les méfaits. Ceux des contes de Perrault ou des frères Grimm. L'ogre du *Petit Poucet* qui mange les enfants, la sorcière de *Hänsel et Gretel* qui fait de même et les attire avec des bonbons, Barbe bleue et l'assassinat de ses six femmes… On se recroquevillait au fond de notre lit en attendant le dénouement, tout en sachant que de toute façon ça finirait bien. Enfin, plutôt, très mal pour les méchants, ce qui nous réjouissait. Mais ces monstres qui ont hanté nos nuits d'enfants ne sont-ils pas à l'image des tueurs en série dont on nous conte tous les jours les méfaits ? Perrault et Grimm ne se sont-ils pas inspirés de la réalité ? Le génie de ces auteurs fut de plonger au plus profond de l'âme humaine, mettant en scène des tueurs à victimes multiples, qui nous faisaient peur parce que nous nous assimilions justement à ces victimes. Heureusement, ils ne pouvaient pas recommencer encore et encore, sans fin, jusqu'à nous, car nous savions que ce n'était qu'un conte. Parmi ces histoires pour enfants, il y a notamment celle du *Petit Poucet*. Cet enfant abandonné avec ses six frères dans la forêt… Pour ce conte, Perrault s'est largement inspiré d'un conte populaire du Nivernais, intitulé *Les Enfants égarés*, issu d'un recueil de contes populaires rédigé par trois frères et leur sœur de 1882 à 1887, à Montigny-aux-Amognes – et nous revoilà en Bourgogne… –, où l'on contait à la veillée l'histoire de deux enfants abandonnés par leur mère dans la forêt. Ces enfants sont recueillis par la femme de l'ogre qui veut les enfourner. Dans cette histoire, l'ogre confectionne aux enfants des bagues de paille pour les différencier de ses filles qui portent des bagues d'or. Le plus malin échange les bagues et l'ogre tue ses propres enfants. Les enfants se sauvent et l'ogre meurt en les poursuivant.

La femme de l'ogre joue donc un rôle actif. Elle n'est pas la victime de son mari. Non, elle participe activement à l'action. Mais ce n'est qu'un conte, une histoire pour les enfants.

Contes de notre temps… La femme de l'ogre existe

Dans l'imaginaire populaire, le meurtrier en série est un criminel qui agit en solitaire. Une vision entretenue par le cinéma et la littérature. On pense qu'un complice le gênerait plutôt, lui dérobant une part de son plaisir et de sa toute-puissance. Nous peinons à croire qu'il puisse partager sa proie. Sans compter que le partenaire criminel représente un risque, celui de se transformer en témoin à charge. Fourniret l'a appris à ses dépens, et d'autres avant lui.

Pour autant, il existe bien des meurtriers en série qui intègrent dans leur scénario de mort d'autres acteurs qu'eux-mêmes et leur victime ; le complice peut faire partie de leur fantasme et de leur jouissance, et peut aussi présenter un intérêt pratique. Il existe donc des complices acceptables, et même une association de criminels bien particulière, celle des couples de meurtriers. Des hommes et des femmes, amants ou époux, qui assassinent ensemble. Des associations monstrueuses qui ne sont pas rares et qui, la plupart du temps, sont difficiles à évaluer et à sanctionner. Contrairement à ce qui s'est dit dans les médias, lorsque le parcours du couple Fourniret-Olivier a été découvert, les couples de tueurs en série existent. Difficile d'admettre que nous comptons à l'intérieur de nos frontières de tels couples, alors que notre société a déjà du mal à accepter qu'il existe chez nous des serial killers... Il y a encore du chemin à parcourir !

Lorsque l'affaire Fourniret est connue, les médias nous présentent d'un côté « le monstre », le tueur ingénieux, calculateur, stratège et monstrueux, et de l'autre sa femme, celle qui le dénonce mais qui sait tout, tait tout, depuis des années... Et la question est bientôt sur toutes les lèvres, une question qu'on ne cesse de poser : quel a été le rôle de Monique Fourniret ? Est-elle victime ou démon ?

Dans notre représentation du tueur en série, celui-ci agit seul et ses victimes sont principalement des femmes ou des enfants, à l'image des « héros » des séries télévisées américaines et britanniques. Une image déformée et simplifiée. Des thrillers dans lesquels les femmes et les jeunes filles incarnent le plus souvent des victimes, et auxquelles on confie rarement le rôle principal, celui du prédateur. Quant à distribuer ce rôle à un couple, c'est encore plus exceptionnel. Car comment faire accepter au public l'idée qu'une femme, pis encore une mère, puisse être la complice d'un criminel ? Difficile de faire accepter que celle qui est faite pour donner la vie est capable d'aider un homme à donner la mort, faisant subir à d'autres femmes, ou à des enfants, les pires atrocités…

Force est pourtant d'admettre que s'il n'en est pas ainsi dans les fictions, dans la réalité ces femmes existent bien. Et là, aucun doute, elles jouent même un rôle capital au sein de l'action criminelle, notamment en ce qui concerne l'approche des victimes.

Il est certain que la plupart de leurs compagnons criminels auraient eu du mal à attirer leurs victimes sans l'aide d'une complicité féminine. La présence d'une femme facilite grandement la chasse car elle sert d'appât. Et le stratagème n'est pas récent. En 1974, dans le but d'avertir les femmes, les évangélistes californiens publiaient une bande dessinée dont la première planche mettait en scène une jeune auto-stoppeuse, seule au bord d'une route. Un camion s'arrêtait à sa hauteur, conduit par un homme accompagné d'une femme au sourire avenant. On y voyait la jeune fille qui, tout en dévisageant le couple, se disait : « Cela a l'air sûr, il y a une fille. » Se croyant en sécurité, elle montait, ne pouvant imaginer qu'un homme accompagné d'une femme puisse la violer ou la tuer. Pourtant, elle n'est jamais parvenue à destination…

Michel et Monique Fourniret vont utiliser le même stratagème, à Nantes, en 1990, lors de l'enlèvement de Natacha Danais, alors âgée de treize ans. Monique racontera que Michel a décidé de « prendre une gamine » puisqu'ils ont utilisé leur scénario habituel. « Nous nous sommes arrêtés près d'une jeune fille inconnue pour lui demander une adresse[1] », ils l'ont ensuite invitée à monter. C'est Michel qui était au volant et c'est lui qui a

1. François Vignolle et Jean-Marc Ducos, *Le Parisien*, 6 juillet 2004.

parlé à la jeune fille. Monique précisera qu'ils utilisaient un véhicule C15 de couleur blanche et que son époux a fait rentrer la jeune fille à l'arrière, afin qu'elle leur montre la route. Il aurait d'abord pris le chemin qu'elle indiquait, puis, selon leurs aveux, aurait cherché un endroit isolé, il se serait arrêté, et serait monté directement à l'arrière… Natacha ne reviendra pas. Isabelle, Élisabeth, Jeanne-Marie, Fabienne non plus. Comme le dira Monique : « C'est le scénario habituel qui s'est déroulé. » Un scénario qui avait fait ces preuves, imparable.

Des enfants meurent. Le conte finit mal, notre imaginaire est bousculé, on refuse la vérité.

À l'image de Michel et Monique Fourniret, la plupart des couples de tueurs référencés se sont servis du même stratagème. Ils ont utilisé leur véhicule pour enlever des auto-stoppeuses, des passantes ou des enfants, en les faisant monter à bord sous un prétexte quelconque. C'est bien sûr le plus souvent la femme qui lie le contact avec la future victime. Sa seule présence suffit à les rassurer. Sans elle, pas de meurtre !

Au départ de leur parcours sanglant, Michel et Monique utilisent une variante diabolique. Monique est seule au volant. Elle s'arrête pour proposer à une jeune fille de la rapprocher de chez elle, bien sûr l'adolescente ne se méfie pas. Elle monte. Mais Michel Fourniret attend un peu plus loin. Il feint de faire du stop, un jerrican à la main. Monique fait mine de ne pas le connaître et le prend à bord. Il monte à l'arrière du véhicule. La jeune fille est retrouvée presque vingt ans plus tard, au fond d'un puits, sur ses indications… Monique aurait pu passer son chemin. Elle dira qu'elle était d'accord pour le viol, pas pour le meurtre… La série des diaboliques vient de commencer. Leur pacte est désormais scellé.

Ces voyageurs diaboliques ont toujours une physionomie passe-partout, ils forment une famille apparemment normale. Le couple Fourniret ne déroge pas à la règle. Il est banalement identique aux autres. En apparence seulement. Et lorsque les victimes aperçoivent leur véritable visage, il est déjà trop tard.

L'électrochoc médiatique que les aveux de Monique Olivier ont déclenché démontre bien que, pour les médias et le public, cette situation est difficile à envisager. Monique Olivier, avec ses airs de chien battu, n'est, ne peut être, qu'une victime. Mais ce n'est pas ce que pensent les professionnels pour qui la situation n'est pas nouvelle, et nous verrons que de nombreux exemples de couples de pervers criminels ont marqué les annales judiciaires internationales, et que, chez ces couples sanguinaires, les femmes peuvent jouer plusieurs rôles. Elles vont faciliter l'enlèvement de la victime, c'est-à-dire atténuer sa méfiance, servir de rabatteuses ou d'appâts, mais elles feront également partie intégrante du scénario fantasmatique de leur partenaire, c'est-à-dire agir pour accroître son plaisir lié au crime qu'il commet.

Pour le public, une question demeure cependant : est-il possible que des femmes accompagnent pendant des mois, des années, un tel criminel sans rien tenter pour lui échapper, pour le dénoncer, pour sauver ses victimes ? Difficile de l'accepter. La réalité pourrait-elle rejoindre la fiction ? Celle des fables que l'on nous contait lorsque nous étions enfants… La femme de l'ogre existerait donc ?

Le syndrome de Bonnie and Clyde

Il est difficile d'admettre que certaines femmes puissent être attirées par les criminels comme les papillons par la lumière. Pourtant, elles existent et ont même fait l'objet de diverses études, dont celle menée par les enquêteurs du FBI sur les petites amies de sadiques criminels. Selon cette étude, ces compagnes de sadiques sexuels sont toujours plus instruites et plus intelligentes que leur compagnon. Elles recherchent activement des hommes très dominateurs, ayant des dispositions criminelles. Elles ne se contentent pas de les aider à tuer, non, elles vont bien plus loin, montent d'un degré dans l'atrocité, désireuses d'augmenter la mise en traduisant les fantasmes de leur partenaire en une réalité monstrueuse. Selon le sexologue John Money, qui les a également étudiées, ces femmes ne seraient attirées sexuellement et érotiquement que par des hommes violents, ayant un long cursus criminel, comme aveuglées par leur puissance sanguinaire, par leur pouvoir de décider de la vie ou de la mort d'un autre être, véritables aphrodisiaques pour elles. Il souligne que le « mauvais garçon » véhicule l'image de l'homme plein d'assurance, fort, autoritaire, dominateur, et donc viril. C'est l'attrait du rebelle, du hors-la-loi au-dessus de tout et de tous, qui plaît à ces femmes. Ce qui explique les milliers de lettres reçues par les criminels, tant aux États-Unis qu'en Europe et en France. L'un des cas les plus connus est celui de Guy Georges qui, bien que condamné pour plusieurs viols et l'assassinat de sept jeunes femmes, exerce une fascination sur certaines femmes. Condamné à perpétuité en 2001, ce tueur, surnommé « le tueur de l'est parisien », correspond du fond de sa cellule avec des admiratrices diverses, qui ont fait sa connaissance à travers les journaux. Malgré le portrait tracé par la presse, elles lui écrivent, joignent à leur courrier des timbres pour la réponse et de l'argent pour « cantiner[1] ».

---

1. La cantine est la « boutique » de l'établissement pénitentiaire, où le détenu peut acheter divers objets ou denrées tels que tabac, pain, journaux, etc.,

Guy Georges n'est pas le seul. Patrice Allègre, le tueur toulousain, Francis Heaulme, le routard du crime, ou Émile Louis, reçoivent en prison des lettres d'admiratrices, accompagnées d'argent pour les aider à assurer leur défense ou améliorer leur ordinaire, de menus cadeaux, parfois une photo... Même Marc Dutroux y a droit ; tel une superstar, il reçoit des dizaines de lettres auxquelles il répond, expliquant aux unes pourquoi il a tué son associé et complice, aux autres qui, fascinées par la thèse du réseau, croient en son innocence, affirmant qu'il existe bien un réseau dont il serait la victime innocente, à d'autres encore il se plaint de ses difficultés en prison, des misères de l'incarcération !

Mais est-ce un mal actuel attisé par la solitude et la folie du monde moderne, voire des médias ? Pas vraiment. Ce n'est pas nouveau. Au début du XXe siècle, Landru reçut en prison un volumineux courrier de ses admiratrices, des déclarations d'amour enflammées accompagnées de demandes en mariage. Des femmes souhaitant devenir l'épouse de Barbe bleue ! Plus que jamais, le charme de Landru opère, et l'une d'elles lui adressera un courrier s'achevant ainsi : « Toute à toi, jusqu'au fourneau. »

Certaines femmes cherchent à tout prix à rencontrer leur « héros », telle cette milliardaire française que l'on voit apparaître dans divers reportages de télévision, adressant de petits signes furtifs mais affectueux, dignes d'une gamine de quatorze ans, à Francis Heaulme, lorsqu'il pénètre dans le box des accusés de la cour d'assises de Nancy pour y répondre du meurtre d'une adolescente. À quoi peut-on s'attendre à la cour d'assises des Ardennes, lorsqu'elle jugera Michel Fourniret ? On sait

dans la limite de ses moyens financiers. Cette possibilité de « cantiner » s'exerce sous le contrôle du chef d'établissement.

déjà qu'il entretient une abondante correspondance avec la presse, mais ses relations épistolaires ne se limitent probablement pas à cela...

Certaines finissent même par épouser leur correspondant. Guy Georges laissera l'une de ses admiratrices l'approcher, entamer une relation avec lui. La presse s'en fera un temps l'écho, que se passe-t-il depuis ? Plus aucune information ne filtre. Le phénomène est bien connu aux États-Unis où Ted Bundy, surnommé le « Lady Killer », a reçu des milliers de lettres d'admiratrices. Le tueur est séduisant, très séduisant, et il est particulièrement intelligent. Il risque la chaise électrique, pourtant une femme, Carole Boone, l'épousera en prison et se battra jusqu'à la fin à ses côtés. Elle croira, ou feindra de croire, à son innocence, jusqu'au bout.

De nombreux autres tueurs en série américains se sont mariés alors qu'ils étaient détenus, comme par exemple Arthur Shawcross, arrêté en 1990 pour onze meurtres de prostituées du côté de Rochester et condamné à deux cent cinquante ans de prison, qui y a épousé une femme avec laquelle il correspondait.

Certaines, rares heureusement, comme Veronica Lynn Compton, vont plus loin et acceptent de tuer par amour. Veronica correspondait avec Kenneth Bianchi, l'un des « étrangleurs des coteaux », qui lui demanda de tuer une femme et de lui injecter son sperme afin de le disculper et faire croire que le véritable assassin était encore en liberté. Elle échouera, la victime étant physiquement plus forte qu'elle. Mais à peine incarcérée, Veronica entamera une correspondance avec un autre tueur en série.

Ces compagnes de criminels seraient en réalité atteintes du syndrome dit « de Bonnie and Clyde », prénoms du plus célèbre couple américain de criminels du XXe siècle,

Bonnie Parker et Clyde Barrow, qui a perpétré ses crimes dans le sud-ouest des États-Unis dans les années 1930. Les amoureux s'étaient spécialisés dans les braquages de banque à main armée. Mais dès qu'on se mettait en travers de leur chemin, ils pouvaient tuer, ce qu'ils firent à douze reprises au moins. Ils vivaient dans des voitures, le plus souvent volées. Mais leur histoire d'amour prit fin le 23 mai 1934, lorsqu'ils tenteront de forcer un barrage policier installé pour les intercepter. Les policiers ont ordre de tirer sur eux jusqu'à ce que mort s'ensuive, ce qu'ils feront… Des photos des deux jeunes prises avant leur mort, puis après, montrent leurs corps criblés de balles, pendant du véhicule. La légende de ce couple, qui incarnera rapidement le romantisme en cette période de récession, les rendra célèbres. Et un policier, ouvrant la portière côté passager, là où se trouve Bonnie, aura ces mots : « Je l'ai vue tomber par la porte, une belle et jeune demoiselle, et j'ai senti son parfum léger… » Il ne voit pas une criminelle, il voit une femme, tant les deux sont diffi cilement conciliables.

Ce syndrome de Bonnie and Clyde porte un nom : hybristophilie, du grec *hybrizein* qui signifie « commettre un acte de violence », un outrage contre quelqu'un, et *phili*, « qui aime ». Il s'agit de l'excitation ressentie avec un partenaire délinquant, ou d'un intérêt érotique répété, intense, incoercible, pour des partenaires sexuels connus pour avoir commis des crimes.

Le Pr John Money, dans *Au cœur de nos rêveries érotiques*, évoque cette paraphilie et la définit comme une « fixation érotique sur un partenaire connu pour avoir perpétré un crime, comme le viol, le meurtre ou le vol à main armée [1] ». Ce qui signifie que la personne hybristo-

1. John Money, *Au cœur de nos rêveries érotiques*, Payot, 2004.

phile est excitée sexuellement par le simple fait de savoir que son partenaire a commis un acte violent. Bonnie Parker, l'amie de Clyde Barrow, comptait parmi ces femmes. Selon John Money, « le comportement de l'hybristophile n'est pas complaisant mais complice : la complaisance signifie que vous suivez des instructions ; la complicité signifie que vous devenez volontairement l'équivalent du partenaire[1] ».

Karla Homolka qui souffrait de cette perversion avait trouvé en Paul Bernardo l'occasion de s'exprimer et de s'épanouir. On les avait surnommés « Ken et Barbie » parce qu'ils étaient jeunes, beaux, blonds... Lui voulait des esclaves sexuelles à violer, elle les lui fournissait. Ce couple marié de Canadiens, habitant aux alentours de Toronto, a violé au moins vingt femmes et assassiné trois adolescentes dont la propre sœur de Karla. Ils ont été arrêtés, car Bernardo s'était mis à battre sa compagne, ce qu'elle n'a pas pu supporter. Il avait également la mauvaise habitude de filmer ses exploits avec son caméscope, pour garder des souvenirs, des films devenus de terribles preuves à charge à son procès.

Mais quel est alors le degré de responsabilité de ces complices volontaires ?

Certaines femmes peuvent se trouver placées en position de victimes que leur partenaire cherche à humilier, avilir ou terroriser, leur faisant assister ou participer aux actes auxquels ils se livrent. Mais d'autres, au contraire, peuvent occuper une position égalitaire, voire dominante, armer le bras de leur partenaire et se livrer elles-mêmes à certains actes. Il existe donc plusieurs degrés de complicité chez ces femmes. La difficulté consiste à déterminer à quel point elles sont impliquées, sachant que les plus

1. *Ibid.*

perverses seront manipulatrices, tenteront d'émouvoir, de faire croire qu'elles n'étaient que des victimes dociles. Tout dépend de la relation de domination qui s'est instaurée dans le couple, et de leur psychopathologie propre. Il faut donc tenter de distinguer celles qui sont authentiquement victimes de leur partenaire, des autres.

Les premières, dont la responsabilité serait effectivement limitée parce que dociles, naïves et soumises à force de coups, d'insultes et d'humiliations, ou de peur d'être maltraitées, deviennent les victimes résignées d'un amant pervers. Certaines seraient dans une dépendance affective totale vis-à-vis de leur partenaire, des individus très dominateurs, et subiraient une domination sexuelle absolue, devenant d'une certaine façon leurs esclaves sexuelles. Elles ont très souvent subi des maltraitances au sein de leur propre famille, poursuivant ensuite des relations amoureuses tout aussi violentes. Devant les jurés, des hommes et des femmes qui ne sont pas préparés à entendre et à juger des faits d'une telle gravité, cette situation peut présenter un avantage, permettant à ces femmes de bénéficier de condamnations extrêmement réduites. Il est vrai que pour le commun des mortels, il n'est pas facile d'envisager qu'une femme puisse, sans y avoir été contrainte, accepter d'infliger à une autre les sévices dont elle aurait peur d'être elle-même la victime, encore moins avoir voulu sa mort. De ce point de vue, l'affaire Colleen Stan, célèbre aux États-Unis, illustre parfaitement ce type de situation.

Colleen fut enlevée en 1977, en Californie, par Cameron Hooker, alors qu'elle faisait de l'auto-stop. Elle fut séquestrée pendant sept ans dans la maison de son ravisseur, en présence de sa femme Janice. Elle fut enfermée dans une boîte, n'en sortant que pour remplir le rôle d'esclave sexuelle de son kidnappeur. Violée et battue pendant des mois, désorientée, privée de repères sensoriels, elle a fini par accepter son sort. Son ravisseur en a profité pour lui faire signer un contrat de servitude au nom de « la Compagnie ». L'idée de cette prétendue compagnie lui était venue à la lecture d'une revue pornographique relatant l'histoire fictive d'un cartel de trafiquants d'esclaves sexuelles. Riche et tout-puissant, il enlevait des femmes pour les vendre au marché noir. Cette histoire, proche de beaucoup d'autres qui circulaient alors dans les réseaux sadomasochistes américains, avait particulièrement inspiré le couple. Janice, brutalisée par son mari depuis leur mariage, fut présentée à Colleen comme ayant tenté de s'enfuir avant d'être retrouvée par la Compagnie. Elle présentait des mutilations sur les hanches et les genoux, résultant de leurs pratiques intimes. Mais Hooker fit croire à Colleen que ces traces avaient été infligées à sa femme par des agents de la Compagnie, lui faisant comprendre qu'elle ne pourrait jamais s'échapper. Désorientée par des mois de torture et d'enfermement, elle accepta de signer. Quant à Janice, elle demeura soumise pendant sept ans avant de se résoudre à lui avouer qu'elle était libre de s'en aller, que la Compagnie n'existait pas. Même s'il est évident que Hooker n'aurait pu réaliser son fantasme de possession d'une esclave sexuelle sans Janice, l'accusation considéra qu'elle était également victime de son époux, ne pouvant s'opposer à lui, et lui accorda l'immunité en échange de son témoignage. Heureusement, l'affaire fut révélée avant que Colleen n'y laisse la vie.

Tout cela nous ramène dans l'Yonne, en 1984, où la ténébreuse affaire des tortionnaires d'Appoigny, dans la banlieue d'Auxerre, met également en scène un couple de pervers sadiques, Claude et Monique Dunand. Cette affaire dépasse elle aussi l'entendement. Le couple séquestrait deux jeunes filles, devenues leurs esclaves sexuelles, dans le sous-sol de son pavillon, aménagé en salle de torture. Des jeunes filles de l'Assistance publique que personne ne rechercherait, recrutées par petites annonces pour s'occuper d'une vieille tante, et auxquelles leurs tortionnaires firent subir des sévices inimaginables. Et là, difficile de dissocier le couple. D'autant que Claude et Monique Dunand offraient eux aussi une bonne image, celle d'un couple honnête et sans histoires. Leurs voisins n'avaient aucun soupçon, même l'ancien gendarme à la retraite qui logeait en face de chez eux ne se douta de rien. Tous seront atterrés d'apprendre qu'à quelques mètres d'eux le couple séquestrait deux jeunes filles pour se divertir sexuellement, eux et leurs « invités ». Les Dunand étaient en effet très partageurs et organisaient des soirées « divertissements » où leurs invités se rendaient cagoulés pour se livrer sur les victimes à quelques tortures et sévices sexuels selon leurs fantasmes. Des tortures tarifées. L'une d'elles, cependant, parvint à s'échapper. Elle alerta les autorités policières qui n'auront pas de mal à la croire… tout se trouvait inscrit dans sa chair.

Lors de son arrestation, tout le monde s'interroge sur le rôle véritable de Monique Dunand.

Mariée depuis vingt-cinq ans avec le fameux tortionnaire, elle prétendra avoir été pendant des années victime de sévices. Son époux l'aurait prostituée, vendue aux clients de « l'Organisation ». Mais vieillissante et malade, elle n'aurait plus été en état de résister aux tortures, comme Janice sans doute. Si bien que Claude avait dû « recruter » de nouvelles victimes. Lui soutiendra une version différente, prétendant être profondément amoureux de sa femme et prêt à tout pour elle. Il aurait enlevé ces jeunes filles parce qu'elle le lui aurait demandé, le menaçant de le quitter. Difficile de faire la part des choses et de déterminer le rôle exact de chacun. Notamment lors des séances de torture. Selon certains de leurs proches, c'était elle qui l'écrasait par sa personnalité, lui paraissant faible de caractère. Devant la cour d'assises, Monique ne sera accusée que de complicité pour les crimes reprochés à son mari… Mais n'avait-elle pas elle aussi torturé ces jeunes filles, ne les avait-elle pas demandées et choisies pour lui ? Pourtant, lorsque Monique pénètre dans le box, elle semble extrêmement fragile, dépressive… Joue-t-elle son rôle à la perfection ?

Les expertises vont les accabler tous les deux. Le Pr Pierre Sherrer, père du célèbre couturier et psychiatre reconnu, ne se laisse pas duper. Lui, qui a examiné le couple de pervers, indique à la barre de la cour d'assises de l'Yonne « que la responsabilité de Claude Dunand et de son ex-épouse […] est entière ». Il ajoute : « Les deux portaient la responsabilité, je ne crois pas que l'un ou l'autre ait eu plus d'importance dans les sévices. » Quoi qu'il en soit, alors que Claude Dunand n'aurait pas pu réaliser son fantasme sans l'aide de sa femme, celle-ci ne sera condamnée qu'à cinq ans d'emprisonnement. Comme pour Janice, les jurés considéreront qu'elle a été la victime de son mari, n'étant pas en mesure de s'opposer à lui. Son époux sera condamné à perpétuité… et libéré au bout de seize ans… sans aucune surveillance ! Les victimes, elles, souffriront à perpétuité.

Monique Dunand est une victime… Dans l'histoire de ce couple abonné depuis des années aux pratiques sadomasochistes, on retrouve la fameuse « Compagnie » de Hooker, que Claude nomme « l'Organisation ». Lui aussi fait croire à ses victimes qu'elles ne peuvent s'échapper. Cela étant, il est établi que Claude Dunand recevait des « invités », qu'il faisait partie d'un club et racolait par le biais de petites annonces diffusées dans les journaux spécialisés, accompagnées d'anciennes photographies de sa femme, particulièrement évocatrices. Mais « l'Organisation » ne sera jamais identifiée. Tout comme Janice, Monique indiquera qu'elle n'existe pas, que son mari avait créé ce mythe pour impressionner ses victimes et, peut-être, les quelques intimes ou clients auxquels ils cédaient ces esclaves pour payer leurs dettes.

Le fantasme du réseau national, voire international, de notables trafiquants de femmes était démesuré. Concernant les autres jeunes femmes disparues dans la région, dont le nombre contribuait à alimenter la rumeur du réseau, on sait aujourd'hui que les unes rencontrèrent Émile Louis, les autres Fourniret, et certainement d'autres prédateurs encore. Quant à Dunand, ce proxénète sadique, la rumeur rapporte qu'il eut probablement comme amis-clients quelques personnalités locales désireuses d'assurer leur impunité… Cela suffit parfois pour tout bloquer, nourrir les rumeurs, et permettre à quelques autres prédateurs de passer inaperçus.

La deuxième femme de Dunand aurait pu emprunter le même chemin que Monique. Elle rencontre Claude en prison et l'épouse alors qu'il est incarcéré. Ils vivent ensemble pendant quelques mois, avant l'audience des assises. Le tortionnaire ne la rebute pas, peu importe qu'il lui fasse l'amour avec le sexe qui a violé deux jeunes femmes, peu importe qu'il la caresse avec ces mains qui ont brûlé, coupé ou percé leurs parties génitales. Elle l'épouse et le défend, allant jusqu'à écrire aux médias locaux pour leur demander de ne pas publier d'articles relatifs au procès de son tendre époux… Elle, qui compte dans sa famille un policier et des maires, n'hésite pas à faire pression sur les médias locaux. Voici ce qu'elle écrit en octobre 1991, juste avant le procès de son mari pour viol et séquestration de jeunes femmes : « Je suis l'épouse actuelle de M. Claude Dunand, et contrairement à ce que certains pourront penser, j'en suis fière. J'ai pour lui l'estime que l'on doit à un homme bon et généreux (*sic* !), je suis très attristée par la résonance que risque d'avoir cette affaire qui détruit la vieillesse jusque-là bienheureuse de mes parents. » Elle demande aux médias locaux que le nécessaire soit fait pour « que les publications concernant ce procès soient réalisées avec le maximum d'anonymat ».

Dunand n'était pas un *tueur* en série ; il n'a pas tué, jusqu'à preuve du contraire… Il n'a pas tué, mais il a séquestré, violé, torturé, vendu ses victimes, des crimes sans meurtre… Il y eut plus de deux femmes séquestrées chez lui. L'une fut libérée par un client. Mais en renonçant, elle comme lui, à le dénoncer, ils le laissèrent agir à sa guise… Une autre décédera juste avant le procès ; aucune enquête ne sera menée sur cette mort, pourtant des rumeurs courent. On procédera bien à des fouilles dans le jardin de Dunand, mais on ne connaîtra jamais le résultat… À défaut, donc, d'être un tueur en série avéré, Dunand est bel et bien un criminel en série. Mais peu importe le degré de violence, les actes perpétrés, leur qualification pénale, des femmes sont prêtes à les apprécier tels qu'ils sont et, à défaut, à les aider à tuer ou à commettre d'autres crimes. Elles les aiment tels qu'ils sont… pour ce qu'ils sont ?

Lorsque Anna rencontre Anatoli Onoprienko, c'est un homme normal, presque banal… Ils décident de vivre ensemble et elle s'installe avec celui qui sera surnommé « le tueur de l'Ukraine » ou « Terminator », l'un des tueurs en série ayant totalisé le plus de victimes au monde. Rien qu'entre 1995 et 1996, il serait responsable d'au moins cinquante-trois meurtres, des meurtres de familles entières, y compris d'enfants. Mais Anna le soutiendra malgré tout. « C'était mon prince charmant », dira-t-elle, soulignant à quel point il était gentil avec elle est ses enfants, leur rapportant des cadeaux – prélevés sur ses victimes. Et pourtant, pendant qu'il vit avec elle, il tue trente-huit personnes. Elle affirme n'avoir rien vu, rien su. L'homme, traqué par la garde nationale ukrainienne, avait un double visage. Il changeait en permanence de région, voire de pays, pour tuer, puis s'en revenait sagement auprès d'Anna. Il traversera comme cela la Hongrie, la Yougoslavie, la Grèce, la Suède, l'Allemagne, une itinérance meurtrière à travers toute l'Europe. On ne connaîtra jamais le nombre exact de ses victimes. Il dira avoir reçu « d'en haut » l'ordre de tuer, émanant de forces intergalactiques. Il avouera de nombreux meurtres en sus de ceux dont il est accusé. Mais Anna affirme : « Je ne savais pas, je le regrette [...]. Mais si demain il franchissait cette porte, je le reprendrais avec moi [...]. Je rêve de recommencer, de le retrouver dans une autre vie [...]. Je l'aime, et quand on aime on pardonne... »

Au fond, peut-être que la deuxième épouse de Dunand avait raison... Peut-être, en effet, aurait-il mieux valu qu'il n'y eût jamais aucun article sur cette histoire. On peut se demander si Fourniret, qui a pu entendre parler de ce fait divers en s'installant dans l'Yonne, ou par sa mère qui y vit depuis des années, n'y trouva pas matière à inspiration. Car sa série macabre commence précisément avec Isabelle Laville, dans l'Yonne, en 1987, en pleine affaire Dunand, à quelques dizaines de mètres de l'entrée du village d'Appoigny, à l'opposé du lieu où il réside... Un hasard ?

L'histoire de Monique et Michel commence de façon banale, par des courriers échangés entre un détenu et une femme malheureuse. Des courriers inhabituels, que l'administration pénitentiaire laisse courir... Des courriers qui les entraînent peu à peu, et ensemble, sur le chemin d'une dérive sanglante. Fourniret n'eut pas besoin d'évoquer un réseau, une quelconque « organisation », pour soumettre Monique. Il suffit de prendre connaissance des extraits de ces courriers qui ont largement été publiés pour comprendre que, dès les premiers instants, elle accepte, quel qu'en soit le prix, de signer un pacte avec le diable. D'après l'une de ses victimes, elle viendra même assister à l'audience de la cour d'assises de Créteil pour le rencontrer. Bel endroit pour un premier rendez-vous ! La cour d'assises se déroulant à huis clos, elle ne disposera que de quelques minutes pour l'apercevoir. Mais elle sait qui il est, pourquoi il est condamné, ce qu'il a fait à d'autres femmes… Mais peu importe, elle pactise, en pleine connaissance de cause. Elle sait déjà de quoi l'homme est capable. Sait-elle qu'il peut lui demander de mettre en œuvre ce pacte ? Pourtant, elle se dit d'accord pour l'aider à enlever de jeunes vierges… La trace de cet accord monstrueux apparaît dans les lettres retrouvées à leur domicile, suffisamment importantes pour avoir été conservées depuis presque vingt ans. Des lettres remplies de promesses échangées en 1987, alors que Fourniret est encore incarcéré pour une série d'agressions sexuelles et de viols perpétrés avant 1984. En Belgique, c'est l'effervescence autour de cette découverte.

Si l'on en croit leurs aveux, ainsi que les documents publiés, Monique Fourniret aurait donc bien été d'accord pour former un duo criminel avec son époux. L'existence de ces documents est rendue publique : « Des lettres saisies en 2003 au domicile belge des époux Fourniret sembleraient montrer un rôle actif de Monique Olivier dans les enlèvements de jeunes filles assassinées ensuite par Michel Fourniret […]. Selon France 3, une sorte de marché infernal aurait alors été conclu entre les deux protagonistes : Michel Fourniret tuait les deux premiers maris de Monique Olivier ; en contrepartie, elle lui livrait de jeunes vierges “pour ses fantasmes”. Les missives, parfois siglées, ont pu franchir la prison d’une manière inconnue, poursuit France 3[1]. »

Michel Fourniret n’a jamais rempli sa part du marché ; les deux maris de Monique sont toujours vivants…

Deux mois à peine après sa sortie de prison, selon leurs aveux tels que publiés, Michel Fourniret passe donc à l’action avec son épouse. Le 11 décembre 1987, il enlève Isabelle Laville sur la route la ramenant à son domicile, pas très loin d’Appoigny. Monique dira aux enquêteurs : qu’il lui avait demandé d’accoster une jeune fille qu’il avait repérée, d’essayer de la faire monter à bord de la voiture sous prétexte de lui demander une adresse, de l’emmener et, sur le trajet, de le prendre en charge alors qu’il ferait semblant de faire du stop. Imparable. Un scénario diabolique. La femme est donc seule dans le véhicule ; la méfiance est endormie. Impossible de savoir que cette femme va vous livrer à un criminel. Elle précisera qu’il était clair pour elle que le but était d’enlever cette jeune fille pour qu’il puisse abuser d’elle. Mais elle n’aurait jamais supposé qu’il allait la tuer ensuite. Elle ajoute une précision terrible, reconnaissant avoir été d’accord pour l’enlever afin que Michel puisse abuser d’elle. Ce sont des aveux terrifiants ! Ils démontrent que Monique est d’accord. D’accord pour que Fourniret[2] viole une jeune fille. Comment croire, après de tels aveux, qu’elle puisse être sa victime ? Comment croire que ce n’est pas elle qui le mène au meurtre ? Qui arme son bras ?

1. Associated Press, 19 septembre 2005.

2. Il n’est pas encore son époux.

Le pacte est si fort qu'ils n'hésiteront pas à perfectionner encore leur système... Bientôt, c'est avec leur enfant dans le véhicule qu'ils partent à la chasse... Leur fils n'est encore qu'un bébé, cela n'empêche pas le couple de s'en servir d'une manière redoutable. Le 3 août 1988, Fabienne Leroy disparaît à Châlons-en-Champagne. Monique et Michel l'ont accostée sur un parking et lui ont demandé de les conduire d'urgence chez un médecin pour leur bébé, prétendument malade ; il est vrai que leur fils se trouvait avec eux, il y avait bien un bébé dans le véhicule. Fabienne sera exécutée par Fourniret à l'arme à feu dans les bois environnants. Laquelle d'entre nous aurait hésité à secourir un couple avec un bébé... ?

Monique lui permet-elle d'approcher plus facilement, et avec moins de risques, ses futures victimes ? Quoi qu'il en soit, il semble que ce n'est qu'après avoir rencontré Monique qu'il commence à tuer. Auparavant, il enlève, agresse, viole des jeunes femmes, mais il ne les tue pas. Il résulte même de l'enquête menée en 1987 que, dès que ses victimes résistaient, il lâchait prise. Les journalistes ont-ils alors reproduit trop rapidement les propos de quelques pseudo-criminologues à la science infuse ? Des spécialistes qui nous resservent depuis des années la même définition, le fameux « Il a déjà tué auparavant »... Auparavant ? Avant quoi ? Cela ne veut rien dire. « C'est un habitué, et de longue date », poursuivent-ils. Cela ne veut toujours rien dire ! Selon eux, il tuerait depuis des années, aurait commencé bien avant le meurtre d'Isabelle Laville, et les médias vont reprendre ces affirmations, pourtant rien n'est moins sûr. Avant de rencontrer Monique Olivier, il a peut-être tenté de tuer... dans ses fantasmes. Et, peut-être une ou deux fois dans la réalité. Mais y est-il seulement parvenu ? Il sera soupçonné d'un meurtre du côté de Versailles... mais ne sera pas poursuivi. Cette affaire a-t-elle été résolue depuis ? Impossible de le savoir. Y a-t-il eu d'autres tentatives, cela non plus, nous ne le savons pas. Peut-être a-t-il essayé de réaliser seul son scénario de mort, et n'y est pas parvenu. Nous n'excluons pas qu'il ait pu tenter de tuer avant de rencontrer Monique Olivier, pour goûter, tester, comme tous les tueurs. Sa violence allait crescendo, comme c'est souvent le cas. Mais si meurtre il y a eu, il ne s'agissait pas encore de celui d'un tueur en série. Juste des entraînements, non concluants puisqu'il recherche précisément en Monique l'aide dont il a besoin, et pas seulement d'un point de vue pratique. Fourniret n'endosse donc le rôle du tueur « compulsif » qu'avec Monique à ses côtés. Et lorsque Michel Fourniret dit aux enquêteurs : « J'ai trop d'orgueil pour avoir besoin de complices », son orgueil l'aveugle, car au départ, sans elle, il n'était rien. Et en réalité, il commet la plus grande partie de sa série d'enlèvements, de séquestrations, de viols et d'assassinats avec son aide à elle. Ensuite, il agit seul, mais elle reste son meilleur public. Leur relation perverse subsiste, c'est elle qui sert de moteur… Alors, il lui raconte tout et elle est toujours là, l'écoute, lui donne peut-être des idées. Ils sont deux. Pas de réseau, ils n'en ont d'ailleurs jamais évoqué. Les seuls clients de leurs actes, c'étaient eux-mêmes.

On peut se demander ce que Fourniret aurait fait si Monique n'avait pas accepté de l'accompagner dans ses crimes, rassurant les victimes et l'aidant ensuite à réaliser son scénario de mort ? Aurait-il osé tenter de séquestrer des jeunes femmes pour les torturer et les tuer, ou se serait-il contenté de fréquenter des clubs sadomasos, de lire des livres ou de visionner des cassettes ? Aurait-il repris son scénario à « l'arme et la fiole », abandonnant au moindre signe de résistance de sa victime ? Aurait-il bénéficié d'une impunité aussi longue ? Ou bien serait-il fatalement devenu ce tueur sanguinaire que nous connaissons ?

Sans Monique, Michel aurait-il été « l'ogre des Ardennes » ? Et sans Michelle, Dutroux aurait-il été « le monstre de Charleroi »... ?

Michelle Martin-Dutroux, complice lucide et perverse ou victime ?

Monique et Michelle, si semblables, se sont croisées en détention en Belgique. Qu'ont-elles partagé lors de leurs conversations ? Ont-elles abordé des sujets communs ? Se sont-elles reconnues et comprises l'une l'autre ? Qu'ont-elles dit de leurs maris respectifs ? Elles, leurs femmes, femmes d'ogres... Depuis que la justice s'est intéressée à elles, elles ont pris l'apparence de victimes. On se souvient des photos les représentant tête baissée, prostrées, mais sans beaucoup d'émotion. Et depuis qu'elles se sont côtoyées, elles partagent la même avocate. En effet, en juillet 2005, « Monique Fourniret a décidé de changer d'avocat. Elle a choisi Me Sarah Pollet, du barreau d'Arlon, comme nouveau conseil. “Elle m'a contactée voici trois semaines, je l'ai rencontrée depuis lors, et j'ai effectivement accepté sa demande” [...]. Me Sarah Pollet s'est fait connaître du grand public en assurant la défense des intérêts de Michelle Martin dans le cadre du procès Dutroux[1]. » Au moment du procès Dutroux, Me Pollet avait dressé le portrait d'une Michelle Martin « fragile, dépendante, soumise à un mari égoïste, méprisant, autoritaire, psychopathe et imperméable à tout sentiment ». Elle avait comparé Michelle Martin à un oiseau, et Marc

1. Dépêche de l'agence Belga, 28 juillet 2005.

Dutroux à un chat, soulignant : « À vingt et un ans, elle est tombée sur le pire des chats[1]. » Mais la cour d'assises d'Arlon n'a, semble-t-il, pas eu la même analyse ; elle a condamné Michelle Dutroux à trente ans de réclusion criminelle.

Autour de l'affaire Dutroux, l'ombre menaçante d'un réseau de trafiquants d'enfants n'a jamais cessé d'être évoquée. Mais le fameux réseau ne se limitait-il pas à quelques proches de Dutroux, manipulés par lui, dont certains se trouvaient dans le box, et d'autres étaient décédés ? Michelle Martin-Dutroux, elle, sait tout. Elle connaît la réponse à cette question. Elle a vu, a su le monstre que devenait son mari. Elle l'a accompagné tout au long de sa mutation de dragueur un peu pervers en tueur en série à dominante pédophile. Elle sait la vérité, elle sait qui il est, sa progression criminelle qui tend vers le pire, celle qui l'amène à transgresser tous les tabous et à agresser des enfants. Pourtant, malgré cela, pas à pas, de victime en victime, elle l'assiste et le suit dans sa descente aux enfers... Pendant plus de seize ans, elle joue un rôle actif dans les crimes de son mari, si bien que l'un et l'autre finissent par avoir un passé et une histoire criminelle communs.

Elle a l'apparence d'une honorable mère de famille. Devant la cour d'assises d'Arlon, où elle comparaît comme complice aux côtés de son mari, elle parle de cette jeune institutrice qu'elle était lorsqu'elle rencontra celui qui l'éblouit, ce beau brun qui la fascina, à la patinoire de Forest dans la banlieue de Bruxelles, en 1981. Elle avait immédiatement succombé à son charme et était tombée dans ses bras. À l'audience, elle dira, elle aussi, comme Anna, la femme du « tueur de l'Ukraine », qu'elle pensait avoir trouvé le prince charmant qui la sauverait d'une

1. *Ibid.*

maman possessive. Elle rajoute : « Il est devenu comme une drogue, malgré les coups physiques et moraux. » Alors elle l'accompagne dans sa dérive criminelle, protège les trois enfants qu'ils ont eus ensemble et, telle la femme de l'ogre dans le conte de Perrault, elle nourrit et héberge les enfants des autres pour que l'ogre les dévore… Et c'est ce qu'il fait, quatre petites victimes sont mortes… La réalité n'est pas une fable !

Les experts diront d'elle : « Cette femme a suivi son dieu jusqu'au bout, même après avoir cru voir le diable. » Et lorsqu'il lui impose un couple à trois ou de tourner dans des vidéos porno, elle accepte. Mais sa descente aux enfers à elle est loin d'être terminée. Il lui propose ensuite, pour passer plus de temps avec elle, de ne plus draguer les filles, mais de les kidnapper. Elle accepte encore, le laisse ramener ses proies… Il part alors à la chasse, enlève de jeunes adolescentes dans la rue. Il séquestre, torture et viole cinq adolescentes avec son aide. Il est condamné à treize ans de prison, elle cinq. Elle sort avant lui, mais elle le veut, ne peut se passer de lui, et retourne le voir en prison, l'y épouse et l'attend… Pas pour le meilleur, mais bien pour le pire.

Lorsque Dutroux sort de prison, l'engrenage criminel reprend de plus belle. Il enlève encore des jeunes filles, les séquestre, les viole et maintenant, il les tue. Mais elle reste à ses côtés, jusqu'à leur arrestation. À compter de ce moment, elle change de rôle. Cette fois, elle endosse le rôle de sa vie, celui qui doit lui permettre de recouvrer la liberté le plus rapidement possible. Dès lors, il n'y a plus de fascination qui tienne. Elle n'a plus qu'une solution, mettre en scène son calvaire de femme victime de la domination d'un époux monstrueux. Elle joue alors le rôle de celle qui n'a rien vu, rien entendu, rien su. Elle tente d'invoquer la soumission aveugle. Mais une femme qui commence par se faire appeler Martin au lieu de Dutroux n'est peut-être pas dénuée d'autonomie et de stratégie. Sur ce point, Monique Fourniret, la copie, fera de même, se faisant appeler Monique Olivier au lieu de Fourniret. C'est une bonne stratégie de communication que de se démarquer, au sens fort, du criminel désigné, et de l'accabler de tout. Cependant, il y a un hic : Michelle ne fait preuve d'aucune compassion pour les enfants victimes de son mari. Étonnant de la part d'une mère... Personne ne la croit. Alors elle reconnaît qu'elle savait, qu'elle lavait le linge de ses prisonnières pendant leur captivité. Elle reconnaît qu'elle était chargée de nourrir les deux petites filles séquestrées par son mari fin 1995, début 1996, alors que celui-ci se trouvait en prison. Elle lui rendait visite, il lui ordonnait de les nourrir... ce qu'elle ne fera pas. Elle les laissera dans la cache de Marcinelle sans un morceau de pain... mais s'y rendra régulièrement pour nourrir les chiens de garde de son mari. Elle expliquera qu'elle était saisie de panique, incapable de s'occuper d'elles. Paniquée par quoi ? Peur de qui ? De deux enfants épuisées ? Elle préfèrera alors les laisser s'éteindre doucement, dans la peur et la souffrance, et s'occuper de ses enfants à elle, sans alerter les secours ni permettre aux petites de s'échapper. La cour d'assises d'Arlon n'oubliera pas le calvaire de Julie et Melissa qu'elle a laissées agoniser et s'éteindre à petit feu au fond d'une cave, après leur enlèvement par son mari, alors que son « dominateur » était en prison et lui demandait de les nourrir. Lors de l'audience, Dutroux l'accusera lui-même d'avoir fait le jeu des enquêteurs pour obtenir des faveurs en justice. Que fera Fourniret ? Il dessine sa femme remettant de l'argent à un procureur[1].

1. Dessin publié dans le magazine flamand *Dag allemaal Express*, 7 mars 2006.

Pourtant, Michelle comme Monique ne semblent être que des femmes banales, de celles dont on ne penserait jamais qu'elles puissent être des criminelles.

Le rôle de leur vie !

Il est certain que ces femmes ont tout particulièrement intérêt à jouer les victimes soumises et fragiles de leurs partenaires pervers et, quel que soit leur niveau de complicité, à les accabler au maximum pour tenter de convaincre le jury de leur innocence. Pourtant, l'étude de certaines affaires permet de découvrir qu'il en est qui ne se contentent pas toujours d'aider leur partenaire à tuer, qui vont plus loin, surenchérissent dans l'horreur, se livrent à des actes abjects et inutiles pour tenter de traduire les fantasmes de leurs amants – et certainement, en réalité, les leurs –, augmenter leur plaisir. Autrement dit, il existe des couples de criminels dans lesquels le partenaire dominant n'est pas nécessairement l'homme. Des couples dominés par la violence d'une femme.

Parmi les plus célèbres, il y a le couple démoniaque formé par Charles Starkweather et Caril Ann Fugate. Leur route jonchée de cadavres marqua tellement les esprits qu'ils ont inspiré de nombreux films dont les deux plus célèbres sont *Sailor et Lula* et *Tueurs nés*. Lors de leur arrestation, Charles tente d'innocenter son amie, une version qu'il changera lorsqu'il apprendra qu'elle a adopté l'attitude de la victime contrainte, enlevée et séquestrée, violée et battue. Au tribunal, elle ne quitte pas ce rôle, adoptant une tenue et une attitude très sages qui conviennent à sa défense… et n'oublie pas de se présenter devant le jury son nounours dans les bras. Il est vrai qu'elle n'a que quatorze ans. Ses avocats plaideront l'enlèvement, mais le jury ne les croira pas et suivra les réquisitions du procureur qui déclarera que « même les filles de quatorze ans doivent comprendre qu'elles ne peuvent pas s'amuser pendant huit jours à tuer ». Elle sera libérée en 1976. Lui sera exécuté en 1959.

De la même manière, Ian Brady et Myra Hindley ont défrayé la chronique anglaise. Ce couple démentiel ira jusqu'à filmer, photographier ou enregistrer ses meurtres, ceux d'enfants. C'est ce qui perdra Myra. Elle a bien essayé de se poser en victime docile, prétendant que Ian la battait, qu'elle se trouvait dans une telle servitude mentale vis-à-vis de lui qu'elle n'était plus responsable de ces actes. Selon elle, son pouvoir sur elle était tel qu'il était parvenu à la convaincre que Dieu n'existait pas, et que s'il l'avait voulu, il aurait pu la persuader d'un tas d'autres choses. Mais les images étaient là. Myra sera condamnée à perpétuité.

Il y a aussi Karla Homolka et Paul Bernardo. Paul avait un jour demandé à Karla ce qu'elle penserait de lui s'il était un violeur. Sa réponse allait le ravir, elle lui répondit que « cela lui plairait bien ». Cependant, comme les précédentes, cette femme prétendra être une victime soumise alors que tout prouve qu'elle a pris une part active aux viols et aux meurtres. Là aussi, c'est une vidéo qui la trahit. Une vidéo où elle dit à Bernardo qu'elle ferait tout pour lui, jusqu'à lui sucer le sexe juste après qu'il eut violé une enfant… Évoquant le meurtre qui précédait, elle lui dit : « Je t'ai laissé faire parce que je t'aime, parce que tu es le roi […]. Si tu veux le refaire cinquante fois, on le refera cinquante fois, parce que tu le mérites ! »

De tels actes montrent que ces femmes sont, au plus haut degré, complices de viols et de meurtres, et signent leur perte. Aucune violence, aucune contrainte ne sauraient justifier de tels agissements.

Monique Olivier est-elle différente de ces femmes ? Est-elle victime de son époux, obligée aux pires actes ? Ou bien endosse-t-elle le costume de la complice victime ? Faut-il la sauver de son pervers de mari qui l'a asservie, manipulée, humiliée ? Il est vrai que l'image que les médias ont véhiculée, celle d'une femme prostrée, le regard apeuré, parfois hagard, les mains tremblantes, avançant la tête baissée en fixant ses pieds, nous a tous conduits à y voir l'attitude d'une femme innocente, une authentique victime. Une impression renforcée par les témoignages des proches ou des voisins du couple, qui décrivent une femme que l'on voit peu, qui parle peu, renfermée. Victime depuis des années et portant un lourd secret, on la prend en pitié. Mais elle nous dérange, nous révolte, on préférerait s'entendre dire qu'elle est folle, irresponsable, lorsqu'elle conduit des jeunes filles vers leur bourreau, comme elle l'a fait avec Isabelle Laville, par exemple. Elle était seule avec la jeune fille en voiture... Elle avait d'autres solutions. On ne peut être que dérangé par cette mère qui laisse hurler des enfants à l'arrière du fourgon lorsque son partenaire les frappe, les viole, les tue. Au minimum, elle entend, sans bouger, sans pleurer, sans hurler, sans se sauver et, au pire, elle apporte son aide... Au fur et à mesure des publications des médias belges et français ou des éditeurs, c'est un autre personnage qui va rapidement se profiler, un personnage plus proche d'une Karla Homolka ou d'une Myra Hindley...

Comme Michelle Dutroux, Monique Olivier aurait pu se débarrasser de Fourniret lorsqu'il fut incarcéré en 1991 et profiter ensuite du magot des postiches. Elle aurait pu mettre fin à la série, mais elle continue à participer physiquement aux crimes de son mari. N'a-t-elle pas minoré son rôle ? S'agit-il d'une femme perverse qui endosse le rôle de la victime ? Quel est son véritable degré de responsabilité dans les enlèvements, les viols, les actes de torture ou les meurtres qui ont été perpétrés ? C'est à cette question difficile que les jurés de la cour d'assises des Ardennes auront la lourde tâche de répondre. Alors, Monique Olivier, victime ou démon ? Ce sera à eux de décider…

Ainsi le public découvre peu à peu, avec une horreur mêlée d'incompréhension, que des femmes peuvent participer activement à des crimes, notamment sur des enfants, et ainsi partager les perversions de leurs époux ou compagnons sexuels. Car il y a toujours cette dimension sexuelle dans ces couples sanguinaires. En laissant assassiner ces jeunes filles innocentes, ces femmes trouvent-elles un moyen de régler des comptes avec la vie ? Leur innocence à elles a-t-elle été assassinée il y a longtemps, comme celle d'Agnès Pandy ?

L'affaire Pandy ou la favorite du pasteur

Restons en Belgique, où les couples de tueurs se croisent : Marc Dutroux et Michelle, peut-être Michel Fourniret et Monique, et Andras et Agnès Pandy. En France aussi, nous sommes certainement bien servis… Mais nous ne le savons pas encore, parce que nous n'avons pas encore identifié ces couples. Nul doute que l'avenir le montrera, les couples de tueurs en série existent, il va bien falloir s'y résoudre. Et contrairement à ce qui a été dit lorsqu'on a découvert le fonctionnement pervers du couple Fourniret, ce n'est pas une première pour les criminologues. Il suffit de se souvenir d'un autre couple célèbre qui les précéda, en Ardèche, dans les années 1830, les fameux époux Martin…

Pierre et Marie Martin étaient les tenanciers de la funeste auberge qui inspira à Balzac un conte à l'origine du célèbre film *L'Auberge rouge* de Claude Autant-Lara (1951), avec Fernandel dans le rôle principal. Une fiction tragi-comique inspirée d'une histoire réelle et qui donne aujourd'hui lieu à un remake de Gérard Krawczyk, avec Christian Clavier dans l'un des rôles principaux. Dans la réalité, les époux Martin tuaient bien les voyageurs de passage dans leur établissement situé à Peyrebeille, au carrefour de routes empruntées par les voyageurs, l'Auberge de Peyrebeille, à proximité de la commune de Lanarce. Ainsi, pendant vingt-cinq ans, ils tuèrent une cinquantaine de leurs clients, de préférence au plus rude de l'hiver, lorsque les voyageurs venaient se réfugier auprès de l'âtre et qu'aucun importun, voisin ou policier, ne risquait de passer par là... Les époux Martin avaient pratiqué des trous dans les cloisons des chambres pour écouter les conversations, évaluer les richesses des uns et des autres, et vérifier qu'ils n'avaient aucun lien avec les habitants des alentours. Si le voyageur présentait le bon profil, il était assommé, détroussé, puis brûlé... Ses restes étaient jetés dans la campagne. À la fin de l'hiver, on supposait que l'homme était mort de froid, dans un accident ou dévoré par les loups... Mais un jour, un vagabond qui avait, à l'insu du couple, élu domicile dans la grange de l'auberge, assiste à l'une de leurs exécutions. L'homme court les dénoncer, ils seront guillotinés dans la cour de leur auberge en 1833.

Il est donc étonnant de constater que, tout à coup, le public semble découvrir l'existence de couples sanguinaires et réagit comme si quelque chose avait basculé... Or nous savons depuis toujours que cela existe. Pourquoi avons-nous oublié nos classiques du crime ? Ceux qui ont tenté de faire croire à un phénomène nouveau et exceptionnel ont trompé leur public. Il suffisait de prendre la précaution élémentaire de vérifier les dernières décisions de justice portant sur des crimes en série. Impossible alors de passer à côté de l'affaire Pandy, l'une des affaires criminelles les plus horribles qu'ait connues la Belgique. La dérive criminelle d'un pasteur hongrois, Andras Pandy, et de sa fille Agnès. Un tandem infernal…

Le 22 janvier 1992, Agnès, une jeune femme d'apparence fragile et timide, entre au commissariat pour y déposer plainte contre son père. Elle a du mal à se livrer, semble hésiter, puis finit par raconter son histoire. Elle serait victime d'inceste. Mais ce n'est pas tout… Indécise, puis apeurée, elle reprend son récit. Elle accuse maintenant son père d'avoir eu des rapports incestueux avec ses sœurs. Puis elle finit par mentionner la disparition suspecte de six membres de sa famille. Ces plaintes n'aboutiront à rien. Est-ce parce que les accusations de la jeune femme semblent démesurées ? Parce qu'elle leur paraît dérangée ? Une enquête de routine sera bien menée, mais elle n'apporte pas assez d'éléments. Pourtant, les proches de la jeune femme demeurent en effet introuvables. Le pasteur fournit aux policiers une explication qui les satisfait : sa fille est folle, et quant aux autres membres de sa famille, ils ont intégré une secte en Allemagne. Pour preuve, il avait signalé dès octobre 1986 la disparition de son ex-épouse, remettant aux services de police une lettre de rupture et une carte postale en provenance d'Allemagne, ainsi que deux télégrammes. À l'époque, les recherches effectuées par la police allemande n'avaient rien donné. Plus tard Agnès expliquera avoir écrit elle-même cette lettre de rupture sous la contrainte. Le tout, bien sûr, dans le but de rendre plausible ses explications.

La police avait clos le dossier… et l'homme était demeuré un pasteur respectable.

C'est bizarrement par la faute d'une autre affaire, mettant également en scène un couple diabolique, que la police va rouvrir le dossier. L'émotion soulevée par l'affaire Dutroux amène le ministre de la Justice à réactiver les enquêtes sur les personnes disparues. Les policiers convoquent alors Agnès pour la réentendre sur les disparitions qu'elle a signalées. C'est une jeune femme toujours aussi fragile qui se présente au commissariat. Elle réitère ses accusations, puis elle s'effondre, une attitude normale chez une victime obligée de reparler des actes dont elle a souffert, les policiers le savent, ils y sont habitués. Mais les mots qui sortent de la bouche de cette jeune femme ne sont pas ceux auxquels ils s'attendaient… Agnès passe des aveux. Des aveux concernant les disparitions qu'elle avait signalées en 1992, celles de six membres de sa famille. Elle avoue avoir participé à leur assassinat à la demande de son père. Une tuerie familiale qui a eu lieu entre 1986 et 1990, au cours de laquelle elle aurait abattu sa propre mère et assassiné, peu à peu et avec l'aide de son père, quatre autres proches : ses deux frères, la seconde épouse de son père et l'une de ses deux filles. Tous tués par balle, à coups de couteau ou à coups de masse. Les amants incestueux se sont donc transformés en un tandem diabolique… Et les policiers ne sont pas au bout de leurs surprises. La jeune femme continue de déballer ses terribles secrets, et accuse son père d'autres meurtres. Elle avoue aussi des tentatives d'assassinat perpétrées sur l'une de ses sœurs, qui parviendra à s'échapper. Dans le détail, Agnès conte aux policiers la saga d'une famille venue de Hongrie pour finir dissoute dans du déboucheur pour W-C.

Son père est né en Hongrie en 1927 et y demeure jusqu'en 1956, date à laquelle il quitte son pays pour la Suisse afin d'y suivre des études de théologie. À la même époque, il épouse une réfugiée hongroise avec laquelle il se rejoint la Belgique en 1959. Il y prend en charge une communauté protestante hongroise. Grâce à ses fidèles, il amasse rapidement des fonds qui lui permettent d'acquérir trois maisons à Bruxelles et dans ses environs. Comme Fourniret et Dutroux, il a donc plusieurs points de chute, un système qui contribuera à brouiller les pistes. Sa fille Agnès, sa future complice, naît le 28 janvier 1958, suivie de deux garçons. En 1967, le couple divorce et Andras se remarie avec une femme qui a déjà trois filles de précédentes unions. Il les adopte, les rebaptise – se les approprie de cette manière – puis se les approprie d'une autre façon, en les violant.

Selon Agnès, le pasteur impose des relations incestueuses à toutes ses filles. L'une d'elles tombe enceinte, et accouche en 1984 d'un petit garçon. Ce serait, pour certains, le facteur déclencheur des crimes. La jeune femme résiste courageusement à son père adoptif et s'enfuit avec son enfant, le protégeant ainsi du pasteur qui voulait se l'approprier en l'adoptant.

Pandy entre dans une colère noire et destructrice. Les siens lui appartiennent. S'ils lui désobéissent, s'ils lui échappent, la sentence est sans appel. Il a le droit de vie et de mort sur eux. L'exécutrice sera sa fille Agnès, sa favorite, qu'il manipule aisément. Le 23 juin 1985, elle porte un violent coup de barre de fer sur la tête de sa sœur. Mais la rebelle survit, se rend à la police pour porter plainte, puis décide d'annuler sa plainte pour fuir au Canada avec son enfant. La colère du pasteur est telle qu'il n'hésitera pas à faire plusieurs fois le voyage avec sa favorite pour tenter de récupérer l'enfant et d'éliminer la mère.

Il ne parviendra jamais à ses fins. Mais l'affront doit être lavé. Ceux qui en ont été les témoins se mettent à lui résister, osent se dresser contre lui, le trahissent ou se mettent en travers de ses projets, lui demandent des comptes et protègent la fugitive. Ils doivent disparaître, c'est la sentence du Pater. Ainsi les membres de la famille seront éliminés les uns après les autres. La dernière victime familiale est tuée par Andras seul, en juin 1989, alors qu'Agnès est absente. Ces affirmations seront confirmées par la fugitive qui relatera la tentative de meurtre à laquelle elle a échappé, ainsi que les viols dont elle a été la victime. Mais même si les affirmations d'Agnès sont confirmées par sa sœur, il faut retrouver des indices matériels…

Explorer l'horreur !

Le 17 octobre 1997, les enquêteurs procèdent à l'arrestation d'Andras Pandy, puis à la fouille de son domicile et des deux autres maisons qu'il possède aux environs de Bruxelles, à la recherche d'indices et de corps. Là, ils rencontrent l'horreur… De nombreux crimes ont bien été perpétrés dans ces lieux. Ils mettent la main sur une urne funéraire contenant des cendres, un mauvais présage bientôt confirmé par la découverte d'ossements, de dents et de lambeaux de chair conservés dans un réfrigérateur.

Dans une autre résidence, qui aurait servi de siège à l'Ydnap (Pandy à l'envers), une association culturelle présidée par le pasteur, les enquêteurs soupçonnent des cavités suspectes. L'épaisseur de certains murs renforce leurs soupçons. Et en effet, les maisons comprennent des aménagements dans de faux plafonds et des espaces secrets difficilement accessibles, dans lesquels sont entreposées des armes à feu. Nous verrons par la suite que de nombreux tueurs ont aménagé leur domicile en fonction de leurs besoins pour attirer les victimes et se débarrasser de leurs corps. Et effectivement, dans « la résidence Pandy », les enquêteurs trouveront des corps dissimulés sous une dalle de béton coulée dans la cave après les meurtres dénoncés. Mais il y a un hic... Les policiers ont la surprise d'apprendre que ces ossements, qui proviennent de corps affreusement mutilés, ne sont pas ceux des victimes recherchées ! Des analyses génétiques démontrent qu'ils sont récents et appartiennent à plusieurs personnes [1], mais à aucun des membres disparus de la famille du pasteur ! Le mystère s'épaissit.

Ainsi Agnès ne mentait pas lorsqu'elle affirmait que son père avait procédé à d'autres exécutions. On sait maintenant qu'il aurait fait venir en Belgique une douzaine de Hongroises dont on n'a plus jamais eu de nouvelles, il les recrutait en faisant paraître des annonces matrimoniales... un peu à la manière de Landru !

Les policiers trouvent des traces de victimes qu'ils ne recherchaient pas, mais toujours aucune preuve matérielle de la mort des six disparus. Pourtant, Agnès leur a fourni des explications très précises : ils ont assassiné leurs victimes à coups de couteau, de marteau ou à l'aide d'armes à feu, puis les ont descendues à la cave pour les découper à la hache ou au couteau à désosser, avant d'en jeter certains morceaux dans une cuve pleine de déboucheur W-C liquide [2] pour les dissoudre, ou au moins en dissoudre les

1. Il est fait mention de quatorze à vingt-deux empreintes génétiques différentes. Nous n'avons pas connaissance du nombre exact de victimes ; la police hongroise aurait cherché à établir une liste concernant les personnes disparues, mais nous ne savons pas non plus si des enquêtes complémentaires sont en cours pour identifier ces victimes et leur rendre justice.

2. Il s'agissait d'un produit puissant, le Cleanest, qui a été retiré de la vente depuis.

parties identifiables. « De toute façon, leur dit-il, vous ne trouverez jamais les corps des membres de ma famille… » En effet, une fois cette terrible besogne accomplie, les restes étaient envoyés à une usine de farines animales ! « Certaines parties ont été dissoutes dans de l'acide. Les autres ont été mises dans des sacs plastique et déposées près des abattoirs d'Anderlecht », à Bruxelles, confirmera le commissaire chargé de l'enquête. Des explications qui ne peuvent être pure invention. C'est ce que les enquêteurs et le juge d'instruction vont s'attacher à démontrer, en faisant réaliser l'expérience sur un corps donné à la science. Filmée et diffusée sur grand écran sous les yeux ébahis et écœurés des jurés, l'expérience est concluante, le corps se dissout peu à peu sous l'action de l'acide. Agnès n'aurait pu le savoir si elle ne l'avait vu… Ses explications sont suffisamment précises pour faire condamner le pasteur. Il sera également condamné pour les incestes dénoncés par sa fille, notamment grâce aux analyses génétiques pratiquées sur l'enfant qu'il a eu avec la fugitive, qui permettent d'écarter tout doute sur sa culpabilité. Pourtant, malgré cette preuve, Andras Pandy nie les viols et incestes, et il a de drôles d'explications… Sa fille serait tombée enceinte en se frottant à un linge qui se trouvait dans le lit conjugal et sur lequel il y avait encore son sperme !

Agnès est-elle une sorte de Dr Jekyll and Mrs Hyde, un côté victime, un côté assassin… ?

L'inconciliable existe bien, Agnès Pandy en est l'illustration. À la fois complice, tortionnaire, assassin, et dénonciatrice et victime. C'est d'abord une jeune fille victime de son père, c'est indiscutable. Les filles du pasteur étaient ses objets sexuels. Mais à l'inverse de ses sœurs, Agnès devient favorite et bourreau, c'est son second visage. Le dossier établit en effet qu'elle était la

« favorite du harem de son père » et tenait à le rester. Elle était subjuguée par le charisme de son père et jalouse des autres femmes de la maison, en particulier ses sœurs, avec lesquelles il se livrait à des incestes répétés. Les experts soulignent la fascination qu'elle éprouve pour cet homme dont elle a subi l'emprise.

Selon les psychiatres, Agnès Pandy présentait un dérangement de la personnalité de type schizoïde, doublé d'un fort sentiment d'infériorité. Cependant, elle est estimée responsable de ses actes et ses déclarations sont considérées comme crédibles. À la fois victime et bourreau, elle est extrêmement difficile à juger. Et ce d'autant plus qu'elle a dénoncé son père. Elle avait en effet tenté une première fois d'alerter la justice, qui avait simplement classé sa plainte. Difficile de la juger après l'effroyable récit de son enfance et de sa jeunesse auprès d'un père qui a tout d'un gourou. Difficile de la juger lorsqu'elle se présente au tribunal avec son petit air fragile. Difficile de la condamner lorsque ses avocats demandent « qu'un petit peu d'avenir, d'espoir et, peut-être, un petit peu de bonheur » soient accordés à leur cliente, qui a exprimé ses regrets et son sentiment de culpabilité. Alors, elle bénéfice d'une certaine clémence de la cour d'assises. Elle est condamnée à vingt et un ans de prison. Dans son arrêt, la cour souligne qu'Agnès avait subi durant pratiquement toute son existence les « pressions psychologiques » de son père, soulignant que, comme deux autres filles du pasteur, elle avait été violée durant plusieurs années par un père qui n'avait « aucun respect » pour la vie d'autrui. Cette décision va lui permettre de bénéficier rapidement d'une mise en liberté. Incarcérée en 1997, elle a effectué plus de huit ans de détention, soit plus d'un tiers de sa peine. Or, selon les réglementations belges, elle est susceptible de libération. Ses avocats ont déposé une requête en ce sens. Difficile de ne pas lui accorder la liberté lorsqu'on connaît les sévices qu'elle a subis. Le côté victime va l'emporter.

Mais comment être sûr qu'on a bien évalué son degré de participation ? Est-ce Pandy qui tue, découpe et plonge seul ses victimes dans un bain d'acide ? Jusqu'où sa jalousie l'a-t-elle menée ? A-t-elle participé aux pires atrocités ? On la dit responsable de ses actes... Difficile de comprendre... On ne peut que se poser les mêmes questions que pour Michelle Martin. Était-elle incapable de résister à son amant ? Était-elle sous son influence totale, ou non ? Ou bien n'avait-elle pas la force de sortir de cet engrenage infernal ? Craignait-elle d'être sa prochaine victime ? Autant de questions qui se posent désormais pour Monique Fourniret. Cette dernière a aussi aidé la justice, elle est passée aux aveux alors qu'elle se présentait libre à une convocation des policiers belges. Ses aveux étaient-ils intéressés ? Pensait-elle s'en sortir sans difficulté tandis que l'autre serait définitivement enfermé ?

En moins de trois ans, la justice belge aura dû s'interroger sur les cas de ces trois femmes à la fois victimes et criminelles, qui avouent des actes atroces et des meurtres. Des femmes qui présentent, plus encore que les hommes, un double visage, celui de Dr Jekyll et Mrs Hyde.

Une sorte de Landru doublé d'un Raspoutine

Quant à Andras Pandy, il entre sans nul doute dans le « club » des tueurs en série européens. Cet homme au physique ingrat et ordinaire serait, selon les journalistes, une sorte de Landru doublé d'un Raspoutine. Le portrait que les experts dressent de lui est tout aussi éloquent...

C'est le portrait type du psychopathe, machiavélique et pervers, d'un « paranoïaque asocial » contrôlant tous les faits et gestes des membres de sa famille, éliminant ses proches qui osaient s'affranchir de sa mainmise implacable. Selon ces experts, Andras Pandy veut le contrôle absolu sur sa famille qu'il voit plutôt comme un clan fermé dont il serait le patriarche. Il est dominateur et égocentrique, toute décision doit passer par lui, les membres de sa famille n'ont pas droit à une volonté propre. Aussi supprime-t-il non seulement les victimes de ses abus sexuels, qui risquaient de parler, mais également tout membre de sa famille osant défier son autorité toute-puissante. Ceux qui le quittaient ou s'écartaient de lui, ceux qui le contrariaient étaient considérés comme des moutons noirs, des déviants à éliminer. Lui, tout-puissant, pouvait alors prononcer la sentence. Le comportement type du gourou doublé d'un tueur psychopathe. Mais une fois sa famille éliminée et sa vengeance en partie consommée, il n'a plus de jouet sexuel. Alors, il recrute de nouvelles victimes en Hongrie. Combien ?

Son attitude au cours du procès ne plaidera pas en sa faveur. Tandis qu'Agnès exprime des regrets et un sentiment de culpabilité, Andras est au contraire arrogant et n'hésite pas à interrompre, à plusieurs reprises, le président de la cour. Il ne cesse de nier, clamant son innocence, accusant la justice, dans une sorte de sermon public, de se livrer à un procès en sorcellerie. Il affirme qu'elle n'a pas de preuve matérielle de sa culpabilité, ni même des meurtres puisque aucun corps n'a été retrouvé. Et il n'hésite pas à affirmer que ses proches sont toujours bien vivants et qu'il « communique avec eux via les anges » ! Un jeu avec les victimes qui ne sera pas du goût des jurés. Début mars 2002, la cour de Bruxelles le condamne à la réclusion criminelle à perpétuité à soixante-quinze ans pour les meurtres, viols et attentats à la pudeur auxquels il s'est livré sur ses filles.

Dans la presse belge, l'incarcération et les aveux d'Agnès Pandy avaient fait l'effet d'une bombe. Il faut dire qu'ils arrivaient peu de temps après l'électrochoc de l'affaire Dutroux. Citant un enquêteur, le journal *Le Soir* comparait le pasteur et sa fille à un « Dracula doublé d'un Raspoutine ». Pour le quotidien populaire *La Dernière Heure*, l'affaire Pandy atteignait « des sommets rarement égalés » dans l'horreur, à la hauteur de ceux de Marc Dutroux. Certains comparèrent les crimes sordides d'Andras et Agnès Pandy à ceux commis par le couple West, à Gloucester, en Grande-Bretagne. Car la Grande-Bretagne, qui engendra le plus célèbre tueur en série de tous les temps – Jack l'éventreur –, n'a pas non plus été épargnée par le phénomène. L'une des affaires les plus sordides fut en effet découverte dans une demeure de Gloucester, surnommée « la maison de l'horreur », où demeurait un couple sanguinaire, Fred et Rosemary West. Entre 1973 et 1987, Fred et Rosemary West auraient assassiné au moins une dizaine de personnes, parmi lesquelles leurs propres enfants. Ils ne seront pourtant interpellés qu'en 1994. Fred se suicidera en prison. Quant à sa femme, elle sera reconnue coupable de dix meurtres, en dépit de toutes ses tentatives pour faire croire qu'elle était elle-même victime de son mari, lequel n'était plus là pour protester.

Ces femmes complices et meurtrières ont évidemment tout intérêt à jouer les victimes innocentes et soumises à leurs partenaires meurtriers, à les accabler pour tenter de rallier le jury à leur cause. Il est souvent difficile d'évaluer leur degré d'implication, aussi parviennent-elles parfois à semer le doute dans l'esprit des juges qui les acquittent, au bénéfice du doute ou faute de preuves.

L'épouse d'Alfredo Stranieri était-elle l'une de ces femmes ? La justice a pensé un temps qu'elle avait été la complice de son époux pour les quatre assassinats qui lui étaient reprochés. Pour cette raison, elle a été mise en examen pour complicité d'assassinats, et incarcérée pendant plus d'un an. Mais lorsqu'elle comparait devant la cour d'assises de l'Essonne, qui juge également son époux pour l'assassinat des propriétaires d'une discothèque, puis de deux hôteliers, elle bénéficie des doutes des jurés, malgré la sensation de malaise qu'elle a créée à la barre. Les parties civiles auront d'ailleurs le sentiment que certains points auraient mérité d'être éclaircis, en particulier sur son vrai rôle. Mais même si elles ont porté le dossier à bout de bras jusqu'à cette audience, elles peinent à se faire entendre. Le doute persistera sur sa véritable personnalité. Pourtant, selon la presse, elle serait « avide d'argent ». Or il serait établi au dossier qu'elle a fait des achats avec les chéquiers des victimes. Elle reconnaîtra que pendant la cavale de son mari, elle lui a remis de l'argent, et n'a pas hésité à continuer de faire ses courses avec les chéquiers des victimes alors qu'elles étaient activement recherchées… Savait-elle que personne ne pourrait le lui reprocher ? Seuls subsisteront la vérité judiciaire et les doutes des familles…

Hormis les femmes de tueurs en série, celles de criminels en série ou de tueurs à victime unique sont nombreuses, elles aussi, et c'est inquiétant. Elles ont toutes aidé leur mari ou compagnon. Monique, Michelle et Agnès, avant d'être les femmes complices de serial killers, furent celles de pédophiles, une fois, deux fois, de multiples fois. Elles n'ont rien dit, rien dénoncé… Elles n'ont rien fait pour faire cesser la série. Quand ces hommes devinrent des meurtriers, elles sont naturellement devenues des femmes de meurtriers, une première fois, puis une suivante, et encore une... et ainsi de suite. Les femmes d'autres criminels auraient pu connaître la même descente aux enfers. Elles sont donc tout aussi inquiétantes parce qu'elles adoptent la même attitude : elles ne les dénoncent pas et se taisent devant la souffrance des victimes. Elles ne sont pas les femmes d'un tueur en série parce qu'on arrête leur compagnon avant qu'il ait franchi ce cap. Mais elles auraient pu le devenir... L'actualité judiciaire nous les désigne souvent, ces femmes qui transgressent les frontières de l'ignoble. Il y a Myriam, à Outreau, qui participait aux viols d'enfants ; il y a les mères des enfants violés et prostitués à Angers ; il y a Alfreda[1] lors du kidnapping d'Aurélia, dans le Maine-et-Loire, qui certes va désigner son compagnon, mais seulement lorsque le couple se trouvera acculé par la diffusion d'un portrait-robot et d'une description de leur véhicule. Avait-elle d'autres issues ? Mais pendant des années, elle s'est tue alors qu'il semble qu'elle ait été le témoin d'une dizaine d'agressions et de viols sur des fillettes et d'une dizaine de tentatives avortées[2]... Heureusement, la série a pris fin avant que la violence ne franchisse un palier de plus... Il y a l'affaire Flactif, où une famille de cinq personnes est purement et simplement exécutée. Deux femmes savent, participent et se taisent...

Mais il y aussi les autres, innocentes mais dans le doute...

---

1. L'affaire est encore en instruction, elle demeure présumée innocente tant qu'aucune décision de justice n'aura été rendue.

2. « Le couple confesse une dizaine de viols », RTL infos, 25 novembre 2005.

Un tueur si proche

L'image du tueur seul chez lui, rejeté de tous, est la plupart du temps fausse. Une fausse idée de plus à combattre. La réalité est beaucoup plus terrifiante. Beaucoup ont une apparence normale, ils se fondent dans le paysage social grâce à leur femme ou leur famille. Landru était marié, il avait des enfants et une maîtresse régulière. Petiot aussi avait femme et enfant. Émile Louis aussi. Il eut même deux épouses et une concubine. Guy Georges, Patrice Allègre et Louis Poirson avaient une vie de couple. Même Heaulme avait trouvé une compagne, Georgette. Le tueur en série peut donc prendre l'apparence d'un père de famille au-dessus de tout soupçon, offrir une image rassurante. Il donne le change. Si bien qu'après son arrestation, les journalistes trouveront toujours des voisins ou des collègues pour s'en étonner, n'ayant jamais eu la moindre suspicion.

Mais en va-t-il de même pour leurs proches, en particulier leurs femmes, lorsqu'elles n'ont pas elles-mêmes participé aux actes ? Les absences de leur compagnon ne les ont-elles pas troublées ? Sont-elles des femmes soumises qui demeurent fidèles à leur conjoint malgré leurs souffrances et leurs doutes, et en dépit de ce qu'elles savent ? Ou bien est-ce la peur pour leurs enfants ou pour elles-mêmes qui les réduit au silence ? N'ont-elles vraiment rien vu, rien su ? Ou bien leurs doutes ne sont-ils que des intuitions insuffisantes pour les dénoncer ? A posteriori, on trouve toujours des signes, des détails qui auraient dû alerter, mais cela aurait-il suffi pour suspecter un époux d'actes aussi terrifiants ? D'autant que ces hommes sont rarement violents et pervers avec tout le monde. Lors du procès de Guy Georges, Vincianne, l'une de ses fiancées, déclarera à la barre : « C'était mon mec. Avec lui, ç'allait normal. Il est venu dormir plusieurs fois à la maison. Il était gentil. Il m'a même offert une bague [...]. Pour moi, le plus dur, c'est quand les flics m'ont annoncé que je sortais avec un meurtrier. » Il y a aussi Chantal, la dernière femme d'Émile Louis, violée et victime d'actes de barbarie après avoir été droguée ; elle ne se souvient quasiment de rien. Elle dira de lui qu'il était l'homme le plus gentil qu'elle ait rencontré. Il a été le seul à lui offrir un bijou, un petit cœur...

Nicole, la deuxième femme de Michel Fourniret [1], après l'arrestation de son mari en 1984 pour divers enlèvements avec agression sexuelle et viol ou tentative de viol, dira : « Je suis très étonnée du comportement de mon mari. Rien ne laissait présager une telle attitude. [...] Envers moi, mon mari est gentil. [...] Rien dans son comportement ne pouvait laisser supposer qu'il commettrait de tels actes. »

En outre, ils ont des réponses à toutes les questions de leurs proches. C'est l'apanage du double visage, de la double vie. Combien de femmes savent ce que font réellement les maris de leurs journées ? Le clivage de la personnalité de ces assassins est tel que leur entourage peut très bien ne rien voir... Reconnaître objectivement le monstre qui partage votre vie, lorsqu'il ne s'en prend pas à vous, n'est pas évident, et ce n'est que lorsque les faits sont révélés qu'ils donnent un sens aux soupçons qui tiraillaient. Il faut alors se repasser le film à l'envers pour remettre en perspective les détails et indices qui prennent alors tout leur sens, mais ne suffisaient pas, avant, à dénoncer un mari ou un compagnon d'actes aussi atroces. Combien de ces femmes ont pensé que leur compagnon avait en réalité une aventure, préférant fermer les yeux

1. Fourniret s'est marié trois fois, Monique est sa troisième femme.

que de les perdre, souffrant en silence, à des années lumières de ce qui se passait réellement... Mais parfois, cependant, grâce aux informations diffusées dans la presse qui joue alors un rôle déterminant, les proches de pédophiles et de tueurs parviennent à donner une interprétation plus juste à leurs soupçons. Concernant l'affaire Ted Bundy, comme celle du tueur de la Green River, Ann Rule[1] a observé que les articles qu'elle rédigeait sur leurs meurtres, avant leur identification, amenaient des femmes à l'appeler pour lui raconter comment leurs maris disparaissaient pendant des heures pour rentrer sales, mouillés, nerveux, soûls, somnolents, sentant mauvais, sans fournir d'explication...

Éric Mouzin, papa de la petite Estelle, l'a parfaitement compris.

L'appel d'un père

Le père d'Estelle Mouzin, disparue le 9 janvier 2003 à Guermantes, en Seine-et-Marne, a lancé un appel en direction des proches de celui ou ceux qui ont participé à l'enlèvement de sa fille, en particulier à l'adresse de ces femmes qui peuvent savoir : « Vous, femmes, mères... Vous qui savez, ayez le courage de sortir du silence, mettez un terme à des années de souffrances et de mensonges, et aidez-nous à retrouver Estelle, à sauver des enfants... Ne fermez pas les yeux ; ceux qui abusent sexuellement des enfants récidivent toujours. Si vous avez des sentiments pour l'homme qui a enlevé ma fille, ne

1. Auteur de littérature policière, Ann Rule a notamment écrit *Un tueur si proche*, portrait du tueur en série Ted Bundy, à travers les témoignages de ses proches.

vous emmurez pas dans le silence, réagissez, sortez-le de cet engrenage sans fin, il n'est jamais trop tard. Nous ne sommes pas là pour porter un jugement… Nous voulons savoir où est Estelle. Où sont ces enfants disparus ? Que s'est-il passé ? Composez le 3260, puis prononcez "SOS Estelle"[1]. » Ce message est plus que jamais d'actualité, pour Estelle, mais aussi pour les autres, Marion, Charazed… et pour les dossiers malheureusement à venir. Ce père ne cesse de lancer cet appel chaque fois qu'il a la parole, il ne cesse de s'adresser aux proches des pédophiles ou des tueurs qui ont pu s'en prendre à sa fille. Hélas, les médias ne mesurent pas toujours l'importance de cet appel, qu'ils ne relayent plus… Il est pourtant essentiel, chaque fois qu'on évoque un enfant disparu, qu'une bande-annonce ou un appel à témoin soit associé à l'information. Cela ne coûterait pas grand-chose, mais la répétition d'un tel appel, accompagné des coordonnées des personnes à joindre, finira par faire peser une pression peut-être suffisante sur ceux qui savent et se taisent. Or ces femmes qui ne témoignent pas garantissent, elles aussi, tout autant que celles qui participent aux actes de leurs époux, l'impunité du criminel, lui offrant ainsi une chance de poursuivre ses crimes…

Encore faut-il savoir à qui s'adresser… Les appels à témoin ne durent qu'un temps, un temps trop court. Et ces femmes, qui sont les premiers témoins et bien souvent les seuls témoins que ces criminels laissent en vie, ne savent pas toujours où s'adresser. Or elles nous sont essentielles parce qu'elles ont vécu aux côtés de ces criminels, et peuvent nous aider à décrypter leurs paroles, leurs explications, leurs mensonges, et nous aider à les

1. Appel du 19 novembre 2004. Ce message est toujours visible sur le site d'Estelle.

mettre définitivement hors d'état de nuire. Dans l'affaire Estelle comme dans d'autres, il y a quelqu'un qui sait, ou se doute, qui n'ose pas ou ne sait comment faire pour témoigner… Il faut absolument mettre en place tous les moyens pour lui permettre de fournir son témoignage.

C'est la difficulté que rencontra Meg Sanders lorsqu'elle voulut confier ses doutes sur son compagnon Ted Bundy. Elle se doutait de quelque chose. Pourtant, elle hésita longtemps à renseigner les enquêteurs. Elle finira par les contacter parce qu'elle avait trouvé du plâtre et des béquilles dans sa chambre, or l'homme recherché par les policiers avait été aperçu avec un plâtre et des béquilles avant la disparition de certaines victimes… Elle fera également mention des vêtements féminins retrouvés dans sa chambre, et de ses sorties nocturnes qui correspondaient aux soirs des meurtres ou des disparitions. Son témoignage, relayé par la journaliste-écrivain Ann Rule, attirera le regard des enquêteurs, et Meg Sanders finira par collaborer pleinement avec les policiers.

Ces témoignages sont fragiles, surtout s'ils ne reposent que sur des doutes. Il faut donc les favoriser et, pour cela, rappeler sans cesse les coordonnées de ceux qui sont susceptibles de les recueillir. Il est également nécessaire de les harceler et de diffuser un spot télévisé, ou des appels réguliers dans les médias, s'adressant à ces compagnes et à l'ensemble des proches de ces criminels, pour que la pression ne retombe jamais. Il serait temps qu'un financement public ou privé accepte enfin de donner aux associations concernées les moyens de faire passer leur message…

En outre, ces messages pourraient d'ailleurs infléchir d'autres témoins, et amener certains complices à sortir de l'ombre et à rompre le pacte diabolique qui les lie au tueur.

6

Les associés du diable

L'autre…

Dans l'ombre du tueur en série, l'autre est parfois tapi.

Alignés, les bras croisés dans le dos, six hommes lui font face et attendent son verdict, le regard anxieux ou baissé.

Lui les observe, les scrute, plisse ses petits yeux dans un effort simulé de concentration, pour mieux les sonder derrière ses lunettes. Il grimace, tord sa bouche dans un rictus hypocrite, presque amusé. Assis dans son box surélevé, immobile mais un peu voûté en avant comme pour mieux capter les effluves de leurs craintes, il les passe en revue, tranquillement, les uns après les autres, sans rien dire, sans manifester d'émotion. À cet instant précis, c'est lui le maître. Rien ne vient trahir la jubilation qu'il pourrait ressentir au fond de lui-même. Les secondes deviennent des minutes, plus un bruit, pas un mot, la salle d'assises est suspendue à son verdict. Les secondes continuent à s'égrener, les regards fixés sur lui, la tension se fait de plus en plus palpable. La vérité est là, à portée de main, suspendue à la réponse de cet homme. Le silence s'éternise, quand une voix forte teintée d'accent du Sud lui enjoint de se prononcer.

Le président de la cour d'assises s'agace. « Alors ! s'exclame le président Bréjoux, vous le reconnaissez ? »

Le silence se réinstalle un instant. L'homme fronce les sourcils, semble faire un effort, l'atmosphère est pesante, il n'en a que faire, il passe une nouvelle fois en revue les six hommes, comme pour s'assurer de sa réponse, fait crisser son dentier. Les jurés l'observent attentivement, la salle a les yeux rivés sur lui. Que va-t-il faire ? Même ses gardes, qui l'entourent dans le box des accusés, semblent retenir leur respiration.

Le président Bréjoux, de sa voix de ténor, tente encore d'obtenir la vérité, de secouer l'accusé. La tension est à son comble. Va-t-il enfin dire qui l'a aidé, le 5 avril 1989, à enlever Joris Viville, ce petit garçon belge d'à peine neuf ans dont le corps a été retrouvé atrocement mutilé de quatre-vingt-quatre coups de tournevis, le 22 avril, en bordure de la route nationale 14, au lieu-dit Jaumet, dissimulé derrière une citerne ? Va-t-il révéler le nom de cet autre qui ne l'a jamais dénoncé, de cet autre, son complice, qui a participé au rapt, puis au meurtre de cet enfant, et lui a même indiqué le meilleur endroit pour abandonner le corps ? Ce complice qui ne l'a pas dénoncé et l'a laissé poursuivre son itinérance sanglante…

Peine perdue. Le tapissage [1] auquel le président vient de faire procéder, en pleine audience d'assises, ce qui est très inhabituel, pour tenter une ultime fois d'identifier le complice de l'homme, échoue. L'accusé, Francis Heaulme, n'en fait qu'à sa tête. Comme d'habitude, il brouille les pistes et désigne l'homme le plus à sa gauche…

1. Présentation de plusieurs personnes à un témoin, sans révéler leur identité.

Tous tournent vers celui-ci un regard inquisiteur, il baisse la tête, mais le président Bréjoux réagit avec rapidité. L'accusé ne le manipule pas.

Le président Bréjoux s'emporte :

« Vous ne le connaissez pas, monsieur Heaulme, c'est le seul que vous n'avez jamais rencontré… Allons, donc ! Alors, monsieur Heaulme… »

Mais lui, de son box de bois clair, maintient sa réponse.

Fin du tapissage !

Le président, en désespoir de cause, renvoie les six hommes dans la salle.

Rien n'y fait, pas même la vision de la photographie agrandie du petit Joris à laquelle ses parents se cramponnent. Ni leurs paroles qui reflètent l'enfer dans lequel son acte les a plongés, ni les mots d'amour que la mère prononce pour décrire son enfant :

« Il était comme un ruisseau étincelant, passant de temps en temps par des cascades et des rapides, ce ruisseau n'atteindra jamais la mer… »

Ni la colère du président Bréjoux, qui tonne :

« Monsieur Heaulme, vous pouvez me mentir à moi, mais pas à elle ! Il faut lui dire ! Que s'est-il passé ? Qui était avec vous ? »

Rien n'y fait.

La salle est déçue, elle a espéré, la tension retombe, les parents de Joris ne sauront jamais qui a participé au meurtre de leur enfant.

L'autre, cet inconnu

Pourtant, l'enquête l'a prouvé, Heaulme n'était pas seul. Francis Heaulme ne sait ni ne peut conduire. Ils étaient deux pour enlever ce petit garçon, deux pour le martyriser et le torturer, deux encore pour le tuer. Alors, qui est cet autre qui tenait le volant, cet autre qui a conduit un petit garçon à la mort, à douze kilomètres du camping des Prairies de la mer, à Port-Grimaud, où il se trouvait pour les vacances de Pâques avec ses parents ? Qui est cet autre homme qui va hanter tout le procès ?

Ce complice a transporté le corps de l'enfant, il a caché la vérité à tous, proches, enquêteurs... à moins qu'il n'ait partagé ce fardeau avec ceux de ses proches qui ont deviné ? Une certitude, pourtant : il est là, dans la salle, il fait partie des six. Heaulme le regarde, il sait, ils savent tous les deux, aucun ne bronche, aucun ne craque.

Tout au long de l'instruction comme pendant le procès, Heaulme n'a cessé de donner des noms, désigner l'un, puis l'autre, comme il le fait toujours. Le juge les entendra, les confrontera au tueur sans pouvoir identifier ce complice avec certitude. Personne n'a su exploiter de petites traces sur une expertise effectuée sur les plaies de l'enfant, et qui le désignent directement. Personne n'a su tirer les conclusions du lieu où le corps a été dissimulé. L'enquête n'a pu, n'a su exploiter ces indices et confondre le complice, passant à côté de la vérité. Dans une ultime tentative, le président de la cour d'assises a essayé de rattraper ces erreurs, en organisant cet incroyable face-à-face. La vérité était là, à portée de main, mais Heaulme joue avec les nerfs de la cour et la souffrance de la famille de Joris qui, selon la volonté suprême du tueur, ne connaîtra jamais la vérité. Les parents continueront d'entendre leur enfant les appeler, et nous continuerons de redouter que le complice ne récidive un jour.

Point final du tapissage, le complice regagne sa place dans la salle. On est déçus. La vérité ne sortira pas de la bouche de Heaulme. Ni de celle du complice qui ne craque pas non plus, dans cet insoutenable face-à-face.

L'autre, le complice retourne donc au milieu du public, composé de curieux mais aussi de journalistes, d'enquêteurs et, surtout, de proches de la victime, sans rien manifester, pas même un regard de compassion pour les parents, ni un regard pour Heaulme. Il est pourtant père, lui aussi ! Peu importe, il demeure dans la salle et continue de suivre le déroulement du procès, curieux d'entendre les faits retenus par la justice, des faits qu'il connaît pourtant mieux que personne... Un cauchemar ou un plaisir qu'il partage avec le tueur.

Son cœur bat-il à tout rompre ? Transpire-t-il la peur ? Reste-t-il pour s'assurer de son impunité ?

En attendant, ceux qui l'ont identifié le regarderont rejoindre la salle, au milieu du public, la mort dans l'âme. Nous savons, Heaulme sait, et pourtant, l'homme repart libre et tranquille, le routard du crime ne dira rien. Et même s'il le faisait, après ce qui vient de se passer, il ne serait pas crédible.

Ne demeure qu'une certitude, il y avait bien quelqu'un pour conduire Heaulme au camping où séjournait la petite victime, alors que le tueur était hospitalisé au centre psychiatrique de La Fontonne, à Antibes. Il est établi que l'hôpital organisait au camping de Port-Grimaud des séjours thérapeutiques en mobil-homes, destinés à ses malades. Il est également démontré que quelqu'un s'est rendu au camping pour organiser le prochain séjour, et a pu emmener Heaulme avec lui. Ce dernier le confirme lorsqu'il raconte le scénario du crime. Il explique en effet qu'il a accompagné un infirmier au camping et là : « Assis sur une aile de la voiture, j'ai vu le gamin arriver sur moi, je lui ai demandé où j'étais, il n'a pas répondu, je me suis mis en colère, je l'ai secoué par le cou, il s'est débattu, puis il est tombé, j'ai paniqué, je l'ai mis sur la banquette de la voiture. » Il explique qu'ensuite « l'autre », qu'il ne nomme toujours pas, serait revenu et se serait fâché en voyant l'enfant. Il aurait alors pris le volant pour se rendre dans un lieu isolé. Puis, selon les versions, ce serait parfois lui, parfois l'autre, qui aurait porté les dizaines de coups de tournevis à l'enfant. Il fournira des détails insoutenables, mais ne donnera pas son complice. Et tout le procès va reposer sur cette énigme, tourner autour de ce second homme.

Que dire, que faire ? Heaulme sera le seul à être condamné pour cette affaire, est-ce satisfaisant pour la famille ? Pour la société ? Que se passera-t-il si un autre enfant meurt dans la région ? Ira-t-on vérifier l'emploi du temps de ce complice dont, pourtant, plusieurs enquêteurs, magistrats, avocats et journalistes connaissent désormais l'identité, grâce à la présence de particules métalliques retrouvées sur l'une des plaies de l'enfant, à la nature particulière du lieu où l'enfant a été déposé. Comment admettre que tout le monde, en particulier la justice, ait démissionné devant l'implication évidente de cet homme, et ait renoncé à le poursuivre [1] ? On ne l'arrêtera jamais, à moins qu'il récidive. Le jour où les anciens enquêteurs prendront leur retraite, y en aura-t-il encore pour se souvenir de lui ?

Car l'autre, cet « autre » qui conduit, qui assiste, qui tue, le complice que l'on sait exister, qui est là, dans la salle, existe également dans d'autres affaires impliquant Heaulme. Et le mystère Heaulme est bien là. Il y aura d'autres meurtres, d'autres complices, presque autant de complices que de meurtres. Presque toujours des associés d'occasion, rencontrés au hasard des routes, au hasard de son itinérance sanglante. Et, justement, la difficulté que pose le cas Heaulme résulte essentiellement dans le fait

1. Voir quatrième partie, chapitre 11.

qu'il commet la majorité de ses crimes avec l'aide d'un ou de plusieurs complices. Dès lors, il est particulièrement choquant que toutes les informations concernant le parcours de Francis Heaulme, ainsi que les affaires où il pourrait être impliqué, n'aient pas été exploitées. Autant de complices de plus qui demeureront dans l'impunité et sont susceptibles de récidiver.

Heaulme ne dénonce pas son complice. Pourtant, il aurait pu le faire pendant l'audience, au moment où le président lui accordait une ultime chance de le désigner lors du tapissage. Au cours de l'enquête, il avait donné son identité, mais au milieu d'autres, brouillant les pistes, livrant les noms de collègues de travail, d'amis d'enfance, de voisins, de marginaux rencontrés au cours de ses errances, avouant, puis se rétractant. Confronté à ces pseudo-complices qu'il avait successivement désignés, surtout ceux qui avaient un lien avec l'hôpital, il niait, fournissait de nouveaux noms.

Mais pourquoi Heaulme joue-t-il ce jeu ? Peut-être n'a-t-il pas vraiment intérêt à révéler l'identité de ses complices. Pourtant, n'a-t-il pas intérêt à accuser ou faire accuser l'autre à sa place ? Il le sait, essayant souvent de faire endosser la responsabilité de ses actes à « l'autre ». Et c'est toute la problématique de la complicité en matière de crimes en série. Or, lors de l'audience de la cour d'assises du Var relative à l'affaire Joris Viville, Heaulme n'a aucun intérêt à désigner celui des six qui était avec lui puisque, un mois plus tôt, il a bénéficié d'un acquittement devant la cour d'assises de Périgueux parce que le procès n'a pas permis de déterminer qui était le véritable tueur entre lui et son complice. Dans son esprit, l'absence de complice peut lui garantir un nouvel acquittement au bénéfice du doute. S'il ne le désigne pas, on ne l'entendra pas et on ne saura déterminer la responsabilité de chacun. L'autre brouille l'écran, au point que chacun peut demeurer dans l'impunité, même devant un tribunal.

Il arrive que les tueurs en série eux-mêmes s'associent avec le diable. Plus démoniaque qu'eux, parfois. Il ne s'agit alors plus de simples complices, mais d'associations maléfiques d'une puissance telle que les victimes n'ont aucune chance de survie. Ils ne font pas que se croiser sur les routes et recouper leurs traces sanglantes... Il arrive qu'à la croisée des chemins ils reprennent la route ensemble, liant leurs sillons sanguinaires, agissant ensemble, mêlant leurs modes opératoires, laissant deux traces sur les crimes qu'ils sèment sur leur route. Et la difficulté de stopper un tueur en série se trouve alors multipliée par deux.

L'autre de Périgueux...

L'année 1992 est particulièrement marquée d'événements judiciaires mettant en cause des tueurs en série. Des événements qui imprimeront de manière indélébile les esprits, révélant au public l'existence d'un phénomène nouveau, celle de tueurs hors norme, sur tout le territoire, des tueurs multirécidivistes, capables de s'attaquer à plusieurs victimes sans que l'on sache où et quand ils vont frapper.

Est-ce le réveil de l'ogre ? En tout cas, il s'agit d'affaires qui réveillent les cauchemars qu'avaient déjà suscités les pires histoires d'enlèvements et de meurtres d'enfants qu'étaient les affaires Ranucci et Patrick Henry. Mais alors les tueurs n'avaient pu s'en prendre qu'à un seul enfant. Désormais, ce sont des tueurs à victimes multiples. C'est nouveau. Pourtant, dans le passé, ils ont déjà existé, mais dans l'esprit de tous il s'agissait de cas isolés, extraordinaires. Ceux-là semblent se multiplier soudainement, et ils défrayent de plus en plus les chroniques de la fin des années 1980 et du commencement des années 1990. Il y a ces jeunes appelés qui disparaissent de la Marne, ces petites grands-mères qui, à Paris, tombent les unes après les autres sous les coups d'un tueur sauvage. Il y a Christian Van Geloven, qui vient d'être interpellé pour les meurtres abominables d'Ingrid et Muriel, et dont on découvre qu'il est un criminel sexuel multirécidiviste. Il y a, dans l'est de la France, l'arrestation de ce vagabond qui avoue plusieurs meurtres. Et il y a tous ces pédophiles agresseurs sexuels à répétition. C'est également l'année de l'affaire dite « de la Motte-du-Caire ».

Pour cette affaire, ils sont deux dans le box, deux accusés d'un meurtre barbare qui donnera la nausée à la France entière, et dont le souvenir brise encore le cœur de ceux qui l'ont suivie. Deux accusés réunis pour un jugement qui laissera des traces indélébiles dans l'histoire et les chroniques judiciaires. Deux lorsque, ce 17 décembre 1992, dans un climat de tension extrême, la cour d'assises de l'Isère s'apprête enfin à rendre son verdict à l'encontre de Didier Gentil, dit « le Tatoué [1] », et de Richard Roman, dit « l'Indien », accusés du viol et du meurtre de la petite Céline Jourdan, huit ans, à la Motte-du-Caire, le 26 juillet 1988 dans les Alpes-de-Haute-Provence. Les accusés, des marginaux interpellés avant même la découverte du corps de la petite disparue, ont tout avoué dès la garde à vue. Pourtant, dix-huit heures après ses aveux, Richard Roman s'est rétracté. Mais devant l'horreur du meurtre et les mensonges de Didier Gentil, plus personne ne veut croire en son innocence. Sauf quelques irréductibles, peu impressionnés par les passions, les violences qui déferlent.

1. Il semblerait en réalité qu'il n'était pas tatoué, il s'agirait d'une création médiatique.

Parmi eux, les avocats de Roman, certains journalistes, mais aussi des « gens de justice » comme Yves Bonnet, juge d'instruction, qui s'oppose à sa hiérarchie et prononce un non-lieu en faveur de Roman – non-lieu qui sera annulé en appel – ou Michel Legrand, avocat général, qui dénonce la mécanique d'une enquête menée uniquement à charge et demande l'acquittement de Roman à l'issue d'un procès dominé par un déchaînement de haine. À eux seuls pourtant, ils parviennent à faire douter les jurés en dépit des accusations, de l'emballement de la machine judiciaire et celui de la presse ou de l'opinion publique. Ils vont faire de ce procès le procès des aveux, et ce malgré le contexte explosif dans lequel l'affaire est jugée, dû notamment aux nombreux enlèvements et meurtres d'enfants qui ont eu lieu dans les années précédant le procès, comme ceux de la région de Perpignan. Et, ainsi, ils obtiennent un verdict coup de théâtre, puisque Richard Roman est acquitté des faits dont l'accusait Didier Gentil. Quant à ce dernier, considéré comme seul coupable du viol et du meurtre de la petite Céline, il sera condamné à la réclusion criminelle à perpétuité, assortie d'une peine de sûreté de vingt-huit ans.

L'affaire du gymnase

Mais si le procès de la Motte-du-Caire se poursuit dans les médias, et alors que Richard Roman quitte la prison pour se fondre dans l'anonymat, libre et innocent, une autre affaire rebondit et, dans l'ombre de Didier Gentil, le « monstre de la Motte-du-Caire », un autre homme apparaît. Grand, dégingandé, édenté, les yeux fixes et insondables derrière ses lunettes, cet homme accuse déjà Gentil d'un autre meurtre. C'est ce vagabond arrêté quelques mois auparavant en Alsace. Cet homme parle, il ne fait même que cela. Il parle aux gendarmes, aux policiers qui, tour à tour, viennent de toute la France pour l'interroger sur des affaires non élucidées. Lui, le vagabond auquel personne ne s'intéressait, devient subitement le centre d'intérêt de nombreux enquêteurs.

Interpellé à Bischwiller le 7 janvier 1992, par les gendarmes de la section de recherche de Rennes, pour le meurtre à Brest d'Aline Pérès, une aide-soignante, l'homme se confie, fournit des détails, sur ce crime mais aussi sur celui de Sylvie, tuée en bordure de la RN51, près d'Épernay, puis sur celui de Jean-Joseph Clément, agriculteur à Courthézon, dans le Vaucluse, et ainsi de suite. Peu à peu, son parcours meurtrier se dessine, complexe, effrayant, semé de victimes, des femmes, des hommes, des enfants, au gré de ses errances.

Alors que des enquêteurs affluent de tous les coins de France, leurs dossiers non résolus sous le bras, pour obtenir leur tête-à-tête avec celui qui est déjà surnommé « le routard du crime », le procès de la Motte-du-Caire est toujours en cours. Didier Gentil tente d'y justifier ses mensonges et ses actes criminels pendant que Heaulme parle, à sa façon, d'une ville où il a participé au meurtre d'un jeune homme. Une ville dont la description rappelle à un enquêteur Périgueux. Or Heaulme affirme que le meurtre auquel il a participé a été effectué par celui qui est jugé à Grenoble, aidé d'un autre complice. Son témoignage est pris très au sérieux en raison des détails qu'il fournit, qui n'ont jamais été publiés et que seuls les tueurs connaissent. Et ces détails correspondent bien à l'affaire dite « du gymnase de Périgueux », demeurée une énigme depuis 1986.

Il se nommait Laurent Bureau, c'était un jeune appelé originaire de Compreignac, en Haute-Vienne. Il faisait son service au 5e régiment de chasseurs de Périgueux. Un garçon sportif et sans histoires. Mais au matin du 9 mai 1986, à Périgueux, le gardien du lycée Bertrand-de-Born fait une macabre découverte dans le gymnase, en déplaçant des tapis de sol mal rangés. Dissimulé sous ces tapis, un corps gît dans une mare de sang, dénudé, le crâne fracassé, torturé au point d'être méconnaissable. Dans l'alignement du corps, il remarque des traînées de sang qui montrent que celui-ci a été traîné, et un extincteur vide qui a dû servir d'arme. Le scénario n'est guère difficile à reconstituer. Le jeune homme a été assommé et agressé, puis amené au gymnase pour y subir les pires tortures, avant d'être tué à coups d'extincteur ou par strangulation, une corde étant encore visible à son cou.

Mais si les aveux du routard sont crédibles, c'est que les policiers, qui se sont déjà intéressés à Didier Gentil, ont établi que ce dernier se trouvait précisément à Périgueux le jour du meurtre. Il y effectuait son service militaire au 5e régiment de chasseurs, et partageait la chambrée de Laurent Bureau. Les deux jeunes gens ne s'entendaient pas, ils avaient même eu des altercations plus ou moins graves. Comme d'ailleurs il en avait eu avec d'autres appelés qui le décrivent comme peu sociable, à la limite de la marginalité, voire voleur. À l'instar de ses compagnons de chambrée, il a été interrogé par les enquêteurs, mais comme n'importe quel témoin ayant été en contact avec la victime, aucune charge ne pesant alors contre lui. Après, l'homme a continué sa route, jusqu'à la Motte-du-Caire. Les enquêteurs l'ont donc bien entendu à Périgueux. Auraient-ils pu faire mieux ? Sauver la vie des victimes suivantes des deux tueurs ? Une question qui demeurera à jamais sans réponse.

Pendant qu'on laisse filer Heaulme et Gentil, l'enquête de Périgueux s'égare, et sur la foi de témoignages locaux, un pauvre clochard de vingt-neuf ans, Jean-Louis Gouagout, est appréhendé, finit par avouer les faits et dénonce deux complices imaginaires. Réputé violent et ne disposant d'aucun alibi, il sera incarcéré dix-sept mois pour des faits qu'il n'a jamais commis. Dix-sept mois de perdus.

Depuis, l'enquête piétine... jusqu'au témoignage du routard. Pourtant, en 1989, le magistrat instructeur se déplace pour interroger Didier Gentil dans sa prison. Mais l'affaire de la Motte-du-Caire est trop délicate, elle suscite trop d'émotions pour que l'on mélange les choses et prenne le risque de brouiller les pistes et les esprits déjà chauffés à blanc. Et même si les enquêteurs ont déjà la conviction que les deux affaires présentent des modes opératoires fortement similaires, dans celle de la petite Céline, c'est Richard Roman le principal accusé, et là, ça ne colle plus. On laisse alors l'affaire Laurent Bureau attendre la fin de l'instruction Gentil-Roman pour reprendre les choses. La piste Gentil n'est donc réactivée que lorsque le routard du crime le dénonce, une fois Richard Roman innocenté. Les conseils de Gentil y verront une nouvelle manœuvre des partisans de Roman pour l'enfoncer et lui coller un nouveau crime, ce qu'ils ne manqueront pas de rappeler à Périgueux.

Cette fois, les enquêteurs peuvent travailler sur le mode opératoire de Didier Gentil. L'enquête de Périgueux est reprise de zéro.

En effet, le corps de Céline a été retrouvé sous divers matériaux, comme celui de Laurent Bureau. Les deux victimes ont eu le crâne fracassé par un objet, une pierre pour Céline et un extincteur pour Laurent. Les deux corps sont dans état tel qu'ils sont quasi méconnaissables. Céline a été violée, Laurent également ; la cordelette qui a servi à tenter d'étrangler Céline et celle utilisée pour lier les poignets de Laurent portent des nœuds identiques. Le seul problème, c'est que, pour certains points, ce mode opératoire va également à Heaulme comme un gant... Lui aussi est soupçonné de tuer à l'aide de pierres, de porter des coups violents susceptibles de défigurer ; lui aussi utilise des cordelettes ou des liens, tente d'étrangler ses victimes. Ainsi, moins de trois mois après la décision de condamnation de la cour d'assises de l'Isère, les deux hommes sont inculpés du meurtre de Laurent Bureau. Il s'agit désormais de déterminer lequel des deux est le tueur, ou s'ils sont coauteurs de ce meurtre. Difficile de déceler, dans le mode opératoire, quelle séquence correspond à l'un ou l'autre. Chacun brouille le mode opératoire de l'autre. C'est un risque courant dans tous les dossiers à tueurs multiples. Et dans de telles situations, il n'est pas certain que les enquêteurs, les experts ou la justice sachent et puissent faire la part des choses. La notion de mode opératoire unique, nous l'avons vu, est ici aléatoire. Ce qui signifie que l'on peut passer à côté de meurtres dont le mode opératoire ne correspond pas parfaitement à celui du tueur que l'on suspecte. Mais également qu'il existe un risque d'acquittement si de tels tueurs sont poursuivis sans que leur part de responsabilité soit établie.

Itinéraires croisés... Le tatoué et le routard du crime

Dordogne, 9 mai 1986, un soir de printemps dans le parc de Périgueux, une vingtaine de marginaux de diverses nationalités se rassemblent, partagent leurs litrons, interpellent et invectivent les passants ou leur chien. C'est en rejoignant ce groupe que les deux tueurs, le tatoué et le routard du crime, vont se rencontrer. Juste un soir. Quelques heures à peine pour former, l'espace d'un instant, un duo monstrueux. Le temps de croiser leurs itinéraires à la dérive, de croiser leurs destins et celui d'un jeune homme, Laurent Bureau, dont la route s'arrêtera net ce soir-là.

Maurice Peyrot, grand chroniqueur judiciaire au *Monde*, écrira le 3 avril 1997 qu'« un sort terriblement injuste va s'acharner sur la victime, en utilisant de façon quasiment diabolique les pires conjonctions du hasard ».

Ils ne seront associés que le temps d'un crime. Ensuite, chacun repartira vers sa propre errance meurtrière.

Au bout de trois années d'instruction, pleines de rebondissements, de combats juridiques et médiatiques, Didier Gentil et Francis Heaulme sont finalement renvoyés en cour d'assises. Ensemble.

Une fois de plus, Heaulme sera donc accompagné dans le box. Ils seront bien deux, encore, devant la cour d'assises de la Dordogne. Et on viendra de loin pour les voir. La salle est comble, ce 31 mars 1997, au jour de l'ouverture du procès. Chacun patiente, attend de passer le contrôle à l'entrée du tribunal pour monter enfin les marches majestueuses de la cour d'assises vers la vieille salle sombre, qui en a vu d'autres. Un frisson dans le dos, on attend les tueurs, mais les deux hommes qui apparaissent laissent perplexe. Heaulme, comme d'habitude, se tient au fond du box, et Gentil à l'entrée du box, côté salle ; entre eux, deux policiers pas trop à leur aise ; devant eux, leurs avocats ont pris place. Les deux plus terribles prédateurs connus en ce milieu des années 1990 sont là. Deux hommes assommés de calmants, presque comme s'ils se trouvaient sous camisole, une camisole chimique : Heaulme, l'air prématurément vieilli dans son éternel pull à jacquard gris, blanc et noir, ébouriffé, blafard, presque au ralenti, étudie la salle ; Gentil, bedonnant et renfrogné dans son survêtement bleu, tout aussi assommé, n'a aucun mot ni regard pour la salle.

Lorsque la présidente les interroge, ils s'expriment d'une voix presque pâteuse, pas toujours audible. Déception dans la salle. Rien à voir avec un Landru ou un Petiot, c'est morne, lent, désorganisé, sans mots d'esprit, sans affrontements... Heaulme semble indifférent à la tension extérieure. Détaché, il ânonne sa vie, son enfance, sa mère décédée, son père maltraitant, l'alcoolisme, son errance à travers la France, d'Emmaüs en Emmaüs. Gentil surprend un peu les journalistes. Il n'est plus le même qu'à Grenoble ; même s'il parle toujours en bougonnant, il bégaie moins ; lui aussi récite ses douleurs d'enfant rejeté de tous, son itinérance de foyer en foyer, sa descente aux enfers jusqu'à la Motte-du-Caire. Deux parcours de souffrance, deux hommes qui, finalement, se ressemblent plus qu'on ne l'aurait cru ; deux parcours de privations et de violences ; un mélange détonnant, surtout si l'on rajoute à cette inquiétante alchimie un ingrédient supplémentaire, l'alcool. Comme si un destin machiavélique avait décidé de créer un cocktail explosif... et d'allumer la mèche au passage de Laurent Bureau. Un mélange qui paraît encore si dangereux que des mesures de sécurité exceptionnelles ont été prises. Les deux hommes sont placés sous haute surveillance policière. Après le procès de la Motte-du-Caire, les autorités craignent des représailles sur Didier Gentil. Des menaces ont déjà été proférées et l'on se souvient de tous les débordements qui ont eu lieu au cours de l'instruction, puis pendant le procès de Grenoble.

Mais la difficulté de ce procès consiste surtout à éclaircir le rôle de chacun, sachant qu'ils sont tous les deux capables de tuer seuls. Alors que Heaulme détaille ses versions mêlées de quelques bribes d'autres affaires, Gentil ne sort de son mutisme que pour insulter les avocats et l'avocat général, et pour tout nier en bloc, maladroitement ; on le sent parfois prêt à bondir, son avocat le calme. Mais Heaulme parle pour l'autre, il raconte et essaye, fidèle à son habitude, de tout lui mettre sur le dos. Il aurait assisté à l'altercation entre Laurent Bureau et Didier Gentil, au milieu du parc, les coups échangés, la corde passée au cou de la victime, les vêtements retirés, le lien autour des poignets, le viol, les coups d'extincteur et le corps aspergé. Il veut bien reconnaître avoir frappé le jeune homme pour qu'il ne crie pas, mais « je ne l'ai pas décédé (*sic*) ». Gentil nie, prétend n'avoir jamais vu Heaulme avant les reconstitutions, pourtant l'un des marginaux présents dans le parc a assisté à leur rencontre, et même à leur association maléfique. Il en a témoigné avant de mourir. Mais personne ne tiendra compte de son témoignage, qui confirme l'agression par Didier Gentil, et la présence de Heaulme.

Samedi 5 avril, minuit trente, c'est l'heure du verdict. Malgré l'heure tardive, la cour d'assises est pleine à craquer. Après plus de cinq heures de délibération, les jurés pénètrent dans la salle et rejoignent le box des jurés. Une cour d'assises à l'ancienne où les jurés font face aux accusés, loin de la présidente. Ils regagnent leurs places avec une mauvaise humeur évidente. Les bruits de couloir ont déjà atteint le banc des journalistes, c'est l'effervescence. Il se passe quelque chose d'inhabituel. Certains jurés ont le teint rougi, les vêtements un peu débraillés, la tension est presque palpable lorsque la présidente reprend la parole. Le verdict tombe : les deux accusés sont acquittés.

Quelques secondes pour que l'information soit assimilée, que des émotions se lâchent. De l'étonnement à la colère, de la stupeur la détresse. Hurlements et menaces fusent du public, les avocats restent stupéfaits, les accusés ne semblent pas comprendre, puis Didier Gentil éclate de rire alors que, déjà, leurs gardes les soustraient aux regards. Ils étaient poursuivis comme coauteurs et le procureur général avait souligné qu'il importait peu, au fond, de savoir lequel des deux avait porté le coup fatal, ils étaient tous deux « le tueur » de Laurent Bureau. Le jury en a décidé autrement. Il n'a pas suivi le réquisitoire de l'avocat général. Les parents de Laurent Bureau sont effondrés, en pleurs ils se retirent par une porte dérobée ; pendant cinq jours, ils viennent de revivre le calvaire de leur fils. Et au final, pas de coupable. Dans ce tribunal qui vient de se vider, ils restent seuls avec leur douleur, leurs cauchemars à perpétuité, seuls avec leurs convictions aussi. Sans explication de la justice.

Pourtant, tout accusait les deux hommes. Mais devant la cour d'assises, le dossier est mal construit ; il présente des carences insurmontables, souligneront les médias. La présidente, lors de la cour d'assises, avait dû faire rechercher des personnes, vérifier des dates ; le dossier ne contenait aucune preuve matérielle, les prélèvements avaient été mal effectués et d'autres personnes avaient été suspectées avant que la piste Gentil ne soit explorée, juste après le procès de la Motte-du-Caire. Mais il n'y a pas que cela. Certes il y avait bien des carences, mais aussi une audience qui ne prend pas en compte le fait qu'il s'agit de tueurs multirécidivistes. L'avocat général a bien tenté de se raccrocher au passé judiciaire des deux hommes, à leur mode opératoire, mais cela n'a pas suffi. Dans ces années-là, la justice n'est pas encore prête à juger des tueurs en série, surtout quand ils ont agi à deux. Cette notion de tueurs en série, a fortiori celle d'association de tueurs en série, avec toutes les difficultés qui en résultent pour déterminer leur degré de participation au meurtre, est à l'époque inconsistante pour des jurés. Auraient-ils rendu le même verdict aujourd'hui ? Rien n'est moins certain.

La presse, elle, avait un cran d'avance en les surnommant « le duo de l'enfer ».

Quant à la parole de ces tueurs, elle n'a jamais été entendue. Pire, elle a été coupée à plusieurs reprises par les uns ou les autres. Ainsi, la présidente n'a pas exploité leurs hésitations, comme lorsque Didier Gentil dira : « Il se peut que le 8 mai, j'aie été là… » La cour laissera filer, sans en demander davantage. Les accusés se contredisent, mentent, on ne le relève pas, on ne les place pas face à leurs contradictions, comme si la vérité qui affleurait parfois faisait peur. Elle semblait pourtant à portée de main, encore fallait-il tendre le bras. Finalement, tant lors de l'instruction que lors de l'audience, c'était un dossier faible. Et puis il y avait ce troisième homme, le troisième comparse… mort. Son rôle exact n'a jamais pu être établi. Il a laissé un témoignage qui n'a pas été exploité. Et les aveux de Heaulme n'ont pas suffi, même s'il a déjà été condamné pour deux meurtres et en a reconnu au moins huit autres ; il passe pour un affabulateur ! À l'époque, on ne le connaît pas bien, on ne le comprend pas toujours, on ne mesure pas sa dangerosité réelle. Les avocats de Didier Gentil ont plaidé sur le syndrome de la Motte-du-Caire, les aveux d'un cinglé, l'absence de preuves matérielles, ils ont emporté la conviction des jurés.

Le verdict ne changera plus. Au terme de onze années d'instruction, Heaulme et Gentil sont blanchis au bénéfice du doute. Onze années pour rien. Qui est véritablement responsable d'une telle situation ? Le destin ?

Mais alors, qui a tué Laurent Bureau ? À l'issue de l'audience, on a pourtant le sentiment de le savoir. Un destin malfaisant a décidé de les réunir. Chacun est devenu l'ombre de l'autre et a fait écran aux actes de l'autre, brouillant l'analyse de l'action criminelle, leur permettant de demeurer « innocents » de ce crime. L'association de deux ou plusieurs tueurs qui, par ailleurs, ont déjà tué, rend l'analyse du mode opératoire, ou plutôt celle des traces opératoires de chacun, très hasardeuse, et exige beaucoup de technicité. Faute de quoi, c'est l'impunité assurée.

Mais « l'autre » de Heaulme est multiple...

L'autre encore... l'aide-bourreau

Encore des complices, d'autres ombres dans les pas de Francis Heaulme et autant de corps parsemés sur sa route, sur leurs routes... Tel est le vrai mystère de Heaulme, le seul peut-être, hormis le nombre exact de ses victimes, leurs noms et celui de tous ses complices. Mais comment a-t-il pu les convaincre d'être ses aides-bourreaux ? Comme celui qui l'accompagna en 1984 lors du meurtre de Lyonnelle Gineste, et qui se trouve à côté de lui dans le box de la cour d'assises de la Moselle. Ils sont à nouveau deux dans ce box. Heaulme est égal à lui-même ; José Molins, tête baissée, semble tétanisé. L'arrêt de renvoi est lu à haute voix par la greffière. La salle qui a suivi l'affaire dans les médias, les parents, les journalistes, entendent l'affreux calvaire que les deux hommes firent subir à leur jeune victime. Au fil de la lecture monocorde de la greffière, ces deux-là voient-il se rejouer dans leurs esprits le film de l'horreur qu'ils partagèrent ? L'espace d'une lecture, elle restitue l'histoire dramatique de Lyonnelle Gineste, dix-sept ans, qui a eu le malheur de manquer son bus au soir du 5 novembre 1984 et la mauvaise idée, comme beaucoup de victimes, de faire du stop. C'est ainsi qu'elle a disparu, au bord de la nationale où elle levait le pouce. On retrouvera son corps dévêtu dans la forêt de Pont-à-Mousson, en Meurthe-et-Moselle. Elle a été étranglée et poignardée.

Dès 1994, Heaulme avoue les faits. Il reconnaît sa présence sur les lieux, fournit des détails précis, mélange le vrai, le faux, sème la confusion et le trouble dans l'esprit des enquêteurs. Son jeu favori. Il s'accuse, se rétracte, accuse l'autre et dit avoir juste assisté au meurtre. Il nie être impliqué, se prétend lui-même victime de « l'autre » et témoin impuissant de ses crimes. L'autre, c'est cet inconnu qui le transportait dans son véhicule. Lui, simple passager, incapable de conduire, ne pouvait donc enlever la victime. Or il est certain que celle-ci faisait du stop juste avant de disparaître, des témoins l'ont vue. En outre, elle a bien été transportée dans la forêt. Ce qui prouve qu'il n'était pas seul. Il a beau nier, les enquêteurs et le juge sont certains de son implication tant il existe de similitudes entre cette affaire et d'autres pour lesquelles il a déjà été mis en cause. Des ressemblances qui avaient déjà amené les enquêteurs à l'interroger sur la mort de Lyonnelle Gineste. Ils sont d'autant plus convaincus de son implication qu'il leur fournit des détails qui n'ont pas été publiés jusque-là. Ainsi, il leur explique que la victime portait des bagues à tous les doigts, une particularité qu'il ne pouvait inventer et qui n'avait jamais été divulguée. Il donne également le contenu de son sac. Le juge poursuit son instruction, ordonne une reconstitution. Heaulme refuse de s'y soumettre, puis décide de jouer à nouveau avec les enquêteurs, de brouiller les pistes, de les multiplier. Il balance des noms qui n'existent pas, des identités inconnues, il mélange les noms de gens de sa connaissance avec ceux d'autres complices, ou encore ceux de personnes croisées au hasard de son itinérance. Les enquêteurs doivent remonter les pistes une à une. Il joue, parce qu'il n'a pas intérêt à ce qu'on retrouve son complice et que la vérité soit établie.

Contraints de rechercher ces hommes, les enquêteurs perdent du temps. Un travail de longue haleine, compliqué. Mais parmi ces fausses pistes, figurent de vraies indications. Cela fait partie du jeu habituel de Heaulme : dissimuler, au milieu d'informations inexactes, parfois farfelues, des indications exactes. Aux enquêteurs de faire le tri, ça l'intéresse d'observer leur façon d'agir. Grâce à ses indications sur un certain José et du descriptif qu'il leur fournit, ils découvrent la trace d'un boulanger qu'ils localisent à Perpignan. L'homme correspond au portrait fourni par Heaulme, il a bien l'accent du Sud. Interpellé à Perpignan le 22 janvier 1997, soit plus de trois ans après les premiers aveux de Heaulme, l'homme reconnaît rapidement les faits. Cependant, sa version diffère de celle du « routard du crime ». Il explique avoir rencontré Heaulme, quelques heures à peine avant le crime, dans un bar. Ils travaillaient sur le même chantier à la construction de l'autoroute de l'Est, mais ne se connaissaient pas. Les enquêteurs parviennent à retrouver la voiture qui avait été aperçue par un témoin, une BX. Le boulanger ne possédait pas de véhicule de cette marque, mais un garagiste lui en avait prêté un précisément à cette période, sa voiture ayant été emboutie. Une BX grenat, comme celle décrite par le témoin. Et c'est bien lui qui conduisait. Il reconnaît avoir assisté au crime, mais nie y avoir participé. Heaulme, lui, persiste à l'accuser.

Engrenage infernal

Les enquêteurs comprennent rapidement que José est un Monsieur Tout-le-Monde happé par une spirale infernale, un tueur d'occasion qui n'aurait jamais su à quoi ressemblait un meurtre ou un viol, si Heaulme n'était pas passé par là. Rien à voir avec Didier Gentil. José n'avait rien à faire avec Heaulme, il ne fréquentait pas les marginaux. C'était un jeune père de famille qui avait gagné au Loto, avait peut-être rêvé d'un avenir meilleur pour les siens, s'était acheté une boulangerie, avait dépensé sans compter, trop jeune pour tout cet argent, et s'était ruiné. Pris à la gorge, José le boulanger a été contraint de se vendre à la journée à une entreprise de travaux publics pour nourrir sa famille. Sa chute allait virer à la véritable descente aux enfers. Là, sur les chantiers de l'autoroute de l'Est, un destin funeste l'attendait. Ce soir-là, Heaulme, qu'il ne connaît pas, lui demande de le raccompagner. Sur le chemin, un arrêt dans un bar, un verre ou deux, puis une fille qui fait du stop. Heaulme lui demande de la prendre. La suite, on la connaît. À sa façon, José est lui aussi la victime d'un tueur en série. Il n'en mourra pas, mais sa vie va déraper et, comme il l'explique, il entend encore les cris de souffrance de la victime et devra vivre à tout jamais avec ses cauchemars.

Au moment de son arrestation, treize ans après les faits, il avait réussi à rentrer dans le rang. Il était redevenu boulanger du côté de Perpignan. Mais comment a-t-il pu se transformer en monstre l'espace d'une soirée ? Comment a-t-il pu se taire presque treize ans ? Pourquoi José, comme les autres complices, n'a jamais dénoncé Heaulme ? Combien d'entre eux, pourtant, ont appris dans la presse ses autres crimes, suivi les enquêtes et pu mesurer le poids de leur silence ? Comment ont-ils pu accepter de le laisser continuer sa route… recommencer ? Comment certains peuvent-ils encore rester sans rien dire, sans témoigner même anonymement afin d'apaiser la peine et les doutes des familles des victimes ? Tous autant qu'ils sont ont laissé les cris de Lyonnelle, du petit Joris et des autres résonner dans le vide.

José fut peut-être le premier à véhiculer Heaulme dans de telles circonstances, il aurait pu l'empêcher de poursuivre sa route meurtrière. Il fut le premier, mais pas le seul.

Encore, et encore...

Deux dans le box, toujours et encore. Cette fois, c'est la cour d'assises de Moselle. La victime avait quatorze ans, elle se nommait Laurence Guillaume. Le complice de Heaulme était rien moins que le propre cousin de l'adolescente, Michel Guillaume, dix-neuf ans à l'époque des faits. Dans le box, Heaulme est égal à lui-même. Ce qui se passe l'intéresse, il est au centre du drame, cela lui convient. Il observe la salle sans ciller, il sonde les curieux. L'autre, très jeune, effacé, est prostré dans un recoin du box, presque dos à la salle, aux victimes qui sont de sa famille, et loin, le plus loin qu'il peut, de Heaulme. Il a la voix blanche, presque inaudible quand on l'interroge, sa souffrance, presque palpable, appelle la pitié. Il lui est impossible d'expliquer l'indicible. Heaulme, lui, est beaucoup plus à l'aise. Il compte sur les actes irréparables commis par l'autre pour jouer son rôle favori, le charger autant que possible et essayer ainsi de se disculper. Mais ça ne marchera pas.

Deux attitudes qui tranchent, peut-être pas si éloignées de ce qui se passa ce soir de mai 1991 où Laurence Guillaume dut affronter la terreur. Mais on sent que lui aussi a fait face à une frayeur indescriptible, provoquée par celui qu'il avait suivi dans son équipée sanglante et, d'une certaine manière, il s'est également fait tuer par lui... Bien sûr, personne ne le plaindra ; une jeune fille est morte de ses mains et de celles d'un monstre, c'était sa cousine, elle était magnifique, lui timide, il la convoitait, Heaulme l'a senti… Ils s'étaient rencontrés dans une foire, c'était la fête, elle rentrait en cyclomoteur, eux la suivaient pour lui éclairer la route avec les phares, ils avaient juste bu ensemble, ils ne se connaissaient pas deux heures auparavant ; un petit coup de volant envoie la jeune fille dans le fossé, Heaulme la tire dans le véhicule comme il fait toujours, force ou aide le cousin à la violer pendant qu'il la larde de coups de couteau.

Une peur vitale

À le regarder dans le box, on comprend que ce jeune homme a commis des actes qui le dépassent. Tout le dépasse, d'ailleurs. Et c'est assez courant chez les complices de Heaulme, qui donnent souvent l'impression de ne pas avoir su ni pu s'opposer à lui. Lorsqu'on sait que certains policiers ou gendarmes ont confié avoir eu peur de ses réactions en le sentant revivre certains épisodes meurtriers lors de reconstitutions, au point de saisir la crosse de leur arme, prêts à le descendre au moindre débordement tant il paraissait imprévisible alors qu'il était enchaîné, on peut mesurer ce que ses complices d'occasion ont pu vivre. On comprend mieux la peur panique qui les a peut-être poussés à se taire. Lui, afin d'assurer son impunité, les menaçait de mort ainsi que leurs proches. Après le déferlement de violence auquel ils venaient d'assister, aucun d'eux n'a pris le risque de le dénoncer… Ils se sont tus pour toujours. Même lors des procès, aucun n'est parvenu à poser vraiment des mots sur ces cauchemars, tout juste arrivent-ils parfois à l'accuser, à refuser d'endosser ses actes. Ainsi José Molins dira : « Il m'a dit : "Prends-la", puis "Fais pas le con, tais-toi ou je te plante". » Ses proches avaient bien noté qu'il avait peur de quelque chose... il fermait tout, maladivement. Et il suffit d'imaginer la silhouette ensanglantée de Heaulme, dans la lumière des phares de la BX, entouré de l'obscurité de la forêt, un couteau à la main, la victime agonisant à ses pieds, pour comprendre leur frayeur. Un psychiatre qui a examiné José le déclarera influençable, immature, anxieux, paralysé devant Heaulme qui lui inspirait une peur vitale.

Sans se tromper, on peut affirmer que Heaulme est un tueur en série. Mais il accroche à son palmarès, outre les victimes, des acteurs-témoins qu'il choisit, terrorise et manipule, cela fait partie de son plaisir. Il a besoin de « l'autre » dans certains de ses scénarios, comme témoin terrorisé, témoin de sa toute-puissance jubilatoire. Mais aussi pour des raisons purement pratiques : le véhiculer avec la victime et l'amener précisément où ça lui convient. Il a partagé avec eux son mystère. Personne ne s'est pourtant intéressé à ces complices d'un jour, n'a tenté de les écouter, de les étudier ou d'analyser le processus de leurs actes et de leur silence. A-t-on seulement essayé de les aider à formuler l'indicible ? Pourtant, ces complices constituent un véritable sujet d'étude, utile pour tenter de mieux cerner ces phénomènes à l'avenir.

Combien sont-ils, tapis dans son ombre ?

Il y a des complices, « l'autre », le tueur en série n'est pas toujours solitaire. Il y a les complices qui assistent, ceux qui aident, ceux qui sont eux-mêmes des tueurs et ont leur propre parcours sanguinaire. Heaulme n'est pas toujours seul dans son box, et il est rarement seul lors des meurtres. L'autre dont il parle, que l'on pourrait d'abord prendre pour un leurre, existe réellement. L'inconnu de Port-Grimaud, Didier Gentil, José Molins ne furent pas ses seuls complices. Combien d'autres encore ? Combien de complices libres qui détiennent la vérité pour les familles et se taisent ? Combien sont devenus à leur tour prédateurs ? Certains ont été identifiés, d'autres demeurent inconnus, d'autres encore sont morts avant de s'expliquer et de rendre des comptes, comme dans les dossiers de Périgueux ou de Nancy. Mais peu de gens savent, ont compris ou retenu que Heaulme n'est pas un tueur solitaire. Pour tous, y compris dans les articles, les films et les livres qui lui ont été consacrés, il est « le routard du crime », un surnom qui ne se décline qu'au singulier. Pourtant, il a peu agi seul.

C'est une situation qui dérange. Elle ne rentre pas dans le cadre des définitions appliquées aux tueurs en série. Alors, au lieu de l'étudier, on la contourne. Un tueur seul, un monstre unique, c'est plus vendeur ! Donc, même s'il eut des complices, Heaulme était le seul à tuer. Mais ses complices ne se ressemblent pas. Certains sont socialement intégrés, des gens « normaux », d'autres sont des marginaux, des alcooliques, des malades psychiatriques, et il y a ceux qui sont aussi dangereux que lui. Il est parvenu à tous les embarquer un jour dans sa dérive meurtrière, et c'est là le vrai secret de Heaulme, celui qui n'a pas encore été percé. C'est ce qui fait froid dans le dos. Michel Guillaume, le cousin de Laurence, comme José Molins n'avaient aucune raison de tuer, et pourtant, sous l'influence de Heaulme, ils sont passés à l'acte.

Et ça, ça ne rentre pas dans les définitions, ce n'est pas « politiquement correct ». Sauf que la réalité se moque bien de la définition ! Cela déborde du cadre et ça n'a pas fini de déborder. Nul doute que l'avenir le démontrera.

Pour l'instant, malgré les éléments qu'a fournis Heaulme lors des multiples interrogatoires qu'il a subis, la justice semble fermer les yeux. Pourtant, tous ses compagnons criminels peuvent constituer de redoutables dangers, ils peuvent être des récidivistes potentiels, de véritables tueurs. Nous l'avons vu avec Didier Gentil, on ne sait pas encore tout de Heaulme, on ne sait pas avec qui il a agi, qui il a croisé. On ne sait pas combien de meurtres, on ne sait pas combien de complices, on ne sait pas ce que sont devenus ces complices, or les enquêteurs qui ont travaillé sur les crimes de Heaulme estiment à au moins une cinquantaine les meurtres qu'il a pu commettre au cours de ses années d'errance. Il peut donc y avoir autant de complices que de meurtres... Et même davantage, puisque pour certains meurtres, Heaulme a su entraîner plusieurs criminels dans son sillage. Peu importe qu'il y ait dix, vingt ou plus affaires non résolues. Ce n'est pas le nombre qui compte, mais le principe de savoir que de nombreux complices de Heaulme sont libres, qu'il s'agit de tueurs en puissance, et qu'on ne les recherche pas. Ne pas établir avec précision la liste des affaires Heaulme, c'est faire courir de grands risques à des victimes potentielles.

D'aucuns nous rétorquent qu'il n'y a pas de danger. On se contente de savoir que le routard est enfermé pour affirmer que, sans lui, les autres ne sont pas dangereux. Mais qui serait prêt à laisser ses enfants dans la rue si Didier Gentil était libre ? Que se passerait-il si un autre enfant était tué dans la région de Port-Grimaud ? Et à Montigny-lès-Metz, si c'est Heaulme qui a agi avec un complice, que se passera-t-il si l'on découvre que ce dernier a également récidivé ? Il y a des affaires qui resurgissent occasionnellement ; mais, de manière extrêmement choquante, personne ne recherche plus à recenser celles où Heaulme pourrait être impliqué et, par voie de conséquence, ses complices. Pire, lorsque des victimes, des avocats ou des enquêteurs croient discerner dans un de leurs dossiers l'ombre du grand édenté, il faut un acharnement surhumain pour obtenir une simple vérification d'emploi du temps ou génétique, et l'on ne parvient plus à obtenir l'ouverture d'une enquête. Certaines affaires finiront par être prescrites, mais la douleur des familles, elle, ne le sera jamais, ni celle des victimes à venir, les victimes des complices encore actifs de Heaulme... Et la société semble s'en satisfaire !

Heaulme est-il un cas unique dont il ne faut pas se préoccuper ? L'exception qui confirmerait la règle du tueur en série solitaire ?

Les tueurs en série sont-ils toujours des solitaires ? On ne cesse de nous l'assener à coup d'interviews de pseudo-spécialistes simplificateurs, de films, de séries télévisées, d'articles et de livres. On nous brandit toujours le même cliché, le duel des chevaliers des temps modernes, des enquêteurs seuls et rejetés de leurs collègues contre le tueur en série qui erre seul, tel Hannibal Lecter dans *Le Silence des agneaux*. C'est une image que l'on nous ressert comme étant un principe sacré, un principe de base. Il en va de même dans la plupart des ouvrages spécialisés. On y lit que les tueurs sont des solitaires invétérés, des monstres isolés. Il suffit d'ouvrir un tel ouvrage ou de lire les articles publiés sur le sujet pour se rendre compte qu'on ne parle pratiquement jamais des complices de Heaulme. Lui est toujours mis en scène dans ses caractéristiques psychologiques. Son mode opératoire est décrit sans que l'on tienne jamais compte des éléments qui peuvent résulter de la présence ou de l'action d'un ou plusieurs complices. Ne subsiste que le tueur, alors que dans la réalité, il n'y eut pas qu'un seul héros. Il y eut d'autres tueurs avec lui.

Mais faire référence à de tels cas de figure, c'est sortir du cadre de la sacro-sainte définition américaine. Reprise et amplifiée par les fictions, les thrillers et les médias, et même par les spécialistes qui prétendent tout connaître de ce type de tueurs mais ne les observent pas vraiment et se contentent d'appliquer des théories vieilles de plus de trente ans et aujourd'hui obsolètes. Or ces analyses sont également ingurgitées par les enquêteurs ou les magistrats français, ceux-là mêmes qui sont censés retrouver ces « associations de tueurs en série », leur masquant la réalité au risque de les faire passer à côté des tueurs sans les voir.

Francis Heaulme n'est pas un accident, il n'est pas une exception. Son exemple est certes le plus frappant, le routard changeant de complice presque à chaque meurtre, mais d'autres tueurs en série ont tué avec l'aide de complices. Nous avons mis des années à accepter qu'il existait bien des tueurs en série en France, il nous faut désormais admettre qu'ils ne ressemblent pas toujours aux clichés qu'on nous a imposés, qu'ils peuvent agir à deux ou plus, ce qui, en brouillant les enquêtes, les fait passer au travers des mailles du filet. Il sont, de ce fait, beaucoup plus dangereux encore que nous ne l'imaginions. Et ce décalage entre la réalité et la théorie fait froid dans le dos !

Thierry Paulin, le monstre de Montmartre

Heaulme n'est pas un cas unique. C'est ce que vont découvrir les policiers parisiens en octobre 1984, lorsque la psychose s'empare du quartier de Montmartre, faisant trembler les habitués de la butte Montmartre à Barbès, en passant par Pigalle, où huit meurtres sauvages ont été commis en l'espace de six semaines à peine. L'effroi s'étendra bientôt, au point de faire trembler tout Paris à l'évocation des crimes épouvantables du « monstre de Montmartre ».

Ce monstre, c'est Thierry Paulin. Il avoue sans grande difficulté, en décembre 1987, âgé d'à peine vingt-quatre ans, avoir commis vingt et un meurtres en moins de quatre ans, d'octobre 1984 à novembre 1987. Il surnommait affectueusement ses victimes « cartes bleues », et lorsqu'il partait à la chasse, il annonçait à ses amis qu'il allait faire un retrait à la banque ! C'est que Thierry Paulin allait chercher l'argent là où il était sûr d'en trouver, même si ce n'étaient que quelques pièces, et surtout là où il savait trouver des victimes n'ayant pas la force de lui résister. Il recrutait en effet ses « cartes bleues » parmi d'adorables vieilles dames qu'il suivait jusque devant leur porte, rouait de coup pour entrer chez elles, ligotait, détroussait et étouffait à l'aide d'un chiffon qu'il leur enfonçait dans la bouche ou en les étranglant après les avoir torturées.

Durant ces années où la terreur se répandait dans la capitale du troisième âge, lui fréquentait le Paris « people » des années 1980, sortant dans les boîtes à la mode. Ainsi, le gamin de Fort-de-France au sourire doux et enjôleur, devenu un travesti du monde de la nuit, attiré par les paillettes et le show-biz, ne rêvait que de torturer des petites mamies afin de se voir remettre argent, bijoux, tout bien monnayable lui permettant de s'approvisionner en drogue et de continuer à fréquenter les nuits parisiennes ou les plateaux télévisés. Certaines vedettes se souviennent encore du jeune Black peroxydé comme d'un être sympathique et plein d'idées...

Pendant ce temps, l'effroi des vieilles dames est à son comble, entretenu par les médias qui ne cessent de fournir, à chaque découverte macabre, des détails plus qu'insupportables mais proches de la réalité rencontrée par les enquêteurs contraints d'intervenir sur de véritables scènes d'horreur. Les policiers retrouvent des petites grands-mères dont les corps ont été fracassés, roués de coups, brûlés, étouffés, mutilés pour leurs maigres économies ou les quelques piécettes de leur modeste porte-monnaie. Il y a celle-ci, trouvée à côté de son sac à commissions, pieds et mains liés, ou celle-là, étranglée, la tête recouverte d'un sac plastique, puis celle-ci, le nez fracturé, la mâchoire et les côtes brisées, un sac plastique enfoncé dans la gorge, et celle-là encore, torturée avec une cigarette, étranglée, puis cachée sous un matelas, une bouteille de vin a été fracassée sur sa tête et l'un de ses doigts a été coupé, sans doute pour lui voler une bague. Un carnage. Et leur état est tel que l'on interdit aux familles de les voir.

Dans une ambiance où culmine la tension médiatique et politique, les policiers tentent de reconstruire le scénario des meurtres. L'affaire semble pourtant simple et le mobile du crime, l'argent, facile à comprendre. Quant au mode opératoire, les victimes ont dû être suivies dans la rue, puis agressées alors qu'elles regagnaient leur domicile. L'absence de traces d'effraction sur les portes d'entrée des appartements et le désordre indescriptible dans lequel on retrouva ces derniers semblent en attester. Ensuite, le tueur s'est acharné sur ces malheureuses mamies pour leur faire avouer où elles cachaient leurs bijoux et leurs économies. Mais en saccageant leurs appartements pour y dénicher quelque bien dissimulé, l'assassin a laissé des messages aux policiers. Il a signé certains de ses crimes, par exemple en abandonnant des empreintes sur un miroir, des indices qui font naître l'espoir de l'identifier, ou plutôt de *les* identifier, car, à la stupeur des policiers, les empreintes relevées appartiennent à deux hommes différents ! Le scénario se précise. Ce n'est pas à un, mais bien à deux tueurs qu'ils doivent faire face.

Deux fois plus de difficultés !

L'association de deux tueurs, c'est deux fois moins de chances pour la victime d'en réchapper, mais ce peut-être aussi deux fois moins de chances de connaître la vérité. Car comment analyser le lieu d'un crime où deux modes opératoires se sont mêlés, de sorte que leur lisibilité est troublée ? Les pseudo-profileurs comme les véritables experts ne nous livrent le plus souvent que des analyses portant sur des tueurs uniques – dont l'identité et le passé sont déjà connus, ce qui facilite les choses – et sur un seul mode opératoire, ce qui, là aussi, simplifie les choses. Si bien que les études publiées sur les tueurs en série, qui ne les envisagent que comme des criminels solitaires, ne permettent pas de comprendre et de départager les composantes de crimes en série perpétrés par deux tueurs ou plus.

Comment analyser les scènes de crime ou les modes opératoires, comment connaître les agissements de chacun des criminels, leur degré d'implication ou de responsabilité ? Comment les identifier et, surtout, les juger ? Comment s'assurer qu'ils n'ont pas, par ailleurs, perpétré d'autres crimes seuls, et obtenir qu'ils soient également poursuivis pour ces crimes ? S'agissant de situations considérées comme rares, et comme d'une certaine manière, on a idéalisé ces tueurs comme s'ils étaient dotés d'un pouvoir et d'une intelligence surnaturels, la documentation existante ne nous aide guère. Le concept du tueur solitaire est finalement plus « vendeur » pour tout le monde, y compris pour les vrais experts, du coup on a laissé de côté la réalité de nombreuses affaires de crimes en série, au bénéfice d'une réalité tronquée.

Bien sûr, les criminels en série solitaires existent. Mais pas seulement, pas aussi fréquemment qu'on veut bien le dire. Et l'on peut même affirmer que certains des plus grands tueurs en série considérés comme des solitaires ont pu apprendre ou agir, occasionnellement, avec l'aide de complices. La question s'est par exemple posée pour Landru ; sa femme et ses fils furent interpellés, puis bénéficièrent d'un non-lieu après plus de sept mois d'emprisonnement. Mais nous ne savons pas ce qu'ils savaient vraiment, ni jusqu'à quel point ils étaient impliqués. Ce qui est certain, c'est que sa femme a établi des faux en écriture pour lui permettre de réaliser certains titres. Elle a probablement usurpé l'identité de l'une ou l'autre des victimes de Landru. Quant à ses fils, ils l'aidèrent à déménager les meubles des victimes sans en savoir plus, selon eux…

Il en va de même pour Marcel Petiot dont le frère, Maurice, fut arrêté et inculpé de complicité d'homicide volontaire. Et nous ignorons à quel point il fut impliqué dans les meurtres de son frère. Il faut dire qu'il est venu prendre une quarantaine de valises rue Le Sueur, où il livra quatre cents kilos de chaux… Il savait bien l'usage que son frère allait en faire, le témoignage d'un ami de Petiot en atteste : « Je reçus un matin […] la visite du frère du docteur qui me fit des confidences. Il m'a dit que les voyages en Amérique commençaient et finissaient rue Le Sueur […]. Il avait trouvé de très nombreuses valises, des lettres postdatées, une seringue, une formule de poison. » Le frère niera, mais ne saura s'expliquer sur les services rendus à son frère. Il y eut aussi ceux qui servirent de garde-meubles dans l'Yonne, ils ont conservé six cents kilos de vêtements, ils bénéficieront également d'un non-lieu.

La justice était-elle elle-même si fascinée par ces tueurs en série qu'elle ne pouvait rechercher et poursuivre le menu fretin ?

Pour compliquer encore la situation, de nombreux tueurs en série agissant à plusieurs n'hésitent pas, par ailleurs, à opérer seuls. Ce qui décuple leur dangerosité, mais aussi les difficultés pour identifier leurs actes et pouvoir les confondre. Ne pas envisager le fonctionnement particulier de ces serial killers, c'est encore leur donner des moyens de passer entre les mailles du filet. Or la longévité de ces associations de tueurs comme le nombre en principe plus élevé de leurs victimes démontrent à quel point ils sont redoutables. Il faut donc absolument étudier spécifiquement le cas des groupes ou associations de tueurs en série.

Dans le cas Paulin, au départ, on pense plutôt à un tueur isolé. Mais aujourd'hui encore, si un cas analogue se présentait, les analyses dont nous pourrions nous servir, toutes fondées sur ce concept du tueur unique laissant sa trace psychologique sur la scène de crime, pourraient s'avérer, plus qu'inutiles, dangereuses, et induire gravement en erreur les enquêteurs ! D'autre part, à l'aide de telles méthodes, on n'est pas certains d'être en mesure de faire la distinction entre les traces laissées par l'un ou l'autre des tueurs, ni de savoir déterminer lequel détient un ascendant sur l'autre. On ne sait pas forcément dire lequel, dans le paroxysme de la violence, a été le pire, ni lequel a eu l'idée d'agir de telle ou telle manière, d'exercer telle ou telle torture. Or il faut bien noter que dans ces affaires, on ne retient le nom que d'un seul des tueurs. Et si c'est celui qui devient célèbre, c'est également celui qui est désigné comme le mal absolu, l'autre n'étant de fait que le complice manipulé et influençable. Mais sommes-nous sûrs de ne pas nous tromper ? Est-on certains que les complices de Heaulme n'étaient pas aussi dangereux que lui ? Que si l'un d'eux était relâché, il ne sillonnerait pas nos routes... ?

Ivres de violence

Les vieilles dames du XVIIIe arrondissement ont donc été les proies de deux agresseurs ivres de violence, deux meurtriers assoiffés de sang et de tortures et suffisamment lâches pour s'en prendre à de frêles grands-mères. Mais au moment où les policiers espèrent enfin disposer d'un indice grâce aux empreintes digitales, la série de meurtres s'arrête net. Les tueurs ont-ils appris par les médias qu'ils ont laissé derrière eux des empreintes ? Les policiers ne peuvent plus espérer de nouveaux indices. Et le seul dont ils disposent, ces empreintes, ne permettent malheureusement plus d'identifier les tueurs. Dans un premier temps, elles se contentent de révéler les retards techniques de l'Identité judiciaire ; autrefois à la pointe de la police technique et scientifique, celle-ci est devenue dans « les années Paulin » incapable de s'y retrouver dans le magma des fiches existantes, non centralisées, non mécanisées, et dont l'exploitation n'est pas encore automatisée. Ce n'est pas faute d'une véritable volonté des policiers de l'Identité judiciaire d'élucider l'affaire. Ils auront une attitude exemplaire, presque héroïque compte tenu de la tâche surhumaine à accomplir, et n'hésiteront pas à procéder à plusieurs dizaines de milliers de comparaisons. Fiche par fiche, à l'œil nu ou à la loupe, des dizaines de milliers de coups d'œil entre les fiches existantes et les empreintes recueillies sur les scènes de crime montmartroises. Un travail colossal, trop ignoré. Le bénéfice de l'affaire Paulin sera au moins d'avoir révélé les défauts du système, des défaillances dont la presse se fera l'écho dans un déchaînement médiatique déjà son comble à l'encontre de la police, à cause de son impuissance à retrouver les tueurs invisibles.

Dans ce climat explosif où la panique ne cesse de croître, l'affaire occupe rapidement le débat public et politique. C'est désormais son exploitation politicienne qui fait monter la tension d'un cran. Le débat sur le rétablissement de la peine de mort à peine abolie revient au galop, exploité par divers politiques. La tête du ministre de l'Intérieur est réclamée ; pour contrer les critiques, celui-ci se déplace sur les lieux, accompagné du préfet de police, afin de rendre hommage aux victimes. Alors que le quotidien *France-Soir* lance un cri au nom des vieilles dames en titrant : « Protégez-nous ! », la panique est telle qu'un service gratuit d'accompagnement des personnes âgées est créé et que le maire de Paris, Jacques Chirac, est obligé, lui aussi, d'intervenir publiquement. Dans le XVIIIe, c'est presque un état de siège ; des dizaines de policiers quadrillent l'arrondissement, interpellant suspect après suspect pour rien, sur la foi de témoignages hasardeux ou de comportements ambigus.

Mais les jours passent sans annonces macabres. Plus de meurtres… C'est presque pire. L'angoisse est toujours là, qui tenaille, celle d'apprendre qu'un nouveau crime a eu lieu. Quand et où resurgiront-ils ? Le temps passe encore, et rien. Sont-ils morts, incarcérés, hospitalisés, ont-ils changé de lieu ? Rien, rien pendant des jours, des semaines, des mois. La chasse aux tueurs de vieilles dames se poursuit, mais la piste refroidit… Les tueurs se sont volatilisés. La pire des situations. Les tueurs demeurent invisibles. Pourtant, l'un d'eux est bien là, tapi à quelques dizaines de mètres du XVIIIe, dans un hôtel du IXe arrondissement, à quelques rues de leur terrain de chasse.

Cela fait un an qu'il n'y a plus eu de meurtre. Les policiers sont sur les dents, mais rien, pas de crime, pas de piste. Jusqu'en décembre 1985, la peur va changer de quartier. C'est au tour du XIVe arrondissement de trembler, avec trois crimes dans le périmètre de l'église d'Alésia. Puis ce sera rue Lacaze dans XIe, rue de Charenton dans le XIIe, rue Censier dans le Ve, et d'autres rues encore. Peu à peu, l'ombre des tueurs s'étend sur l'ensemble de la capitale, au nez et à la barbe des policiers. Ainsi, de nouvelles mamies sont victimes des pires violences, et même si ce n'est plus tout à fait le même mode opératoire, les crimes demeurent signés d'empreintes correspondant à l'une des traces retrouvées lors de la série de 1984. Les enquêteurs ont donc la preuve que l'un, au moins, des tueurs de Montmartre a repris du service. L'espoir renaît, les tueurs finiront bien par commettre une erreur, même si les services de l'Identité judiciaire ne parviennent toujours pas à coller un nom sur les empreintes.

Pour l'instant, cependant, les tueurs passent une fois de plus à travers les mailles du filet, et marquent une nouvelle pause. Mais fin 1987, après l'accalmie, l'horreur reprend de plus belle. Une nouvelle série de personnes âgées sont assassinées. Les vieilles dames parisiennes se calfeutrent chez elles, n'osent plus sortir faire leurs courses. Les médias s'emballent, commentent la nouvelle série noire. C'est maintenant au tour du Xe arrondissement d'avoir peur. Mais cette nouvelle série va être décisive. Car si le mode opératoire est toujours proche du précédent, les vieilles dames étant filées à leur retour de courses, il semble que l'on n'ait plus affaire à deux tueurs. L'une des victimes, laissée pour morte, a survécu ; dans son témoignage, elle ne signale qu'un seul agresseur. La chance vient enfin de tourner[1] : elle fournira une description de son agresseur, bientôt complétée par celle d'un jeune homme que le tueur a croisé. L'individu décrit est un métis, blond, coiffé à la Carl Lewis et porte un diamant à l'oreille.

L'étau se resserre jusqu'au 1er décembre 1987. Ce jour-là, le commissaire Jacob discute avec des commerçants de la porte Saint-Denis, dans le Xe, lorsque passe un jeune homme aux cheveux décolorés et au regard étrange. Sur une simple intuition, à moins que ce ne soit le flair du policier, il l'interpelle et le ramène au commissariat pour un banal contrôle d'identité. L'homme est rapidement transféré à la Brigade criminelle, ses empreintes sont vérifiées par l'Identité judiciaire… et signent l'arrêt définitif des crimes du « monstre de Montmartre » : elles correspondent à celles relevées sur certaines scènes de crime. Le tueur de vieilles dames vient de tomber ! À présent, il s'agit de faire parler l'interpellé. Les policiers ne disposent que de quarante-huit heures pour tout savoir… et trouver le second homme. Mais ils n'auront pas de difficulté. Thierry Paulin avoue rapidement vingt et un meurtres. Le policier qui l'interrogea se rappelait que l'une des victimes du XVIIIe arrondissement avait été forcée à boire de la soude sous forme de Destop. Il s'était alors juré : « Le jour où j'aurai le tueur, je veux croiser son regard quand il verra le flacon. » Lors de l'interrogatoire,

1. Cette victime avait déjà survécu à la déportation et aux camps de la mort…

il a donc posé le même flacon sur son bureau. Quand il demande à Paulin : « Et ça, qui c'est ? », il s'exclame : « C'est pas moi ! » et charge immédiatement son amant et complice : « Mathurin… J'ai suivi, j'étais d'accord. » Mathurin est rapidement arrêté dans le XIVe, mais il n'avoue que les meurtres commis dans le XVIIIe.

Des vingt et un meurtres reconnus par Paulin, le juge d'instruction n'en retiendra « que » dix-huit. Les trois autres posent un problème qui ne sera jamais résolu. Le mode opératoire utilisé n'est pas tout à fait identique, les victimes portent des blessures infligées à l'arme blanche alors que les autres ont été étranglées ou étouffées. La question d'un troisième homme, d'un ou plusieurs complices inconnus, ou d'un autre tueur qui aurait pu agir en parallèle se pose au juge d'instruction qui renonce à mettre Paulin en examen pour ces trois meurtres. À moins que ce mode opératoire ne corresponde à des agressions qu'il aurait effectuées seul… Paulin ne fournira quc lc nom de Jean-Thierry Mathurin, celui pour lequel il avait eu le coup de foudre, son seul véritable amour, dira-t-il. Ensemble, ils ont écumé les boîtes branchées parisiennes. Faut-il les assimiler à un couple infernal, à l'image de Michel Fourniret et Monique Olivier ? Ou bien ne sont-ils que des tueurs complices ? Quoi qu'il en soit, ce sont surtout deux paumés lâchés dans cet univers de bringue et de fête, deux homos rejetés de la société, qui se tiennent par la main, ils sont deux contre tous et peu importent les autres. Ils vivent dans un hôtel du IXe arrondissement, à la lisière du XVIIIe, traînent dans les boîtes à la mode et rêvent d'ouvrir un cabaret.

Y a-t-il eu un ou plusieurs complices ? Nous ne le saurons jamais, Thierry Paulin disparaîtra avec son mystère.

Pourtant, dans les médias, puis dans les annales judiciaires, seul Thierry Paulin est le tueur des mamies. Il est même considéré comme un tueur en série hors pair, vu le nombre de ses victimes. Mathurin, lui, n'est pas passé à la postérité. Il demeure quasiment inconnu et l'on ne saura jamais vraiment la vérité sur son rôle. Mais pour la justice, sans Paulin, Mathurin n'aurait rien fait. Ce complice, qui était peut-être un tueur à part entière, n'aurait fait que partager la folie meurtrière de Paulin... Il n'existe qu'une seule certitude : Paulin a également agi sans Mathurin. Quant à ce dernier, il a été condamné en décembre 1991 par la cour d'assises de Paris à la rétention criminelle à perpétuité assortie d'une peine incompressible de dix-huit ans. Paulin étant mort, Mathurin a beau jeu de diaboliser son ancien amant. Mais sommes-nous certains de connaître la vérité ? Qui se rappellera de lui, à sa sortie [1], si des vieilles mamies viennent à mourir assassinées... ?

Ce qu'il faut retenir, c'est la manière dont il désigna son ancien amant tout au long de l'instruction et de la cour d'assises ; il ne lui donna qu'un seul nom, bien particulier : il l'appelait... « l'autre » ! Comme Heaulme, le tueur dominant, désignait chacun de ses complices...

Paulin ne sera jamais jugé. Il meurt du sida, seul, en prison, le 16 avril 1989. Lui aussi demeurera innocent à jamais et emportera ses secrets dans la tombe. Reste de lui une confidence qu'il a livrée aux policiers lors de ses aveux, une phrase qui vient définitivement détruire les nombreuses analyses et articles qui le désignaient davantage comme un voleur tuant par nécessité que comme un tueur pervers assassinant par goût ou plaisir, une phrase qui se passe de commentaire : « Je suis particulièrement

1. Au moment où sont rédigées ces lignes, Mathurin vient de demander sa mise en liberté.

sensible au regard de terreur des victimes au moment de la mort. »

Mais Paulin a fait des émules… Le « tueur à l'oreiller » est venu réveiller de vieux cauchemars… en sourdine.

Yvan Keller, le « tueur à l'oreiller »

Novembre 2006, la biographie criminelle du couple maudit Mathurin-Paulin resurgit brutalement du fond des archives médiatiques, réactivée par l'arrestation d'un nouveau tueur de mamies, cette fois à Mulhouse.

Dans le rôle de Thierry Paulin, Yvan Keller. Dans le rôle des complices de Thierry Paulin, au moins deux coauteurs. Une affaire qui vient confirmer, une fois de plus, que la règle est réductrice : le tueur en série n'est pas systématiquement un solitaire. Et c'est là le plus angoissant. Comment de tels hommes parviennent-ils à embarquer dans leur folie meurtrière des personnes qui vont accepter de tuer avec eux, ou de les assister dans leurs crimes ? De même, il est tout aussi effrayant de penser que de tels tueurs peuvent se rencontrer, se reconnaître et associer leurs « compétences » et leurs plaisirs pervers, pour agir ensemble. Comme nous l'avons déjà indiqué, il n'existe pas vraiment d'analyse permettant de comprendre ces associations et de les évaluer avec justesse afin de juger chacun selon son dû. Il est nécessaire de se reporter à d'autres types d'associations criminelles pour tenter d'expliquer ces associations diaboliques. Et c'est très exactement la problématique de cette affaire du tueur à l'oreiller. Or, dès le départ, le surnom, au singulier, qui a été donné à Yvan Keller permet d'effacer ses complices de la mémoire collective. Pour les médias, les complices d'Yvan Keller sont déjà sortis de leur champ d'observation. On ne s'intéresse plus à cette association meurtrière, seul subsiste « le tueur à l'oreiller ». Reste à savoir si ces complices sont également sortis du champ d'action de la justice !

Yvan Keller aurait revendiqué de nombreux meurtres devant le juge d'instruction, et les enquêteurs lui attribueraient vingt-trois meurtres de grands-mères, après les avoir dévalisées. Il reconnaît ainsi plus de meurtres de mamies que son illustre prédécesseur, et le chiffre est encore incertain puisque Keller agissait dans une région frontalière de la Suisse et de l'Allemagne. Il a donc pu œuvrer dans ces pays, dans une mesure que nous ne connaissons pas encore. À première vue très différent, son mode opératoire finit cependant par présenter quelques points communs avec celui de Paulin. Yvan Keller choisissait lui aussi des dames âgées et seules. Il semble qu'il ne les torturait pas avant de les tuer, encore que rien ne soit moins sûr ! Il a pu user de diverses pressions psychologiques, ou les torturer sans laisser de traces immédiatement détectables. Il attendait la nuit pour pénétrer chez ses victimes sans commettre d'effraction visible ; c'est ce qui le différencie profondément de Paulin : il n'agissait pas de façon aussi impulsive et violente, et ne laissait aucune trace évidente de son passage. Il s'arrangeait également pour laisser croire que ces grand-mères étaient mortes de leur belle mort, au terme de leur vie. De ce fait, ses crimes sont passés inaperçus. Et afin de parfaire son scénario, il ne volait pas d'objets trop personnels dont l'absence aurait été immédiatement repérée. Enfin, lui aussi étouffait ses victimes, mais sans laisser de traces. Pour cela, il utilisait un oreiller. Puis il les bordait soigneusement dans leur lit. Aucune trace, donc aucune recherche. Rien n'aurait été su si l'un de ses complices ne l'avait pas dénoncé. Car lui aussi agissait avec l'aide de complices. Mis en cause par plusieurs d'entre eux et à plusieurs reprises, il faudra pourtant attendre des années avant qu'il soit enfin confondu. L'un de ses dénonciateurs est son propre frère qui le désignera à deux reprises. Pourtant, ses complices ne sont pas poursuivis... Les faits seraient prescrits. Est-ce bien certain ? Dans cette affaire comme dans les précédentes, il existe plusieurs complices qui sont parfois désignés comme des coauteurs. Tous chargent Yvan Keller.

Ses agissements sont a priori moins glaçants que ceux de Paulin et ne déclenchent aucune psychose puisqu'ils demeurent inconnus ; en réalité, il est extrêmement angoissant de savoir que l'on peut mourir assassiné presque en sourdine, sans qu'il n'y ait aucune trace, sans que personne ne le sache. Et c'est son mode opératoire qui lui vaut de demeurer dans l'impunité pendant près de dix-sept ans, là où Paulin a été l'objet d'une véritable traque. Le génie de Keller est de rester invisible. Pas d'homicide, rien que des morts naturelles, aucune enquête. Il peut même profiter tranquillement de son butin qu'il claquait avec sa compagne, menant grand train dans des restaurants parisiens réputés, les casinos ou les champs de courses selon certains journalistes. Des crimes tranquilles, en somme. A-t-il tiré les leçons du désordre laissé par Paulin et Mathurin ? Il connaissait très probablement leurs crimes qu'il avait pu suivre de sa cellule. Car Yvan Keller a déjà un lourd passé judiciaire. Dès 1984, alors que le tueur de vieilles dames entame sa série noire, Keller est condamné à dix ans de prison pour vol à main armée au domicile d'un antiquaire. Il est libéré en 1989, l'année où Paulin meurt en prison. Il a donc eu tout le temps d'observer la série des meurtres du monstre de Montmartre, ainsi que la traque qui a été menée. Il commet d'ailleurs ses premiers cambriolages meurtriers dès cette période. Yvan Keller s'est-il inspiré de Paulin, nous ne le saurons jamais. Ce qui est certain, c'est qu'il restera dans l'impunité plus longtemps que son prédécesseur, peut-être parce qu'il en a analysé les erreurs et amélioré la méthode !

Yvan Keller s'est suicidé dans sa cellule au tribunal de grande instance de Mulhouse, après avoir avoué quelques-uns de ses crimes. Lui aussi demeurera présumé innocent à tout jamais, comme Paulin mort du sida avant d'avoir été jugé. Deux tueurs de vieilles dames impunis pour l'éternité. Et comme un pied de nez du destin, le complice de Paulin a depuis demandé sa libération. Quant aux complices de Keller, ils sont libres. Qu'adviendra-t-il d'eux ? Combien y eut-il de complices ? Quel fut leur rôle véritable ? Sont-ils des cotueurs en série… libres ? Peu de médias semblent s'en préoccuper, à part peut-être *Le Parisien*, et cette indifférence est pour le moins inquiétante. Quant à la justice, que va-t-elle faire ?

Peut-on encore croire qu'il ne s'agit que d'exceptions ? Une règle qui connaît trop d'exceptions ne peut plus être appliquée, ou doit au moins être prise avec recul. Et les Heaulme, Paulin, Keller, tueurs accompagnés, tueurs assistés, sont beaucoup, beaucoup plus nombreux qu'on ne le croit.

Pierre Bodein et les autres…

Pierre Bodein, alias « Pierrot le fou », n'est pas non plus seul lorsqu'il enlève et tue la petite Jeanne-Marie. Est-ce la présence de ses comparses qui le fait basculer dans le meurtre ? Connaîtrons-nous un jour avec certitude le déroulement des événements qui eurent lieu le 18 juin 2004 et les jours qui suivirent ?

La difficulté de cette affaire est différente des cas précédents. Il ne s'agit pas d'un ou deux complices dont il faut évaluer le degré d'intervention et de dangerosité, mais de plus d'une vingtaine ! Deux familles de gitans sédentarisées, un clan bien connu de la région, « le clan des vanniers ». Plusieurs d'entre eux semblent dès le départ impliqués, à des degrés différents, dans l'enlèvement, la séquestration, le viol et le meurtre de Jeanne-Marie. Il faut alors tenter de départager leurs versions, qui tendent souvent à charger l'un ou l'autre, ou à mentir. Quand un même suspect ne donne pas plusieurs versions contradictoires pour se rétracter ensuite. D'audition en audition, l'horrible scène de la mort de la petite victime ne cesse de se transformer ; la fillette a été enlevée pour dissimuler un banal accident contredit par l'autopsie, puis c'est un enlèvement programmé, un acte prémédité. Mêmes fluctuations en ce qui concerne le viol dont elle a été la victime, l'identité de ses tortionnaires, les conditions dans lesquelles elle a été tuée ou les différents déplacements du corps. Un véritable casse-tête pour les enquêteurs, puis pour les magistrats, d'autant que certains membres du clan portent le même prénom. Des jours d'auditions, de confrontations, de vérifications, pour entendre parfois les pires inepties. De fausses pistes, aussi, qui font perdre un temps dramatique.

Le clan brouille les pistes, embrouille les enquêteurs. Les gitans sont interpellés, pas le tueur. Lui, grâce à leur silence, poursuit sa cavale meurtrière. Le juge d'instruction retiendra que Bodein a choisi son moment pour s'en prendre à deux nouvelles victimes : celui où le clan était interpellé, mis en cause, ou participait à une reconstitution, ce que le tueur a pu apprendre par la presse. Selon le juge, il lui est nécessaire de faire très vite une autre victime, pour que les vanniers interpellés soient relâchés avant qu'ils le mettent en cause. Il tue Edwige et Julie. Seraient-elles encore vivantes s'ils avaient parlé ? Ils auraient pu donner son nom, ils ont préféré garantir son impunité. Difficile ici d'apprécier le niveau de culpabilité de chacun et son rôle dans la séquence criminelle ; or ils ne sont pas tous identiques et ne relèvent pas des mêmes qualifications pénales ou des mêmes peines. Plus de vingt mises en examen seront ordonnées, mais la vérité reste difficile à établir. Il faudra se fier à la vérité judiciaire, celle des condamnations qui seront prononcées. Pour autant, seront-elles conformes à la réalité des faits ? Rien n'est certain. Seul Bodein sera condamné ; le clan, lui, sera acquitté.

Heureusement, il s'agit d'un cas de figure rare et extrême en matière de crimes en série. La plupart de ces criminels préfèrent se limiter à un duo, quitte à changer régulièrement de complice. Il faut cependant envisager que cela puisse se reproduire. Et il conviendrait alors de se pencher sur le lien existant entre un ou plusieurs complices et l'auteur principal, voire entre les complices eux-mêmes. Dans l'affaire Bodein, l'entourage est particulier ; il s'agit d'un clan dans lequel règne la loi du silence. Dès le départ, compte tenu de leur personnalité, de leur environnement, de leur manque d'éducation, de leurs convictions et des règles qui régissent le clan, on pouvait deviner que les membres de cette « famille » ne se trahiraient pas, et organiser l'enquête en fonction de cet élément de fait, tenir compte des forces pouvant s'exercer entre le tueur et ses acolytes, mais également entre les comparses eux-mêmes. Et c'est là que les failles peuvent être recherchées, et exploitées. Certes, ils ont tous été acquittés, faute de charges suffisantes concernant leur participation aux faits, mais qu'en est-il de leur silence ? Condamné ou pas, celui-ci est lourd de conséquences...

À la sortie du procès, peu sont convaincus de leur innocence totale. Le parquet avait bien requis contre certains des peines d'emprisonnement, mais il n'a pas fait appel de l'acquittement, a-t-il eu raison ? L'avenir le dira.

Une particularité française les complices ? Non. Il n'est même rien de plus banal. Le phénomène, qui n'est pas nouveau, touche tous les pays. Pourtant, les classifications déjà évoquées n'y font pas référence, il faut donc admettre qu'il existe plusieurs types de tueurs en série, afin que sur le terrain on ne se trouve plus face à des enquêteurs ou des magistrats qui nous opposent les stéréotypes que nous ne cessons de combattre.

À l'étranger, nous retrouvons donc des cas similaires. Marc Dutroux n'a pas seulement recours à sa femme, il recrute aussi un, deux, plusieurs autres complices. En 1985, il enlève et viole une fillette de onze ans avec un certain Van Peteghem. Et combien d'autres, avant Michel Lelièvre et sa femme, apparaîtront dans son sillage sanglant, lui prêtant main forte pour enlever des enfants, les séquestrer et les tuer pour son bon plaisir, *leur* bon plaisir ?

Parfois, dans l'ombre de ces tueurs, les complices risquent leur peau. Marc Dutroux décide un jour d'inscrire l'un d'eux à son tableau de chasse. C'est un Français, Bernard Weinstein. Il l'efface purement et simplement, en l'enterrant vivant après l'avoir neutralisé à coups de Rohypnol[1]. Sur ses indications, les enquêteurs localiseront les corps de deux de ses victimes dans une fosse secrète. Ils auront alors la surprise d'en découvrir un

1. Puissant tranquillisant. Provoquant, lorsque consommé avec de l'alcool, des périodes d'amnésie totale, il acquiert vite la réputation de « drogue du viol ».

troisième, celui du Français. Pourquoi l'avoir tué ? Le complice peut devenir un témoin gênant. C'était le cas du Français qui était activement recherché pour des faits commis avec Dutroux. Alors, combien de tueurs, que l'on croit solitaires, ont en réalité éliminé un ou plusieurs acolytes avant d'être trahis ?

Dans l'ombre du serial killer, il y a donc ces autres, femmes, hommes, complices ou cotueurs ; tant de complices que cela nourrit les imaginations et fait resurgir la thèse du complot et du réseau. Dans l'affaire Dutroux, le débat se poursuit toujours autour d'un autre homme, suspecté d'avoir été son complice, Michel Nihoul, accusé d'avoir participé aux côtés de Dutroux à l'enlèvement de Laetitia en 1996. Il est acquitté de ces faits, mais a néanmoins été condamné à cinq ans de prison par la cour d'assises d'Arlon (Belgique) pour association de malfaiteurs impliqués dans le trafic de drogue, de voitures et de documents d'identité ou dans la traite d'êtres humains. Cet homme au passé sulfureux sert de socle à la thèse du réseau. L'ancien homme d'affaires, qui a multiplié les faillites frauduleuses et fréquente les clubs échangistes, est présenté comme un éventuel lien entre Dutroux et un réseau pédophile. L'histoire dira-t-elle un jour qui a été mêlé à cette affaire, combien de complices et de quelle manière, et quelles traces ils ont imprimées dans le mode opératoire de Dutroux ? Et si la problématique de ce dossier n'était pas le réseau, mais bien ce faisceau de complicités autour d'un criminel hors norme ? Là encore, les complices ne sont pas suffisamment étudiés. On scrute, décortique, examine à la loupe celui que l'on croit être le seul et unique monstre, mais les complices sont là, tapis, ils sont masqués par l'ombre, et dans le noir on ne voit pas très bien leurs contours, on cerne mal leur action. Leur analyse est essentielle, ce n'est que de cette manière que l'on pourra les détecter et, qui sait, à travers eux, faire tomber ceux qui créent l'ombre.

Tuer pour le tueur

Aux États-Unis, William Bonin, le tueur des autoroutes de Californie du Sud, surnommé le « Freeway Killer », a violé et étranglé plusieurs dizaines d'adolescents en s'adjoignant différents complices homosexuels avec lesquels il sillonnait les autoroutes et embarquait, au fil de ses déplacements, de jeunes auto-stoppeurs qu'il étranglait et dont il abandonnait ensuite les corps dénudés au bord du bitume ou dans des bennes à ordures de stations-service [1]. On répertoria quatre complices, mais il y en eut peut-être davantage.

Heureusement, parmi les complices, il en existe parfois de plus faibles, ou plus forts, selon l'angle sous lequel on se place. Toutes ces alliances criminelles ne sont donc pas forcément une réussite. Le choix du complice n'est pas toujours pertinent, il arrive que le tueur commette une « erreur de casting ». Ainsi, l'un des complices de William Bonin va le balancer et faire cesser la série meurtrière, du moins à ce que croient les policiers et les journalistes. Car la série sanglante va continuer, semant le doute dans l'esprit des policiers. En effet, certains des autres complices de Bonin, amoureux, hypnotisés ou terrifiés, poursuivent son œuvre de mort. Ont-ils passé un pacte avec William, le diable ? Ont-il peur qu'il les dénonce ? Ont-il simplement pris goût au sang, ou étaient-ils eux-mêmes des tueurs en série ? Ils vont alors jouer un rôle particulièrement pervers : ils vont tuer *pour lui*, tuer pour

1. Sur cette affaire, voir le chapitre 2.

l'innocenter. Faire croire à tout prix que le « Freeway Killer » est toujours là ! Un plan redoutable… et quasi impossible à déjouer. Ils seront malgré tout identifiés et interpellés. À peine arrêtés, ils donnent Bonin. Fini le pacte, ils l'accusent pour échapper à la peine de mort. Lui passera des aveux pour vingt et un meurtres et sera suspecté de vingt autres. Mais les autres ont tué, eux aussi, pourtant ils sauvent leur tête… Être tueur dans l'ombre du tueur serait-il le meilleur moyen de « s'évader de la justice » ? Toute la difficulté consiste à protéger la société de ces acolytes maléfiques, et à ne pas les relâcher trop tôt, trop facilement.

Il existe ainsi de nombreuses autres associations de tueurs en série dans le monde. Henry Lucas et Ottis Toole sont de ceux qui ont laissé l'une des traces les plus indélébiles dans les annales judiciaires américaines, et ils figurent au panthéon des plus grands tueurs en série mondiaux. Ils se sont rencontrés à Jacksonville, en Floride, à la soupe populaire, et sont rapidement devenus des amants diaboliques. Henry Lucas aurait été le tueur dominant ; Ottis Toole, qui prenait des œstrogènes pour changer de sexe, se déguisait en femme. Ils effectuèrent de nombreux cambriolages qui se terminaient, en règle générale, par des meurtres. Bientôt, les deux sadiques seront rejoints par Betty, une parente d'Ottis, une jeune femme qu'ils ont enlevée. De victime à témoin privilégié de leur perversion, elle se mue rapidement en membre actif du trio jusqu'à ce que le couple Lucas-Ottis explose. Elle devient alors la compagne-complice de Lucas et l'accompagne dans son itinérance sanguinaire… jusqu'à ce qu'il la tue dans un moment de colère. Fin du périple. Interpellé en 1983, il passera des aveux-fleuves, confessant plus de trois cent soixante meurtres dont cent quatre-vingt-dix-neuf seront confirmés. De son côté, Ottis Toole, arrêté la même année, reconnaîtra avoir commis cent huit homicides avec Lucas, sans compter les crimes qu'il aurait perpétrés seul.

Ainsi, il convient de toujours s'assurer que, dans l'ombre d'un tueur en série, ne se tapissent pas un ou plusieurs acolytes, un ou plusieurs disciples maléfiques. On sait désormais qu'ils ont diverses fonctions, divers visages. Ils s'associent pour le pire avec le diable. Lorsque le serial killer n'agit pas avec sa compagne ou son amant, il recrute divers complices, parfois plusieurs successivement ou simultanément. Ce qui, nous l'avons vu, complexifie singulièrement l'enquête, rendant l'analyse du mode opératoire extrêmement hasardeuse.

Une nouvelle définition, ou classification, devrait être mise en place, en tenant compte de ce type d'association de criminels en série, étudiant ceux qui sont chacun des tueurs à part entière, ceux qui s'associent à un tueur, ceux qui se laissent entraîner, en distinguant leur type d'intervention sur la scène de crime ou leurs motivations à l'origine de l'association. S'agit-il, pour l'un des tueurs, de disposer d'un public, un « complice-public », sidéré ou admiratif, assistant à sa toute-puissance, une sorte d'exhibitionnisme criminel ? S'agit-il seulement de combler un manque physique, le « complice-outil » ? S'agit-il d'engendrer la peur et la souffrance chez ce complice, le « complice-victime » ? De se mesurer à la force de l'autre, le « complice-adversaire » ? De trouver un complice pour faire écran, le « complice-écran » ? Ou bien s'agit-il de rechercher un plaisir paroxysmique dans le prolongement de l'acte sexuel, le « complice-jouissance » ?

Cessons d'être englué dans une définition obsolète, inadaptée à la réalité du terrain. Le complice change forcément l'action et la méthode, il désinhibe, et c'est ce qui rend ces associations aussi efficaces et dangereuses. D'ailleurs, en général, les tueurs solitaires ont une série de crimes moins longue et une longévité moindre. Cependant, on constate que pour la sphère judiciaire, la notion d'association de tueurs en série est encore inconsistante.

Et voilà que l'actualité nous rattrape... Une affaire à suivre, la mise en examen, pour cinq meurtres commis entre 1983 et 2001 en Alsace et en Franche-Comté, de Nicolas Panard, interpellé à Mulhouse le 27 novembre 2007, puis remis en liberté sous contrôle judiciaire. Cet homme de soixante-huit ans, à la dégaine bedonnante d'Émile Louis, ancien artiste transformiste et meneur de revue, est suspecté d'avoir tué ou participé aux meurtres de plusieurs hommes, essentiellement des homosexuels comme lui. Des crimes liés par un mode opératoire assez répétitif : tous ont été perpétrés dans un lieu clos – fermé à clé après les faits – à l'aide de coups violents portés avec un objet – crucifix, pied de meuble, marteau, statuette, fer à repasser – complétés de coups de couteau multiples, notamment à la gorge, dénudation du haut du corps et vol de bijoux. Or Nicolas Panard apparaît souvent dans l'environnement des victimes, mais aussi dans celui d'un Tunisien qui aurait été son amant avant d'être lui-même condamné, en 1999, pour le meurtre, d'une sauvagerie extrême, d'un homme dans le Haut-Rhin en 1995. Cependant, certains éléments du dossier laissaient penser que le Tunisien n'avait pas agi seul. Alors, sont-ils complices ? Tueurs associés ? Quel est le rôle de Nicolas Panard dans les cinq ou six affaires principales, et les douze autres qui sont suspectées ? Existe-t-il d'autres complices ? L'avenir le dira... peut-être. Peut-être qu'il serait temps que nous apprenions à reconnaître les traces de tueurs en série « accompagnés ».

Mais au début de tout, il y eut l'ogre de Machecoul, la référence par excellence en matière de tueurs en série, Gilles de Rais. Il sut tirer profit de sa position sociale, recruta de nombreux complices, lui, le chevalier héroïque qui chevaucha aux côtés de Jeanne d'Arc. De retour dans son château, désœuvré, ruiné, il jette son dévolu sur de jeunes enfants. Avec l'aide du félon italien Francesco Prelatti, qui lui promit la pierre philosophale, et de quelques rabatteurs tels Gilles de Sillé, Roger de Bricqueville, Henriet, il se fournit dans les environs. Au procès, ses complices témoigneront avoir accompli leur tâche, parfois jusqu'à la mise à mort des petits innocents qu'ils lui ramenèrent. Lors de son arrestation en 1440, dans une lettre-enquête, le duc de Bretagne précisera à ses juges : « Nous avons appris [...] que messire Gilles de Rais [...] avec certains de ses complices, avait égorgé, tué et massacré de façon odieuse plusieurs jeunes garçons innocents. »

Déjà au Moyen Âge, le tueur en série n'est pas un solitaire... Décidément, et même si elle est finalement plus rassurante, l'image du serial killer solitaire, nous venons de le démontrer, est une idée reçue qui a vécu.

Troisième partie

Copies sanglantes

7
Copycats

On peut se demander si, au fil des siècles, les tueurs ne se sont pas mutuellement copiés. On sait, en effet, qu'ils s'intéressent tout particulièrement aux agissements de leurs pairs, suivent en fins connaisseurs films et reportages traitant de leurs illustres prédécesseurs, sont friands d'informations concernant les faits divers, les grandes affaires criminelles ou les enquêtes en cours, se passionnent pour les documentaires relatifs aux techniques d'enquête et de police scientifique, sont captivés par les témoignages des victimes, qu'ils perçoivent d'une manière différente de la nôtre : nous sommes terrorisés, effarés, écœurés ou ébranlés par ceux-ci ; eux, au contraire, en sont excités.

Certains tueurs, un brin méprisants, prennent d'autant plus de soin à étudier les techniques de leurs prédécesseurs qu'ils sont persuadés de les surpasser. Quoi de mieux que d'étudier les erreurs commises par les autres, ou de s'inspirer de techniques auxquelles on n'avait pas pensé ? Parfois, cela les conduit tout simplement à s'approprier les techniques d'autres tueurs. À les copier, en somme.

On ne cesse de répéter que de tels copieurs n'existent pas, qu'ils seraient hautement improbables, au nom de la sacro-sainte théorie du mode opératoire unique et répétitif, élaboré à partir de blessures psychologiques diverses. Le mode opératoire du tueur ne pourrait, en quelque sorte, résulter que de son histoire traumatique. Mais cela présuppose qu'il n'a pas subi d'influences extérieures à son histoire personnelle, des influences qui auraient participé au modelage de son fantasme de mort et de destruction. Or, que cela plaise ou non, la plupart des tueurs en série sont bien également des produits de la société dans laquelle ils ont « poussé ». Ils ont donc obligatoirement intégré des données de cette société dans leur mode de prédation, surtout des données en lien avec ce qui les excite le plus… et qu'ils retrouvent notamment dans les médias.

Ces copieurs sont dénommés « copycats », un terme rendu célèbre par un film de Jon Amiel intitulé simplement *Copycat*, sorti en France sous le même titre en avril 1996 après avoir tenu l'affiche aux États-Unis en octobre 1995. Ainsi, profitant de l'engouement populaire pour les « thrillers-profileurs-serial killers » tels que *Le Silence des agneaux*, *Copycat* nous a offert une nouvelle vision du tueur en série, celle du tueur copieur. Cette fois, le tueur imite les meurtres d'anciens tueurs en série, de préférence les plus célèbres, et frappe ainsi la ville de San Francisco d'une vague de meurtres odieux et angoissants. Le Dr Helen Hudson, une psychologue criminologue de renom, spécialiste de ce type de criminels, interprétée par Sigourney Weaver, ne met pas longtemps à comprendre que ces meurtres sont l'œuvre d'un copycat. Et elle va tenter d'aider les inspecteurs H. J. Monahan et Reuben Goetz, respectivement interprétés par Holly Hunter et Dermot Mulroney, à mettre un terme à ces meurtres. Mais l'affaire vire au cauchemar lorsqu'elle apprend qu'elle est la cible finale du tueur, alors qu'elle vit déjà recluse, enfermée chez elle depuis qu'elle a été la victime de l'agression d'un psychopathe à la suite d'une conférence qu'elle donnait sur les serial killers.

À la suite de la diffusion de ce film, de nombreux spécialistes, experts et autres enquêteurs ou magistrats sont venus expliquer, arguments psychologiques et exemples à l'appui, par articles, livres, émissions et conférences interposés, que les « tueurs copieurs » n'existaient pas, et ne pouvaient exister.

C'est évidemment une erreur qui, une fois de plus, a servi et continue, plus de treize ans après, à servir les criminels, mais aussi certains experts qui, n'ayant pas évolué, cachent derrière de telles affirmations leur manque de connaissances.

Tout dépend évidemment de ce qu'on entend par copycat. On ne peut, a priori, sans la définir plus précisément, évacuer une notion qui peut s'avérer utile à la compréhension de certains criminels en série et nous permettre, seul objectif, de les serrer et de les garder bien enfermés dans la nasse.

Copycat : tueur qui copie un autre tueur

Un copycat est un tueur qui en copie un autre. La plupart du temps, on s'arrête à cette définition et l'on croit alors que la copie doit être parfaite pour qu'un tueur ait le droit d'entrer dans le cercle très fermé des copycats. Ce ne serait donc qu'un tueur qui reproduirait très minutieusement les crimes perpétrés par d'anciens tueurs en série, de préférence célèbres. Dans ce cas, ils sont évidemment très peu. Il n'y en a même qu'un seul qui soit systématiquement cité en exemple, il s'agit du « copycat du Zodiac », Heriberto « Eddie » Seda.

Le copycat du Zodiac sévit au début des années 1990, en imitant son maître, un tueur cagoulé à la combinaison noire ou foncée, portant un symbole mystérieux, une sorte de cercle symbolique, décrit par certains témoins. Ce tueur n'a jamais été attrapé ni identifié alors qu'il revendiquait au moins trente-sept meurtres commis entre les années 1968 et 1981. Mais on lui en attribue bien d'autres. Il agissait de préférence dans une zone géographique assez réduite autour de San Francisco, en Californie, ce qui rendit encore plus cuisant l'échec des forces de police locales. Ses victimes étaient essentiellement des femmes et des hommes seuls, ou des couples isolés dans leur voiture, à l'arrêt, de nuit dans une zone isolée. Il les tuait à l'arme à feu, avec une rapidité effarante, mais n'hésitait pas, à l'occasion, à jouer du couteau… ou à emprunter d'autres modes opératoires. Il se surnomma lui-même « Zodiac Killer », en signant ainsi les courriers et messages anonymes et codés qu'il adressait aux autorités policières afin de les narguer, ou aux journalistes et aux proches de ses victimes, afin d'alimenter la psychose déclenchée par ses actes dans la population locale. Dans ces messages cryptés, sa signature était accompagnée du symbole observé sur sa combinaison, mais également sur certaines scènes de crime. De nombreux suspects ont été interpellés, mais en vain, et cela malgré un énorme déploiement de moyens. Depuis, l'enquête a été officiellement close courant 2004. Le Zodiac demeurera-t-il inconnu à tout jamais ? Il a inspiré plusieurs films, le dernier en date étant celui de David Fincher en 2007, intitulé *Zodiac*, lui-même inspiré des livres du journaliste Robert Graysmith qui suivit l'affaire dès l'origine.

Quant au copycat du Zodiac, Heriberto « Eddie » Seda, il écrivait, comme « l'original », à la police et aux médias des lettres manuscrites signées d'un symbole identique à celui de son prédécesseur annonçant : « Le Zodiac parle ! » Des lettres à la fois moqueuses et angoissantes dans lesquelles il menaçait de tuer une personne pour chaque signe du zodiaque, une variante de son invention… Mais on s'en arrange facilement, prétendant qu'il s'agit de l'un des seuls copycats. On met également en avant les variantes de son mode opératoire. Ainsi, lorsqu'il s'attaque à des personnes fragiles, handicapées, ce qui n'a rien à voir avec son modèle… on ne retient que les symboles et sa volonté affirmée de revêtir le rôle du Zodiac. À l'opposé de l'original, Eddie fut arrêté et condamné à deux cent trente-cinq années de prison pour les meurtres de trois personnes et cinq tentatives.

Des stars du crime

On dit que le tueur en série copycat ne naît pas de la médiatisation, qu'il n'est pas influencé par elle. Mais comment fait Heriberto pour connaître le Zodiac, connaître ses modes opératoires, ses courriers, son sigle ? Si ce n'est, en tout premier lieu, par les médias ! Pourquoi s'intéresse-t-il à lui au point de le copier ? Parce que la presse désigne les grands criminels comme des modèles exemplaires du crime, les « starifie », imprimant ainsi, à coups d'articles, documentaires ou fictions de plus en plus morbides, des marques indélébiles dans l'esprit de tueurs en devenir. Des influences que l'on retrouve par la suite dans leur mode opératoire. Certains conservent même soigneusement des collections d'articles relatifs à leur modèle.

Pourquoi ne pas admettre que des tueurs peuvent copier leurs célèbres prédécesseurs ? C'est pourtant un principe humain universel, dans l'essence même de l'homme, de ses apprentissages, de sa construction, de son évolution. L'homme copie l'homme, l'homme apprend de l'homme. Dans quelque matière que ce soit, les imitateurs ont toujours existé. Ils rajoutent ensuite leur propre touche. Dans le domaine du crime, il n'y a pas de génération spontanée surgissant d'on ne sait où, avec un fantasme de mort. Il y a évidemment, à l'origine, un homme avec son histoire, une personnalité qui s'élabore au fur et à mesure de ses expériences, des modèles qui l'impressionnent, une histoire dans laquelle s'impriment les marques d'influences diverses.

D'ailleurs, on ne devrait pas parler de « copycat » mais de « copycat killer ». En effet, l'utilisation du terme « copycat » a trait à de nombreux domaines différents, notamment scientifiques, tels que la génétique, les sciences cognitives et informatiques. En génétique, ce terme est utilisé pour évoquer le dédoublement ou le clonage des cellules. C'est également un système de raisonnement original, essayant d'imiter le fonctionnement du cerveau humain à un niveau supérieur à celui des réseaux de neurones. Une nouvelle manière d'appréhender l'analogie ; « copycat » signifie seulement copieur, ou copie. Mais il peut s'appliquer à toute une série d'autres domaines que le crime. C'est pourquoi il conviendrait d'ajouter le terme de « killer », c'est-à-dire tueur, ou « killing », tuant, afin de préciser qu'il s'agit de copies de meurtres ou de meurtriers.

Ainsi, on peut retenir que les copycats sont des tueurs qui copient les actes criminels d'autres tueurs, principalement de tueurs en série célèbres, soit par simple goût, curiosité ou admiration, soit pour usurper leur « réussite » et atteindre rapidement une certaine reconnaissance, soit encore parce qu'ils espèrent ainsi se mettre à couvert des conséquences de leurs actes et désorienter les enquêteurs. Peut-être serait-il plus approprié de parler d'« imitateurs ».

Le degré de copie n'est pas toujours équivalent. Même Heriberto n'est pas un pur « copycat killer ». Impossible, en effet, de copier de manière absolument exacte ou identique tous les actes d'un autre. Il n'existe donc pas de copie servile. Ce qui implique d'intégrer une nouvelle donnée, le degré de copie dans l'acte criminel. Il est amusant de constater que ceux qui affirment qu'il n'existe pas de copycats citent systématiquement Heriberto, un imitateur très imparfait...

Il faut dès lors retenir une distinction entre ces tueurs selon le degré d'imitation dans leurs actes. Celui-ci peut résulter de divers facteurs, variant en fonction du niveau d'expérience du tueur, de sa maîtrise de la victime, de ses complices, de la scène de crime, de son goût pour les crimes de son modèle et d'autres facteurs encore.

Pour cela, il faut connaître ses classiques du crime. Il faut évidemment savoir qui a été copié, c'est-à-dire connaître les grands criminels et savoir déterminer lequel d'entre eux a servi de modèle, d'original. En France, peu de spécialistes savent les points communs et les différences existant entre nos grands criminels comme, par exemple, Landru et Petiot. Pourtant, il peut se révéler déterminant de maîtriser leur parcours lors de l'analyse d'une série de crimes, puis lors des interrogatoires des suspects. C'est intéressant pour retenir un suspect, ou dans le cadre d'un interrogatoire. Connaître son inspiration, son modèle, voire son héros, c'est entrer dans son monde, être capable de comprendre ses réponses, de repérer ses mensonges et, parfois, de l'amener à se dévoiler ou de le confondre. Nous verrons pour Émile Louis que nous aurions pu être bien plus efficaces. Cela se mesure donc en termes d'efficacité de l'enquête, ou, par la suite, du procès.

Jack l'éventreur, mythe et clones...

Régulièrement, l'imagination collective s'empare des grands criminels et les érige en véritables mythes. Ils existent dans chaque pays. Mais certains sont universellement connus, comme Vlad l'empaleur [1] ou Jack the Ripper (Jack l'éventreur), par exemple, et ont peu de chances de déserter nos mémoires. Ancrés dans l'inconscient collectif, ils excitent toujours les esprits et les imaginations comme en témoignent les articles de presse, émissions, documentaires, romans, études criminologiques, enquêtes ou fictions de toutes sortes. De ce fait, il sont également universellement copiés et imités par d'autres tueurs. Difficile, dans ces conditions, de recenser tous leurs imitateurs à travers le monde. Mais il y en a assurément des quantités, des plus médiocres aux plus fidèles.

Parmi eux, Jack the Ripper reste l'un des plus présents dans notre imaginaire. Il est l'un des tueurs les plus copiés, très probablement celui qui comptabilise le plus de copycats, clones et autres copieurs sur le globe. Si bien qu'il est impossible de tous les dénombrer, tant il n'a cessé d'exercer sur les tueurs fascination et inspiration.

Mais pourquoi un tel succès ? Pourquoi la fulgurante et si courte carrière criminelle de ce tueur en série est-elle si célèbre ? Tant copiée ? Cela tient d'abord à la violence de

1. Vlad l'empaleur, considéré comme un tueur en série, inspira également de nombreux tueurs adeptes du vampirisme à travers le monde.

ses actes et au contexte dans lequel ses meurtres ont eu lieu. Il tuait, démembrait et mutilait horriblement des prostituées, des femmes démunies de tout, qui traînaient dans le quartier populaire de Whitechapel, un quartier crasseux et surpeuplé en cette fin du XIXe siècle. Leurs corps, égorgés d'une oreille à l'autre et jusqu'à la colonne, éventrés et en partie éviscérés par cet as du scalpel, ont été découverts au milieu de toute cette misère, leurs jupes soulevées dévoilaient les mutilations atroces qui leur avaient été infligées.

Cela tient également à la surmédiatisation donnée à ses actes et à ses lettres, et à la chasse à l'homme qui s'est ensuivie. La presse d'alors publie des illustrations et des photographies effrayantes, en particulier celles des corps dénudés des victimes [1] sur les scènes de crime ou à la morgue. Elle révélera également les lettres anonymes du tueur, des lettres à l'écriture rouge sang, adressées aux agences de presse et aux services d'enquête. Dans la première, attribuée à un journaliste, il se désigne lui-même sous le pseudonyme de « Jack the Ripper ». La plupart de ces lettres ne semblent pas provenir du tueur sauf une, accompagnée de la moitié du foie d'une victime, dans laquelle l'auteur affirme avoir mangé l'autre partie et provoque la police. Une lettre authentique, selon les spécialistes, qui ne contient pas de signature, comme si son auteur refusait le surnom qu'on lui attribue, mais intitulée *From hell*, « De l'enfer » !

Enfin, cela tient aussi et surtout au mystère qui entoure l'identité de Jack l'éventreur. Riche, noble, ou pauvre bougre mort dans un bouge, un hôtel de Whitechapel, ou dans la Tamise, le mystère demeure entier. Nous ne

---

1. Il était plus que rare à cette époque de publier, surtout à la une des journaux, des corps dévêtus, ce qui attisera certaines curiosités.

connaissons de lui que son surnom. Un mystère propice à tous les fantasmes sur sa véritable identité. Un mystère lié, pour les autres tueurs, à trois composantes essentielles de leurs fantasmes : l'impunité, la célébrité et la terreur imprimée dans l'esprit des autres. En somme, les composantes de la toute-puissance ! Dès lors, s'inspirer de Jack l'éventreur, c'est tenter de l'égaler et de bénéficier des mêmes avantages, voire de surpasser cette toute-puissance, en tout cas de s'assurer au moins une célébrité facile. Un mystère qui excite également l'imagination des nombreux criminologues, journalistes, romanciers, cinéastes et autres spécialistes et auteurs de tout poil, et les amène à consacrer chaque année beaucoup d'argent et d'énergie à tenter d'élucider cette affaire. Mobilisant, au besoin, et à grand prix, les moyens de laboratoires et d'experts de police technique et scientifique, qui seraient plus utiles sur d'autres dossiers. Pas d'année sans nouvelles révélations ou nouvelle théorie sur l'identité de l'éventreur, publiée ou diffusée à grand renfort de publicité, accusant boucher ou médecin, avocat ou sage-femme, famille royale ou peintre... avec, à la clé, une certitude de gain ou de célébrité pour ces « ripperologues ». Mais le mystère est têtu... Il résiste toujours !

Pour toutes ces raisons, Jack l'éventreur inspira de nombreux tueurs à travers le monde. Certains n'eurent pas de mal à éliminer plus de victimes que lui, d'autres sont parvenus, comme lui, à demeurer inconnus et impunis ; peu ont atteint une réputation internationale sauf, peut-être, Peter Kürten à Düsseldorf, auquel les journalistes attribueront le surnom de « monstre » ou « vampire de Düsseldorf ». On sait que, depuis l'enfance, il lisait et relisait de façon obsessionnelle l'histoire de Jack l'éventreur ; il avouera lui-même être « tombé sous son charme » et étudier régulièrement son mode opératoire.

Pour autant, il ne tue pas exactement de la même manière. Il installera la terreur à Düsseldorf et dans ses environs, et s'avouera flatté d'être régulièrement comparé à son modèle, n'hésitant pas à forcer encore le trait en adressant à la presse des lettres dans lesquelles il indique certains endroits où il a dissimulé des cadavres. Les fouilles entreprises permettront effectivement la découverte d'au moins un corps. Il sera exécuté en 1931 pour neuf assassinats.

La Grande-Bretagne connaîtra de nombreux imitateurs, comme, par exemple, Jack the Stripper, « le dénudeur ». Il tuera six prostituées à Londres, en les étranglant ou en les asphyxiant, en 1959 et de 1963 à 1965. À l'égal de son maître, il demeurera inconnu, mais pour autant n'atteindra jamais sa notoriété.

Parmi les plus célèbres de ces imitateurs, sur l'échelle de la terreur il y eut, en 1975, « l'éventreur du Yorkshire », Peter Sutcliffe, dont les cibles privilégiées étaient des prostituées. Il les tuait à coups de marteau, puis les mutilait affreusement à coups de couteau ; il relevait leurs vêtements comme le faisait Jack. Enfin, il abandonnait leurs corps dans la nature, les couvrant parfois de feuilles et autres déchets à la portée de sa main. Il revenait régulièrement visiter les corps de ses victimes ; parfois, il les mutilait à nouveau ; d'autres fois, il y abandonnait volontairement de nouveaux indices, comme ce journal paru quatre semaines après le meurtre.

Ces victimes étaient en fait des prostituées occasionnelles, de celles qui ont des enfants et essaient de joindre les deux bouts en se vendant dans les quartiers chauds. La misère est souvent sanctionnée par les tueurs, comme s'il s'agissait d'une tare. Et cette misère, en les plaçant en marge de la société, fait de ces femmes des proies faciles, exposées, à la merci de n'importe quel malade. Terrifiées, elles désertent le pavé les unes après les autres. Alors, comme chaque fois que son vivier se tarit ou que son terrain de chasse devient trop dangereux, ce type de tueur prend la route. C'est ce que fit « l'éventreur du Yorkshire », semant les cadavres de ville en ville : neuf à Leeds et Bradford, puis Manchester, et ainsi de suite jusqu'à atteindre treize meurtres à travers le nord de l'Angleterre. Bientôt, aucune femme n'osera plus sortir le soir, obligeant le tueur à changer de cible. C'est désormais à des collégiennes qu'il décide de s'attaquer. Là, les braves gens se rendent compte que celui qui s'attaquaient à celles qu'ils considéraient comme le rebut de la société, constitue également une menace pour eux ! La pression monte alors de plusieurs crans et l'enquête se transforme en véritable chasse à l'homme. Appels à témoin et appels à la prudence se multiplient, tandis que, sur les murs de la contrée de Chapeltown, des inscriptions fleurissent : « *Hang the Ripper !* » – « L'éventreur à la potence ! » S'en délecte-t-il en traversant la ville ?

Les journalistes, eux, en font leurs délices. Ils photographient ces inscriptions et n'hésitent pas à réserver leur une à ce nouvel éventreur qui, dans son sillage meurtrier, sème la terreur et la mort tout comme, en son temps, Jack the Ripper fit trembler le quartier de Whitechapel, puis Londres. Désormais, l'esprit de Jack, comme resurgi du passé, est évoqué par la presse à chaque agression commise par son disciple, alourdissant encore l'atmosphère de peur.

L'éventreur s'en inspire-t-il ? Il décide en tout cas d'en rajouter, de jouer avec les nerfs de la police et, s'inspirant de l'original et des lettres qui lui sont faussement attribuées, il adresse, lui aussi, aux inspecteurs lancés à ses trousses, des lettres ironiques signées « Jack the Ripper ». Des courriers sarcastiques et menaçants, dans lesquels il indique parfois le lieu de ses prochains meurtres. Mais c'est paradoxalement la diffusion par les médias, dans le cadre d'un appel à témoin national et international sans précédent, d'un message enregistré, dont les services de police ont été les destinataires, qui lui valut d'élever sa célébrité au rang international. À la demande des autorités policières anglaises, des journalistes du monde entier relayèrent la voix du tueur pour le cas où quelqu'un la reconnaîtrait, mais aussi et surtout parce c'est une première. À tort, car il s'agissait en réalité d'un canular.

Cela pourrait paraître amusant si de telles idioties ne se payaient pas en vies perdues, quatre au total. Car, en raison de cette diffusion, les policiers furent noyés d'appels et de témoignages à vérifier, perdant du temps sur de fausses pistes, tandis que le tueur en profitait pour continuer sa folle course sanglante. Il terrorisa ainsi, cinq années durant, l'Angleterre, au point que les femmes n'hésitèrent pas à organiser une manifestation de protestation contre l'absence de résultat de la police, déclenchant le déploiement de nouveaux moyens. Mais l'enquête piétinait toujours, malgré les nombreux indices dont disposaient les enquêteurs : un groupe sanguin, rare, une trace de chaussure pointure 41, des portraits-robots établis grâce aux descriptions effectuées par sept victimes ayant survécu, un billet neuf et numéroté oublié dans le sac de l'une de ses victimes qu'il avait dû payer.

Enfin, le 2 janvier 1981, par hasard, dans le cadre d'une procédure pour racolage, les policiers s'intéressent à une voiture dans laquelle vient de monter une prostituée. Le véhicule de l'homme porte de fausses plaques d'immatriculation. Il est interpellé, mais avant d'être ramené au poste, sollicite l'autorisation de se soulager dans un buisson. En réalité, il se déleste d'un marteau et d'un couteau que les policiers retrouveront. Vérification faite, son groupe sanguin et sa pointure correspondent à ceux retrouvés sur certains lieux de crimes. Avant même d'être interrogé, il lance à l'enquêteur qui le recherche depuis le début : « Je crois que vous avez trouvé l'éventreur du Yorkshire. »

Peter Sutcliffe était un homme d'apparence normale, jouant parfaitement son rôle de père et d'époux, allant chercher sa femme à la sortie de son travail pour la protéger de l'étrangleur ! Il avait une petite vie sans histoires, demeurait dans un pavillon bourgeois avec sa famille, était apprécié et respecté de ses voisins. Pourtant, cet homme si commun a semé la terreur sur son passage. Jugé et condamné à la perpétuité le 22 mai 1981, il tenta de se faire passer pour fou et finit pas réussir à se faire interner. Il a réveillé le fantôme de Jack l'éventreur. Lui tient-il toujours compagnie dans son internement ?

Jack l'éventreur is back !

Décembre 2006, le dernier clone en date apparaît dans le Suffolk. Cette paisible contrée du sud de l'Angleterre est sous le choc après la découverte, en moins de douze jours, de cinq corps de prostituées sauvagement assassinées, manifestement après avoir été droguées puis étouffées ou étranglées, et abandonnées, dénudées, dans la campagne environnant la ville d'Ipswich. Deux dans le même ruisseau, deux autres à proximité de la même route, à deux kilomètres de distance, comme si elles allaient par paires… Une fois de plus, les médias se mobilisent et font rapidement resurgir des brumes du passé l'ombre du tueur de Whitechapel, même si aucune victime n'a été mutilée, éventrée ou éviscérée de la même manière que celles de Jack l'éventreur. Ils ravivent également le souvenir de l'éventreur du Yorkshire. Ainsi, les journaux titreront rapidement sur le copycat d'Ipswich. Le comparant à ses illustres prédécesseurs, ils le surnomment « l'étrangleur du Suffolk ».

L'enquête révèle que toutes les victimes vendaient leurs charmes essentiellement pour se procurer de la drogue. Qu'elles se connaissaient et faisaient partie d'un même groupe de quarante prostituées. Certaines d'entre elles ne tinrent pas compte des mises en garde des autorités. Or, rien n'est plus difficile que de protéger des prostituées. Impossible de les empêcher de sortir. Si bien que le conseil du comté du Suffolk décida de payer les prostituées pour qu'elles restent chez elles. Il leur fournit des bons alimentaires, des cartes de téléphone et de la méthadone, un substitut de l'héroïne. C'était le seul moyen de les faire renoncer à arpenter les rues, à fréquenter les bars de nuit, à la merci du tueur qui rôde, et la meilleure manière de l'assoiffer, de l'obliger à prendre des risques afin de le pousser à la faute.

Le quartier chaud d'Ipswich se vide peu à peu. Les enquêteurs redoutent que le tueur n'aille chasser sur d'autres terres comme le fit Peter Sutcliffe. Aussi, les autorités policières engagent des moyens gigantesques, admettant d'emblée l'idée que les meurtres puissent être liés entre eux par un même tueur. Un gain de temps considérable sur l'enquête, et une culture policière bien loin de la nôtre.

Commence alors une chasse à l'homme palpitante, en direct, sous l'œil des caméras. Arrestations ou découvertes de cadavres sont filmées depuis un hélicoptère, des images macabres et angoissantes qui donnent l'impression d'assister en direct aux crimes, tiennent en haleine toute l'Angleterre… et font prendre conscience qu'aucune femme n'est plus en sécurité dans la contrée d'Ipswich.

Surtout lorsque les images des caméras de surveillance de la ville et des transports sont diffusées, montrant l'une des victimes peu de temps avant son assassinat, insouciante dans les transports. Une liste de cinquante suspects est rapidement dressée, parmi lesquels Tom Stephens, dont l'arrestation fut ultramédiatisée suite aux nombreuses interviews qu'il avait accordées. En effet, il connaissait toutes les victimes et les fréquentait depuis son divorce. Il ne dispose d'aucun alibi, a été aperçu nettoyant sa voiture ou creusant un trou dans son jardin à la période des meurtres… un bon candidat, comme on dit dans le jargon policier. Mais c'est une erreur qui, heureusement, aura peu de conséquences sur l'enquête.

L'étrangleur du Suffolk est interpellé dès le 19 décembre 2006. Steve Wright, c'est son nom, a été identifié grâce à son empreinte génétique retrouvée sur certaines scènes de crime. Il travaille sur les docks. Divorcé deux fois, il vit depuis peu avec une nouvelle compagne dans le quartier des prostituées. Mais celle-ci travaille de nuit, ce qui lui laisse la possibilité de continuer à fréquenter les prostituées. C'est un Anglais moyen, encore un Monsieur-Tout-le-Monde, quasi insoupçonnable. L'homme, comme toute l'Angleterre, suivait l'enquête pas à pas, mais pas seulement dans les médias… Membre d'un club de golf où la plupart de ses partenaires de jeu étaient des policiers chargés de l'enquête, il disposait d'informations en direct ! Des informations qui auraient pu lui permettre d'assurer son impunité… s'il n'avait laissé sa trace génétique sur les lieux de ses crimes. D'ailleurs, l'enquête montrera rapidement qu'il n'en était pas à son coup d'essai. Dans les années 1980, 1992 et 2002, d'autres prostituées qu'il fréquentait avaient disparu, ou avaient été tuées selon un mode opératoire présentant de nombreuses similitudes avec le sien. Notamment parce que les corps avaient, eux aussi, été abandonnés par paires.

À l'occasion de cette affaire, de nombreux experts s'exprimèrent sur les copycats, une notion remise en lumière par les médias anglais et qui heurte encore les experts français, lesquels considèrent comme normal que les médias établissent culturellement une analogie entre les crimes de ces tueurs, mais n'hésitent pas à considérer comme impossible, en raison de leurs différences personnelles, que des tueurs puissent copier les méthodes d'illustres prédécesseurs.

Pourtant, les imitateurs de Jack l'éventreur n'attendirent pas le XXe ou le XXIe siècle pour se manifester en France. Dès la fin du XIXe, des copieurs sont apparus. L'un de ses plus célèbres émules dans l'Hexagone, Joseph Vacher, dit « l'éventreur des bergères », fut surnommé par les journaux « le Jack l'éventreur français ». Il faisait volontiers référence à son modèle, ce qui montre que les copycats ont toujours existé. Il n'a pas fallu attendre l'invention d'un nouveau mot pour constater l'existence de criminels copieurs.

Joseph Vacher, « l'étrangleur des bergères »

Joseph Vacher fut l'un des plus grands tueurs en série français du XIXe siècle. Il aurait égorgé entre vingt et quarante-deux femmes et enfants avant de les mutiler et de les violer. Certaines archives comptabilisent jusqu'à quatre-vingts victimes. Précurseur des tueurs itinérants modernes, tels Francis Heaulme et autres, il erra à travers les campagnes françaises. Il sillonna le pays de part en part, plus particulièrement l'Isère et la Bourgogne, et fut arrêté, jugé et exécuté à Dijon. Il voulait être célèbre à l'égal de Jack l'éventreur. Il l'écrit dans une lettre adressée à l'asile Saint-Robert, le 19 avril 1898 : « Et je commence à être enfin connu. » Sans doute suivait-il les médias, il y fait référence à plusieurs reprises, demande que sa lettre d'aveux y soit publiée, provoquant un scandale national qui occupera médiatiquement la même place que l'affaire Dreyfus-Zola ou celle des actions anarchistes. *Le Petit Journal* publie la lettre le 16 octobre 1897. Le rédacteur en chef prend la précaution d'indiquer : « Le cas psychologique extraordinaire que présente le monstre [...] préoccupe si vivement l'opinion publique que nous avons cru devoir publier cette lettre [...]. Il paraît assoiffé de réclame et de publicité. » Dans cette lettre, Vacher indique en particulier : « Oui, c'est moi qui est (*sic*) comis (*sic*) tous les crimes que vous m'avez reprochés, et cela dans des moments de rage. » Pour lui, c'est une façon de plus de ressembler à son modèle, en tout cas de ce qu'il en connaît. Il a étudié les écrits de Jack l'éventreur. Même s'il se trouve en prison, il essaie encore d'impressionner via les médias. D'ailleurs, fier de sa notoriété, il conservera la couverture d'un journal qui lui a été consacrée, et la collera sur celle de sa bible... Un acte très significatif.

Amateur de journaux et d'affaires criminelles, Vacher ne pouvait ignorer les exploits de l'Anglais. Certaines archives permettent même de penser qu'il avait collectionné des articles relatant ses meurtres et ressentait une admiration croissante pour leur auteur au fur et à mesure qu'il étudiait la façon dont il tuait ses victimes.

Mais il n'y eut pas que Jack l'éventreur pour inspirer Vacher. Vingt ans avant que le tueur anglais ne devienne célèbre et que Vacher ne débute son itinérance sanguinaire, un autre égorgeur le précéda, inspirant certaines variantes dans sa manière de tuer, égorger, éventrer.

Ainsi, entre 1861 et 1866, dans les bas-fonds de Paris, semant la terreur dans la Ville lumière, un égorgeur rôdait, surnommé « l'étripeur ». Louis Joseph Philippe, serial killer avant l'heure, comptabilisa dix assassinats de prostituées et mit la police criminelle parisienne sous pression pendant plus de deux années. Ses victimes avaient la gorge si profondément tranchée qu'elles étaient quasiment décapitées. Les policiers disposaient bien d'une description de l'homme, un individu aux cheveux noirs taillés en brosse, aux yeux de fou. Il trouvait ses victimes dans les rues, la nuit. Et il n'hésitait pas à payer de sa personne : il couchait avec elles, les tuant au petit matin, récupérant le paiement qu'il leur avait remis, leur volant leurs maigres économies.

L'enquête piétina six années durant. L'homme demeurait insaisissable, multipliant ses victimes. L'affaire qui marqua le plus les esprits fut celle de Flore Mage, rue Sainte-Marguerite, septième victime de « l'étripeur ». Cette femme essaya d'appeler à son secours, de son balcon, passants et voisins, alors qu'elle avait la gorge tranchée… Le gargouillis infâme et inarticulé émanant de sa gorge fut pris pour les divagations d'une pocharde, si bien que personne ne lui porta secours. C'est en définitive son souteneur qui, découvrant de longues traînées de sang s'échappant du balcon de la gagneuse le long du mur de l'immeuble, pourtant naturellement peu porté à solliciter l'aide de la police, alerta le commissariat le plus proche. Les policiers découvrirent dans la petite chambre les corps de Flore et de son fils de quatre ans, tous deux égorgés. Pour tenter de sauver son enfant, la pauvre femme avait trouvé la force d'essayer d'appeler à l'aide malgré le bouillonnement de son sang sortant de sa gorge. Les derniers cris d'une femme pour son enfant… pour rien. Mais les policiers allaient disposer enfin d'une description utile. Une prostituée avec laquelle le tueur avait tenté d'avoir une relation, avait entrevu son couteau. Elle était alors parvenue à l'attirer au troquet du coin et à s'enfuir, avec l'aide de la tenancière du lieu. Elle avait tout de même eu le temps d'apercevoir un tatouage sur l'avant-bras de l'homme : une fleur surmontée d'une inscription : « … sous une mauvaise… »

Goût du risque ? Ou bien plaisir d'adresser un pied de nez aux policiers ? Le 8 janvier 1866, il s'attaque à une prostituée installée au deuxième étage d'un immeuble dans lequel se trouvait le commissariat du VIIIe arrondissement, et s'en tire sans encombre. Il faudra cependant attendre sa onzième victime pour qu'enfin l'étripeur soit arrêté par deux gardiens de la paix, alertés par les cris d'une victime et de l'un de ses voisins venu lui porter secours. Fin de sa carrière.

Louis Joseph Philippe n'a pas à pâlir devant son homologue anglais. Il a commis plus de crimes, et avec une violence tout aussi terrible. Il a acquis son coup de couteau comme cuisinier et garçon boucher. Beaucoup de femmes lui échappèrent néanmoins et purent témoigner de sa violence. Il sera guillotiné le 24 juillet 1866.

Ainsi le mode opératoire de Vacher est en quelque sorte un mélange de ceux de Jack l'éventreur et de Louis Joseph Philippe, empreint des usages de cette époque et de son histoire personnelle. Dans divers courriers, il fait lui-même référence à ses surnoms. Dans un courrier adressé en 1897 à ses anciens compagnons de cellule, il se désigne, avec fierté, sous ses pseudonymes : « [Je suis] l'homme dit d'abord "l'éventreur », "le tueur de bergers" et, en dernier lieu, "le chasseur de bergers". »

Les médias se passionnèrent rapidement pour lui, relatant largement ses exploits criminels, effrayant les bonnes gens à l'aide de descriptions détaillées de ses meurtres monstrueux. Il a ainsi occupé leur « une » pendant plusieurs semaines, sous le surnom de « l'éventreur du Sud-Est » ou « l'éventreur des bergères ».

Mais si la psychose s'empara si facilement des campagnes françaises dans ces années 1895, c'est que le monde entier avait déjà été terrorisé par les meurtres sadiques du fameux « Jack l'éventreur » qui sévit à Londres en 1888. L'ombre du monstre de Whitechapel plane encore sur Londres lorsque les journaux français trouvent enfin leur « éventreur ». Ils ne le lâcheront jamais. Chaque meurtre est mis en scène dans *Le Petit Journal illustré*, dans *Le Progrès illustré.* Ici, une fermière lève le bras pour se protéger de la bête humaine au calot blanc ; là, c'est un enfant qui tente désespérément de parer un coup de couteau que l'on devine fatal, etc. Les crimes du mystérieux égorgeur ont suscité de nombreuses planches dignes d'infliger les pires cauchemars aux lecteurs et d'alimenter jusqu'à la légende les veillées campagnardes. Comme pour Jack l'éventreur, où les reconstitutions atroces des meurtres par des dessinateurs marquèrent les esprits de manière indélébile et servent encore aujourd'hui de supports à toute analyse de ce cas.

Joseph Vacher occupa rapidement une place de choix dans notre histoire criminelle, en particulier dans celle de la Bourgogne, comme l'un des plus grands tueurs en série que la France ait pu produire. Mais le surnom dont les médias l'ont affublé était-il justifié ? Vacher voulait-il vraiment égaler Jack l'éventreur dont il connaissait les méfaits ? Serait-il une sorte de copycat avant l'heure ? Ce qui est certain, c'est que Joseph Vacher était influençable et susceptible de s'inspirer des méfaits des autres pour commettre des meurtres. On sait, en effet, que lorsqu'il rencontre Ravachol[1] et d'autres anarchistes à Lyon, il les rejoint, s'identifie à eux et vibre au récit de leurs attentats et diverses exactions, s'imprégnant de la pensée anarchiste révolutionnaire et prenant pour modèles les œuvres criminelles du terroriste. Mais il n'en retient que le côté violent, pour s'en servir afin de légitimer ses propres penchants. C'est ainsi que, dans les environs de Lyon, il étranglera, poignardera, frappera à coups de marteau diverses victimes, avant de passer aux explosifs. Mais il ne baigne pas longtemps dans ce milieu et se trouve un nouveau modèle : Jack l'éventreur ! Comme lui, il égorge ses victimes, les éventre, mutile leurs organes sexuels et les viole. On dénombre ainsi au moins vingt victimes en moins de trois ans d'errance et de vagabondage, et combien d'oubliées ? Il tue les femmes qui le logent, les adolescentes qu'il croise, les enfants qui font paître les bêtes… Un être « hors du commun » se livrant à des actes monstrueux qui impressionneront longtemps les esprits.

Joseph Vacher fut d'abord arrêté en 1896 pour coups et blessures, et condamné à un mois de prison. Il n'est pas encore identifié comme étant le vagabond laid et pestilentiel aperçu à proximité des meurtres de bergères. À peine libéré, il recommence en égorgeant une fermière, selon son rite habituel, empreint d'un sadisme incroyable, à l'égal de son maître : il l'a surprise dans les bois, l'a attrapée par le cou pour l'égorger, puis l'a éventrée en prenant le soin de former une croix, de l'éviscérer, la violer et mutiler ses parties génitales ; il a ensuite abandonné le corps sur place à la vue de tout passant. Et ainsi poursuit-il son œuvre macabre au gré de ses errances à travers les campagnes françaises, marcheur infatigable ; devenu mi-

1. Criminel et militant terroriste anarchiste né le 14 octobre 1859 à Saint-Chamond (Loire) et mort guillotiné le 11 juillet 1892 à Montbrison.

animal, mi-humain, il a tout du démon, du loup-garou, de la bête qui se déplace à la nuit tombée ; tout pour fonder une légende, jusqu'au jour de son arrestation.

Son arrestation eut un grand retentissement. De même que son procès qui s'ouvrit le 26 octobre 1898 à Bourg-en-Bresse, en présence de la presse nationale, mais également britannique et américaine. Vacher est enfin célèbre, à l'égal de Jack l'éventreur. Il joue son rôle à la perfection et menace de son crayon de couper la gorge aux journalistes. La presse se déchaîne. Elle ne cesse de titrer sur « l'éventreur des bergères » ou « l'éventreur du Sud-Est », des surnoms choisis pour marquer les esprits, accompagnés d'illustrations atroces et d'une réalité saisissante. Il est l'éventreur français, il est célèbre. En ces temps, l'actualité est pourtant chargée, de l'affaire Dreyfus aux attentats anarchistes. Mais malgré ce contexte, Vacher accumule les unes, fait l'objet de livres, de thèses, d'essais, et ce jusqu'à nos jours. Le film de Tavernier, *Le Juge et l'Assassin*, en témoigne. On lui attribue au moins quarante-deux victimes. Il est guillotiné le 31 décembre 1898. Il n'avait que vingt-neuf ans.

La mémoire collective véhiculera longtemps l'histoire de l'éventreur des bergères. Cependant, Vacher ne bénéficiera pas d'une postérité internationale, contrairement à Jack l'éventreur qui, lui, est demeuré anonyme et continue de fasciner… L'affaire Vacher démontre qu'il existe parfois comme une sorte de passage de témoin entre plusieurs tueurs en série. Une sorte de filiation criminelle, qui passe par l'imitation et la copie.

8

Petiot, l'exécuteur

On dit que la foudre ne tombe jamais deux fois au même endroit, et pourtant…

Dans l'Yonne, ces dernières années, la presse nous a révélé Émile Louis et Michel Fourniret. On oublie parfois qu'ils ont eu un prédécesseur auxerrois, considéré comme le plus grand tueur en série du XXe siècle, surnommé par Colette le « Dr Satan [1] », le tristement célèbre Dr Marcel Petiot.

Dr Marcel Petiot

Paris XVIe, le 11 mars 1944, rue Le Sueur, à proximité de l'avenue Foch et de l'Étoile. Les quelques passants, ce jour-là, sont tous plus pressés les uns que les autres. Cer-

1. Colette a fait ses débuts de journaliste dans le quotidien de son futur mari, Henry de Jouvenel, *Le Matin*. De 1910 à 1913, elle produit des chroniques judiciaires et donne ses impressions des procès d'assises. Après guerre, elle exerce à nouveau ses talents de chroniqueur judiciaire en 1934 pour *La République*. Elle couvre le procès Petiot en 1946. Elle décrira un homme « qui respire la politesse »…

tains dissimulent même leur visage derrière un mouchoir ou une écharpe. La cause ? Cette fumée noire et pestilentielle qui envahit la rue, rabattue par le vent. Cela fait déjà cinq jours qu'elle s'échappe sans discontinuer de l'une des cheminées de l'hôtel particulier sis au numéro 21. Cinq jours de puanteur ! Cinq jours qu'elle aveugle les passants et soulève le cœur des voisins du 21. « Cela ne peut plus durer ! » se dit André Marçais. Pourtant, il hésite encore à contacter les autorités. C'est que cela ne se fait pas de causer des tourments à ses voisins, dans le XVIe arrondissement bourgeois de l'année 1944. En cette période d'Occupation, il vaut mieux passer son chemin et ne pas mettre son nez dans les affaires des autres… « Mais enfin, il faut bien respirer, quand même ! Et s'il y avait danger ? Tout le quartier peut brûler ! » M. Marçais n'y tient plus. Il traverse la rue d'un pas décidé, en direction de l'immeuble à la façade défraîchie, résolu à demander des explications à ce voisin pollueur. Mais c'est peine perdue ! Il comprend rapidement que personne ne lui répondra, un message apposé sur la porte de bois, indique : « Absent un mois, s'adresser et faire suivre le courrier au 18, rue des Lombards, Auxerre. »

M. Marçais n'a plus d'autre solution que d'informer les autorités. C'est ainsi que deux agents de police en tenue se présentent rapidement devant l'immeuble. Ils essayent d'ouvrir la porte, sans succès. Ils appellent, frappent, puis se rendent à la loge de la concierge de l'immeuble voisin, espérant y obtenir l'identité du propriétaire. La concierge les renseigne effectivement, et leur fournit même un numéro de téléphone : Pigalle 77.11. Ainsi joint au téléphone, le propriétaire des lieux, qui demeure au 66, rue Caumartin, dans le IXe arrondissement, leur demande immédiatement si quelqu'un a déjà pénétré dans l'immeuble. Apprenant que ce n'est pas le cas, il insiste pour que personne n'entre dans l'appartement, assurant qu'il arrive sans délai. Mais pendant ce temps, les pompiers investissent les lieux. Ils escaladent un balcon, forcent à la hâte l'une des fenêtres du deuxième étage, l'enjambent et disparaissent à l'intérieur. Dans la rue, on retient son souffle. Les minutes s'écoulent, plus aucun bruit n'émane de l'immeuble. Seule la cheminée continue de cracher sa fumée grisâtre. L'attente se fait longue.

Les agents sont gagnés par l'inquiétude quand ils perçoivent enfin des pas sur les pavés de la cour intérieure du bâtiment. Les pas se rapprochent. Un cliquetis métallique se fait entendre, un grincement, la porte de bois s'entrouvre, les pompiers apparaissent. Ils sont blafards, titubent, leurs visages expriment un mélange de stupeur et d'horreur. Soudain, l'un d'eux se courbe, s'accroche au mur, et vomit. L'autre se dirige vers les policiers et, d'une voix sans timbre, leur indique : « Messieurs… Je crois que vous avez du travail en perspective[1] ! » Dans son rapport, il aurait écrit : « Guidé par l'odeur, je suis descendu au sous-sol près du calorifère où j'ai aperçu des débris humains, et une chaudière allumée ronflant fortement dans laquelle brûlait de la chair humaine… » C'est avec la plus grande appréhension que les agents se glissent à leur tour dans la demeure. Suivant les indications des pompiers, ils affrontent la fumée, l'odeur insupportable, et se rendent directement au sous-sol. Ils y trouvent les deux chaudières à bois, rougies par la chaleur, qui sont à l'origine des fumées. Par la porte entrouverte de l'une d'elles pend ce qui ressemble à une main féminine en train de se consumer. Ils tentent de s'en approcher pour en être certains, lorsqu'ils s'aperçoivent que le sol est jonché de restes humains. Ils distinguent maintenant deux squelettes

1. Authentique.

presque complets, plusieurs crânes, des amas de chair, des cadavres et débris humains encore fumants ou en état de décomposition avancée. Atteints à leur tour par la nausée, ils se précipitent à l'extérieur. Ils viennent de découvrir un véritable charnier, dans un quartier cossu, au cœur de Paris.

Teyssier, l'un des deux agents, se précipite au Crocodile, un café proche, pour y téléphoner à ses supérieurs. À son retour, il croise un homme en pardessus gris, d'une quarantaine d'années, de bonne présentation, une bicyclette à la main, qui le hèle. L'agent retiendra son regard perçant et sombre. L'homme se présente comme étant le frère du propriétaire du 21 de la rue Le Sueur, avec lequel les policiers se sont entretenus par téléphone. Son frère l'aurait délégué pour le représenter, en attendant qu'il puisse les rejoindre dans les minutes qui suivent. L'homme est alors conduit dans la cave afin qu'il puisse constater les faits. Les personnes présentes se souviendront que la vision insupportable des corps mutilés n'entraîna chez lui aucun étonnement, aucune surprise, aucun dégoût. L'homme regarda au contraire les ossements fumants avec détachement puis, faisant demi-tour, il attira l'agent Teyssier au-dehors, comme pour lui faire des confidences. Après avoir vérifié que l'agent était un « bon Français », il s'exclama que la situation était grave. Selon lui, la vie de nombreux patriotes était en jeu. Il explique alors au policier que les corps amoncelés dans la cave sont ceux « de Boches et de collabos », et que l'immeuble est le siège d'un groupe de justiciers de la Résistance. Il le convainc qu'il dirige lui-même un groupe de résistants, qu'il a chez lui trois cents dossiers qui doivent être détruits avant d'être découverts par l'occupant, la vie de membres du réseau étant en jeu. L'enquête qui va être ouverte les met en danger, il doit rentrer d'urgence brûler les dossiers. En cette période d'Occupation, l'explication était plausible. Quelle autre raison pouvait expliquer un tel massacre ? Teyssier le laisse partir en le saluant. L'homme enfourche son vélo et disparaît. Les policiers l'entendent crier à tue-tête : « Vive de Gaulle ! Vive la France ! » Son frère ne se manifestera jamais. L'homme au vélo était le véritable propriétaire, Marcel Petiot. Le Dr Satan vient de filer.

Descente aux enfers

Le commissaire Massu[1], le tombeur de la bande à Bonnot[2], arrive sur place. Il est, lui aussi, saisi par l'odeur bien reconnaissable de la mort qui empuantit l'atmosphère, derrière la façade aux volets clos. Il réunit ses hommes dans la cour intérieure de l'immeuble, où l'atmosphère est à peine moins nauséabonde que dans le bâtiment. Une photographie datant de l'époque a fixé ce moment. Elle les montre rassemblés en cercle dans cette petite cour, à proximité d'un arbuste en pot et d'une fontaine d'eau, seules traces d'humanité. Les inspecteurs lui indiquent la topographie des lieux, résument leurs premières constatations, décrivent leurs découvertes macabres. Il existe un bâtiment principal au style haussmannien, constitué de deux étages de grandes pièces, et

1. Le commissaire Massu et ses deux inspecteurs, Battut et Schmitt, sont des flics légendaires de la Brigade criminelle parisienne. Ensemble ils auraient procédé à plus de trois mille deux cents arrestations. C'est le commissaire Massu qui servit de modèle à Simenon lorsqu'il créa Maigret. Lors de l'affaire Petiot, le jeune auteur belge et Massu se connaissaient déjà depuis une dizaine d'années, Simenon parvenait même à accompagner le commissaire dans certaines de ses enquêtes.

2. Bande à Bonnot : anarchistes accusés d'agressions à main armée, d'attentats et d'assassinats.

d'un dernier étage de pièces mansardées, appelées aussi « chambres de bonnes ». Sa fouille les a amenés à conclure qu'il était inoccupé depuis bien longtemps. Derrière les volets clos, ils ont trouvé de vastes pièces dotées de rares meubles dans un piteux état et recouverts d'une épaisse couche de poussière. À l'abandon depuis des années. La fouille des lieux se transforme en cauchemar quand les enquêteurs atteignent les pièces donnant sur l'arrière du bâtiment. Ils restent pétrifiés : devant leurs pieds, gisent des dizaines de cadavres, mutilés, découpés, à proximité de tas de chaux vive desquels dépassent d'autres débris humains en état de décomposition avancée. Les enquêteurs ont également procédé à l'exploration du bâtiment situé de l'autre côté de la cour pavée, les « communs ». Plus modestes que le bâtiment principal, ils étaient prévus pour le logement des domestiques. Les inspecteurs y ont découvert une pièce bien entretenue et correctement meublée, une sorte de cabinet médical. Mais ils ne s'attardent pas sur sa description, car ils sont fortement intrigués par une seconde pièce, séparée de la première par un petit couloir. De forme triangulaire, cette pièce aveugle ne contient que huit anneaux métalliques scellés dans l'un des murs et surmontés d'un judas permettant à une personne se trouvant dans le couloir de visionner l'intérieur de la pièce sans être vue. Fermée par une porte capitonnée et blindée, elle n'est pourvue d'aucun meuble, d'aucun autre objet. Cette pièce les intrigue. Il pourrait s'agir d'une pièce aménagée pour y pratiquer des tortures. Ils décrivent également au commissaire Massu les nombreuses valises, vêtements et objets personnels retrouvés dans la cave, ayant probablement appartenu aux victimes. Mais le cauchemar n'est pas fini. Dans le garage, à côté d'un tas de chaux vive conséquent, duquel dépassent des débris humains, les policiers ont découvert une fosse qui aurait dû donner sur les égouts. Soulevant son couvercle, ils la trouvent remplie de cadavres plongés dans la chaux vive. Une photographie montre trois enquêteurs autour de cette fosse, leurs pardessus et leur chapeau à la main, frappés de stupeur.

Le commissaire Massu émet de premières hypothèses. Selon lui, le tueur (ou les tueurs) attirait ses victimes dans le cabinet médical, puis dans la chambre triangulaire, peut-être après leur avoir fait prendre un soporifique. Les gazait-il ou les empoisonnait-il ? Ce dont le commissaire est certain, c'est qu'il pouvait observer leur agonie par le judas. Celui-ci était en effet placé à hauteur des anneaux, de telle sorte que l'on pouvait observer un agonisant accroché aux anneaux. Manifestement, la maison avait été aménagée pour y pratiquer des assassinats en quantité et se débarrasser des cadavres. L'assassin se débarrassait des corps à l'aide de la chaux vive. Mais les cadavres avaient dû s'accumuler trop vite. Il a donc été contraint d'improviser dans l'urgence, et de trouver d'autres méthodes. C'est ainsi qu'il a commencé à brûler les corps dans les deux calorifères du sous-sol, provoquant la fumée pestilentielle. Manifestement, pour faciliter leur destruction, le tueur découpait les cadavres. Ironie du sort, cet acte vaudra au Dr Petiot d'être constamment confondu avec un autre tueur en série français célèbre, Landru[1]. Pourtant, le plus grand criminel en série français du XXe siècle est sans conteste, par le nombre de victimes, le Dr Petiot.

Les policiers vont être contraints de fouiller les lieux pendant des heures, puis de se livrer au décompte macabre des corps, de tamiser la chaux afin d'essayer de compter les victimes et de trouver des éléments d'identification. Mais ils refusent de dégager les corps. Il faudra faire appel

1. Henri Désiré Landru. Voir chapitre 9.

aux fossoyeurs municipaux pour vider le charnier et envoyer les restes humains ainsi dégagés à l'institut médico-légal pour autopsie. Quant aux médecins légistes appelés à examiner les cadavres, ils ne purent ni identifier ni dénombrer les victimes, en raison de leur état de putréfaction avancée ou de carbonisation. Ils parviendront seulement à déterminer qu'il s'agissait de corps des deux sexes et de tous âges, soulignant qu'ils ont été découpés avec une précision chirurgicale. Les policiers vont se rendre rue Caumartin où demeure le Dr Petiot, mais le suspect ne s'y trouve plus. Ils l'ont manqué d'une demi-heure. Le commissaire Massu décide alors d'exploiter le mot retrouvé sur la porte du 21 et se rend à Auxerre, à l'adresse indiquée, puis à Courson-les-Carrières, dans l'Yonne, où Petiot dispose d'une maison. Elle est vide. Enfin, pas tout à fait. Des dizaines de valises remplies de vêtements féminins ou masculins s'y trouvent entreposées. Il fera surveiller la gare d'Auxerre, c'est ainsi que la femme et le frère de Petiot seront arrêtés. Mais pas de traces du criminel. Pendant ce temps, la nouvelle de ces découvertes extraordinaires fait le tour de la capitale, les Parisiens vont rapidement s'attrouper face au numéro 21 de la rue Le Sueur et devant le domicile du Dr Petiot, rue Caumartin, malgré l'occupation allemande.

Le commissaire Massu sait déjà qu'il se trouve face à une enquête exceptionnelle et délicate. Afin de vérifier si le 21 est une annexe de la Gestapo, il manipule la presse et fait passer des articles sur la découverte du charnier. Si l'affaire regarde la Gestapo, des pressions seront exercées par l'occupant pour que l'enquête soit enterrée. La réaction ne se fait pas attendre longtemps, mais elle n'est pas celle attendue et redoutée. Le haut commandement allemand lui adresse un message par un télégramme : « Ordre des autorités allemandes. Stop. Procéder à arrestation

Dr Petiot. Stop. Fou dangereux. » Massu est désormais fixé, il peut poursuivre son enquête, l'homme n'est pas un tueur à la solde des Allemands. Le 31 octobre 1944, la police arrête enfin le médecin, au terme d'une cavale de plus de sept mois.

L'usine du crime

Le Dr Petiot s'est-il inspiré d'autres tueurs en série ? On trouve à son domicile un livre sur le vampire de Düsseldorf[1], mais ce n'est peut-être pas le seul qu'il ait étudié... Certains documents rapportent qu'il avait un goût particulier pour les romans policiers qu'il dévorait même en prison. On peut en effet se demander s'il ne s'est pas inspiré des techniques de l'un de ses célèbres prédécesseurs, Herman Webster Mudgett, dit « Dr Holmes ». Rien à voir avec le célèbre personnage de Conan Doyle. Le Dr Holmes, lui, remplit les chroniques du Chicago de la fin du XIXe siècle en compagnie de Jack l'éventreur. Ce dernier, plus connu, n'égalera pourtant pas le Dr Holmes dans l'horreur. Le nombre de ses victimes serait d'ailleurs demeuré inégalé depuis sur le territoire des États-Unis, et dépasserait plusieurs centaines. Ses victimes de prédilection sont, à l'époque, des femmes âgées et fortunées, des veuves qu'il fréquente ou épouse, ruine et tue. À l'aide de la fortune amassée, il fait construire un immense manoir. L'immense bâtisse, dénommée « Holmes Castle », est un piège redoutable, truffé de pièces secrètes reliées par des couloirs dissimulés qui lui permettent de se déplacer dans la demeure sans être vu. Certaines pièces sont percées de judas à l'aide desquels il épie ses victimes, et équipées de

1. Peter Kürten, dit « le vampire de Düsseldorf ». Voir chapitre précédent.

robinets de gaz ou de matériel de torture divers. D'autres sont munies de trappes, de monte-charge ou de toboggans permettant l'évacuation rapide des corps vers des cuves d'acide sulfurique ou des incinérateurs. Des dizaines de personnes entreront dans ce manoir diabolique et ne donneront plus jamais de nouvelles. Holmes avait inventé le crime industriel !

Le 21 de la rue Le Sueur n'est pas sans rappeler le Holmes Castle... L'immeuble du Dr Petiot a été rasé et remplacé par un bâtiment anonyme de six étages au confort moderne, où rien ne vient rappeler le drame qui s'y est noué. Avant d'être démoli, il fut fouillé de fond en comble à la recherche du fabuleux butin que le satanique docteur avait accumulé au fil des exécutions, en vain. On disait qu'il avait volé plus de deux cents millions de francs à ses victimes [1]. La gardienne avoua à un journaliste que, lorsqu'elle descendait à la cave où se trouvaient les fameux calorifères, cela lui faisait tout drôle et lui donnait des

---

1. Une anecdote mérite de figurer ici : en février 1944, un mois avant d'être interpellé, Petiot s'est rendu aux obsèques d'une parente dans l'Yonne, accompagné d'une escorte de la rue Lauriston, pour le protéger. Un ancien de la carlingue raconte : « Le toubib emportait deux grosses valises qui paraissaient peser une tonne. Il a passé la nuit près du corps. Le lendemain, quand les croque-morts sont arrivés, le couvercle de la bière était posé et vissé, et alors là, surprise ! La veille, j'avais vu la parente, une toute petite vieille rabougrie... un poids plume, aussi léger qu'un édredon, et voilà que les croque-macchabs, c'est tout juste s'ils arrivaient à soulever le cercueil... C'étaient pourtant des costauds, ils suaient à grosses gouttes, nous avons été obligés de leur filer un coup de paluche. Après les funérailles, c'était l'inverse, les valises du toubib s'étaient allégées. Je n'ai rien dit aux autres mais j'ai sérieusement gambergé. Pour moi, cette nuit-là, Petiot a sorti sa parente du cercueil, l'a tronçonnée et, à sa place, il a entassé l'or ; il a mis le cadavre dans les valises et l'a brûlé plus tard rue Le Sueur [...]. Après la guerre, j'ai repensé à tout ça ; un jour, j'ai décidé d'en avoir le cœur net... Je n'avais oublié ni le nom du village ni celui de la morte ; dans la nuit, nous avons déplacé la pierre tombale, creusé : le cercueil était là, mais il était vide. Ni or, ni squelette. Ma théorie se vérifiait, mais quelqu'un était passé par là ! »

frissons d'effroi. À l'époque, on disait déjà : « Plus jamais ça. »

De Petiot à Émile Louis

Émile Louis avait plus de quarante-cinq ans lorsqu'il assassina sept jeunes femmes. Affaire criminelle connue aujourd'hui sous le nom des « disparues de l'Yonne ». En 1945, il avait onze ans. Lors de son procès, il évoquera longuement la Seconde Guerre mondiale, ces faux résistants qui avaient tondu ses sœurs sur la place du village. Très marqué par cette période, il annonce, non sans fierté, qu'il a tout lu sur la Seconde Guerre mondiale, en particulier sur la Résistance. Il dira d'ailleurs au président de la cour d'assises du Var : « Même en prison, je lis encore *La Bataille de Stalingrad*, et j'ai encore *La Bataille des Ardennes* à lire… » Il ne pouvait donc rien ignorer de son célèbre compatriote, Marcel Petiot, qui se voulait héros de la Résistance. Le fait est que, dans leurs pratiques, les deux tueurs de l'Yonne, Petiot et Louis, se ressemblent étrangement.

Marcel Petiot sélectionne ses victimes avec soin, et elles ne manquent pas en cette période d'Occupation où les candidats à l'exil sont nombreux. Des Juifs, des membres de la pègre, de nombreux hommes et femmes souhaitent quitter la France occupée et se réfugier à l'étranger. Des personnes terrorisées par la déportation, la répression qui s'accélère, fragilisées par la peur et l'angoisse, prêtes à tout pour partir, quitte à payer grassement des passeurs plus ou moins recommandables. En ces temps tourmentés, les personnes qui disparaissaient n'étaient que très rarement recherchées, moins encore s'il s'agissait de Juifs. On considérait qu'elles avaient fui en zone libre ou à l'étranger. Des victimes toutes désignées, puisque la société ne s'inquiéteraient pas d'elles.

Dès 1941, Petiot fait savoir qu'il est en relation avec un réseau d'évasion et peut faire sortir des fugitifs de la France occupée. Le prix proposé est inférieur au tarif habituel des passeurs. Sous le pseudonyme de « Dr Eugène », il promet l'Amérique latine en échange de sommes dérisoires. Sa réputation est telle que la police allemande flaire quelque chose, pense qu'il s'agit d'un passeur, peut-être d'un résistant, et le fait espionner. Mais les espions disparaissent rapidement... On retrouvera leurs uniformes parmi les vêtements des victimes. Les uns comme les autres ont eu tort de se rendre au rendez-vous fixé par Petiot, rue Le Sueur. Les fugitifs arrivaient au 21 avec, dans leurs bagages, de l'or et autres biens de valeur transportables. Petiot leur demandait le « silence absolu, il en va de votre vie et de la mienne, et de celle de toute l'organisation, aucune confidence, à personne, pas un mot sur nos relations. Réalisez vos biens en diamants et en argent ou en or, ça se négocie partout... », rapportera un témoin. Alors, les fuyards achètent pour des millions de diamants, de fourrures, de valeurs diverses. Leur voyage en Amérique du Sud s'arrêtera dans une cave du XVIe arrondissement parisien, d'où ils ressortiront, en cette année 1944, dans des cercueils de bois pauvre, portés par des agents des pompes funèbres réquisitionnés à la hâte par la police. Aux questions posées sur les personnes disparues, Petiot répondra simplement que ses prétendues victimes étaient à l'étranger, et qu'il n'y avait rien d'étonnant à ce qu'elles ne donnent pas de nouvelles en ces temps de guerre.

Les sept disparues de l'affaire Louis sont elles aussi des victimes toutes désignées. Des pupilles de la Ddass, des laissées-pour-compte coupées de leurs familles, des personnes déficientes mentales, fragiles. En marge de la société, nul ne veut connaître leur sort, comme c'était le cas pour les Juifs pendant la guerre. En quelque sorte, elles aussi ont fui en zone libre... libre des institutions qui les maltraitaient.

« Elles ont refait leur vie », a-t-on affirmé pendant vingt-cinq ans. Contre toute évidence. Elles étaient des victimes idéales pour un tueur en série. Émile Louis les a sélectionnées après avoir étudié leur environnement : pas de parents ou des parents démissionnaires, des frères et sœurs mineurs et eux-mêmes placés dans d'autres établissements, une déficience-naïveté avérée. Il leur fait croire qu'il a retrouvé leur mère et qu'il va les mener à sa rencontre, ou bien qu'il va partir avec elles. Il est le passeur tant attendu, le chauffeur de bus sympa. Comme Petiot, Émile Louis promet l'Amérique. Elles diront à leurs copines d'infortune qu'elles s'en vont rejoindre leur mère, ou qu'elles partent pour l'Espagne ou le Portugal avec un homme. Il y a tant de rumeurs autour d'Émile Louis que la gendarmerie va s'intéresser à lui, mais les dossiers se perdent. Et les jeunes filles aussi... Elles se sont rendues aux rendez-vous fixés par le tueur avec espoir et confiance... comme certains Juifs s'étaient rendus au 21 rue Le Sueur, en 1942. Interrogé sur leur disparition, Émile Louis dira qu'elles ont fugué pour rejoindre un homme et refaire leur vie ! Mais le jour de sa garde à vue, il avouera : « Lorsque j'avais des pulsions, je donnais rendez-vous à des jeunes filles que je voyais chaque jour pour les transporter dans mon bus [...]. Une fois le rendez-vous donné, je prenais la jeune fille [...] et je l'emmenais sur Rouvray. »

D'anciennes pensionnaires du foyer où ont résidé six des sept disparues ont été appelées à la barre de la cour d'assises d'Auxerre, en 2004, pour témoigner de cette époque, restituer quelques bribes de ces frêles existences disparues. Claudine est une ancienne de la Ddass, elle a bien connu Christine Marlot, la deuxième victime d'Émile Louis, disparue à quinze ans à peine. « C'était une jeune fille timide, une écorchée vive comme on l'était toutes. On dormait toutes dans le même dortoir, on était obligées de se connaître puisqu'on restait ensemble plusieurs années [...]. Lui [Émile Louis] venait nous chercher tous les matins au foyer, il était très gentil [...], la moindre chose nous faisait mal, et la moindre chaleur on était contentes [...]. Lui, c'était notre confident, il connaissait tout de nous, il nous sortait du foyer, nous donnait la liberté [...]. On savait que si l'on avait les faveurs de M. Louis, c'était plus facile à vivre, et on cherchait tous les moyens possibles et imaginables pour se sauver du foyer [...]. Il fallait pas se faire avoir, alors il fallait trouver des complices. Émile Louis a pas voulu m'aider [...]. Christine Marlot a fugué, parce qu'elle faisait partie de ses préférées. Louis, c'était lui qui nous emmenait dehors, c'était la liberté... » Puis c'est au tour de Nadine, elle aussi a connu le foyer : « On n'était pas entendues, on a toutes subi des sévices, croyez-moi c'était dur l'abandon de nos familles, on n'en parlait pas entre nous, c'était dur ! Les fugues, c'étaient des révoltes, personne ne s'intéressait à nous. On portait un matricule, mon numéro c'était le 127, on nous appelait par notre numéro. En 75, je ne voulais plus de cet enfer. On savait qu'on était des moins que rien, il ne fallait rien dire, on ne nous écoutait pas. Ce qu'on a subi quand on était petites... » Elle se tourne vers Émile Louis et poursuit : « M. Louis, il a une plus belle vie en prison que nous dans le foyer ! » Ces jeunes filles avaient l'espoir de quitter le foyer ; elles rêvaient de partir avec le chauffeur de bus vers une vie meilleure, un amour, une famille retrouvée…

Me Veron, avocat brillant de certaines des familles victimes de Petiot, s'adressant à ce dernier, lui demandera s'il connaît « la légende des naufrageurs, ces hommes cruels qui dressaient, sur les falaises, des feux destinés à attirer les navigateurs en détresse pour leur faire croire qu'il y avait là un havre de salut ; les navigateurs, qui ne pouvaient imaginer pareil noirceur, se lançaient sur les récifs où ils se perdaient corps et biens, et ceux-là mêmes qui leur avaient donné l'illusion de les sauver s'enrichissaient de leur dépouilles. Eh bien Petiot, c'est cela, le faux sauveteur, le faux salut, le faux refuge ; il attirait les gens comme pour les sauver, après quoi il les assassinait pour les dépouiller ». À sa manière, Émile Louis n'est-il pas, lui aussi, un naufrageur – naufrageur dont le bénéfice est le plaisir retiré du meurtre ?

Messages post mortem

Mme Guschinow n'y tient plus. Elle ouvre fébrilement le courrier que vient de lui remettre le Dr Eugène (alias Dr Petiot). Il serait en provenance de Buenos Aires. Inquiète de ne plus avoir de nouvelles de son mari, elle s'était décidée à contacter le passeur qui l'avait immédiatement rassurée : M. Guschinow a réussi à rejoindre l'Amérique latine. Sur la lettre qu'il lui remet, son mari lui indique qu'il est arrivé à destination. En réalité, M. Guschinow n'est pas très loin. Il est en train de se décomposer dans une fosse de chaux vive. Le bon Dr Eugène lui avait demandé d'écrire une dernière lettre qu'il transmettrait à sa femme, lui assurait-il. Puis il se chargea de le vacciner contre les maladies de ce pays lointain où il allait se rendre.

À cette même période, Petiot est également impliqué dans une affaire de fourniture d'héroïne. La mère de la victime le dénonce, elle disparaît aussitôt, ne laissant qu'un mot rapidement griffonné indiquant qu'elle rejoint la zone libre. Le lendemain, une deuxième note du même genre était réceptionnée au cabinet de son avocat. Un graphologue authentifiera les deux mots comme provenant bien de la disparue, indiquant simplement qu'ils avaient été rédigés à la hâte et dans un tel stress que l'écriture en était quelque peu transformée. Faute de combattants, la procédure se solde par une petite amende. Pour les victimes suivantes, ce sera une lettre affirmant qu'elles ont rejoint la zone libre et se trouvent à Bordeaux. Puis c'est une famille entière qui s'adresse au Dr Eugène. Aucun des membres de cette famille ne donnera plus jamais de nouvelles, sauf deux cartes postales indiquant qu'ils ont franchi la ligne de démarcation. Là encore, les graphologues authentifieront ces documents, soulignant cependant qu'ils ont été rédigés sous la contrainte.

Et les victimes se succèderont. Le réseau d'évasion Fly-Tox[1], dont la mission était soi-disant d'exécuter les traîtres à la patrie, acquiert rapidement une réputation d'efficacité remarquable. La preuve ? Aucune des personnes qu'il a aidées à fuir n'est arrêtée par les Allemands, toutes auraient rejoint la France libre !

Françoise Lemoine, maîtresse et première victime d'Émile Louis, laisse elle aussi un mot avant de disparaître. Elle y indique rejoindre le père de sa fille : « Je te quitte pour toujours. Le père de ma fille est venu me chercher. Je te demande de ne pas me rechercher, cela ne

1. Nom d'un insecticide. Ce nom est-il dû au hasard, ou bien cela correspond-il à ce que Petiot pensait de ces victimes… des insectes… ?

t'avancerait à rien. Adieu. Françoise. » Elle dit qu'elle le quitte pour toujours, il ne peut donc être soupçonné ! C'est normal qu'il n'ait plus jamais eu de ses nouvelles. Elle lui demande en outre de ne pas la chercher. Alors, il ne fait rien. Il respecte ses (dernières) volontés ! Une lettre idéale… une sorte d'alibi. Sauf que la jeune femme s'en va sans prendre ses affaires. Pire, elle s'en va avec le père de sa fille, sans emmener sa fille qu'elle adore !

Lors de l'audience de la cour d'assises de l'Yonne à Auxerre, l'expert graphologue compare les écrits laissés par Françoise entre 1966 et 1975. Elle authentifie l'écriture, mais souligne que c'est le seul mot qui ne comporte pas de date. Pas de date, évidemment ; ç'aurait été une erreur : il aurait été si facile de vérifier où se trouvait précisément ce père à cette date. Elle authentifie également l'écriture de la carte postale adressée par Jacqueline Weis à ses parents nourriciers, le lendemain de sa disparition [1]. Didier Seban, l'avocat des familles des victimes, dit à Émile Louis : « Françoise vous écrit pour vous dire qu'elle s'en va définitivement… On peut se demander si ces lettres n'étaient pas préconstituées. » Émile Louis s'énerve : « Alors, vous allez dire que c'est moi qui écris le mot, maintenant… ! » Il ne l'a pas écrit, c'est établi, mais l'a-t-il dicté ? Petiot non plus n'écrivait pas lui-même les lettres qu'envoyaient ses victimes, il les leur faisait écrire. Didier Seban, au sujet de la carte postale expédiée par Jacqueline : « C'est vous qui avez dit qu'elle vous enverrait une carte postale, et vous avez reçu cette carte postale ? Il n'y a que vous qui dites qu'elle enverrait une carte, et vous la recevez. On a l'impression que vous vous faites des lettres qui vous protégent. » Émile Louis lui répond : « Ah, qu'est-ce que vous allez chercher là ! »

1. La famille nourricière de Jacqueline est la famille Louis.

Mais Émile Louis va plus loin, les cartes ne suffisent peut-être pas à détourner les soupçons. Il est vrai qu'il n'a pas le charisme de Petiot, son regard hypnotique. Alors il peaufine le tableau : les victimes l'appelleraient pour l'insulter. Elles sont donc forcément vivantes ! Sauf qu'il n'existe aucune preuve de ces appels. Didier Seban lit les déclarations d'Émile Louis devant les enquêteurs en 1997 : « Une femme qui dit s'appeler Jacqueline Weis vous appelle, elle dit, selon vous : "Souviens-toi, tu m'as baisée, il y a vingt ans en arrière." Vous ne vous rappelez pas un coup téléphone du même type, dont vous avez parlé en 1981 à l'adjudant Jambert lorsqu'il vous interrogeait, au sujet d'un autre crime ? »

Émile Louis : « Ces coups de téléphone ont vraiment existé ! »

Didier Seban : « Ça, c'est vous qui le dites, monsieur Louis. »

Émile Louis : « Mme Binoche [sa concubine décédée] a pris l'écouteur ! »

Didier Seban : « Elle ne le confirme pas, il n'y a que vous qui en parlez. »

À bout d'arguments, Louis se retranche derrière un : « Vous inventez des choses… »

Alors l'avocat des parties civiles lui impose la lecture de ses propres déclarations, celles des procès-verbaux établis en 1981 par l'adjudant Jambert dans le cadre de l'enquête menée sur l'assassinat de Sylviane Lesage, cette jeune femme qui présentait le même profil que les disparues : « Le 28 décembre 1981, vous dites à l'adjudant Jambert, alors qu'il vous a placé en garde à vue pour le meurtre de Sylviane Lesage : "Depuis que je vis avec Mme Lemenorel, nous recevons assez souvent des coups de téléphone anonymes, et même il y a encore quinze jours, nous avons reçu une carte postale, anonyme elle aussi, représentant une femme nue et au dos de laquelle il y avait des sottises marquées ; cette carte était adressée à Mme Binoche." » Pourtant, cette carte postale n'a jamais figuré au dossier, alors que celles de Françoise et Jacqueline, bien plus anciennes, y ont été portées, à une époque où l'enquête sur les disparitions n'était pas officielle. Et Mme Binoche n'en a jamais fait mention. Étonnant que ces jeunes femmes qui ne se connaissaient pas aient donné des nouvelles de la même façon ! À l'aide d'une carte postale. Pas de lettre, de télégramme, non, une simple carte postale... Didier Seban continue la lecture de ce procès-verbal de 1981, démontrant que, décidément, Émile Louis emploie toujours le même mode de défense : faire croire à tout prix qu'elles étaient vivantes après avoir disparu. Car Sylviane avait disparu, et son corps n'aurait jamais dû être retrouvé.

On ne sait pas si les cinq autres disparues ont laissé des mots, s'ils ont été oubliés, égarés, détruits. Trop de témoins, de familles d'accueil, d'amies susceptibles d'avoir été les destinataires de ces cartes postales sont décédés depuis sans avoir témoigné. On sait seulement que les derniers témoins à avoir aperçu Madeleine Dejust indiquent qu'elle tenait un papier à la main. On a longtemps pensé qu'il s'agissait d'une adresse. Cela pouvait être une lettre adressée à l'un de ses proches, qu'elle comptait remettre à son assassin.

Les victimes de Guy Georges, de Heaulme ou de Fourniret ne laissent pas de mot. Alors, est-ce un hasard si cette technique est employée par Louis, cet ex-voisin de Petiot ? Le hasard serait-il seul coupable de ces ressemblances ?

Des bagages bien encombrants

5 avril 1946, cour d'assises de Paris. C'est la cohue. La foule est accourue pour voir le monstre ou le héros, tueur ou vrai résistant, le jury devra se prononcer. Ça se bouscule, ça s'empoigne, les gardes tentent de rétablir un semblant d'ordre sans y parvenir. On est pressés, serrés, mais malgré l'inconfort, chacun y va de son commentaire. Ce qui attise le plus la curiosité du public de Paris, c'est le mur de malles et de valises amoncelées derrière la cour. Des dizaines de valises et de bagages empilés, érigés comme un mur de lamentations. Chaque valise est cintrée d'une corde et numérotée à la craie. Des disparus, il ne restera que ces quarante-cinq malles remplies d'effets personnels, encore marquées de leur date d'expédition de la rue Le Sueur à Courson-les-Carrières. Petiot les expédiait dans la campagne icaunaise chez des amis qui pensaient qu'il s'agissait de marché noir. Il y a aussi ces quarante-sept autres bagages retrouvés au domicile du frère de Petiot, également dans l'Yonne. Des malles pleines de vêtements, de bijoux, de pièces d'or et de souvenirs. Les policiers établiront un décompte macabre de ces objets : cent vingt jupes, presque autant de pantalons, soixante et onze paires de gants, vingt-cinq chapeaux, des nappes, des draps, des mouchoirs, on retrouvera même des uniformes allemands. Et c'est au nombre de brosses à dents retrouvées que le commissaire Massu évaluera le nombre de victimes. En effet, à cette époque, il était rare qu'une personne en possède plus d'une. L'ensemble de ces objets représentant près de six cent soixante-cinq kilos. Ses « petits souvenirs », comme il se plaisait à les désigner. Autant de vestiges de victimes auxquelles le docteur avait promis un exil salvateur, et qui partaient sans le savoir pour un voyage sans retour. Le 25 mai 1946, avant

de monter sur l'échafaud, ironique et décontracté, Petiot dira à ses bourreaux : « Je suis un voyageur qui emporte ses bagages. » Parlait-il de ses secrets... ? Du secret de la folie de ses actes et du nombre de ses victimes ? Allusion à ceux qui étaient derrière lui pendant l'audience, des bagages en carton bouilli comme ceux des victimes d'Émile Louis qui, elles aussi, sont parties, près de quarante ans plus tard, sans leurs bagages, emportant avec elles les secrets de leur tortionnaire.

Du côté d'Émile Louis, le mimétisme continue. Lors des fouilles dans des lieux indiqués par ce dernier, on découvre les restes de valises en carton, identiques. Celles que l'on remettait aux pupilles de la Ddass. L'émotion des enquêteurs a dû être forte lorsqu'ils ont trouvé leurs armatures en fer entourant encore des vêtements soigneusement pliés, de petits objets féminins (vernis, maquillage d'adolescentes, colliers de coquillages, peignes, albums photos) témoins des existences disparues. Il ne pouvait les confier à personne, ni les vendre. Il les a donc enterrés. Lui aussi a accumulé des dizaines de jupes, pulls, chemisiers, vestes et sous-vêtements féminins qui ne peuvent pas avoir tous appartenu aux deux seules victimes dont on a retrouvé les corps. L'expert soulignera à la barre qu'il « n'y avait que des vêtements féminins [...] une impression de bagages [...] le sentiment que c'est un rassemblement de vêtements hétéroclites ».

Un système de défense identique

Ce n'est pas seulement le choix des victimes et leur manière de faire qui rapprochent les deux tueurs, mais aussi leur système de défense.

« Ce ne sont pas mes cadavres, dit Petiot, je les ai découverts en sortant de prison où la Gestapo m'avait jeté, ces cadavres ont été déposés par les Allemands... » Entendant cela, les policiers qui l'interrogeaient revoyaient-ils les images du calorifère chauffé à blanc, au pied duquel s'entassaient des débris humains en état de décomposition, des cadavres mutilés ? Le Dr Satan persiste à affirmer que la plupart des cadavres découverts dans son hôtel particulier y ont été déposés par l'occupant. Lui n'a rien fait. Enfin, il ne nie pas avoir tué, mais « uniquement des méchants, des salopards, des traîtres à la patrie, des traîtres que ses camarades allaient enterrer dans les bois, autour de Paris ». Devant les vêtements et objets personnels des victimes, il change encore de version, refusant de s'émouvoir, et répond aux policiers que c'étaient « des traîtres passés au service des nazis ». Et lorsque les policiers lui demandent des détails sur les meurtres, sa version subit des variations : les cadavres sont alors placés là par des camarades animés d'un excès de zèle. Mais il est choqué lorsqu'ils insistent : « Non mais ! Vous avez des goûts sadiques ! Je n'ai pas assisté à la scène ! »

« Ce n'est pas moi », dit Émile Louis dans l'Yonne. « En toute sincérité, monsieur le président, ce n'est pas moi. » Il prétend avoir retrouvé les corps par hasard parce qu'il aurait vu des hommes les enterrer. Pourtant, à l'issue de sa garde à vue, qui débute à Draguignan le 12 décembre 2000, il avoue les meurtres des sept disparues de l'Yonne. Il est alors ramené à Auxerre afin d'indiquer les lieux où il a enterré les corps. S'il veut crédibiliser ses dires et bénéficier de la prescription, il faut que des corps soient retrouvés. Il imagine certainement être le plus grand tueur en série de tous les temps, celui qui avoue et ne peut être poursuivi ! Alors il fait un effort, il les indique assez précisément. Si précisément qu'on les retrouve rapidement.

Mais lorsqu'il comprend qu'il ne sera pas libéré, qu'il est piégé, que la prescription ne peut jouer, il se rétracte, nie les faits et change de version : « Monsieur le président, je suis allé pêcher et j'ai vu deux Arabes avec un tube Citroën transporter quelque chose dans un sac. » D'autres fois, ce sera dans un tapis. « Je me suis caché. » Il ne dit pas : « Je les ai vus enterrer quelque chose » mais « transporter ». Cela lui suffit pour retrouver le lieu vingt ans après et tomber sur un corps. Pour le deuxième corps, la version est différente : « J'ai vu de la terre remuée. » Vingt ans après, il se souvient d'un endroit où il a vu de la terre remuée ! Personne ne l'a cru, surtout pas les jurés. D'autant que de nombreux vêtements féminins vont être retrouvés aux autres endroits qu'il indiquera, et là, pas d'explication, ou plutôt des explications qui évoluent au fil des accusations : « Je n'ai jamais désigné le site où l'on a trouvé les vêtements. » L'avocat général, Philippe Bilger : « Mais vous avez confirmé ce matin sur les lieux. » « J'ai mal compris. » Puis il faut trouver un bouc émissaire. Pas de témoins, alors ce sera le hasard : « J'ai choisi un site au hasard… C'est le hasard », répète-t-il ! Philippe Bilger conclut alors sur un ton ironique : « Je m'interroge sur le hasard : comment le hasard fait-il si mal les choses ? »

Pourtant, vingt ans auparavant, entendu par l'adjudant Jambert dans le cadre de l'affaire Sylviane Lesage alors que les faits sont encore récents, Louis ne lui parle pas des hommes qu'il a vus transporter un corps, il lui dit au contraire : « Je n'ai jamais vu de campeur dans les parages des Lames [1], pas plus que des promeneurs non pêcheurs. »

1. Lieu-dit où le cadavre de Sylviane Lesage, mais également les deux autres, seront retrouvés.

Pour l'un, Petiot, c'étaient donc les Allemands ou des collègues trop zélés qui avaient osé pénétrer son domicile et le remplir de cadavres… Pour l'autre, Louis, ce sont des Arabes provenant d'un café où se pratiquait, selon lui, la prostitution, qui ont osé pénétrer sur son terrain de pêche et y enterrer des cadavres. Faut-il rappeler que Petiot éradiquait également des proxénètes et des prostituées ? Le président Getty ne s'y trompe pas, lui. Sur un ton très calme, il prononcera des mots frappés de bon sens : « C'est une drôle de coïncidence, tout de même, qu'on les ait retrouvées là où vous les aviez situées… » « Je vous l'ai déjà dit, monsieur le président, j'avais vu des choses. »

La thèse du réseau ou du complot

Marie Nossereau, dans un article de *France-Soir* du 8 juin 2005, évoque la fameuse thèse du « complot » à propos du procès du prêtre pédophile, le père Lefort : « Pour les enquêteurs de la Brigade des mineurs, la culpabilité de Lefort ne fait aucun doute. “Pour nous, c'était une affaire simple, explique le commissaire Souvira à la barre ; les arguments de Lefort, le complot, c'est un mode de défense traditionnel chez les personnes soupçonnées d'actes pédophiles. On l'a déjà entendu mille fois. Les pédophiles ont souvent une double personnalité : en façade, ce sont des pourfendeurs qu'on retrouve sur tous les fronts de la défense des enfants ; et derrière, ils tissent leurs réseaux pour mieux attraper leurs proies.” »

Beaucoup de criminels se cachent derrière cette théorie[1]. Le public accepte facilement cette thèse tant il lui

1. À l'audience du 18 mars 1983, alors qu'il est poursuivi pour des actes de nature pédophile perpétrés sur des enfants confiés à sa concubine, il utilise le

est difficile d'admettre qu'un homme seul puisse détruire ses semblables de la sorte sans bénéficier de complicités. Quelqu'un lui en veut, quelqu'un le jalouse. Ces citoyens au-dessus de tout soupçon endossent ainsi le rôle de la victime. Mais aucun ne réussit à démontrer l'existence d'un réseau ou d'une organisation qui lui en voudrait, aucun nom, aucune preuve n'est avancée. Pire, plus il essaie de le faire, plus il démontre le contraire. En outre, dans une région, il n'existe jamais qu'un seul pervers ou un seul criminel. Il y en a d'autres, et dans l'Yonne, on a le choix !

Petiot dira qu'après sa sortie de Fresnes où il avait été incarcéré par les Allemands, il s'était rendu dans la maison et avait été horrifié de ce qu'il y avait trouvé. Mais plutôt que de s'adresser à la police qui était évidemment infestée de collaborateurs qui ne l'auraient pas cru, il avait écrit à son frère, à Auxerre, lui demandant de lui livrer quatre cents kilos de chaux vive afin de l'aider à se débarrasser le plus rapidement possible des corps. La méthode était trop lente, alors il avait dû se résoudre à procéder à leur dissection et à leur incinération, ce qui avait abouti à leur découverte. À l'époque, ces propos étaient plausibles. Les policiers l'écoutent et font leur métier, ils enquêtent. Ils ne trouvent rien pour accréditer la thèse de Petiot. Les témoins que cite le docteur sont morts, aucun membre de

---

même moyen de défense, la thèse du complot. Il avoue pour se rétracter ensuite et déclarer qu'il est victime d'une machination émanant de l'ami de la fille aînée de Mme Binoche, « qui était jalouse de moi parce que celle-ci voulait mettre sa maison à nos deux noms ». L'avocat de Louis reprendra ce thème, celui de la machination : « En vérité, les enfants de Mme Binoche ne supportaient pas mon client et demandait la relaxe au bénéfice du doute… » Les jurés n'avaient pas de doutes, il fut condamné pour cinq ans. Fidèle à son modèle, il affirmera, de la même manière, que sa condamnation en 1989 était due à des jalousies, on l'avait dénoncé « par jalousie »… Jalousie de quoi ? Il vivait dans un mobil-home.

la Résistance ou d'un service de renseignements allié ne se rappelle son existence ou celle de son organisation, le réseau Fly-Tox. Plus l'enquête avancera, plus il deviendra évident qu'il a agi seul.

Émile Louis se déclare également victime d'un complot. Il y aura plusieurs versions : « On a mis les corps là pour me faire accuser, monsieur le président, ce n'est pas moi ! » Personne n'y croit, alors Didier Seban va habilement entrer dans son jeu et le pousser dans ses derniers retranchements. Mais rien n'y fait, il campe sur ses positions. « Je l'ai vu, c'est tout ce que je peux dire ; ils ne trouveront rien d'autre, car je n'ai jamais enterré quiconque, j'ai rien fait du tout. » Puis il fournit une nouvelle version : « Quand j'étais en prison, je pouvais rien, après c'était bien lancé derrière mon dos. » C'est exact, il est en prison en 1981, et l'on aurait caché des corps sur ses emplacements de pêche, comme pour Petiot dans son hôtel particulier ! On aurait donc attendu qu'il soit incarcéré, pour un meurtre qui n'avait pas encore été commis, pour cacher les corps de jeunes femmes mortes – dès 1977, d'après les experts en thanatologie[1] de l'IRCGN[2]. Les tueurs auraient donc patienté plus de quatre ans avec des corps en décomposition pour les enterrer spécifiquement aux lieux de pêche d'Émile Louis ! Pire, spécifiquement dans les lieux où il avait vu, en 1980, soit de la terre remuée, soit des hommes portant quelque chose… Une version totalement invraisemblable.

Pourtant, il voit des Arabes transporter un corps en 1980. Il remplace les collabos et les Allemands par les Arabes. Un réseau de traite des Blanches ou de prostitu-

1. Étude médico-légale des circonstances ayant entraîné la mort.

2. Institut de recherche criminelle de la gendarmerie nationale, situé à Rosny-sous-Bois.

tion ? Et puis, il y a tant d'affaires irrésolues dans la région, de dossiers perdus, de disparitions ou de meurtres qui demeurent des énigmes... Il s'agit forcément d'un réseau. Surtout que son bus était régulièrement suivi par une voiture blanche, une 104, conduite par... deux Arabes. En réalité, c'était sa maîtresse qui le surveillait.

Après la thèse du réseau, la deuxième version récurrente est celle du complot. Cette fois, les coupables sont son ancienne maîtresse et ses relations. Il parle de cette période où il vit avec Mme Binoche : « C'était une période terrible, depuis je me pose des questions. Une fois, je vais vous dire, on me croira si on veut ou pas, un jour je rentre à la maison à midi, et Binoche me dit : “Tu sais qu'Unetelle est disparue, encore ? C'est une que tu baiseras plus !” Mme Binoche était protégée par M. Moreau [ancien assesseur au juge des enfants d'Auxerre], j'étais le lampiste, on me cachait beaucoup de choses. Elle me suivait partout, à la pêche même, elle était tellement jalouse [...]. Tout ça, c'était derrière mon dos. » Il expliquera que les enfants de sa maîtresse ne l'aimaient pas, avaient peur de perdre leur héritage, et que c'était bizarre que les corps soient justement enterrés sur ses lieux de pêche habituels. Mme Binoche est morte, elle ne pourra plus témoigner. Émile Louis émet même des doutes sur les circonstances de sa mort. Cela complète le tableau. Mais Philippe Bilger va clore la discussion à sa façon : « Vous avez parlé de mafia, vous avez dit que vous aviez des choses à révéler, notamment sur des notables ?

– C'était dans les journaux, [ce sont eux] qui le disent !

– Il y a huit jours, vous avez évoqué des pistes, un réseau de prostitution, puis la mafia, puis des magouilles, des documents qui se sont volatilisés et d'autres choses. Pouvez-vous être plus précis ?

– Je voudrais, mais je peux pas dire, j'ai dit la mafia comme je dirais autre chose…

– Donc il ne faut pas vous croire… »

L'hypothèse du réseau est balayée. Reste la version du complot – complot fomenté par des proches. Philippe Bilger interroge Émile Louis sur ce point : « Dites-nous qui, donnez-nous des noms avant qu'il ne soit trop tard !

– Je n'ai aucune preuve, mais je me demande depuis longtemps s'il n'y a pas quelqu'un qui m'en veut, j'ai trouvé des choses bizarres, on s'en prend à moi, mais je ne peux pas savoir qui, j'y ai réfléchi pendant des années et j'ai tourné ça sur tous les points, et je ne sais pas, je réfléchis encore, je cherche. Je ne suis pas le genre à accuser en l'air. Tant que je n'ai pas de preuves, je ne dirai rien.

– Continuez à réfléchir… Si vous avez le nom de la personne, vous nous le donnerez. »

Après une courte pause, le président Getty reprend la balle au bond :

« Je me disais, il sait, il sait qui c'est, il a le nom de cette personne.

– Non, monsieur le président, je cherche. »

Alors le président Getty fait une intervention qui coupe le souffle à tous, peut-être même à Émile Louis qui marquera plusieurs temps d'hésitation :

« Monsieur Louis, vous le connaissez ce personnage qui vous en veut…

– Non.

– Vous savez ce nom. Cela fait vingt ans que vous cherchez, et cela fait vingt ans que vous connaissez le nom de quelqu'un de très proche de vous, quelqu'un qui vous en veut depuis longtemps… Celui qui vous mine, celui qui vous torture depuis vingt ans… »

Toujours pas de réponse. Le silence s'installe, pesant, dans toute la salle. Chacun observe le face-à-face des deux hommes.

« Je sais qui est la personne évoquée par l'accusé, c'est la bestiole, cette force irrésistible, n'est-ce pas, monsieur Louis, qui vous travaille depuis l'âge de quatorze ans, dites-le-nous, monsieur Louis, dites-le-nous ! »

Émile Louis baisse la tête.

« Le point commun de toutes ces affaires, cette bête qui vous hante, qui vous pousse à accomplir des actes abominables… vous l'avez dit dans vos aveux [1]… »

Devant le silence de Louis qui baisse toujours la tête, pour la première fois, comme un enfant grondé pris sur le fait, le président enchaîne d'une voix très forte, presque rude : « Vous savez ce nom depuis l'âge de quatorze ans, c'est la bestiole, la bestiole qui vous en veut ! »

Pas de réaction d'Émile Louis.

« Alors, il n'y a pas de nom, vous ne le trouverez jamais, il n'y a pas de réseau de prostitution, il n'y a pas de complot contre vous, le complot est dans votre tête, réfléchissez ! »

Pourquoi n'ont-ils rien dénoncé ?

Petiot prétendra qu'il ne pouvait s'adresser à la police qui était infestée de collaborateurs, ne l'aurait pas cru et l'aurait arrêté. De même, il ne peut nommer ses camarades avec lesquels il a fait disparaître des traîtres. « Je ne donnerai pas de noms, certains étaient prêts à témoigner pour

1. Lors de ces aveux de décembre 2000, Émile Louis prétend que, lors des meurtres, il était « habité par quelqu'un d'autre » qui le poussait au mal. « Cette force me poussait à tuer », dit-il. Après les meurtres, « la “bestiole” m'avait quitté ».

moi, je n'ai pas voulu [...]. Vous leur auriez fait mettre les menottes. » C'est beau : plutôt la mort que de donner ses camarades ! On les recherchera malgré tout, sans résultat, et pour cause... Ils n'ont jamais existé. Puis il évoquera les menaces, celles qui pèsent sur sa femme et son fils.

Émile Louis dit la même chose. Il était victime de menaces. Il fallait qu'il protège ses enfants, sa famille. Il met en cause les enquêteurs, en particulier Jambert. Il ne peut pas lui parler, parce qu'il est sa bête noire : « Qu'est-ce que vous voulez que je vous dise, M. Jambert n'en faisait qu'à sa tête. Il ne voulait pas que j'enquête sur cette affaire (*sic*) » Émile Louis est donc un justicier neutralisé par un enquêteur. Pire, selon lui, Christian Jambert aurait été jusqu'à susciter de fausses déclarations et fabriquer de faux témoignages contre lui !

Ils ne peuvent donc faire appel aux forces de l'ordre, ils n'essaient même pas. Ils agissent eux-mêmes dans l'intérêt de la justice ; ils s'improvisent justiciers. Ce sont des héros.

Petiot, se sentant recherché par le commissaire Massu de la Brigade criminelle, usurpe l'identité d'un inconnu mort en déportation, s'improvise capitaine et prend une part active dans la chasse aux collabos. Il participe à l'épuration comme enquêteur de la sécurité militaire, sous l'uniforme des FFI, Forces françaises de l'intérieur. Émile Louis, lui aussi, chasse les tueurs des disparues. Lors de la cour d'assises, il dira : « Plus tard, je le prouverai, il faut que je cherche, je continue. » L'avocat général lui demande : « Vous espérez trouver le véritable coupable ?

– Pour l'instant, je suis au trou, je peux rien faire, rien dire, y a des choses qui me tourmentent... J'ai toujours été le lampiste...

– Ça veut dire quoi ?

– Je vais vous dire quelque chose. J'ai eu une drôle de période avec Mme Binoche, une période terrible. Depuis, je me pose des questions. Il faut quand même que je prouve mon innocence. »

C'est effectivement à la période où il fréquente Mme Binoche et quitte sa femme qu'il tue les sept jeunes disparues. Émile Louis analyse finement la situation : c'est bien une « drôle de période ».

Le patriotisme comme système de défense : résistant ou criminel ?

Petiot est poursuivi pour vingt-sept meurtres, il en revendique haut et fort soixante-trois. Mais pas les mêmes. Selon lui, ses victimes n'ont eu que ce qu'elles méritaient, car il s'agissait d'ennemis de la France. Il a rendu service à son pays, accompli des actes patriotiques et s'offusque d'être traduit devant une cour d'assises, lui qui a été décoré de la médaille des Engagés volontaires lors de la Première Guerre mondiale. Mais il restera sans voix lorsqu'on lui demandera d'expliquer comment un garçonnet de sept ans, l'une de ses victimes, pouvait être un traître à la solde des Allemands…

Il est exact qu'il a rejoint la Résistance sous le pseudonyme « capitaine Valéry », mais seulement pendant sa cavale, c'est-à-dire après que le charnier de la rue Le Sueur a été découvert. La meilleure cachette n'était-elle pas, justement, la caserne de Reuilly ? Là où se pratiquait l'épuration, là où il valait mieux ne pas trop mettre son nez, même pour les policiers ? Ainsi, celui que toutes les polices de France recherchaient était là, à portée de main, participant à l'épuration du Paris de la Libération. Qui peut encore s'en étonner ? Cela lui permettait surtout de continuer à assouvir ses instincts meurtriers. Le tueur se fait enquêteur, passe de l'autre côté de la barrière, tue légalement… et peut devenir un héros ! Les agents du Département d'analyse comportementale du FBI soulignent que les tueurs en série tentent fréquemment de suivre l'enquête menée sur leurs crimes au plus près, et rêvent souvent secrètement d'être des militaires, des agents secrets ou des policiers. C'est leur côté justicier… Petiot devient lui-même enquêteur. Sa mission : démasquer les traîtres à la patrie. C'est ainsi qu'il parvient à côtoyer les policiers sans qu'ils parviennent à l'identifier. Quelle jubilation ! Il n'est pas le seul. À cette époque trouble, les autorités françaises savaient bien que nombre de bandits s'étaient faufilés parmi les patriotes. Il deviendra même un serviteur très zélé de l'épuration.

Mais était-ce un vrai résistant ? L'enquête du commissaire Massu révélera, au contraire, qu'il s'agissait d'un mensonge. Petiot, emprisonné par les Allemands dans la même cellule que des gars de la Résistance, s'était fait raconter de nombreux détails sur leur réseau, notamment sur le fonctionnement de la Résistance, ils lui ont même cité des noms, des scènes, des organigrammes qu'il mémorisa soigneusement. C'est ce dont il se servira pour intégrer les rangs des FFI à la Libération et pour se défendre. Il prétendra, en outre, avoir suivi un entraînement intensif d'espion avec les Anglais et avoir monté une mission pour démasquer des traîtres infiltrés dans certains réseaux de la Résistance. C'est ainsi qu'il revendique avoir éliminé plus de soixante-trois traîtres : « On me reproche vingt-sept crimes, mais pour qui me prend-on ? J'ai procédé à soixante-trois exécutions d'Allemands, de SS, de traîtres, d'indics ou d'agents provocateurs juifs… Je suis le plus grand résistant français ! » lancera-t-il en pleine audience, ayant perdu la mesure des choses.

Émile Louis aussi s'autorise à punir les collabos et les faux résistants, à l'exemple de son compatriote. Car il est également un patriote ! Il clame haut et fort à la cour d'assises que si une Troisième Guerre mondiale éclatait, tout vieux qu'il est, il prendrait les armes pour défendre son pays. Dès quinze ans, il accomplit des actes patriotes : il s'autorise à punir lui-même de faux résistants et met le feu au hangar d'un voisin. Il refuse qu'on lui parle de cet épisode, il le niera longtemps, avoue à demi-mot qu'il s'était trompé. Connaissait-il déjà Petiot ? Cela faisait trois ans que ce dernier avait été exécuté. Dans la région, la polémique grondait toujours : Petiot, résistant ou criminel ? Chacun son opinion. Mais Émile Louis, du haut de ses soixante-dix ans, a toujours l'esprit hanté par la guerre et les règlements de comptes de la Libération. Ses proches affirment qu'il n'a cessé de lire des livres sur cette période, avec un intérêt particulier pour les écrits de Faurisson, découverts chez lui lors de son arrestation. Il a encore en tête les valeurs de cette époque, les drames et les scandales qui l'ont profondément marqué. Il dit d'ailleurs : « J'étais trop jeune, sinon… »

Petiot a-t-il joué un rôle aussi important dans la vie de Louis que dans la vie judiciaire française à la fin de la guerre ? À cette époque, Émile Louis apprend que son père n'est pas son géniteur, mais son père nourricier. Il a été abandonné. Adopte-t-il alors ce grand résistant, injustement guillotiné, cet homme à la une de la presse, ce voisin, comme modèle, comme père ?

Tous les grands criminels, dit-on, reflètent une époque et en sont le miroir déformant. Émile Louis ne reflète pas notre époque, ni même celle des années 1970 ; il est bien l'homme d'une autre époque, il détonne. Il vit encore dans le passé. Il dira, lors de l'audience des assises de Draguignan, qu'il écrit ses mémoires, en deux tomes : *Un enfant dans la tourmente de la Seconde Guerre mondiale* et *Ce que fut ma vie, ou plutôt ma pauvre vie, de la Libération à aujourd'hui.* On le voit bien, la guerre est omniprésente. Intégrera-t-il à ses mémoires des passages sur son maître ?

Lors de sa première incarcération en 1981, il n'hésitera pas à écrire à François Mitterrand, alors président de la République, pour lui demander, en tant qu'ancien résistant, de l'aider. Puis, dans une sorte de délire absolu où le temps semble s'être effacé, il rédigera un courrier où la peur est palpable, prétendant qu'il va être fusillé à l'aube.

Son plus grand regret, dit-il, est d'avoir été trop jeune pour jouer un rôle lors de la Seconde Guerre mondiale.

Le thème du patriotisme, récurrent chez Émile Louis, est la clé de ses actes. Il s'est construit autour de cette idée d'héroïsme, celui de son père d'abord. Lorsqu'il en parle, sa voix tremble, l'attitude est moins arrogante ou ironique, puis il finit pas s'avachir sur le bord du box, et pleure. Tout à coup, il a des accents de sincérité et parle de son père, ce héros de la guerre de 1914, gazé et médaillé. Comment a-t-on traité cet homme ? Comment l'a-t-on récompensé de son dévouement pour la patrie ? En tondant ses filles et sa femme sur la place du village de Pontigny ! Émile Louis apitoie. Il oublie de dire que ses parents servaient les Allemands à la Kommandantur de Pontigny qui occupait la magnifique abbaye qui s'y trouve, qu'on les soupçonnait d'entretenir des relations avec les Allemands qu'ils recevaient à leur domicile. Puis il affirme que son père travaillait pour la Résistance, et voici encore une nouvelle version, sans témoignage, sans preuve. Il faut absolument que sa famille soit sans tache par rapport à la guerre. C'est un processus de sublimation. Il oublie également de dire qu'il a lui-même dénoncé ses sœurs, et que son patriotisme l'amènera à voler la caisse de l'Association des anciens combattants de Draguignan, dont il était le porte-drapeau...

Au deuxième jour de l'audience de la cour d'assises de Paris, Marcel Petiot pleure. Oui, il pleure, comme Émile Louis, sur la façon dont ses anciens camarades de la Résistance ont donné leur vie à la patrie. Il pleure aussi sur lui-même, racontant comment il a tout tenté, tout donné, pour servir au mieux son pays ! Mais quelques restes humains mal calcinés l'ont accusé. Sans un incendie de cheminée, celui qui appliquait la solution finale aurait fini dans la peau d'un patriote couvert de gloire.

Patriotisme encore, lorsque Émile Louis affirme s'être engagé par amour de la patrie dans la marine à dix-sept ans, dit-il à la cour d'assises de l'Yonne. Le président Getty lui rappelle alors gentiment que c'est son éducateur qui l'a incité, pour ne pas dire plus, à s'engager, espérant que cela lui permettrait de « se redresser ».

Difficile de convaincre quand votre prétendu patriotisme est coloré de goût pour les tortures et le nazisme. Petiot avouera un goût prononcé pour les pratiques nazies, et se dira fasciné par leurs thèses. Émile Louis aussi ! Jusqu'à faire lire à ses amies des livres sur les tortures nazies. Yvette en témoignera, à la barre de Draguignan : « Il m'a confié des livres avec des images porno zoophiles et sadomasos [...]. Il y avait des soldats allemands, des *gretchens* qui se donnaient du bon temps et se faisaient violer dans tous les sens, il y avait même des animaux.

– C'est pas vrai ! s'écrie Louis. C'était du Christian Bernadac, j'avais acheté toute la série au marché aux livres de Draguignan. Monsieur le président, je ne sais pas si vous l'avez lu ?

– Oui... mais dans mon souvenir, répond le magistrat avec humour, je n'y ai jamais vu des *gretchens* s'y faire sodomiser par des chiens ! »

Touché, Émile Louis se lance dans une nouvelle version :

« Ces livres-là, on me les a donnés, monsieur le président, je voulais m'en débarrasser... Et je ne les ai jamais regardés ! »

Personne ne le croit, évidemment. Ce qui est frappant, c'est que Louis choisit des éditions particulières, avec des scènes pornographiques ou zoophiles relatives à la dernière guerre mondiale et mettant en scène des soldats allemands. Faut-il rappeler que, dans cette audience du Var, Émile Louis était jugé pour des actes de barbarie, de tortures et de viols ?

Deux élus au-dessus de tout soupçon

Petiot, en tant que conseiller général de l'Yonne et maire de Villeneuve-sur-Yonne, élu sur une liste de gauche, est manifestement convaincu qu'en sa qualité de notable, puis d'ex-notable, ses relations vont le protéger. D'autant que le père de son épouse est quelqu'un de puissant. Petiot vise la députation de l'Yonne, mais les rumeurs de plus en plus insistantes qui courent sur des disparitions anormales dans son entourage, lui ferment définitivement la porte.

Pour Émile Louis, la consécration arrive fin 1981. Il est élu conseiller municipal de Seignelay (Yonne), pas très loin de la terre où il a enfoui ses victimes. Conseiller à la mairie où Petiot s'était marié ! Il endosse alors le costume infiniment respectable du petit notable local, sous la houlette d'un gendarme, le colonel Robert Rapin, maire de Seignelay, qui l'a accueilli sur sa liste aux municipales en novembre 1981. Cette liste est très marquée à droite, mais le délégué CGT Émile Louis n'est pas à une contradiction près. Il est élu conseiller municipal le 6 décembre 1981 et, le 11, devient membre de trois commissions municipales dont celle des affaires sociales et familiales et celle des affaires scolaires. Cela confirme ce que confiait le commissaire Souvira à *Libération* au sujet de l'affaire Lefort : « Les pédophiles ont souvent une double personnalité : en façade, ce sont des pourfendeurs qu'on retrouve sur tous les fronts de la défense des enfants ; et derrière, ils tissent leurs réseaux pour mieux attraper leurs proies. »

Émile Louis est bien sur tous les fronts : chauffeur des instituts, père nourricier et maintenant membre des commissions des affaires sociales, familiales et scolaires de sa commune ! Un homme au-dessus de tout soupçon, qui peut se protéger… alors qu'il a déjà enlevé et tué au moins sept jeunes filles, voire huit, et qu'il viole ou agresse sexuellement trois enfants confiés à sa concubine… Il est à son degré maximal de puissance et d'impunité… Au sommet de sa carrière !

Petiot et Louis. L'un et l'autre auraient sans doute poursuivi leur progression politique s'ils n'avaient été arrêtés.

Une influence commune : la médecine légale

Les ressemblances ne s'arrêtent pas là. On en retrouve dans les moindres détails de leurs modes opératoires respectifs et jusqu'à leurs sources d'inspiration.

Les médecins légistes ne savent pas exactement comment Petiot tuait ses victimes. Cela reste un mystère. Aucune trace d'arme, de lutte, de poison. La police scientifique n'était pas encore celle que l'on connaît aujourd'hui, et l'état de décomposition des cadavres, l'interaction de certaines substances avec la chaux vive, ou la chaleur des calorifères pouvaient fausser les résultats et masquer certaines substances ou certains indices. Et malgré l'absence d'informations sur le mode opératoire utilisé par Petiot pour tuer ses victimes, l'état des corps va malgré tout apporter des indications précieuses, qui détruisent totalement la thèse du complot avancée par Petiot. Les médecins légistes qui examinent les débris humains retrouvés au 21 de la rue Le Sueur constatent que la plupart des cadavres étaient relativement frais, et que les plus anciens, compte tenu de leur état de décomposition, ne remontaient pas à plus de deux mois, c'est-à-dire après la libération de Petiot par les Allemands. Ainsi, les Allemands ne pouvaient les avoir abandonnés pendant son incarcération.

L'enquête médico-légale révèle également que les corps ont été découpés avec une précision chirurgicale et ne présentent pas de blessures par balle, ni de trace de fractures. Ils concluent que seul un médecin, et même un légiste, peut avoir ainsi dépecé des corps. Le Dr Paul dira à la barre de la cour d'assises : « À l'examen, j'ai pensé tout à coup avec effroi qu'il s'agissait de l'œuvre de l'un de mes élèves ; en effet, lorsque je pratique une autopsie et que je lâche le couteau pour prendre la sonde, je l'enfonce, pour ne pas me piquer, dans la cuisse du cadavre – c'est un truc de médecin légiste [...]. Je me suis aperçu avec effarement que les cadavres de la rue Le Sueur portaient cette trace. » Pour lui, c'est donc un spécialiste qui a traité le dépeçage des cadavres : « C'est l'œuvre d'un spécialiste du bistouri », soulignera-t-il encore. Il indique également qu'ils portent les mêmes stigmates que des corps qui ont été retrouvés dans la Seine et dans la banlieue parisienne, à des dates correspondant aux premières disparitions. Il note qu'il y a eu « entre le 7 mai 1942 et janvier 1943 (c'est-à-dire avant l'arrestation de Petiot par les Allemands) dans la banlieue de Paris une véritable bouffée de ces cadavres à la cuisse piquée ; depuis, on est revenu à la normale ». Et pour cause : Petiot ne s'en débarrassait plus dans la Seine, il les brûlait dans son hôtel particulier.

Quant au Dr Martin, il apporte des précisions supplémentaires dans une interview accordée au journal *Libération* en 2000. Il se souvient très bien de Petiot ; il jouait aux échecs avec lui, à Ivry, où Petiot était temporairement interné d'office par le préfet, probablement pour le vol d'un livre sur le boulevard Saint-Germain. Il se souvient d'un homme « froid et égocentrique » qui lui précisera : « Moi aussi, j'ai fait médecine légale. » Ce qui est exact, puisque que Petiot assurait également cette fonction dans l'Yonne. De nos jours, de nombreux médecins « de campagne » assurent toujours cette fonction en complément de leurs attributions. Il arrivera même à Petiot d'autopsier ses propres victimes, s'assurant ainsi une totale impunité. Pendant l'Occupation, Martin recroisera Petiot dans la rue, « une énorme valise sur son vélo. J'ai dit à ma femme : "Qu'est-ce qu'il doit faire comme marché noir !" ». Mais il confie avoir reconnu par la suite la valise en question sur les photographies des bagages des victimes de Petiot. Il se souvient que « sur ses cadavres, il y avait des stigmates de légiste, une plaie post mortem en haut de la cuisse, la marque du bistouri qu'on avait l'habitude de planter dans la cuisse pour ne pas se blesser quand on autopsiait ». Selon lui, cela l'accablait aussi sûrement que les autres indices relevés par les médecins légistes, telles les empreintes découpées ou les ligaments vertébraux sectionnés pour plier les corps : de vraies signatures de technique médicale, effectuées par un spécialiste du scalpel. Difficile, dès lors, d'affirmer qu'on avait affaire à plusieurs tueurs. Seule la signature médicale de Petiot apparaissait[1]. Petiot était ainsi démasqué par la science légale. Les men-

1. *Libération* du 25 juillet 2000, Patricia Tourancheau.

songes d'Émile Louis également : les thanatologues détermineront que les victimes dont les squelettes ont été retrouvés ont été tuées dans les années 1977, avec une marge d'erreur ne permettant pas à Émile Louis d'avoir vu leur corps se faire enterrer en 1980. Quant à son mode opératoire, Louis ne s'est pas vraiment expliqué sur sa manière de procéder, mais nous pouvons la déduire des actes auxquels il s'est livré sur ses autres victimes qui ont été ligotées, droguées, torturées, bâillonnées jusqu'à la suffocation.

Le mode opératoire de Petiot aurait-il inspiré Émile Louis ?

D'après les témoignages recueillis, le Dr Satan faisait croire à ses victimes qu'il devait les vacciner avant leur départ pour satisfaire aux réglementations en matière d'immigration des pays dans lesquels ils devaient se rendre. Il leur administrait probablement une dose mortelle de poison. Il y fait lui-même ironiquement allusion lorsque le magistrat, qui vient lui annoncer la date de son exécution, manque de défaillir ; il lui rappelle, sur le ton de la plaisanterie, qu'il « était médecin et qu'il pouvait lui faire une piqûre pour le réanimer ».

Émile Louis aussi garde le secret de son mode opératoire. On sait comment il a procédé avec les femmes et les enfants qu'il a violés et qu'il n'a pas tués. On sait, en particulier, qu'il drogue ses victimes. Il leur fait avaler une boisson contenant diverses substances. Lui aussi possède une sorte de cabinet secret, un cabanon aménagé où il séquestre ses victimes après les avoir droguées. Plusieurs jeunes femmes encore vivantes en attestent. Mais ces victimes attestent encore d'autres choses, de ces jeux pervers avec des objets, et en particulier… une seringue !

On retrouve la fameuse piqûre, avec une utilisation différente. Émile Louis la fait dans l'anus de ses victimes, il continuera jusqu'en 1992. Est-ce la seringue qui l'excite ? Joue-t-il au bon Dr Satan ?

En ce qui concerne les rituels de mort de Petiot comme de Louis, on ne sait pas grand-chose. On sait seulement que le second tailladait sa dernière épouse sous un sein, et l'on retrouvera chez lui des livres relatifs aux tortures des nazis sur les femmes. Quant à Petiot, on relate la découverte, dans son cabinet, d'une collection d'organes génitaux conservés dans des bocaux, montrant qu'il est en proie à des obsessions sexuelles très particulières. Et on ignore si les cadavres retrouvés dans la Seine ou au 21 rue Le Sueur avaient encore un sexe. Ce qui est certain, c'est que beaucoup de spécialistes se sont trompés sur son compte en pensant que son seul mobile était de s'approprier les biens de ses victimes. Non, ce n'était qu'un bonus. Car, à l'origine, il y avait bien, comme pour tous ses collègues tueurs en série, une dimension sexuelle, essentielle. Petiot avait d'ailleurs osé dire à sa famille qu'il souhaitait être chirurgien « pour palper la chair meurtrie, étancher le sang, entendre gémir les mourants et recueillir leurs suprêmes pensées, leurs secrets et peut-être en tirer profit ». Son père, ne pouvant supporter les divagations de son fils, l'avait chassé de la maison. Émile Louis a les mêmes obsessions. Il dira à l'un de ses voisins qu'il « aimerait sortir une jeune fille et lui faire l'amour après l'avoir attachée nue à un arbre et lui avoir fait subir des actes avec un fouet [1] ».

Pour Petiot, la version de la piqûre, qui est devenue officielle, est parfois contestée. Mais ce qui est important, dans le cas d'Émile Louis, ce n'est pas le véritable mode

1. Ce voisin témoignera à la barre de plusieurs cours d'assises.

opératoire employé par Petiot, mais celui qui a été véhiculé par les médias, ce qui a été divulgué, à savoir la thèse officielle, celle qui a pu marquer l'esprit d'un jeune adolescent et dont il a pu s'inspirer, c'est-à-dire la piqûre. Est-ce la raison pour laquelle il avait si peur des piqûres ? Encore que la version retenue par certains milieux bien autorisés consisterait à dire que ce n'était pas la piqûre qu'utilisait Petiot, mais qu'il plaçait dans « la pièce aux anneaux » un seau contenant de l'acide sulfurique et de l'eau distillée. Et, au moment de sortir de la pièce, il y laissait tomber des boules de cyanure de potassium, ce qui dégageait un gaz mortel. Le viseur lui servait à s'assurer que ses clients étaient bien morts. Mais quid des doubles bâillons apposés par Émile Louis sur ses victimes... ? Ne visaient-ils pas également à les faire suffoquer ? Il est le seul à pouvoir nous le dire.

Des profils qui se ressemblent : les signes avant-coureurs de leur psychopathie

Enfants, Louis comme Petiot présentent tous les deux des signes avant-coureurs de la psychopathie. Ils ont en commun un penchant pour la pyromanie, leur cruauté envers les animaux, syndrome d'une tendance psychopathique. Leurs personnalités égocentriques et leur côté menteur les rapprochent également. Tous deux connaîtront d'ailleurs l'hôpital psychiatrique.

Les deux hommes sont pyromanes. Petiot installe son premier cabinet médical à Villeneuve-sur-Yonne. Il a vingt-quatre ans. Survient alors un décès étrange, celui d'une riche veuve retrouvée assassinée dans un incendie criminel. Par la suite, Petiot brûle les cadavres de ses victimes, s'inspirant lui-même, sans aucun doute, de son sujet de thèse, Landru. Émile Louis, pour sa part, met le feu à une grange, puis tente de brûler les vêtements de ses victimes. Se souvient-il que l'on avait reproché à Petiot, lors de son procès, de ne pas les avoir incinérés dans les calorifères ?... Pour Émile Louis, y en a-t-il trop pour les brûler ? Ou ne parvient-il pas à les enterrer assez rapidement ? Ou encore, expérimente-t-il cette nouvelle méthode ? L'expert désigné à son procès expliquera à la barre que les vêtements avaient été arrosés après avoir été placés dans un trou creusé à même la terre ; le dessus a brûlé, ceux du fond non. Un travail d'amateur, dira-t-il à la barre, celui d'une personne qui avait fait une tentative avec trop peu d'essence, seuls les vêtements du haut avaient été imbibés. Mais à l'audience, Émile Louis maintient qu'il n'y est pour rien. Quand on lui rétorque que c'est lui qui a désigné l'endroit, il répond que ça ne peut pas être lui qui a mis le feu aux vêtements « parce que moi, je roulais avec du super, je n'ai jamais eu aucun carburant dans la voiture ». L'expert lui rétorque : « Je n'ai jamais dit que ce n'était pas du super... » Alors Émile Louis s'énerve : « Si c'était moi, je n'aurais pas réagi comme ça, je les aurais foutus dans le serein, carrément, on les aurait jamais retrouvés. » Quand Didier Seban, l'avocat des parties civiles, lui demande s'il avait un bidon dans sa voiture, Émile Louis répond : « Je n'ai jamais eu de bidon dans ma voiture. » Didier Seban lui demande alors s'il a déjà eu une panne d'essence. Louis répond trop vite : « Jamais je suis tombé en panne, je n'ai jamais eu d'essence dans ma voiture. » Alors l'avocat marque un point, il cite un procès-verbal de 1982 où l'une de ses victimes l'accuse de lui avoir fait le coup de la panne et d'avoir sorti un bidon d'essence de son véhicule : « Pourtant, elle vous voit "partir avec un bidon". »

Qui plus est, les deux hommes manifestent très tôt un penchant pour la cruauté envers les animaux. Enfant, Marcel Petiot est inquiétant. Il fait preuve d'une cruauté froide qui horrifie les siens. Son chat gris sera plongé dans l'eau bouillante d'une lessiveuse, et ça l'amuse beaucoup. Il exige de dormir avec lui, est pris de convulsions quand on tente de l'en empêcher ; au matin, Marcel est couvert d'égratignures, et le chat est mort. Quand ses parents lui demandent de s'expliquer, il sourit. Il déniche des oiseaux, les met en cage, et son plaisir consiste à leur crever les yeux pour les voir se cogner aux barreaux. Plus tard, pour ses travaux de recherche, il se livre à des expériences sur les chats des rues qui lui paraissent des sujets tout à fait corrects. Il endort leur méfiance. Il les nourrit pour les mettre en confiance, et lorsqu'ils se laissent approcher, il les emmène pour pratiquer sur eux des actes de vivisection. De l'expérimentation sur l'animal à l'homme, il n'y avait pas si loin ! Émile Louis achève les chiens à la carabine. Le sang-froid avec lequel il s'exécute impressionnera ses amis. Une froideur totale. Certains chercheurs américains, en particulier le Dr Arnold Arluke, de Boston, souligne que « les gestes de violence portés sur les animaux peuvent être considérés comme un drapeau rouge précédant un acte violent et antisocial ». D'autres estiment que la violence envers les animaux serait le prologue à celle tournée vers les hommes. C'est une composante régulière de ce type de criminels.

Pour les psychiatres, Petiot fait preuve d'absence totale de sens moral. Il voit dans la guerre le moyen de s'enrichir, mais pas seulement. L'œilleton qu'il installe dans le mur de la pièce « aveugle » du 21 de la rue Le Sueur, démontre qu'il suivait l'agonie de ses victimes. Jouissait-il du spectacle de la mort en direct ? Il a d'ailleurs pris le soin d'installer l'œilleton non pas à sa hauteur, mais à celle de la victime mourante. Mais cette fois, Petiot ne pourra pas jouer la démence, les experts ne marcheront pas ; ils le décrivent comme entièrement responsable, « un simulateur remarquablement intelligent, un pervers qui a le goût du mal, un être amoral ».

L'œilleton dans la cloison, c'est utile, alors Émile Louis recycle l'idée et pratique des trous dans la cloison séparant sa chambre de celle des enfants dont sa concubine est la nourrice. Trois petits trous invisibles, puisqu'ils ont été pratiqués au fond d'un placard, mais suffisants pour contempler les enfants dans leurs lits. Des enfants qu'il finira par agresser, ce qui lui vaudra une condamnation. Lors du procès, il niera être l'auteur de ces trous. Mais le procureur de la République relèvera que le pavillon était neuf, et qu'il en était le premier occupant. Détail frappant : comme le judas de Petiot, celui d'Émile Louis est placé à la hauteur des lits des jeunes filles. Pour « mater », il fallait être assis sur une chaise, debout c'était impossible. La chaise lui permettait-elle de rester à son poste d'observation pendant plusieurs heures ?

Des procès à l'identique

Le procès de Petiot s'ouvre le 18 mars 1946. C'est un événement. Il attire le Tout-Paris des intellectuels, des personnalités, des journalistes poussés par une curiosité ou une fascination malsaine, étonnante compte tenu de la guerre, de ses atrocités et des autres procès en cours. Il s'agit d'un procès-fleuve de seize jours, seize audiences. Les pièces à conviction pèsent trois tonnes, le dossier de la procédure trente kilos et les témoins sont au nombre de quatre-vingt-dix. On impute à Petiot vingt-sept meurtres, il sera condamné à mort pour vingt-cinq. Pour

Émile Louis, l'audience dure également seize jours si l'on retient l'audience civile, plus de quatre-vingt-dix témoins seront appelés à la barre, le dossier pèse plus de trente kilos et représente à peu près vingt-sept tomes ; il est condamné le 26 novembre 2004, pour sept assassinats, à la réclusion criminelle à perpétuité. Sans le vouloir, il se rapproche encore de son modèle !

Nouveau hasard ? La cour d'assises relative à l'affaire Émile Louis se déplacera sur les lieux où les corps ont été retrouvés, comme pour Petiot pour lequel elle s'était déplacée au 21 rue Le Sueur. Faits rares, pourtant. Un moment jubilatoire pour chacun des deux tueurs. Petiot usera d'humour noir, fera les honneurs de son cabinet, expliquera le fonctionnement du judas de la pièce aveugle, indiquera comment il s'y prenait pour faire disparaître les corps. La visite se déroulera dans le chaos total, certains allant jusqu'à récupérer des trophées, des bocaux d'organes humains, des os. Louis, lui, n'a pas l'air affecté par ce transport sur les lieux en compagnie des familles des victimes, et sous l'œil des journalistes. Dès son arrivée, il se soulage sur les lieux. Elsa Vigoureux, journaliste au *Nouvel Observateur*, indiquera dans sa chronique journalière sur Internet qu'il « a immédiatement demandé à satisfaire un besoin naturel ; oui, il a marqué son territoire avant d'entraîner fièrement ses visiteurs ». Les victimes ont l'impression d'une profanation.

Tous deux présentent un curriculum criminel exceptionnel, mais incomplet

Petiot est né le 17 janvier 1897 à Auxerre ; Émile Louis le 26 janvier 1934, également à Auxerre.

Dès les premiers jours d'un procès d'assises, il est d'usage d'évoquer la vie et le parcours du criminel. En ce qui concerne Petiot, c'est un parcours exceptionnel : dès l'école, il passe de conseil de discipline en conseil de discipline, pour être finalement renvoyé à douze ans pour avoir tiré un coup de feu dans le plafond de sa classe et volé des affaires dans le pupitre de ses camarades. Il a déjà le goût du risque. Bien que son père soit un employé des Postes, il s'exerce, à l'aide d'un bâton enduit de glu, à dérober le contenu des boîtes postales pour y voler les mandats. Lorsqu'il s'installe à Villeneuve-sur-Yonne, il s'y livre à des détournements des fonds municipaux. Plus tard, il se dira « médecin des ouvriers » ou « médecin des pauvres », pratiquant des honoraires raisonnables, assurant des tournées dans les quartiers déshérités. Parfois même, il soigne gratuitement. Il joue à la perfection le personnage qu'il s'est composé, celui du médecin des petites gens, mais il les inscrit à l'Assistance médicale gratuite d'office, organisme qui subventionne les médecins des pauvres, dont il empoche régulièrement les subventions. Un double paiement, en somme ! Dans le même temps, il n'hésite pas à subtiliser divers petits objets chez ses clients.

Mais il y a plus grave : Petiot n'attend pas la guerre pour assassiner. Sa servante et maîtresse, Louisette, disparaîtra inexplicablement alors qu'elle est enceinte de lui. Avant de disparaître, elle aurait confié à une amie qu'elle était enceinte de Petiot et que « le bon docteur va arranger cela ». Un avis de recherche est lancé, qui demeure vain. Le « bon docteur » dira qu'elle est partie sans lui dire où elle allait, après une petite brouille. Petiot est encore un notable, et la tradition est lourde dans l'Yonne : il n'y aura pas d'enquête. Élu de gauche, son premier discours commence par les mots suivants : « Il faut dominer ceux qui peuvent vous causer des tracas et leur imposer notre volonté. » Pour sa part, il domine ; le brigadier qui enquête sur la disparition de sa maîtresse est déplacé, et son successeur ne poursuivra pas l'enquête. Pourtant, à peine quelques jours plus tard, la police de Dijon découvre dans le Rhône une malle en osier dans laquelle repose le cadavre d'une jeune femme correspondant au signalement de Louisette. Les deux servantes suivantes, Yvonne et Marcelle, disparaîtront à également. Une voisine prétendra avoir vu Petiot les enterrer, mais les vérifications effectuées ne donneront rien. Interrogé, le docteur dira aux gendarmes : « Elles avaient des têtes à faire le trottoir… Donne-t-on des nouvelles quand on est une fille de joie ? » Mais dans le pays, on parle. D'autant que c'est au tour de la gérante d'une coopérative laitière, également maîtresse de Petiot, de disparaître dans l'incendie criminel de son entrepôt. Petiot a été aperçu par un témoin juste avant l'incendie, le témoin meurt trois heures après avoir témoigné et rencontré Petiot à son cabinet. C'est Petiot qui a établi le certificat de décès.

La rumeur enfle. On s'aperçoit également qu'il détourne du courant. Son système est ingénieux, il capte le courant à l'aide de pointes d'épingles plantées dans les fils électriques. La compagnie d'électricité porte plainte, et il est traduit devant le tribunal correctionnel de Joigny qui le condamne à quinze jours de prison et une amende conséquente. La rumeur court de plus belle, mais Petiot rétorque qu'il s'agit d'un complot politique. Le complot, encore… ou plutôt, déjà ! Il est néanmoins révoqué de ses fonctions de maire, exclu du conseil général et chassé de l'Yonne, qu'il quitte pour Paris avec son fils et sa femme qu'il a épousée devant le maire de Seignelay – la commune dont Émile Louis sera, des années plus tard, brièvement adjoint – et s'installe au 66 de la rue Caumartin. Mais le brave docteur ne tient pas en place, il se fait prendre en flagrant délit de vol d'un livre à la librairie Gibert, boulevard Saint-Michel. Retour en psychiatrie où l'expert note un déséquilibre psychique et des manifestations de délire de la persécution. Il bénéficiera d'un non-lieu de plus et sera interné dans une clinique d'Ivry où sa route croisera celle du Dr Martin, médecin légiste. À Paris, il connaît quelques démêlés avec la justice, relatifs à la drogue qu'il délivre à ses patients, ou parce qu'il pratique des avortements. Les victimes n'iront pas au bout de leur procédure, elles disparaîtront...

À l'évocation de ce passé, le président de la cour d'assises se trouvera confronté aux dénégations de Petiot qui rejette tout en bloc, même les condamnations judiciaires avérées, et s'indigne à l'évocation de son passé : « Ah, si on commence comme ça ! »

Émile Louis n'agira pas autrement à la cour d'assises. Ne voulant pas qu'on reparle de ses actes passés, refusant de s'en expliquer, il dira avec colère : « J'ai payé ma dette, j'ai fait ma peine, je n'ai pas à y revenir ! » Lui aussi a un lourd passé criminel, d'une autre nature. À l'école, on le dit menteur, ses institutrices en gardent une image peu élogieuse ; puis c'est au tour de l'incendie qu'il allume pour punir un faux résistant ; puis ce sont les agressions sexuelles à répétition. Dès 1962, il est condamné pour détournement de mineure, puis, en 1981, il est soupçonné du meurtre de Sylviane Lesage qui était sa maîtresse et bénéficie d'un non-lieu incroyable. Puis il assure des transports d'enfants dans le Var ; les parents se plaignent, que fait-il aux enfants ? Il y a les affaires Werner, Ziegler[1], et toutes celles qu'on ignore, jusqu'en 1989 où il est à nouveau condamné. Il y a aussi toutes ces affaires qui

1. Toutes ces affaires sont demeurées sans solution judiciaire.

ne sont pas résolues dans l'Yonne : Lucette Evain en 1970, Élisabeth Fontaine en 1979, et d'autres encore, dans lesquelles il est soupçonné – des affaires qui mériteraient d'être examinées. Le « tableau de chasse » d'Émile Louis est-il sous-estimé ?

Lorsque le procureur Dupin réclamera la tête de Petiot, ce dernier ne sourcillera même pas. Il sera condamné à la peine capitale pour vingt-cinq victimes, et sera exécuté, le 25 mai 1946, à l'aide d'une « guillotine de voyage ». Ne subsistera de lui que la photographie de l'Identité judiciaire numéro 868 072, prise le 2 novembre 1944 par les policiers, et une phrase qu'il a laissée sur l'un des murs de sa cellule en guise d'épitaphe et d'aveu : « Ce que j'ai fait, c'est par esprit sportif que je l'ai fait ; je ne demande même pas de remerciements. »

Émile Louis ne manifestera aucune émotion à l'énoncé du verdict de la cour d'assises de l'Yonne, et si l'on y réfléchit, il s'en tire bien, finalement. Il a vécu sa vie, en a joui. S'il avait été arrêté dès 1977, il aurait encouru la peine de mort.

Le lendemain du verdict, lors de l'audience civile, alors qu'il ne reste plus de journalistes ni de public dans la salle, il est égal à lui-même, même regard, même attitude, il n'est pas marqué par une nuit d'insomnie, ne crie pas son innocence, il est tranquille…

Même en prison…

Si incroyable que cela puisse paraître, même en prison le parallèle entre les destins d'Émile Louis et de Marcel Petiot s'établit. Petiot écrit en prison un livre intitulé *Le Hasard vaincu*, publié à compte d'auteur. Cet ouvrage dévoile les multiples manières de gagner aux jeux de hasard. Il fait figurer la dédicace suivante : « À vous qui m'avez procuré ces loisirs. Les recherches ont été effectuées par le Dr Eugène, ex-chef du groupe de Résistance Fly-Tox, texte sous la direction du capitaine Valéry ; les erreurs ont été commises par le Dr Petiot. »

Lors de son audience, Émile Louis annonce qu'il écrit un livre. Pas celui dont il parlait dans le Var, non, un autre. Décidément, il écrit beaucoup, et surtout il croit que cela intéresse quelqu'un... Il écrit et il fera des révélations, mais ne livrera ce document qu'à sa mort. Didier Seban lui répondra, au cours de ses plaidoiries, qu'il ne laissera que des pages blanches. Qu'aurait-il d'autre à léguer ? Quelques mensonges de plus, peut-être.

Les étiquettes

Ce chapitre n'est qu'une hypothèse de travail... bien troublante. Il n'est jamais arrivé que deux tueurs se ressemblent autant dans notre histoire criminelle. Est-ce un pur hasard ? Difficile de le croire alors qu'Émile Louis a été élevé à quelques kilomètres seulement de Villeneuve-sur-Yonne. Des anciens, moins âgés que lui, se rappellent encore l'affaire Petiot et la polémique qu'elle déclencha tant elle marqua les esprits de l'après-guerre. Le petit garçon de douze ans, lui, n'a pu l'oublier tant les rumeurs des meurtres de Villeneuve-sur-Yonne ont dû alimenter les conversations. On a examiné les modes opératoires d'autres tueurs hexagonaux célèbres, tous sont différents de celui de Petiot. Bien sûr, il existe parfois une ressemblance ou une autre, mais la copie d'Émile Louis est proche, trop proche, sur trop de points. L'addition de toutes ces ressemblances – les valises, les cartes postales, le réseau, le complot, les corps déposés par d'autres, l'impossibilité de rencontrer les enquêteurs et le reste – nous démontre que nous sommes devant une imitation, même si c'est une pâle imitation. Émile Louis, un tueur qui se cache derrière un autre ? Celui qu'il copie, celui qui l'inspire…

Pour comprendre Émile Louis, il fallait donc connaître Petiot. Nous n'avons compris le rôle qu'il jouait qu'en le voyant se défendre, sans filtre, sans commentaire, en direct, lors de la cour d'assises de l'Yonne, quatre semaines durant, heure après heure. Il a endossé le costume de son illustre prédécesseur et c'est ce qui guidait ses mensonges et les facilitait. C'est la meilleure démonstration de la nécessité de connaître l'environnement criminel dans lequel un suspect a évolué et s'est construit, l'environnement qui a pu l'inspirer, l'impressionner, est essentiel. Si nous avions compris cela avant, nous aurions procédé autrement lors de la cour d'assises. Comme nous l'avons déjà expliqué, Émile Louis fonde habituellement ses mensonges sur des faits réels, ce qui lui permet de paraître convaincant et de convaincre, de ne pas trop se couper et de maintenir pendant des années des versions identiques, surtout qu'il a vraisemblablement fini par les croire lui-même. Son mensonge va plus loin que nous le pensions, et ses actes, bien que concrets, sont eux-mêmes des mensonges parce qu'ils sont, en réalité, les actes d'un autre…

Le lecteur décidera si la ressemblance entre ces deux tueurs est plus qu'un simple hasard. Cependant, pour se forger une conviction, il lui manque encore un dernier élément. Lors de son procès, Petiot est interrogé sur les disparus, leurs valises et les nombreux vêtements qui ont été retrouvés. On lui demande pourquoi il avait fait retirer les initiales de leur linge. Son avocat plaidera, grâce à cela, qu'il n'existait pas d'indices contre son client puisqu'il était impossible d'affirmer que tel ou tel vêtement appartenait à telle ou telle personne. Ce qui est certain, c'est que les Allemands n'avaient aucune raison de perdre du temps à faire disparaître de telles traces et à masquer l'identité des cadavres soi-disant déposés chez Petiot. Lui, en revanche, avait tout intérêt à ce qu'on ne connaisse pas l'identité de leurs propriétaires, puisque les proches de la plupart des disparus connaissaient Petiot.

Les vêtements retrouvés par les gendarmes aux emplacements indiqués par Émile Louis ne comportaient aucune étiquette. Même lorsqu'ils se trouvaient placés sous l'un des squelettes. L'expert qui les a examinés précisera lors de l'audience que cette suppression résultait d'un travail méticuleux. Elle confirmait une volonté de cacher l'identité de leurs propriétaires. Faisant état de son expérience, il soulignait qu'une étiquette, comme un bouton, permettait de remonter jusqu'à une victime ou un criminel, notamment en retrouvant l'origine de sa fabrication ou le magasin qui les vendait. Ils font partie des indices utiles au dépistage du criminel.

L'expert a raison. Les enfants de la Ddass recevaient des trousseaux de vêtements d'été et d'hiver. Les vêtements qu'ils portaient étaient donc identiques, issus des mêmes magasins, et donc aisément reconnaissables. Ils l'étaient d'autant plus que, pour celles qui vivaient au foyer de Montmercy (six des sept victimes d'Émile Louis), afin de ne pas confondre leurs vêtements lors des lavages, on leur apposait des étiquettes comportant leur nom et leur matricule. À la barre, Nadine dira : « Mon numéro était le 127, tous les vêtements étaient étiquetés avec notre nom et notre numéro, on était plus de deux cents filles dans l'établissement, on nous appelait par ces numéros, on était toutes habillées de la même manière, les gens nous montraient du doigt, on ne nous changeait nos trousseaux que tous les deux ou trois ans. »

Mais la copie est incomplète. Émile Louis avoue et se rétracte. Petiot, lui, avouera les meurtres jusqu'au bout, même s'il prétend n'avoir éliminé que des traîtres. Émile Louis n'est pas à la hauteur de son modèle, de son père spirituel, ni des autres sources d'inspiration qu'il utilise désormais pour se construire un personnage. Lors de l'audience de la cour d'assises d'Auxerre, le président lui demande ce qu'il fait en prison. Émile Louis répond :

« Je travaille, je lis…

– Que lisez-vous ?

– Je lis *L'Exécuteur.* »

La salle part d'un fou rire mémorable. Émile Louis se vexe. *L'Exécuteur* est le titre d'une série qui porte sur l'histoire d'un Américain, ancien tireur d'élite pendant la guerre du Viêtnam, dont la famille a été tuée par la mafia. Devenu fou de douleur, il se transforme en un justicier solitaire qui lutte contre l'organisation, et devient le meurtrier le plus recherché des États-Unis. Peu importe qu'il commette des actes criminels, puisque c'est un justicier. Le héros de *L'Exécuteur* tue alors tous ceux qui ont les mains pleines de sang et que la justice ne poursuit pas, ou que le système ne permet pas de condamner. C'est lui qui applique sa loi, une bonne source d'inspiration pour Émile.

Mais il y a plus étonnant encore. Lors de l'audience des assises, Petiot, accusé d'être un assassin, répondra avec indignation : « Moi, un assassin ? Jamais ! Un exécuteur, simplement ! » Il est vrai que Petiot se surnommait lui-même « l'Exécuteur » !

9

Dans l'ombre du maître

Le sang glacé, on se sent observé par lui… de l'autre côté du viseur, de l'œilleton. Le sentiment qu'il nous dévisage. On se penche vers la lentille sombre pour mieux voir, et on s'aperçoit avec effroi dans l'objet… Le verre nous reflète, nous déforme, nous a capturé, et l'impression de lui appartenir, sans issue, nous envahit. Il faut à tout prix détourner les yeux de cette image. On se redresse, un bref regard sur la pièce, elle est vide, rien que des vitrines silencieuses, des tableaux, et personne… Envie de s'échapper, de lui échapper, mais on reste là, tétanisé, les tripes nouées et l'imagination qui s'emballe. Le petit objet rayé, le judas noir, retient le regard. Pourtant, ce n'est qu'un vieil objet inanimé, anodin, certes plus grand que les judas modernes, il ressemble un peu à l'objectif d'un appareil photo, à celui d'une longue-vue ou d'un télescope. Inoffensif, pourtant il aspire nos pensées ; il les renvoie vers un autre siècle, au 21 de la rue Le Sueur, derrière une porte bouclée. On se sent épié, oppressé. Pourtant, on est seul devant cette modeste vitrine située au détour d'un passage, au fond du musée de la Police, au milieu des armes et gravures militaires retraçant certains des moments les plus glorieux de l'histoire de la police parisienne. Il n'y a aucun danger. Mais là, devant la petite vitrine, il importe peu d'être dans le Ve arrondissement parisien, au XXIe siècle, et même, dans un commissariat de police : l'objet à l'œil noir obsède, possède.

L'œil de l'au-delà

L'histoire du tueur auquel le judas a appartenu resurgit, et l'objet y reprend toute sa place. Il rejoint le cabinet secret, le cabinet de la mort du Dr Petiot, alias Dr Satan. Il était l'œil qui lui permettait d'observer ses victimes dans leur agonie. Un œil de substitution, aussi obscur que celui du tueur. Il était l'outil de son plaisir, le seul à avoir partagé tous les secrets du monstre. Spectateur, témoin silencieux, complice. Il a tout vu, tout su. Seul à connaître la méthode mystérieuse du tueur, seul à savoir combien de vies sont venues s'éteindre ici, et comment. Est-ce le bon, le vrai ? On se souvient que lorsque la cour d'assises se transporta rue Le Sueur, le mur ne contenait plus qu'un trou béant, le viseur avait disparu. Mais peu importe, sa noirceur luisante semble si vivante, elle est comme un passage direct vers un au-delà et, en y regardant bien, on perçoit encore la présence du Dr Satan, continuant de nous scruter de son au-delà…

Il est bien là, dans la vitrine, fixe et en plusieurs exemplaires. Là, devant le viseur, des photographies sur des papiers d'identité, qui nous observent, nous révulsent, nous attirent… On tente d'en détacher les yeux, d'en éloigner l'esprit, mais à peine est-ce fait qu'un autre regard nous happe au passage, nous saisit. Celui d'un autre tueur. Un maître ès crime. Landru. Il y a là deux photos de grand format, en noir et blanc, l'une de face, l'autre de profil, sur lesquelles l'homme nous guette d'un regard à la fois hautain et méprisant. Il a de petits yeux plissés et renfoncés sous d'épais sourcils broussailleux qui semblent nous transpercer, et sa barbe, taillée en pointe, agit sur nous comme une menace.

Ainsi le maître et le disciple, Landru et Petiot, ont-il été rassemblés dans une même devanture, située au fond du musée de la Police, exposés ensemble pour l'éternité au milieu d'objets hétéroclites leur ayant appartenu et qui symbolisent leur légende. Leurs portraits s'y côtoient, aussi dérangeants et magnétiques l'un que l'autre. Les portraits de deux des pires tueurs en série français du XXe siècle, qui furent également deux des pires tueurs parisiens. En réalité des reproductions de portraits établis par l'Identité judiciaire, accompagnées de papiers d'identité ou de carnets militaires, au milieu d'objets déjà patinés par le temps, de carnets manuscrits à l'encre vieillie, de pages rédigées d'une écriture ciselée, ne contant que des détails anodins, un carnet qui ressemble à celui d'un épicier [1], un répertoire d'adresses, un courrier de Petiot, un manuscrit relié de petites cordelettes, peut-être celui que Petiot a écrit en prison ? On aurait envie de les feuilleter avec précaution, tant ces documents semblent fragiles et précieux derrière les reflets de la vitrine. Des témoins dont on oublie la signification en observant les volutes de l'écriture serrée et régulière de Landru, ou déformée et pressée de Petiot, toutes deux tracées à la plume dont l'encre a parfois pris des colorations sépia ou est devenue translucide. La partie gauche du meuble est réservée à Marcel Petiot, alors que la partie droite appartient à Henri Désiré Landru. Et l'on s'attarde sur une lettre de Petiot pour y découvrir on ne sait quelle explication, lever un voile de

1. Carnet qui vaudra à Landru de perdre sa tête.

son mystère. Mais le musée ferme, il faut repartir, laisser l'œil de l'au-delà derrière nous, laisser son propriétaire attendre les prochains visiteurs, de l'autre côté du viseur. Néanmoins, même au milieu des bruits rassurants de la rue, l'exposition continue à occuper l'esprit.

À bien y réfléchir, l'illustration qui a été mise en place, la proximité dans laquelle les deux criminels ont été situés, enfermés dans la même devanture, est peut-être plus pertinente qu'il n'y paraît. D'ailleurs, depuis près de soixante-dix ans, les médias ont agi de même et n'ont cessé de les rapprocher et de les comparer, allant jusqu'à désigner Petiot comme disciple de Landru, entraînant une certaine confusion entre les deux hommes au bénéfice du dernier. Effectivement, cette exposition reflète une certaine vérité. Car les deux tueurs partagent de nombreux points communs. Leur regard hypnotique, leur intelligence, leur bagout, leur culot et leur humour. Il y a aussi, et surtout, le mystère qui les entoure et qui entoure leurs actes, un mystère qui demeure aujourd'hui. En outre, tous deux ont traversé la Première Guerre mondiale et ont fini guillotinés après des procès retentissants qui rameutèrent le Tout-Paris bourgeois, intellectuel et artistique.

Deux parcours criminels et judiciaires qui continuent régulièrement à remplir les rubriques judiciaires, et auxquels tout nouveau serial killer est systématiquement comparé, comme à un étalonnage. Deux criminels, enfin, qui ont imprimé durablement l'effroi dans l'esprit des hommes et de la justice, au point d'inspirer encore de nos jours nombre de romanciers, cinéastes et autres auteurs.

Mais ces deux hommes ne partagent-ils que des points communs, et seulement cela ? Ou bien y a-t-il davantage ? Dans les journaux, on parlera de « disciple », cela signifie-t-il qu'il y a eu passage de relais entre les deux criminels ? Comme une filiation criminelle ? Petiot se coulant dans le moule de Landru ? Petiot, fils spirituel du maître Landru ?

Une filiation criminelle ?

Les deux hommes sont contemporains. Ce n'est pas une erreur. On les croit chacun d'une période différente, mais c'est faux. Lorsque Landru est interpellé par la police, Petiot, jeune poilu, rentre de la Grande Guerre, il vient d'être démobilisé. Se trouve-t-il alors un héros en Landru ? Lors de l'instruction, très médiatisée, de « l'affaire Landru », une affaire qui occupe chaque jour la une des journaux au point d'éclipser les négociations qui ont lieu à la conférence de la paix, la conférence de Paris sur le traité de Versailles, Petiot est déjà à Paris. Étudiant à la faculté de médecine, il prépare sa thèse. Il peut suivre régulièrement les frasques du maître. Lorsque, en 1921, Landru est jugé pour être exécuté en 1922, Petiot termine ses études et reçoit son diplôme. Il a pu suivre le procès dans les médias, les conversations au comptoir des bistrots du Quartier latin et, qui sait, peut-être se décidera-t-il même à emprunter l'un des « trains Landru[1] » pour assister au procès à Versailles… Le procès dont tout Paris bruisse ! Le procès où tous se rendent pour éprouver le frisson de croiser quelques secondes le regard hypnotique du tueur, et pour y être vus.

Il a pu l'étudier, étudier les erreurs du maître, et penser le surpasser. Les premiers meurtres qui lui sont attribués n'auront lieu qu'en 1926, quatre ans après l'exécution de Landru. Cette exécution fit, elle aussi, les gros titres.

1. Le procès se déroulant à Versailles eu tant de succès que les trains Paris-Versailles, pris d'assaut, furent surnommés les « trains Landru ».

Selon les journaux de l'époque, on s'y serait rendu au petit matin en tenue de soirée, en sortant du spectacle au Châtelet. Journalistes et curieux, agglutinés dans les estaminets face à la prison, attendaient l'heure fatidique, qui en jouant aux cartes, qui en se réchauffant avec un bon grog, les précieuses serrant leur col de fourrure, frissonnant de froid ou d'une impatience curieuse et angoissée... Et Petiot, ce jour-là, que faisait-il ?

Quelle trace Landru a-t-il pu imprimer dans l'âme de ce jeune étudiant à l'esprit déjà fortement dérangé, au point qu'il a déjà été l'objet de plusieurs internements psychiatriques ?

Ce qui est certain, c'est qu'il prend la suite, sa suite... jusqu'à l'échafaud !

Au départ, il tâtonne, se cherche, emploie plusieurs méthodes, mais il ne saura pas tirer suffisamment les enseignements de l'affaire Landru. Peut-être sa folie l'empêchera-t-elle de le faire. On se plaît à croire les méthodes du Dr Satan très éloignées de celles du « cuisinier du diable ». Faux. En y regardant de plus près, on se rend compte qu'elles ne le sont pas tant que cela.

Voyage dans le temps

Pour le comprendre, il faut commencer par effectuer un voyage dans le passé, revêtir redingote et chapeau melon ou haut-de-forme, robe longue et chapeau à fleurs et à plumes, et s'installer, l'espace de quelques instants, à la table d'un estaminet de la rue de Rivoli ou de la rue de Rochechouart, lire les journaux, tendre l'oreille, surprendre les conversations de ceux qui commentent l'une des enquêtes les plus palpitantes de l'après-guerre...

Tout commença le 12 janvier 1919, lorsque Mlle Lacoste, très inquiète, écrivit au maire de Gambais, une petite bourgade de Seine-et-Oise, à quarante kilomètres au sud-ouest de Paris :

« Je vous écris ces quelques mots pour vous donner un renseignement malheureusement très grave. Vous avez dans votre commune une maison située sur la route de Houdan, que l'on appelle « maison Tric », du nom du propriétaire. Cette maison a été louée en 1917 à un monsieur d'environ cinquante ans, qui porte une longue barbe brune et qui se donne comme nom M. Frémyet. Donc ce monsieur a habité une bonne partie de l'été 1917 avec une femme [...]. À la suite de ce séjour dans cette maison qui me paraît bien mystérieuse, cette femme a complètement disparu [...]. Le monsieur en question, au mois d'octobre 1917, est venu à Paris vendre tous les meubles de cette femme en son absence [...]. Moi, Monsieur le maire, qui suis sa propre sœur, je viens vous demander [...] si ma sœur n'a pas été enterrée officiellement dans votre pays, et si vous avez son acte de décès au nom de Mme veuve Buisson, née Célestine Lavie. »

C'est en ces termes que Mlle Lacoste informe le maire de Gambais qu'elle est sans nouvelles de sa sœur, Célestine Buisson, depuis que cette dernière a été séduite par un certain M. Frémyet rencontré par le biais d'une petite annonce, et qu'elle a accompagné cet homme dans sa maison de campagne située dans ce village. Un courrier hésitant qui aurait pu passer inaperçu, ou auquel on aurait pu accorder peu d'importance. Mais le destin voulut que quelque temps auparavant, le maire réceptionne une lettre identique, une lettre de Mme Pellat, qui lui signalait la disparition de sa sœur Anna Collomb dans des conditions analogues, à un détail près : l'homme se dénommait Dupont. Mais il répondait à la même description physique que le précédent et demeurait au même endroit. Intrigué par cette coïncidence, il lui apparaît immédiatement improbable que les deux jeunes femmes aient choisi de disparaître, dans son village, en si peu de temps et dans les mêmes circonstances. Tout cela ne lui semble pas naturel, même en ces temps de guerre. Si bien que, par un courrier du 16 janvier, il conseille à Mlle Lacoste d'entrer en contact avec Mme Pellat. Il lui explique ne pas être possession « d'un réquisitoire régulier » lui permettant d'intervenir et de procéder à des fouilles dans l'immeuble en question ou dans son jardin. Il lui recommande encore d'informer la police en ces termes : « Je crois que le mieux que vous ayez à faire pour éclaircir cette question serait de vous adresser à la police qui, elle, ferait toutes les enquêtes nécessaires. » Un conseil résultant des soupçons que les indications et descriptions des deux correspondantes avaient fait naître dans son esprit à l'égard d'un ingénieur en retraite, locataire d'une villa située aux abords d'un cimetière, mais également de celles que lui avait fournies un voisin de l'ingénieur, qui lui avait signalé que l'homme s'y rendait avec des femmes toujours différentes.

Sur le conseil du maire bien inspiré, les deux femmes entrèrent en contact et s'aperçurent rapidement que MM. Dupont et Frémyet n'étaient qu'un seul et même homme. Elles décidèrent de prévenir la police, qui traitait déjà plusieurs cas de disparitions récentes, dont celui de Mme Cuchet, disparue avec son fils après avoir été persuadée par un certain M. Diard de venir s'installer avec lui dans une maison à Vernouillet. La police s'intéressa immédiatement aux nouvelles plaintes des dames Lacoste et Pellat, et parvint à établir que Diard, Dupont et Frémyet n'étaient qu'un seul et même homme dont l'identité n'était pas certaine. Ce qui donnait corps à leurs suspicions, justifiant qu'ils fouillent la villa de Gambais, sans résultat. Quant au sieur Dupont, il avait laissé une mauvaise adresse, aiguillant les enquêteurs sur une fausse piste en Normandie. Il fallut quelque temps pour que le procureur de la République décide de charger la Sûreté générale de l'affaire. Et ce fut l'inspecteur Jean Belin, un jeune et brillant policier de la première Brigade mobile [1], qui écopa du dossier. Un dossier dans lequel n'existait qu'un fil conducteur très mince : une annonce matrimoniale parue dans un journal, un homme ayant le même signalement mais répondant à des noms différents. L'inspecteur rencontra les familles, dont Mlle Lacoste. Elle lui expliqua que sa sœur avait répondu à une annonce matrimoniale et était amoureuse d'un homme d'affaires qui se montrait très attentionné et se présentait sous le nom de Frémyet. Il se prétendait riche et l'avait convaincue de vendre ses meubles et d'aller vivre avec lui. Mais à peine partie, elle avait cessé d'écrire à sa sœur et ne répondait jamais à ses lettres. Il prit toutes les indications qu'elle pouvait lui fournir et lui demanda de l'avertir si Frémyet tentait de la contacter, sans vraiment l'espérer, juste pour la réconforter.

Mais le destin, parfois curieux, s'en mêla une fois de plus… Le jour même de cette audition, il plaça M. Frémyet sur la route de Mlle Lacoste, la transformant en une espionne occasionnelle. Courageuse, elle entreprit de le filer avant d'avertir le policier. C'est ainsi qu'elle parvint à lui indiquer que M. Frémyet avait commandé un service à thé dans un magasin de faïences de la rue de Rivoli, Aux Lions de Faïence, accompagné d'une jeune fille. Elle eut la présence d'esprit de noter qu'il y avait laissé sa carte de visite, un détail, mais un détail essentiel qui allait permettre l'arrestation de ce criminel hors norme.

---

1. Déjà installée au mythique 36, quai des Orfèvres, ancêtre de l'actuelle Brigade criminelle de Paris, dite aussi « la Crim ».

Le soir même, Mlle Lacoste avertit le policier. À peine le temps d'enfiler son manteau et il se rendait à la boutique indiquée par Mlle Lacoste, mais peine perdue, la boutique était déjà fermée. S'ensuivit une longue « chevauchée » à travers Paris et sa banlieue, au domicile du commerçant de la rue de Rivoli, puis à celui du vendeur qui avait servi M. Frémyet, pour le ramener à la boutique et y découvrir que la carte de visite en question portait une quatrième identité ! Il semble que le policier ne douta pas qu'il s'agît de ce fameux M. Frémyet, alias Dupont, alias Diard, devenu M. Lucien Guillet, demeurant 76, rue de Rochechouart, à Montmartre, tant sa description était similaire. L'homme avait décidément du flair ; jeune inspecteur de police de trente-quatre ans, il avait déjà participé à l'arrestation de la fameuse bande à Bonnot. Le policier se rendit à l'adresse indiquée, mais il lui fut impossible d'y pénétrer de nuit. Il dut attendre le matin, passant toute la nuit dans la rue, pour rien. Le soir même, l'homme avait quitté les lieux avec sa compagne.

Il lui fallut patienter et faire le guet, relayé par ses hommes quatre jours durant sur les lieux, dans la rue, la loge de la concierge, au café, pour qu'enfin la gardienne de l'immeuble l'avertisse du retour du sieur Guillet. Mais l'information lui parvint de nuit et il dut, une fois de plus, patienter jusqu'au matin. Toute la nuit du 11 au 12 avril 1919, il resta dans l'immeuble pour ne pas le manquer ; certains disent même qu'il dormit sur le paillasson de son suspect. Lorsque à l'aube, rejoint par son collègue Riboulet, il sonna, une voix endormie leur demanda ce qu'ils voulaient. Ils répondirent que c'était pour la voiture.

En épluchant les petites annonces, l'inspecteur Belin avait en effet découvert l'annonce d'un certain M. Guillet qui vendait une voiture à Étampes, à proximité de

Gambais. Les inspecteurs procédèrent ainsi à l'arrestation du sieur Guillet et furent surpris de noter que celui-ci ne semblait pas inquiet, au point qu'il fredonnait un opéra de Massenet, *Manon*, l'air que chante l'héroïne lorsqu'elle apprend que son amant va lui être enlevé… Un message à sa maîtresse qui se trouvait également dans l'appartement. Il est vrai que l'adresse à laquelle ils se trouvaient était celle de sa maîtresse attitrée, celle qu'il entretenait grâce à ses méfaits, Fernande Segret. Puis il suivit les inspecteurs dans le fourgon qui devait le ramener au siège de la sûreté. C'est alors, que Riboulet s'aperçut que Landru glissait discrètement la main dans sa poche pour en sortir un objet qu'il tenta ensuite de jeter par la fenêtre. Il lui saisit rapidement le poignet pour lui arracher l'objet, une pièce à conviction qui se révélerait essentielle. Il s'agissait d'un petit calepin noir contenant les noms de nombreuses femmes, un carnet qui, visiblement, le tourmentait…

Identification d'un tueur

Ce qui intéresse surtout les enquêteurs, c'est d'identifier l'homme aux mille noms, prénoms, métiers, appartements et maîtresses. L'inconnu est peu coopératif, mais une perquisition effectuée rue de Rochechouart permet rapidement de lever le mystère. Parmi les nombreux faux documents saisis, se trouve un permis de conduire au nom d'un certain Henri Désiré Landru. Cette identité, comme les autres, comparée aux fichiers de l'Identité judiciaire, permet aux policiers de découvrir une fiche anthropométrique au nom du sieur Landru. C'est ainsi qu'ils apprennent que l'homme a déjà été condamné et a fait plusieurs années de prison pour diverses escroqueries, notamment des escroqueries au mariage, en particulier après avoir fait paraître une annonce dans un journal sous le pseudonyme de Morel. Il a ainsi fait tomber dans ses filets Jeanne Isoré, une veuve fortunée qui va lui confier, bien imprudemment, dix mille francs en titres en vue de leur mariage. Mais point de mariage ! Le fiancé disparaît avec les titres, et la promise porte plainte. C'est ainsi que s'achève leur idylle et que Landru, alias Morel, se fera arrêter au moment où il tentera d'encaisser l'argent.

Interrogé sur cette découverte, Landru confirme : « Soit ! Je suis Landru ! Mais cela ne prouve pas que je suis le criminel que vous dites ! »

Le ton est donné. Landru est sûr de lui, presque serein, tant il est certain d'avoir fait disparaître toute preuve, à la différence de ces précédentes affaires pour lesquelles il a été condamné, à plusieurs reprises, comme escroc. Cette fois, il est tranquille. Les policiers ne trouveront rien, ne prouveront rien, ses proies sont mortes, il n'y aura plus de veuves pour venir se plaindre ! Et ainsi, au fil de l'interrogatoire, l'homme demeure calme, rien ne semble pouvoir l'ébranler. Loin de s'inquiéter de la situation, il en tire parti et justifie ses pseudonymes en avouant : « La police me recherche, c'est pour cela que j'utilise des pseudos. » Les policiers ne sont pas dupes, le dossier de « Landru l'escroc » démontre qu'il utilisait déjà des pseudonymes, tel Morel, pour ses escroqueries. Et de même, lorsque Landru rajoute avec aplomb : « Cela ne fait pas de moi un meurtrier ! », ils ont au contraire la conviction que l'homme leur ment, qu'il est déjà passé à la vitesse supérieure et a tiré les leçons de ses précédentes condamnations. L'interrogatoire se resserre, mais lui, convaincu que les inspecteurs n'ont rien, demeure maître de lui.

Et cependant que Landru est soumis aux questions des enquêteurs, les journaux apprennent l'arrestation d'un suspect pas tout à fait habituel…

Au départ, l'arrestation de Landru ne fit l'objet que de quelques lignes dans le journal *Le Petit Parisien* du 13 avril 1919, mais la légende naît à ce moment précis, sous la plume du journaliste qui précise aux lecteurs que la Brigade mobile a procédé à l'arrestation d'un certain Nandru (commettant une erreur sur son nom) pour vols qualifiés et escroquerie, mais sur lequel pèsent des charges plus lourdes. Selon l'article, il était recherché par plus de dix parquets des quatre coins de France, sous divers pseudonymes cités par ce journal qui indique à ses lecteurs que ce n'est que dans le bureau de la police que l'homme a fini par donner son véritable nom, Henri Désiré Nandru. Mais le journaliste va ajouter une phrase clé : l'homme « aurait, croit-on, la science de l'hypnotisme au service de ses mauvais instincts ».

La légende vient de prendre corps ! Bientôt relayée par les crieurs de journaux faisant résonner le nom de Landru à travers tout Paris, lesquels sont suivis par les chansonniers de tout poil ! Et l'on entend, çà et là, reprendre le refrain de la chanson de René Masson : « Elle est bleue la barbe à Landru… elle est bleue… » !

Tandis que le journaliste rédige son article, les inspecteurs poursuivent leurs vérifications. Si l'homme reste muet, des témoins inattendus vont se manifester. Landru s'est lourdement trompé, il reste des preuves de ses crimes, certaines sont même de sa main… Il a, en effet, tenu comme une sorte de chronique détaillée de ses crimes.

Les objets peuvent parler, et ils vont parler à la place des victimes.

En langage policier, on dit couramment d'une pièce à conviction avant qu'elle soit analysée qu'elle « va parler », qu'elle « peut parler ». Et, lorsqu'elle révèle des indices, qu'elle « a parlé ». Ainsi, une arme à feu ou un véhicule peuvent parler aussi sûrement qu'un témoin, et parfois même avec plus de précision. On utilise le même langage en évoquant un lieu, une pièce, une scène de crime. Or, si Landru se retrouva dans les mains du bourreau, il le doit à des objets qui ont parlé et l'ont accusé aussi sûrement que des témoins.

Carnets du crime, carnets maudits

Car il y a ces traîtres de carnets de crimes ! Les carnets maudits du tueur !

Lorsque Riboulet saisit le poignet de Landru pour l'empêcher de se débarrasser de son petit calepin noir, qui lui brûle la poche, par la fenêtre du fourgon qui l'emmène à la sûreté, il ne se doute pas qu'il vient de faire tomber la tête de Landru. Ce carnet constituera l'une des seules preuves, et des plus accablantes, de sa culpabilité. La « bible de l'accusation », comme le désignera avec mépris Landru. Celle qui fera le lien entre tous les autres indices et objets qui seront découverts par la suite. Mais il est codé, et c'est sans doute l'une des raisons pour lesquelles Landru, un brin méprisant à l'égard des policiers, semblait calme et serein.

C'est à Riboulet que reviendra la tâche de le décoder et d'analyser les autres carnets découverts lors d'une perquisition au domicile du tueur, contenant les noms des deux disparues de Gambais, que Landru clamait ne pas connaître. Ces calepins constituèrent une source inépuisable de renseignements. Landru était extrêmement pointilleux, il notait tout avec précision, jusqu'à l'obsessionnel : le détail de ses rendez-vous, date, lieu, heure, le profil de ses conquêtes, rondes, vieilles, la voix criarde, leur fortune, le détail de ses dépenses, de ses déplacements… De véritables carnets d'épicier, ce qui lui valut d'être affublé du sobriquet « d'épicier du crime ». Dans ses notes, les inspecteurs répertorient deux cent quatre-vingt-trois femmes esseulées appâtées par ses annonces matrimoniales, malgré leur froideur et leur absence de romantisme. Il leur faut coûte que coûte exploiter cette liste, connaître avec précision le nombre de ses victimes. Pour cela, la police parisienne va mettre en place une véritable cellule d'enquête et mobiliser une équipe pour les rechercher, parfois aux quatre coins de l'Hexagone, ce qui, en ces temps de guerre, se révèle une tâche difficile. Cependant, la majorité est retrouvée ; beaucoup admettent avoir été ses maîtresses et été escroquées sans avoir osé le dénoncer, par honte ou par peur. Dix d'entre elles, cependant, demeureront introuvables et seront déclarées disparues.

Allers sans retour !

Landru a dû se maudire de ne pas avoir détruit ou dissimulés ces carnets alors qu'il y consignait absolument tout, presque au jour le jour. Toutes ses dépenses y figurent, notamment celles relatives aux loyers versés pour les différents appartements, villas ou entrepôts qu'il louait sous des noms d'emprunt. Il y reportait également les sommes qu'il versait à sa femme et ses enfants pour leur entretien quotidien, des subsides bien maigres face à ce qu'il dépensait pour appâter et épater ses maîtresses et, surtout, les assurer de sa bonne fortune.

Mais Riboulet s'intéresse particulièrement aux dépenses relatives à ses déplacements. C'est ainsi qu'il s'aperçoit que, pour certains voyages, Landru note l'achat de deux billets aller pour Gambais et… d'un seul billet retour ! Il va jusqu'à noter le montant de ces achats :

« Aller-retour : 4,95 francs, aller 3,10 francs. » Le tueur signe ainsi de sa main son acte d'accusation ! Car l'inspecteur ne met pas longtemps à s'apercevoir que ces achats de billets coïncident chaque fois avec les périodes auxquelles Landru a rencontré ou fréquenté l'une des disparues. Ou pire, ils coïncident avec les dates auxquelles les malheureuses avaient cessé de donner signe de vie à leurs proches. Interrogé sur ces allers simples, Landru ne se laisse pas démonter. Il explique que c'était par pure politesse qu'il agissait ainsi : « Voyons, si j'avais pris pour elles un aller-retour, ces dames se seraient crues obligées de repartir tout de suite. » Leur a-t-il seulement laissé une chance de repartir ! Il faut rapprocher ces allers simples de la comptabilisation, dans les carnets, en nombre incroyable de divers lots de scies à bois, à métaux, à bûches, circulaires et diverses autres lames, parfois jusqu'à six douzaines de scies le même jour ! De quoi frémir…

Une façon comptable de signer ses crimes. Et c'est ce qui le perdit.

Landru est obsessionnel au point de pousser la précision jusqu'à noter les dates auxquelles il procède à la vente des biens de ses victimes ou à des retraits sur leurs comptes, les produits de ces ventes ou de ces retraits. Et lorsqu'il tentera de justifier ces ventes, prétextant qu'il voulait faire commerce de meubles et que les victimes lui avaient confié leurs affaires afin qu'il les vende et lui en avaient proposé des prix intéressants – reconnaissant ainsi implicitement les avoir toutes connues –, Riboulet s'empressera de rappeler que les dates des ventes et les sommes méticuleusement notées en entrées correspondant au produit de la vente des biens des victimes, avaient été enregistrées après leur disparition, c'est-à-dire alors qu'il était certain qu'elles ne viendraient plus rien revendiquer. Et l'inspecteur soulignera, en outre, que si elles lui en avaient demandé un prix intéressant, lui, si précis, n'avait noté dans ses carnets que le produit de la vente, jamais le prix d'achat de ces biens. Preuve qu'il n'eut plus à les acheter ! Sa maniaquerie de noter tout en détail le désigne comme coupable, de la même manière que s'il avait signé de sa main son acte d'accusation.

Mais même devant de telles preuves, Landru ne se départ jamais de son calme ironique et hautain, affirmant qu'il ne s'agit là que d'inventions des inspecteurs. Il a tort de fanfaronner. D'autres preuves ont subsisté, qui vont tout aussi sûrement le mener à la guillotine.

L'entrepôt du crime… l'entrepôt des preuves !

La perquisition menée au domicile de Landru, ou plutôt à celui qu'il louait au bénéfice de sa maîtresse, permet de découvrir des documents relatifs à la location d'un garage à Clichy. C'est sa cache, sa caverne, là où il recèle son « trésor de guerre ». Un garage rempli de preuves ; un présent inimaginable aux policiers ! Il y a là, entassés, pêle-mêle, des objets en surnombre, des panières remplies de vêtements et de dessous féminins, des valises, des malles, des bijoux, des tableaux, des meubles et des souvenirs de famille tels des albums de photographies. Les policiers notent immédiatement qu'il n'y a que des effets féminins. Ce ne peut être un hasard.

Nombre d'entre eux ont d'ailleurs appartenu aux victimes. Malheureusement pour Landru, de nombreux vêtements et objets portent encore des étiquettes aux initiales des veuves disparues. Ce qui était habituel à l'époque. Or il est étonnant que chacune des victimes ait abandonné ses dessous, vêtements et souvenirs divers précisément dans les mains du sieur Landru. Il est même improbable qu'elles l'aient fait, en ces temps de pénurie de guerre et d'après guerre.

Ces affaires étaient, en outre, accompagnées de paquets de lettres et de mots tendres à son attention. Les mots d'amour désuets de femmes qui espéraient un avenir meilleur dans les bras de leur exécuteur. Landru seul pouvait les détenir, et on voit qu'elles lui importaient bien peu. Il a donc visiblement réuni toutes leurs affaires en ce lieu afin de les remiser comme si aucune d'elles ne devait jamais revenir.

Mais l'homme ne manque pas d'aplomb. Devant des preuves si accablantes, il fait front, tente d'avoir réponse à tout et affirme que les disparues lui ont confié leurs affaires parce qu'en ces temps de conflits il était difficile, et trop cher, de se déplacer avec malles et bagages encombrants. Même dans ce cas, on voit mal pourquoi certaines de ces veuves auraient abandonné postiches ou dentiers, pourtant les inspecteurs en retrouveront dans l'entrepôt !

Retour à Petiot

Petiot s'inspire clairement de Landru. Il agit de même, on l'a vu, en entreposant les affaires personnelles de ses victimes. Mais il améliore le système, il entend bien éviter les erreurs du maître. Enfin, c'est ce qu'il croit ! Il est prévoyant et ne commet pas l'erreur de laisser des étiquettes sur les vêtements et objets de ses victimes, au cas où ils seraient découverts. Il les enlève, les découpe. Mais lors de la découverte de ces affaires, l'absence de toutes les étiquettes le désignera tout aussi sûrement que s'il les avait laissées. En effet, à cette période où il est encore de coutume d'apposer systématiquement son nom ou ses initiales sur tout habit (voir plus haut), le défaut d'étiquette montre que quelqu'un a eu la volonté de dissimuler l'appartenance de ces effets. Émile Louis procédera de même, imitant son maître à lui, Petiot. Il ne laissera subsister aucune étiquette sur les vêtements de ses victimes, marqués par la Ddass. Ainsi, en cas de découverte, personne ne pouvait plus les relier aux jeunes filles disparues, mettant en doute la thèse selon laquelle celles-ci avaient refait leur vie ailleurs.

Et lorsque les valises et malles de ses victimes seront découvertes, malgré toutes les précautions que Petiot a prises en les éloignant de Paris et les entreposant dans une grange à proximité d'Auxerre, il se souvient encore de son modèle et utilise les mêmes arguments que son prédécesseur : les disparus ont dû alléger leurs bagages afin de passer la ligne de démarcation. Ils les lui ont donc abandonnés. Mais il manque de chance, certains des policiers qui l'interrogent avaient eu à enquêter sur l'affaire Landru. Eux aussi se souviennent ! L'argument ne passe pas.

Ainsi, Petiot imite Landru en entreposant les effets personnels de ses victimes au lieu de les détruire. Car, justement, ce qui est étonnant, c'est qu'aucun des deux hommes ne procède à leur destruction alors que, dans le même temps, ils détruisent les cadavres. Était-ce une tâche trop difficile ? Ou alors, compte tenu de l'époque, ces biens représentaient-ils une valeur marchande à laquelle les deux hommes ne pouvaient renoncer ? C'était là une erreur fatale ! Pourquoi Petiot commet-il la même erreur que Landru ? Se croit-il plus fort ? Pense-t-il qu'il suffit d'éloigner ces affaires pour être à l'abri ?

Les deux hommes ont la même avarice, la même avidité, et commettent la même erreur ; réunir et conserver les biens de leurs victimes, pour lesquels ils ont manifestement plus de respect que pour ces dernières, signant eux-mêmes leur arrêt de mort. Car, quoi de mieux que les biens des victimes dans leurs mains pour les désigner comme coupables ? Et Petiot, pris dans la nasse de la justice, ne saura pas s'adapter, trouver une explication plus pertinente que Landru. Il reprendra ses arguments, espérant que les circonstances de la Seconde Guerre mondiale et de la France occupée sauront mieux convaincre. Une erreur de plus !

Un casting macabre

Dans un deuxième entrepôt découvert à Neuilly, les inspecteurs trouvent un bric-à-brac de photos diverses, albums de famille, photos personnelles, des objets chers dont on se sépare rarement. Parmi ces affaires, ils mettent la main sur des documents qui l'accusent directement, tels des papiers d'identité de certaines victimes, divers certificats de mariage ou de naissance. Des documents pourtant nécessaires à tout déplacement en cette période troublée. Les policiers ont également la surprise d'y découvrir des dossiers, deux cent quatre-vingt-trois dossiers de femmes ayant répondu à ses annonces, classées en fonction de leur état de fortune, dans des cartons sur lesquels sont apposées des étiquettes avec des codes. C'est Riboulet qui les décodera : « PR = petits revenus, Soupçons de F (F signifiant fortune), Sans F... », etc. Et dans chaque carton, des archives où figurent des fiches signalétiques précises et descriptives pour chaque candidate au mariage. Un vrai casting de pro ! Ce qui confirme qu'en ces temps de guerre, Landru visait essentiellement des veuves fortunées et pensait vendre leurs biens et empocher leurs fortunes, ni vu ni connu !

Il tentera, sans y parvenir, de faire croire aux enquêteurs – comme il l'avait fait auprès de sa famille, ce qui lui permettait à l'occasion de se faire aider par ses fils pour déménager les meubles de ses victimes – qu'il travaillait comme brocanteur !

Sur ce point, Petiot est également fidèle à son modèle et commet en définitive les mêmes erreurs. Il choisit lui aussi de préférence des victimes riches, il leur demande de réaliser elles-mêmes tous leurs biens en valeur facilement monnayable et transportable, bijoux, argent liquide, fourrures, etc., et ne veut pas s'embarrasser de meubles et autres objets encombrants. Pour autant, il sera quand même envahi par leurs affaires et les fera transférer dans une grange à Auxerre. Mais comment justifier les dizaines de kilos de vêtements, objets divers et valises que trouveront les policiers ? De simples valises, des objets inanimés qui démontreront que leurs propriétaires n'ont jamais traversé l'Atlantique à destination de l'Argentine comme l'affirmait Petiot. Il ne pourra jamais justifier l'existence de ces presque six cents kilos de vêtements et autres effets personnels dérobés à ses victimes. Chacun de ces objets l'accusera aussi sûrement que des témoins à la barre, aussi sûrement que les objets des veuves disparues accusèrent Landru, et lui vaudront également de rencontrer le bourreau de la République.

Nous retiendrons d'ailleurs des deux audiences qui leur seront consacrées la même image : celle de deux hommes, indifférents, à côté ou face à un mur de valises et d'objets divers retenus par des sangles pour éviter leur chute, ce qui arrivera néanmoins dans l'affaire Petiot. Des photographies étonnantes, prises sur le vif au cours des audiences par des photographes qui, à cette époque, étaient admis dans l'enceinte des cours d'assises. Dommage que ce ne soit plus le cas aujourd'hui. Car ils surent saisir l'instant, l'incongruité de certaines situations, ou les expressions des deux hommes, tantôt dédaigneuses ou hautaines, amusées, assoupies ou colériques, totalement en décalage avec le décor ou celles de leurs avocats, de leurs gardes ou de la cour. Et, surtout, deux regards sombres, durs, tranchants.

Pour Landru, il y a cette photographie de la cour, sombre, au milieu de laquelle se trouvent, seules touches claires, des vêtements féminins, jupons, robes, panties et fanfreluches diverses, en fouillis sur la table des pièces à conviction, pendant en certains endroits sur le sol, presque indécents, comme si l'on avait fouillé sous les jupes des victimes. Ou celle de sa cuisinière, sombre et emmaillotée dans une corde l'enserrant comme si l'on craignait que sa porte s'ouvre, laissant apercevoir l'enfer. Une photo étrange et dérangeante où l'on aperçoit, à l'arrière de la cuisinière et sur ses deux côtés, des valises, tableaux et objets divers, eux-mêmes ligotés, comme prêts à être sacrifiés et brûlés.

De Petiot, étrangement, nous retiendrons des photographies très similaires, comme si le photographe avait, sans le savoir, capté l'essence même du lien le liant à Landru. Il y a là Petiot assoupi dans son box, juste à côté des valises numérotées de ses victimes, témoins de vies disparues et, juste en face de la table vitrine des pièces à conviction, où sont posés pêle-mêle, également en désordre, des paquets emballés de papier déchiré laissant apparaître objets divers, outils chirurgicaux, bocaux écœurants, bouts d'étoffe étiquetés, l'œilleton glaçant… aussi angoissant que la cuisinière macabre.

Mais la comparaison ne s'arrête pas là ! Petiot emprunte en effet quelques modes éliminatoires à Landru. Pour le comprendre, il suffit d'emboîter le pas aux curieux et badauds qui, dans la course au sensationnel morbide, envahirent certains dimanches Gambais et Vernouillet pour humer l'atmosphère des lieux. Ainsi, au milieu des bruissements d'étoffes des robes longues des élégantes et des beaux messieurs costumés, redingotés et chapeautés comme il faut, au milieu des chuchotements et des soupirs des évanouissements feints, on peut apercevoir l'antre du monstre, imaginer la fumée noire et malodorante s'échappant de la cheminée…

Cuisinière contre calorifère : de l'artisanat à l'industrie du crime

Landru était passé maître dans l'art de faire disparaître les corps, ce dont Petiot se souvint au moment où il dut trouver une solution d'urgence devant l'amoncellement de corps dans sa cave du 21 de la rue Le Sueur. Mais la démesure de ses actes lui sera fatale.

Il subsistera peu d'indices du passage des fiancées de Landru dans ses villas, et en particulier à Gambais : au milieu des cendres, quelques fragments blanchâtres, quelques grammes d'os carbonisés, neuf cent quatre-vingt-dix grammes précisément, une épingle à cheveux ou une attache de jarretelle, amalgamée avec un verre de lunettes, et quelques traces sombres sur un matelas ou dans le hangar, pouvant être du sang, mais sans certitude. Les experts s'efforceront de reconstituer ce qu'ils pourront. Pour eux, il s'agit de fragments provenant d'au moins trois cadavres de femmes. Il y a là les débris d'os de trois crânes brûlés vides, quarante-sept dents, cinq pieds et six mains.

Le calorifère de Petiot sera moins efficace… Chez lui, on trouvera plus d'ossements, bien plus. Le médecin légiste qui examinera les restes retrouvés à proximité du calorifère dénombrera des débris humains de toutes sortes : vingt-neuf kilos d'ossements au moins, issus de plusieurs corps, vingt-six scalps, des organes génitaux en grand nombre, au point que l'on finira par renoncer à tout ramasser. En fait, Landru a su rester un artisan du crime avec sa petite cuisinière, alors que Petiot devient un grossiste, voire un industriel, il brûle des cadavres à la pelle. Son calorifère fonctionne des heures durant, des jours durant… au point d'empuantir tout un quartier parisien. Pourtant, en copiant les méthodes de son prédécesseur, à grande échelle, Petiot obtient précisément l'effet inverse de celui qu'il escomptait : il se dénonce lui-même. C'est également ce qui lui vaut d'être confondu avec son modèle. L'image de la cuisinière de Landru, le cuisinier du diable qui fit brûler ses maîtresses, avait déjà marqué profondément les esprits. De ce point de vue, la couverture du *Petit Journal illustré* du 13 novembre 1921, une caricature de Landru tenant un couteau à la main et portant une toque de chef devant sa cuisinière, est très évocatrice. Petiot ne sera perçu que comme un disciple, une copie de Landru. Systématiquement comparé à lui dans les médias, il finit par s'estomper derrière lui dans la mémoire collective. Pourtant, il tua bien plus que Landru !

Pour ne rien arranger, le mode opératoire de Petiot est similaire à celui de Landru sur bien d'autres points, parfois par nécessité. Ainsi, parmi les fragments d'os découverts à Gambais, les experts identifieront quelques dents des nombreuses scies acquises par Landru. Ce qui prouve qu'il dépeçait ses victimes. Soit pour les faire entrer dans la cuisinière, soit pour ne brûler que les extrémités des corps et se débarrasser du restant autrement. C'est l'une des hypothèses les plus probables. Petiot partagera les mêmes méthodes, par nécessité… et par goût. Il dépèce ses victimes, seul moyen de les faire entrer dans le calorifère. Mais, comme Landru, il se débarrasse aussi de certains morceaux en les jetant à l'eau. Commentant ces méthodes, les médias les compareront encore.

On peut se demander si les professeurs qui assurèrent le cours de dissection à la faculté de médecine firent part à leurs élèves des expériences effectuées dans l'affaire Landru ? Petiot comptait-ils parmi ces étudiants ? A-t-il assisté à la prestation du célèbre Dr Paul lors de l'audience ? Le hasard voudra que ce soient les mêmes légistes qui interviennent dans les deux dossiers.

Autre similarité entre Landru et Petiot : tous deux utiliseront de la chaux pour se débarrasser des corps. En effet, on en retrouvera dans les cendres retirées de la cuisinière de Landru. Petiot fera de même, dans son hôtel particulier ; on retrouvera des corps plongés dans la chaux. Comptait-il les brûler par la suite ? Mais cette fois encore, sa démesure frappe. Il se fera livrer plus de quatre cents kilos de chaux là où Landru, le petit artisan, ne laissera quasiment aucune trace, juste quelques grammes de cendres imprégnées de chaux.

Enfin, on n'est pas certains que Landru ne se débarrassait des corps qu'en les incinérant. À Vernouillet, en 1958, le propriétaire du pavillon loué à Landru retrouvera dans le jardin les morceaux de deux squelettes attribués à une femme et un enfant ou un jeune adolescent, probablement ceux de la veuve Cuchet et de son fils. En 1933, lors de la démolition d'un immeuble, on exhume également les morceaux d'un squelette de jeune femme, dissimulés sous le parquet d'un appartement qu'il avait occupé à Saint-Denis. Enfin, on le voit à plusieurs reprises se débarrassant de paquets suspects dans des plans d'eau. L'inspecteur Belin les fera sonder sans résultat, mais des témoignages rapporteraient y avoir aperçu des « morceaux de viande » flottant… Mais au moment où Belin les fait rechercher, ils ont déjà été avalés par les poissons et autres locataires des lieux ! D'autres témoins encore rapporteront l'avoir aperçu brûlant une grande malle, dans un feu dégageant des fumées nauséabondes. Mais le public ne retiendra que la cuisinière. Pourtant, ces éléments démontrent que l'hypothèse de l'inspecteur Belin était la plus plausible : Landru n'incinérait que certaines parties des corps, les plus identifiables, et il éparpillait les autres restes. Contrairement à ce qu'on pense habituellement, Landru n'a certainement pas brûlé intégralement ses victimes. Il écrira lui-même à M. le procureur général Dupin, du fond de sa cellule, à deux jours de son exécution, à propos de sa cuisinière, qu'elle était « plus faite pour cuire une dînette de petit ménage, vous avez dû comprendre qu'il n'avait pu se passer là-dedans les épouvantables atrocités dont vous comptiez m'accuser ? N'est-ce pas qu'elle vous a fait bien peur, ma petite cuisinière, toute seule dans votre grand prétoire ? [...] J'aurais pu demander qu'on montre son foyer, grand tout au plus comme une gamelle de poilu, où vous vouliez m'avoir fait brûler toutes les victimes... ».

Ce qui vient encore démontrer que Petiot était bien un copieur. Il avait compris le système et l'avait repris. En effet, Petiot, le copycat, ne fait pas intégralement cuire les corps dans son calorifère, il emprunte plusieurs techniques de Landru d'élimination des cadavres, et on sait qu'il se débarrasse de morceaux de corps dans la Seine, comme Landru dans les lacs et étangs. Mais pas seulement. Lui aussi aura recours aux malles sanglantes. Il n'y eut pas que la cuisinière diabolique... Il y eut aussi les malles cercueils !

Les malles cercueils

1916, gare d'Arcachon, une malle abandonnée là, depuis plusieurs semaines. Il en émane une odeur chaque jour plus insoutenable, elle s'infiltre dans les narines, colle à la peau et aux vêtements et obsède les esprits. C'est l'odeur caractéristique d'une charogne. Mais ce matin-là, assurément, ce n'est plus possible ; les employés de la gare décident d'y mettre un terme, d'ouvrir la malle suspecte. Ils y découvrent un corps en position fœtale, et en décomposition avancée. L'examen médico-légal déterminera qu'il s'agit d'un corps féminin, celui d'une femme plutôt âgée, inidentifiable.

Macabre découverte que cette malle ! Mais pas inhabituelle à cette époque. En effet, grâce aux chemins de fer, l'expédition de malles cercueils deviendra une tradition criminelle des XIXe et XXe siècles. Nombre de chefs de gare eurent à ouvrir de telles malles macabres et nauséabondes, et d'ailleurs la découverte de tels « cercueils » occupa assez couramment les rubriques judiciaires jusqu'à la Seconde Guerre mondiale. La plus célèbre fut la « malle à Gouffé [1] », en 1877.

Lors du meurtre de Gouffé, Landru est un jeune homme. Il vit à deux pas du Quartier latin et ne peut ignorer cette affaire. Est-ce pour cette raison qu'il s'essaye à la technique et expédie l'une de ses victimes à Arcachon ?

---

1. Le sieur Augustin Gouffé, huissier de son état, aimait les aventures galantes. Trop, peut-être ! Il fut assassiné, en plein Quartier latin, dans le petit boudoir de la belle Gabrielle Bompard, celle-là même qu'il espérait voir devenir sa maîtresse. Elle lui fit passer une corde autour du cou, comme un jeu érotique, une corde reliée derrière un rideau à... son amant habituel ! C'est ainsi qu'il fut pendu, puis ficelé et emballé dans un sac de toile, pour être ensuite placé dans une malle par les amants diaboliques.

Petiot aussi, au début de sa carrière de tueur en série, aura recours à la malle cercueil. L'imitateur se souvient-il de son maître devant ses premières victimes, devant le corps de Louisette, la bonne engrossée à Villeneuve-sur-Yonne en 1926 ? Croit-il faire mieux que Landru ? L'apprenti tueur jette sa malle dans l'eau, espérant qu'elle disparaisse… Ironie du sort, elle ne quitte même pas la Bourgogne et refait surface dans l'Yonne. Ce sont les policiers de Dijon qui seront alertés, et le parquet de Sens qui suivra le dossier. Mais aucun rapprochement ne sera effectué avec la disparition de la bonne du bon docteur… Pourtant, dans la malle en osier découverte quinze jours à peine après sa disparition, c'est bien une jeune fille décapitée et recroquevillée sur elle-même que l'on retrouve ! L'enquête sera reprise par la police criminelle parisienne, venue éplucher les dossiers relatifs aux forfaits de Petiot dans l'Yonne… plus de dix ans après ! Mais il n'existe plus de preuves, juste le témoignage de voisins qui affirment avoir vu Petiot et son ami de toujours, Nézondet, tirer une voiture à bras sur laquelle trônait une grande malle en osier. Quant au corps dans la malle, il demeurera à jamais inconnu…

Ainsi, il y eut les cuisinières et autres calorifères. Et on ne sait combien de malles sanglantes pour chacun d'eux… Mais ces méthodes ne sont pas les seules que Petiot emprunta à Landru.

Messages d'outre-tombe… encore une copie !

Petiot retiendra autre chose des enseignements de son maître : les messages d'outre-tombe de ses victimes. Une source d'inspiration sans limites pour Petiot. Landru pense assurer son impunité en passant maître faussaire ès écritures. Il imitera régulièrement l'écriture de ses victimes, endormant toute suspicion en adressant de fausses lettres ou cartes postales à leurs proches, ou en les remettant à leurs concierges en y faisant figurer une adresse d'expédition inexacte. Au besoin, il n'hésitera pas à payer de sa personne en rendant visite aux parents de ses victimes ou en leur adressant des invitations quand il sait qu'elles refuseront d'y répondre. Ainsi rendra-t-il visite à Mme Lacoste, sœur de Célestine Buisson, pour lui remettre une somme à l'intention de son fils afin de couvrir les frais de l'opération que celui-ci doit subir. Il ira également à son appartement pour y prendre ses meubles après avoir montré à la concierge une fausse lettre de Célestine l'autorisant à les déménager. Pour couper court aux questions de la concierge, il lui explique que Célestine se trouve dans le Sud et s'occupe d'une cantine pour les troupes. Ainsi établissait-il des lettres en imitant l'écriture de ses victimes, dans lesquelles elles lui donnaient l'autorisation de déménager leurs meubles. De cette manière, il assure son avenir financier en s'appropriant leurs biens.

Il pousse la technique plus loin encore en envoyant un jeune homme, peut-être l'un de ses fils, chez une amie de l'une des disparues, Anna Collomb, afin de régler, à sa demande, sa dette : l'emprunt de deux bouteilles d'eau-de-vie. Le jeune homme prétendra avoir rencontré Anna, devenue jeune mariée, dans le Midi. Elle lui aurait demandé de lui rendre ce service. Sa sœur sera également la destinatrice d'un paquet portant une étiquette de la gare de Nice. À l'intérieur, elle trouvera un bouquet de fleurs et une carte de sa sœur. Créant ainsi le mirage de leur existence « autre part » !

Petiot s'inspire largement de cette méthode. Il l'adapte juste aux circonstances de la Seconde Guerre mondiale, de l'Occupation, de l'élimination des Juifs et de la fuite de nombreuses autres personnes vers la France libre. Une aubaine. Alors il envoie des cartes postales, des mots, aux proches de ses victimes afin de se faire remettre des sommes complémentaires et d'éviter que les familles, inquiètes, se manifestent. Mais il y réussit avec moins de bonheur que Landru. Pourtant, une fois de plus, il perfectionne le système. Il n'imite que rarement l'écriture de ses victimes, préférant les obliger à écrire elles-mêmes les courriers ou cartes postales qu'il adressera à leurs proches ou conservera comme preuve de leur départ.

Étrangement, c'est également ce qui les perdra tous les deux. Ces écrits prouveront que les deux tueurs ont bien connu les disparues, au point qu'elles leur avaient confié ces mots. Cela montrait également qu'ils avaient été les derniers à les avoir vues en vie.

Ce système sera repris, nous l'avons vu, par Émile Louis imitant Petiot, son maître à lui, ce qui, pour partie, lui assurera, comme le fait d'avoir enterré les vêtements des victimes, trente ans d'impunité. Et rien ne nous empêche de penser qu'il ait pu amener chacune de ses victimes à écrire une carte, et que certaines aient été perdues par les familles ou par la justice.

Cependant, c'est un système ingénieux qui leur permit d'affirmer que leurs victimes étaient vivantes quelque part. Autre part.

Landru dira n'avoir fréquenté les disparues qu'en sa qualité de brocanteur et n'avoir plus eu de leurs nouvelles par la suite. Petiot, lui emboîtant une fois de plus le pas, dira que ses victimes ont rejoint la France libre et ont quitté le pays direction l'Argentine. Un pays bien choisi tant il est difficile de s'y rendre pour vérifier ses dires. Émile Louis fera la même chose : il affirmera que les jeunes filles disparues ont refait leur vie « autre part ».

Difficile de ne pas conclure à une filiation criminelle entre Petiot et Landru lorsqu'on voit ce dernier prétendre que ses victimes sont parties à l'étranger, et en particulier en Argentine. Certes, c'était un pays qui pouvait faire rêver. Une destination à la mode en ces temps troublés. Mais ce n'est pas tout. La ressemblance n'est pas un hasard du côté du tueur copieur. Petiot pouvait-il ignorer, en effet, que le commissaire Belin était demeuré plusieurs mois convaincu que les disparues avaient été les victimes d'un proxénète pratiquant la « remonte », c'est-à-dire expédiant des femmes en Argentine afin d'y découvrir « les joies de l'amour », en fait la prostitution ? Faire la « remonte », pour un proxénète, c'était recruter des pensionnaires de maisons closes, un commerce courant et florissant entre les années 1910 et 1935, les prostituées françaises étant très prisées sur le marché sud-américain. Petiot y envoie fictivement ses victimes, parmi lesquelles des proxénètes notoires accompagnés de leurs « gagneuses ». Petiot avait-il eu vent de l'anecdote du marin qui écrivit à l'avocat de Landru pour lui affirmer avoir rencontré l'une des disparues à Buenos Aires dans une « maison spéciale »... ?

La nouvelle affaire Landru

Il y a tant d'autres ressemblances qu'il est difficile de les détailler toutes. Quelques-unes, cependant. Landru louait de nombreux appartements – garçonnières, entrepôts et maisons de campagne – pour commettre ses forfaits, et des appartements différents pour sa famille et sa maîtresse, la « régulière ». Petiot fait de même ; le foyer conjugal n'est pas celui des meurtres, il acquiert pour cela un hôtel particulier et combien d'autres lieux... Landru utilisait de nombreux pseudonymes, Petiot en utilisera moins, mais tout de même quelques-uns, notamment lorsque son charnier de la rue Le Sueur sera découvert – il changera d'identité pour devenir « le capitaine Valéry » –, et combien d'autres en tant que pseudo-passeur ?

Ces ressemblances trop nombreuses font disparaître Petiot derrière Landru. Ainsi perdit-il la course dès le départ. Lui qui croyait surpasser le maître se trouva relégué derrière lui dès les premières manchettes des journaux qui titrèrent sur « La nouvelle affaire Landru ». On ne sait s'il le dut à sa ressemblance avec Landru, puisque les premières photographies de lui, lors de son arrestation, le montrent avec une barbe noire fournie et un regard noir de jais, perçant et insoutenable, cerné, le rendant aussi hypnotique que celui de son modèle, ce qui le dessert au bénéfice de l'autre. Il fera montre de cran, de force et d'intelligence, de culot, d'humour et d'un talent d'orateur teinté de mépris. Mais Petiot a-t-il trop imité Landru ? Est-ce là le mystère de la confusion qui règne entre les deux hommes et efface peu à peu Petiot de la mémoire collective au bénéfice de la Barbe bleue de Gambais ?

Pourtant, Petiot demeure à ce jour le plus grand serial killer du XXe siècle, celui qui totalise le plus grand nombre de victimes en France ; condamné pour vingt-six, ce qui est déjà le record, il en a reconnu soixante-trois... Inégalé ! Alors que Landru n'a été condamné que pour onze victimes. Pourtant, tous deux furent vedettisés, bénéficièrent de procès extrêmement médiatisés, théâtralisés, qui firent accourir une foule immense, y compris les « people » parisiens. Mais Landru disposait d'un avantage que Petiot ne sut s'approprier : il bénéficia d'une arme de communication sans comparaison et qui fait encore recette de nos jours : il fut le seul à avoir le privilège de revêtir le costume du héros le plus monstrueux de tous les héros de conte, celui de Barbe bleue ! Si bien que seul le sinistre sire de Gambais, qui dut en nourrir une certaine fierté, gagna un surnom de légende, issu d'un conte célèbre et d'une création littéraire. Savoir ainsi son nom clamé, chanté ou fredonné et se répandre à travers les rues de la capitale, dans les bistrots, bars, music-halls, théâtres et autres bastringues au son du refrain de René Masson : « Elle est bleue, la barbe à Landru... elle est bleue ! », dut l'emplir de satisfaction...

Landru n'était ni le premier ni le dernier de cette lignée de meurtriers séducteurs, de ces escrocs au mariage. Il y en eut bien d'autres ensuite... jusqu'à Émile Louis qui promettait à de pauvres jeunes filles de la Ddass, un peu handicapées mentales, une vie rêvée pour elles, une vie normale et, dans leur esprit, c'était déjà miraculeux...

Petiot n'était pas un escroc au mariage. Ce n'était pas son mode de sélection des victimes. En cela au moins, il diffère de Landru.

D'aucuns disent que Petiot, lors de sa thèse de médecine, ou lors de l'une des ses hospitalisations psychiatriques, s'intéressa à Landru au point de l'étudier et de rédiger un mémoire le concernant... Est-ce une erreur, comme en semble persuadé Alphonse Boudard dans son livre sur les criminels célèbres ? Pour l'instant, personne n'a pu mettre la main sur ce document... S'agit-il d'une confusion avec une autre thèse, attribuée à un certain Marcel Petiot, dont la trace peut être retrouvée à la Bibliothèque nationale de France, à laquelle nous n'avons pu avoir accès, et qui porterait sur la maladie de Landry[1]... ? Est-ce la thèse du Dr Satan ou celle d'un homonyme ? Et

1. Maladie orpheline, atteinte du système nerveux périphérique.

si c'est bien celle de Petiot, est-ce la seule qu'il ait rédigée ?

Quant à leurs dernières paroles, telles que rapportées par leurs avocats respectifs, peuvent-elles avoir subi des erreurs de retranscription ? Les deux hommes se seraient-ils fondus en un, tant on les confond ? À son avocat, Me Floriot, qui lui demandait la vérité peu de temps avant son exécution, Petiot aurait répondu : « Je suis un voyageur qui emporte ses bagages ! » Rendait-il un dernier hommage à son maître, Landru, qui aurait lui-même répondu à son avocat, Me Moro-Giafferi, qui lui posait la même question avant son exécution : « Maître, j'emporte mon secret avec moi, ce sera mon bagage ! » ? Chacun décidera. Mais une seule vérité subsiste, celle de la vitrine du musée de la Police, dans le Ve arrondissement de Paris, où ils sont réunis côte à côte, au milieu de carnets d'épicier, de poulies, des photographies mélangées de leurs victimes… et de l'œil de l'au-delà !

Quatrième partie

Sexe et manipulation, la face cachée du serial killer

10

Sexes de tueurs, tueurs sexuels

Paris centre, la Seine et ses quais bordés d'une ligne verte qui se reflète par endroits dans l'eau du fleuve… Il ne s'agit pas du miroitement de platanes ni de frênes, mais de dizaines de coffres de bois vert foncé, alignés le long des trottoirs la surplombant. Dans la journée, plutôt l'après-midi, leur couvercle est ouvert, épaississant aussitôt la ligne verte le long des quais, et de l'autre côté, dans la rue, c'est alors une succession de reflets multicolores, bien connus des Parisiens. Ces drôles de coffrets fixés le long des quais de Seine appartiennent aux bouquinistes. Ils y exposent portraits ou dessins, esquisses ou plans anciens, ou autres publications hétéroclites, et pour qui veut bien se donner un peu la peine de fouiller, ils recèlent parfois de véritables trésors dissimulés au milieu des vieilles cartes postales, des journaux des siècles précédents ou des livres anciens et bouquins que l'on a envie de feuilleter, comme ce livre d'Alphonse Boudard sur les grands criminels [1].

---

1. Alphonse Boudard, *Les Grands Criminels*, Le Pré aux Clercs, 1989.

En le parcourant rapidement, on tombe sur un croquis curieux… Un croquis qui semble avoir été exécuté au crayon de papier. Il représente un homme presque de profil, plus exactement de trois quarts gauche, très maigre et… totalement nu. Sur l'esquisse, l'homme a un corps frêle, filiforme, presque comme sans ossature, inconsistant. Il a une tête disproportionnée par rapport à son corps, une tête largement dégarnie, aux sourcils et à la barbe noir de jais. Des sourcils broussailleux et épais, une barbe longue et drue taillée en pointe. Elle semble comme tendue vers l'avant par le relèvement du menton du personnage, vers quelque chose ou quelqu'un qui lui ferait face mais n'est pas représenté, ce qui lui confère une attitude hautaine et donne plus d'impact encore au reste du dessin… en particulier à ce sexe disproportionné et en pleine érection, pointant dans la même direction que la barbe. Un sexe fin et long, exagérément long, presque autant que les bras ou les jambes du petit homme. Au-dessous, une paire de testicules imposants, eux aussi démesurés, comme pour dire : « Moi, j'en ai ! » Au premier regard, ne ressortent du dessin que ses éléments pileux et sexuels, mais aussi le regard très sombre qui semble en dire long. Car face à ce petit personnage au sexe bandé, apparaît une note manuscrite, qui semble désignée de la barbe et du sexe, comme pour mieux faire passer le message… Il s'agit d'une dédicace du dessinateur : « À Monsieur Bonin, amicalement », laquelle est signée… Landru. Un autoportrait singulier, destiné à celui qui l'envoie devant les jurés, le juge d'instruction Bonin. L'amuseur de prétoire n'avait donc pas que des bons mots, il avait aussi un bon coup de crayon ! Car on le reconnaît sans aucune hésitation sur ce croquis. Quant à la signification de ce dessin… Provocation, insulte, message sur ses capacités sexuelles ? Chacun pourra y aller de son interprétation selon son imagination...

À sa façon, Petiot semble avoir voulu passer le même message : « Moi aussi, j'en ai ! » À moins qu'il ait nourri une telle fascination pour son maître qu'il ait éprouvé le besoin de l'imiter, se mesurer à lui, voire l'égaler... ? Ou simplement, lui rendre hommage ? Toujours est-il qu'il sculptait des figurines aux sexes énormes, démesurés...

Ce que dévoilent ainsi Landru ou Petiot c'est, d'une certaine façon, leur intimité. On les accusait de tuer par intérêt financier, pour s'approprier les biens de leurs victimes, eux nous retournent leurs obsessions sexuelles. Aussi est-il temps à présent de pousser la porte de l'intimité de ces tueurs et d'aller voir ce qu'ils nous cachent.

Avertissement

Avant d'aller plus loin, il est utile de préciser que ce chapitre comportera parfois des termes ou descriptions, relatifs à l'anatomie sexuelle des tueurs, qui pourraient choquer. Si cela risque de vous heurter, vous scandaliser ou simplement vous blesser, vous pouvez passer directement au chapitre suivant.

Pour les autres, l'exploration commence. Bienvenue dans l'intimité des tueurs en série...

Landru, l'acharné du braquemart

À la période où Landru commence à agir, Paris est considéré comme la Ville lumière, mais aussi celle du vice et du sexe. Un début de siècle particulièrement misogyne, une époque où il est normal pour un bourgeois de prendre maîtresse et d'avoir des relations sexuelles multiples. C'est une des raisons pour lesquelles Landru a pu paraître sympathique, ses prouesses sexuelles n'étant pas totalement ignorées. Parallèlement, plus que jamais, la pauvreté porte les femmes à se vendre, même celles issues de couches sociales en principe à l'abri de la misère. Elles recherchent ainsi le mari ou l'amant en état de prendre soin d'elles. Le premier conflit mondial aggrave encore la situation, les femmes deviennent alors de véritables proies, en particulier les veuves de guerre. Elles seront les cibles privilégiées de Landru, pour l'argent pense-t-on habituellement. Mais c'est oublier que Landru était surtout un homme à femmes… un véritable braquemart sur pattes !

Il était obsédé par les femmes. Or l'aspect sexuel de ses actes n'est quasiment jamais évoqué… Lui voulait pourtant les posséder, jusqu'à la mort.

Il a déjà plus de quarante ans lorsqu'il décide que son magnétisme naturel et sa prestance doivent lui servir à ce qu'il recherche tout particulièrement, un certain plaisir sexuel. Le plus connu des grands criminels français, celui qui fait encore aujourd'hui recette au théâtre et au cinéma, usait de son charme pour séduire des femmes esseulées. Elles voulaient le mariage, et on nous fait croire que lui n'en voulait qu'à leur argent. C'est ainsi qu'on le représente toujours, asexué et en petit escroc au mariage. Mais c'est bien son engin peu ordinaire qui tenait le rôle titre, et rien n'interdit de penser que certaines de ses victimes n'avaient que l'utilité de financer ses relations effrénées, ainsi que ses deux foyers, sa famille et sa régulière.

Les policiers s'étonnèrent de ses succès, surtout en raison de son physique, pas particulièrement avantageux. Mais le contexte de ce début de siècle facilita la tâche de Landru. Les femmes cherchaient des maris ? Qu'à cela ne tienne, il inséra des annonces matrimoniales dans des journaux. Une fois les lignes posées, il ne lui restait plus qu'à attendre que ça morde… Et l'on sait à quel point la pêche fut bonne. Pourtant, ces annonces n'étaient pas très sexy, elles étaient même dénuées de tout romantisme : « Monsieur sérieux, désire épouser veuve ou femme incomprise, entre trente-cinq et quarante ans. » « M. 47 ans, traitement 4 000 et économies, allant s'établir en jolie colonie saine, désir conn. vue mariage dame âge indif. Situation même modeste si seule, qui consente à le suivre. Proposition sérieuse. Agence et interm. S'abstenir. »

Landru… sex addict !

Il reçoit un courrier volumineux, sélectionne les réponses et ne réagit qu'à celles qui lui paraissent en valoir la peine, toujours par la même lettre : « Je voudrais un amour durable, des sentiments qui puissent assurer un bonheur durable, je suis assez indépendant pour vous déclarer tout de suite que, de mon côté, les conditions d'avoir financier n'entreront en rien dans le choix d'une épouse. » Il leur promet le mariage, mais ne tiendra jamais ses engagements. Cependant, il les rencontre toutes, fortunées et servantes, jeunes et vieilles, belles et moins belles, et leur fixe des rendez-vous en divers lieux de la capitale. Cette occupation lui prend tout son temps, ses carnets d'épicier en attestent, c'est celui d'un homme d'affaires. Et des affaires, il en avait à traiter, de la place Saint-Georges à la Concorde, de la tour Saint-Jacques à la gare Saint-Lazare, un de ses lieux préférés avec la place de l'Opéra ! Sur son carnet, on retrouve des entrelacs de chiffres et de mots en lettres minuscules et majuscules :

« 9 h 30 tabac gare de Lyon, Mlle Lydie ; 10 h 30 café place Saint-Georges Mme B. ; 11 h 30 métro Lancry, Mlle X, 2 h Concorde Mme Y… » Il ne se ménage pas, saute d'un rendez-vous à l'autre, un vrai marathon. Il y a celles qu'il choisit un peu mûres, pour leurs biens, et celles qu'il rencontre pour sa consommation sexuelle, pour pas un sou, juste pour le plaisir. Rappelez-vous ces deux cent quatre-vingt-trois femmes dont la trace a été retrouvée par les policiers… Beaucoup d'entre elles ont été entendues. C'est ainsi que nous apprendrons des détails sur son comportement. Il les séduisait d'abord par sa prévenance, ses attentions et sa gentillesse. Il se montrait aux petits soins pour elles, il leur parlait de mariage, les faisait espérer, elles se laissaient berner… et ne lui résistaient pas longtemps. Puis sa vigueur de jeune homme, malgré sa petite cinquantaine, les séduisait toutes, jeunes, vieilles, belles et moins belles. Un véritable homme à femmes. Il les consomme allègrement, et elles en redemandent !

C'est que le petit homme aux yeux hypnotiques leur plaît sacrément ! Certains marmonnent, mi-jaloux, mi-surpris, que ses maîtresses vantent les capacités sexuelles du sieur Landru… Est-ce pour cela qu'il a séduit deux cent quatre-vingt-trois femmes ? Entendons-nous bien : il aurait eu des relations avec la plupart d'entre elles. Deux cent quatre-vingt-trois femmes en quatre ans, bigre ! Presque un travail à temps complet, soixante-dix femmes par an, six par mois, en plus de son épouse et de sa maîtresse régulière… Certains le surnomment « bite de fer » ! Il est vrai que la plupart étaient veuves, et probablement prêtes à tout pour ne pas rester seules, mais quand même ! Comme le dit Alphonse Boudard, « tandis que les hommes s'enfourchaient à la baïonnette dans les tranchées, Landru consolait les dames en les embrochant d'une autre façon ».

Selon le même Alphonse Boudard, il existe « des séducteurs qui ont l'art d'emmener les femmes dans leur lit ou dans un champ de luzerne, mais la bite n'est pas toujours à la hauteur des prémices »... Certains ne seraient que des « mol du chibre, montés moustique, fatigués au premier assaut, éjaculateurs précoces, surnommés atchoum ». Landru n'était pas de cette veine, il n'était pas « atchoum », ni « avachi sur le sujet », ni « mollasson de la zigounette », « amputé de la défonceuse »... La sienne fonctionnait au contraire à merveille, faisait merveille, et il ne s'en privait pas. Lui, c'étaient ses promesses de mariage qu'il ne tenait pas. Mais son ou ses lits ne désemplissaient pas. Bien qu'à l'époque ce ne fût pas la tradition, le sujet sera abordé lors de l'audience de la cour d'assises de Versailles. On ne parlait pas aisément de ces choses-là. Mais là, impossible de faire l'impasse.

Le président tentera d'aborder le sujet de manière un peu lointaine : « De tout temps, vous avez paru rechercher la compagnie des femmes. » Landru répondra avec sa répartie habituelle : « Je n'ai jamais eu de mœurs spéciales. Si les femmes que j'ai connues ont quelque chose à me reprocher, elles n'ont qu'à déposer plainte. » Il sait bien que, tout au contraire, il les a largement satisfaites, elles l'ont dit, à commencer par sa maîtresse, enfin la régulière, Fernande Segret, qui ne laisse planer aucun doute sur ses capacités. Lorsque le président lui demande si Landru était bien normal dans leurs rapports intimes, elle lui répond : « Tout à fait normal, il était très passionné et d'une vitalité exceptionnelle. » Elle aurait ajouté en rougissant : « Malgré son âge, il avait la vigueur d'un jeune homme. » Avant de quitter la barre, elle se tourne vers son amour et s'évanouit... À l'évocation de ses conquêtes féminines et de ses prouesses sexuelles, dans la salle d'audience on sent bien que les femmes présentes sont elles aussi au bord du malaise ! Et puis, il y a cette anecdote qui serait certifiée par le commissaire Belin, celle de cette femme de la haute société qui, ayant appris de l'une des maîtresses du sieur Diard (un des pseudonymes de Landru) que celui-ci était un amant extraordinaire, serait allée le trouver à Gambais pour « l'essayer »... Frappant à sa porte, bien inconsciente des risques courus, elle lui annonce tout de go : « J'ai envie d'être aimée de vous [...]. Il paraît que vous êtes un amant parfait, prouvez-le ! » Landru ne se fait pas prier. Après l'avoir embrassée fougueusement, il la fait monter dans sa chambre et la laisse attendre. Belin rapporte alors que la prétendante, jugeant la chambre sinistre et découvrant dans le lit un nœud coulant, se sauva sans demander son reste...

Mais si cette imprudente ne l'a point goûté ou testé, d'autres ont témoigné de ses capacités sexuelles, et le procès va longuement s'intéresser à la question. Ces femmes vantent les talents de ce véritable don Juan, amant parfait, attentionné et performant, le partenaire exceptionnel. Elles sont passionnées et rougissantes à la barre, tandis que, dans la salle, les coquettes admirent cet homme qui semble connaître le secret de la jouissance des femmes et que, au-dehors, les chansonniers vantent ses conquêtes en chantant : « M'sieur Landru... Que lui faut-il comm'distraction ? Une femme ! »

Même si son image d'étalon hors norme sera vite oubliée, il n'en demeure pas moins qu'elle se trouve au cœur des crimes de Landru. Pour lui, le sexe est au centre de tout. Ses crimes sont donc obligatoirement sexuels. Mais alors, pourquoi a-t-il tué ces dix femmes-là plutôt que d'autres ? Lui demandèrent-elles davantage ? Le menacèrent-elles ? Ou bien ses pulsions furent-elles paroxysmiques en leur compagnie ? Qu'avaient-elles qui fit la différence avec les autres ? Nous ne le savons pas.

Nous ne connaissons que son scénario de séduction immuable, promesse de mariage, manières raffinées, galanterie, inventivité, déguisements, des tenues indiennes ou de pacha, et pseudo-métiers hauts en couleur, diplomate aux Indes ou en Indochine, en poste dans les colonies françaises d'Afrique du Nord... Alors elles rêvent de partir avec lui dans ces pays merveilleux, loin de la guerre, loin de tout. Il se donne tout ce mal pour « conclure » et leur jouer son « récital de braquemart », comme l'indique Boudard, et l'affaire est emballée... La plupart ne lui en voudront même pas de les avoir bernées. Et il les bernera toutes, y compris les plus averties comme sa dernière victime, une ancienne prostituée et tenancière de maison close. Il clamera haut et fort ne pas tâter de ce pain-là, mais elle fera l'affaire aussi bien que les autres. Comment est-il possible que cette ancienne taulière n'ait rien vu arriver, elle qui connaissait les hommes ? Surnommée « la belle mitaise », elle voulait se ranger, vendre son bordel et suivre celui avec lequel elle avait prévu de finir ses jours... ce qu'elle fit. Comme les autres, elle est tombée sous son emprise.

Au fil de l'histoire, pourtant, Landru perdra sa gloire phallique. Ne subsistera que l'image de la cuisinière dans laquelle, prétend-on à tort, il fit rôtir ses victimes...

Retour au dessin, cet autoportrait où il s'est croqué, avec adresse, nu et en érection. Une érection qui lui fait un pénis presque plus grand que lui-même, qui le dépasse... N'est-ce pas un peu de la vérité de cet homme à femmes, un homme dépassé par lui-même, par ses pulsions sexuelles et de mort ? Un homme à femmes hors du commun, un tueur en série hors du commun. Tant de femmes, tant d'investissement, et tout ça pour quoi ? Au nom de quoi ? Ne nous donne-t-il pas la réponse au travers de son autoportrait ? Au nom… du phallus ! Et c'est en ce nom qu'il va mourir sous la « la sinistre veuve » comme on nomme la guillotine. Certains diront que c'était la seule veuve que Landru ne pourrait jamais tromper… Le fait est que son couperet ne sera pas retenu par le charme et les « compétences » de l'homme, que l'histoire aura tôt fait d'oublier… Ne subsistent aujourd'hui que ses meurtres, des meurtres, somme toute, comme les autres…

Marcel Petiot, sexe et formol

On ignore jusqu'à quel point Petiot connaissait les travers de son maître et les copia. Mais il semble qu'il n'avait pas le même besoin d'accumuler les conquêtes féminines. Concernant sa vie sexuelle, on n'a pas trouvé suffisamment d'éléments concernant d'éventuelles particularités physiques ou pratiques anormales. Sa femme ne dit rien à ce sujet. Elle ne se confie pas, se bornant à indiquer que son mari était normal, tout comme leurs relations. On ne sait pas grand-chose non plus de ses conquêtes avant et après son mariage. Nous disposons juste de quelques éléments sur ses bonnes, séduites puis disparues, nous l'avons vu. Mais apparaissent tout de même quelques indices très révélateurs de sa perversité sexuelle.

À sa manière, en effet, Petiot était un obsédé du sexe, des sexes. Il les collectionnait. On retrouvera chez lui plusieurs sexes, féminins et masculins… en bocaux. Une collection incroyable et dérangeante pour ceux qui la découvriront, dans le même temps qu'ils découvriront des morceaux de cadavres fumants dans sa cave et son calorifère. Petiot était-il une sorte d'« obsédé génital » ? Où avait-il prélevé ces parties ? Sur ses victimes ? S'agit-il de fétichisme, à l'image de ces autres tueurs qui prélèvent des morceaux de corps de leurs victimes ? Difficile d'avancer une réponse compte tenu du peu d'éléments dont nous disposons... Là aussi, le temps a fait son œuvre... Nous n'avons pas non plus d'informations sur sa conformation physique. Ne subsiste que le souvenir de ses bocaux macabres, comportant des traces d'expérimentation, et dont la plupart furent volés, notamment lors de la visite de la cour d'assises rue Le Sueur.

Ceux-ci lui servaient-ils de modèles anatomiques pour ses sculptures ? Petiot, lui, ne dessine pas. Nous l'avons vu, il sculpte. De petites statues érotiques aux sexes démesurés... Ce qui semble bien attester que l'homme s'intéressait à la chose et qu'il s'agit de meurtres sexuels. Et d'ailleurs, son goût affirmé pour les chansons paillardes – qu'il retranscrivait parfois sur ses ordonnances –, les textes frivoles qu'il conservait, les images libertines qu'il collectionnait et qui furent également dérobées lors du transport de la cour d'assises dans son hôtel particulier de la rue Le Sueur, prouvent que les choses du sexe ne lui étaient pas étrangères. Chez lui, la dimension sexuelle du meurtre se trouve dans le fait même de tuer. Pourtant, le brave docteur a toujours été considéré soit comme un exécuteur (au nom de la Gestapo), soit comme un criminel qui tuait pour de l'argent. Comme pour Landru, on a éliminé la dimension sexuelle. On l'a oubliée.

Son histoire personnelle ne fut peut-être pas suffisamment explorée, analysée. Ainsi, son goût pour la pratique d'avortements (un acte passible de prison) et les sexes humains ne l'aurait-il pas porté à effectuer des expériences jouissives sur ses patientes, à braver des interdits et à y puiser son plaisir... ? On dit qu'il tuait ses victimes pour leur prendre leur argent. Peut-être... mais peut-être pas. Peut-être simplement qu'il trouva en ces meurtres la matière pour assouvir ses pulsions morbides et sexuelles, tout en liant l'utile à l'agréable en en tirant des profits bienvenus… Il suffit de se rappeler ses expérimentations sur les animaux dans son enfance pour se demander s'il ne tirait pas son plaisir sadique de telles expérimentations humaines, et de quelques pratiques sexuelles interdites.

Nous ne savons que peu de choses concernant ces aspects de la personnalité et de la vie de nos anciens tueurs en série, pourtant moteurs de crimes sexuels. Nous n'en savons pas toujours plus de certains de nos tueurs modernes. Pourtant, c'est une dimension de leur personnalité qu'il est nécessaire de connaître pour les comprendre et pour, peut-être un jour, parvenir à une forme de prévention, sinon du premier crime au moins de la récidive. Cessons de prétendre que ces tueurs agissent pour l'argent ! Sur ce point, Landru nous a déjà répondu : son plaisir consiste à séduire, à tenir dans ses mains des femmes sur lesquelles il détient le pouvoir suprême, celui de décider si elles vivront ou non, et à prendre sa jouissance en assouvissant ses pulsions morbides. Le commissaire Belin, celui qui l'interpelle, dira au jury que le plus étonnant c'est que Landru ait tant « travaillé », se donnant tant de mal, pour si peu, pour trois francs six sous… Et c'est bien là que se trouve la réponse : l'essentiel n'était pas le butin ; l'essentiel, c'était le sexe, c'était transgresser des interdits, c'était jouir en tuant. Dès lors, s'agissant de crimes sexuels, perpétrés à la recherche d'une jouissance sexuelle particulière, c'est bien la vie sexuelle de ces tueurs qui doit être explorée, pas leur porte-monnaie. L'argent n'est qu'un accessoire…

Dans leur pantalon...

Parce qu'on parle en permanence de crimes sexuels ou de criminels sexuels lorsqu'on fait référence aux tueurs en série, parce qu'on décrit allègrement les divers sévices et outrages sexuels qu'ils font subir à leurs victimes, certains – journalistes, pseudo-criminologues et autres « autorités » – sont devenus des spécialistes de ces descriptions, insupportables pour le commun des mortels et le plus souvent inutiles au propos qu'ils défendent. Elles sont si précises que l'on peut parfois s'interroger sur les véritables intentions de leurs auteurs et se demander s'ils ne s'en délectent pas, s'ils n'y trouvent pas leur propre plaisir par procuration. Est-il bien nécessaire, en effet, de décrire jusqu'au moindre détail ce qui a été infligé aux victimes ? Qu'est-ce que cela peut apporter à ceux qui ne travaillent pas sur les dossiers ? Cela risque, en outre, de donner de nombreuses idées à certains, voire les entraîner dans la surenchère... Les mêmes affirment haut et fort que leur « travail » n'a aucune incidence sur les criminels présents et futurs... Mais nous avons bien vu que les tueurs peuvent s'inspirer de leurs maîtres et qu'ils apprennent des autres par le biais de leurs lectures, augmentant grâce à ces informations leurs chances d'échapper aux mailles du filet tandis que nous essayons de les pousser à la faute pour les y retenir...

On a beaucoup plus d'égards pour les tueurs. Il n'y a, en effet, pas grand monde pour oser s'intéresser à leurs parties génitales, les décrire et décrire leur sexualité avec les défaillances, les échecs, les difficultés. Et ceux-là mêmes qui n'osent pas s'en prendre aux tueurs, n'hésitent pas à décrire, avec force détails, les vies des victimes, allant parfois jusqu'à porter un jugement sur leur vie sexuelle ou leur physique, se permettant de les juger

« belle », « moche », « baisable » et détaillant par le menu les agressions et outrages qu'elles ont subis.

Il faut rompre avec cette façon de faire. Plutôt que d'exposer les victimes, exposons un peu leurs bourreaux. Nous savons ce qu'ils leur infligent, il faut maintenant savoir avec quoi, et comment. Il s'agit de crimes sexuels et donc, à la base, d'une question de sexe... Aussi est-il grand temps de les déshabiller à leur tour. Landru le premier s'est mis à nu, exposant, en quelque sorte, ses outils sur la table... Suivons-le sur cette voie et allons regarder ce qui les chatouille tant dans leurs pantalons. Et vous allez voir, ce n'est pas toujours joli, joli. Gageons qu'ils n'apprécieront pas... Ils se sont tout permis avec leurs victimes, eux seraient-ils intouchables ? Lors des cours d'assises, nous verrons qu'ils n'aiment pas beaucoup qu'on aborde le sujet, surtout celui de leurs performances sexuelles. Pourtant, c'est là que tout commence ! Cessons d'intellectualiser les choses et de les rendre de plus en plus « psy ». Ces tueurs ont bel et bien des problèmes de pénis et de testicules, et nous allons tenter d'y voir plus clair, d'explorer cette partie d'eux, et de découvrir ce qu'ils nous cachent. Landru nous a donné la clé, poussons ensemble la porte de l'intimité de nos tueurs modernes. Car pour Francis Heaulme, Pierre Bodein, Émile Louis ou Joseph Vacher, l'ancêtre de nos serial killers modernes, c'est aussi une histoire de couilles... pardon, de testicules.

Joseph Vacher, vagabond sans baluchons

À la fin du XIXe siècle, Joseph Vacher, vagabond égorgeur, précurseur de Francis Heaulme sur les routes de France, traversait le pays de part en part, de Lyon à

Rennes, de Lourdes à la frontière belge, de Dijon à Nevers, affublé d'un calot bizarre confectionné dans une peau de bête. Il dormait dans des granges à foin, à la belle étoile ou dans des cabanes de berger. Ceux qui l'ont croisé se souviennent d'un homme qui redoutait la chaleur et le soleil, au point de s'en protéger d'un parapluie et de se déplacer surtout à la nuit tombée… Peu à peu, il tiendra plus de la bête, du démon, du loup-garou qui hante les campagnes, et se terra la plupart du temps dans les bois. Il est sale, mal vêtu, et sur son passage, les victimes ne cesseront de se multiplier. Son mode opératoire ressemble fort à celui de Jack l'éventreur. Il égorge ses victimes, les éventre, mutile leurs organes sexuels… une véritable bête humaine. Pourtant, la bête sait écrire… Et sur sa route sanglante, Vacher ne cesse d'écrire. Il écrit sur les granges, sur ses chaussures… Il raconte même ses déboires génitaux sans aucune gêne.

On apprend ainsi qu'il a subi une opération de ses parties génitales. Vacher a compris le système : pour se défendre et être relâché, il fallait qu'il soit irresponsable. En France, on ne juge pas les fous, et il le savait. Il veut sortir de prison. En fin stratège, il a donc énoncé dans ses écrits à l'intention du juge et des experts toutes les causes d'irresponsabilité qu'on pouvait porter à son bénéfice. Il y a sa maladie initiale, due, selon lui, à la morsure d'un chien enragé – ce qui est douteux, il a juste été léché au visage… – il y a les médicaments qu'on lui a prescrits – mettant en cause le laboratoire de Pasteur alors que ses traitements ne venaient pas de ce laboratoire – il y a sa blessure par balle à la tête – blessure qu'il s'est infligée en tentant de se suicider – et ses conséquences – il vit avec deux balles dans la tête, ayant refusé de se faire opérer – et il y a son opération aux parties génitales.

L'une des sœurs de Joseph Vacher gagnait sa vie comme prostituée à Grenoble. Fréquentant ce milieu, il aura des relations avec plusieurs prostituées. C'est ainsi qu'il contractera une maladie sexuellement transmissible nécessitant son hospitalisation à Lyon, et l'ablation d'une partie de ses testicules. Il n'a alors que vingt ans et ressort de cette intervention profondément traumatisé, et même en état de choc, au point que ses frères notent son air perdu et sauvage. Cette opération est antérieure aux crimes qui lui sont reprochés. Est-elle à l'origine des mutilations sexuelles qu'il infligera ensuite à ses victimes ? Y a-t-il une relation de cause à effet ? Nous pouvons aisément l'imaginer. D'autant que, à l'époque, les conditions d'une telle intervention ne pouvaient qu'être terrifiantes. Il s'agissait sans doute d'une véritable mutilation physique. Quelle fut alors son incidence sur sa sexualité, par la suite ? On sait en tout cas que c'est à compter de ce moment qu'il serait devenu sanguinaire. Il dira lui-même à ses frères qu'il lui prend des envies de tuer… « Je suis possédé… » disait-il. Quant à ses victimes, il les tuait avant de les violer, puis de mutiler leurs organes sexuels… comme lui-même avait été mutilé, et comme le faisait aussi Jack l'éventreur, son modèle, et c'est peut-être ce qui l'en rapprocha. Il faut retenir qu'il violait ses victimes une fois mortes, quand elles ne pouvaient plus voir ni sentir son appareil génital amputé… Puis, de rage, il les mutilait.

Ses écrits sont un véritable cri d'innocence lancé du fond de sa cellule. Il y impute ses pulsions criminelles à sa mutilation sexuelle. Dans une sorte d'autographe qu'il adresse de Beaufort – Isère –, le 15 juillet 1898, au professeur Lacassagne[1], il lui fait part de son « ressentiment d'une doulou-

1. Alexandre Lacassagne (1843-1924), médecin légiste, fondateur de l'anthropologie criminelle à Lyon et auteur d'un livre sur Joseph Vacher qu'il a expertisé.

reuse opération aux parties sexuelles faite à l'hospice dit "Les Anticailles", à Lyon ». Dans d'autres écrits, intitulés « Mémoires pour les médecins, sa défense par lui-même », il y revient dans les mêmes termes, décrivant son « état d'exaltation accentué de ressentiment nerveux d'une douloureuse opération que j'ai eu à supporter aux parties sexuelles ». À sa manière, avec ses mots, il crie bien une vérité, à l'origine de son abominable itinérance sanglante. Mais personne ne semble avoir étudié l'incidence de cette mutilation sur ses actes... Saurait-on le faire aujourd'hui... ? L'a-t-on fait pour Heaulme, son successeur sur les routes de France, qui, lui aussi, manque... de couilles ?

Heaulme et ses petits pois

Cour d'assises du Pas-de-Calais, septembre 1999. Heaulme est jugé pour le meurtre de Jean Rémy, un retraité qu'il a tué à Boulogne-sur-Mer et dont il a abandonné le corps sur la plage, presque à la mer. Pas de complice dans cette affaire, il a agi seul. Le président Monier, qui tente de cerner sa personnalité, le questionne sur sa vie sexuelle et sur sa compagne, Georgette, rencontrée en 1991 ; c'est pour elle qu'il ramasse des coquillages sur la plage où il laisse Jean Rémy agoniser... Alors, en y mettant les formes, le président l'interroge : « Aviez-vous des relations sexuelles avec Georgette ? » Heaulme répond : « Oui, comme tout le monde [...] simplement, je ne peux pas éjaculer. D'ailleurs, elle ne voulait pas que je la pénètre, entre nous il n'y avait que des caresses. » Lorsque le président lui demande pourquoi, il répond sans gêne ni retenue, sur un ton neutre, comme à son habitude : « J'ai du plaisir, mais je ne peux pas éjaculer, j'ai les testicules d'un gamin de dix ans [...]. Ils sont très petits et je ne peux pas avoir d'enfants. »

Il ne s'agit pas là d'une curiosité malsaine. Si les problèmes sexuels de ces tueurs expliquent en grande partie leurs actes, il est nécessaire de les détailler afin de permettre aux jurés de mieux comprendre les faits, ce que va s'employer à faire le Dr Masson.

Interrogé à la barre, le Dr Masson, expert psychiatre, confirme ce que les experts des cours précédentes ont déjà déclaré : Heaulme est atteint d'une tare génétique rare, une sorte de malformation désignée sous la dénomination de « syndrome de Klinefelter ». Il explique que « les êtres qui en sont atteints ont trop de composantes féminines dans leurs chromosomes, ils sont à mi-chemin entre l'homme et la femme [...]. Cette malformation s'accompagne de malformations physiques, d'une pilosité réduite, d'un physique longiligne, d'un bassin plus large qu'habituellement, ainsi que d'une malformation de l'appareil génital ». « Heaulme a des testicules atrophiques pas plus gros que des petits pois. » Les journalistes présents reprendront ces précisions dans leurs articles, avec un certain amusement[1].

Une intimité régulièrement passée à la loupe

Avant et après le Dr Masson, d'autres experts, nombreux, se sont penchés sur les particularités de Francis Heaulme. En 1994, déjà, les examens médico-psychologiques effectués dans le cadre de l'instruction menée sur le meurtre de Laurence Guillaume à Metz, avaient révélé

1. Alexandrine Bouilhet, *Le Figaro*, 11 septembre 1999 ; Élisabeth Fleury, *Le Parisien*, 9 septembre 1999.

une hypotrophie testiculaire bilatérale, mais avec une verge normale. Ces experts avaient en effet jugé nécessaire et utile d'examiner les parties génitales de ce tueur, afin de mieux comprendre son parcours, sa personnalité et ses actes. Cette anomalie morphologique les amène a faire pratiquer des examens génétiques d'où il ressort que Heaulme est atteint du syndrome de Klinefelter, ce qui explique l'hypotrophie testiculaire : l'un des symptômes essentiels et constants de ce syndrome est la réduction du volume des testicules avec, pour corollaire, la stérilité par azoospermie[1].

À la suite de cette découverte ayant une incidence capitale sur les actes de ce tueur, son sexe sera régulièrement passé à la loupe, si l'on peut dire... À chaque cour d'assises, le sujet sera évoqué, et les parties génitales de Heaulme seront placées sur la table... au figuré, bien entendu ! Et tous ceux qui ont assisté à ces cours d'assises auront eu droit au détail de ses malformations et anomalies. Ainsi, lors de la cour d'assises de la Dordogne, qui se tient à Périgueux en avril 1997, dans l'affaire relative au meurtre de Laurent Bureau où Heaulme est poursuivi avec Didier Gentil, les psychiatres reviendront longuement sur ce syndrome, soulignant que le contrôle de ses actes peut être en partie entravé par ses pulsions sexuelles. Ils souligneront la problématique psychosexuelle liée à son atrophie testiculaire bilatérale. Mais cela suffit-il à exonérer Heaulme d'une part de sa responsabilité dans les actes qui lui sont reprochés ? Afin d'être en mesure de le déterminer, la présidente Carbonnier posera plusieurs questions au sujet de la taille de ses testicules, allant jusqu'à demander aux experts si « ça se voyait » ! Une

1. Absence de spermatozoïdes dans le sperme. Celui-ci peut toutefois être produit et éjaculé en quantité normale.

question qui fera fuser les rires dans la salle, et lui vaudra une réponse pleine d'humour : « Non, puisqu'ils n'ont que la taille de petits pois ! » En conséquence, dans ses réquisitions le procureur de la République sollicitera qu'il soit tenu compte des pathologies présentées par Heaulme, suggérant une atténuation de sa responsabilité et une réduction de la peine à venir. Mais il ne sera pas suivi par le jury puisque, pour des raisons différentes, il sera purement et simplement acquitté de ce crime, tout comme son coauteur, Didier Gentil[1]...

De même, en 1995, la cour d'assises de la Moselle eut à examiner les rapports des psychiatres qui soulignaient que l'anomalie génétique de Heaulme aurait pu altérer son identité sexuelle. Les experts en ont retenu qu'un tel handicap était indiscutablement de nature à réduire la responsabilité du tueur en ayant entravé ses choix, mais n'avait pas pour autant aboli son discernement. Heaulme ne saurait donc être considéré comme fou : il était capable de faire des choix et devait donc être jugé pour ses actes.

Une vie sexuelle atrophiée

Du fait de ses malformations génétiques et génitales, la vie sexuelle de Francis Heaulme se trouve atrophiée au même titre que ses testicules, pire peut-être. Se pose alors une question essentielle : est-elle réduite au point que cet homme ne puisse violer ou tenter de violer ses victimes ? Plusieurs présentent pourtant les traces, sinon de viol consommé, au moins de tentatives. Serait-ce là la marque de ses complices... ? Ou bien Heaulme peut-il les avoir infligées lui-même à ses victimes ?

---

1. Voir chapitre 6.

On n'a cessé de soutenir que Heaulme ne violait pas ses victimes, qu'il ne le pouvait pas. Ce n'est pourtant pas ce que disent les experts. Il est vrai que les affaires de meurtre dans lesquelles Heaulme est en cause sont, pour la plupart, extrêmement complexes. Il y a la présence de ses complices, qui brouille la scène de crime. Il y a ses modes opératoires qui varient, et sa localisation parfois difficile à établir ou à justifier, tant ses déplacements peuvent être rapides. Peut-être craint-on qu'expliquer ce qu'il peut ou ne peut pas faire sexuellement rajoute de la complexité au débat judiciaire, ou l'alourdisse inutilement. Peut-être aussi existe-t-il sur ce point une confusion dans l'esprit des instances judiciaires et d'enquête... Bien que les experts aient toujours été très clairs, seuls quelques passages de leurs explications ont été retenus. Jamais ils n'ont dit que Heaulme ne pouvait pas avoir de relations sexuelles, ils ont juste dit qu'il ne pouvait pas éjaculer. Or l'un n'empêche pas l'autre. Pourquoi alors a-t-on toujours occulté cette nuance, au point, parfois, d'avoir fait de Heaulme un être asexué ? Comment, en s'appuyant sur des conclusions tronquées, peut-on soutenir qu'il ne pouvait rien faire ? Rien n'est moins sûr !

La déposition de Georgette, la seule compagne qu'on lui connaisse, confirme les conclusions des experts : Heaulme est capable de relations sexuelles. Georgette est frigide ; elle a toujours refusé toute pénétration de la part de Heaulme. Ce dernier présente la même version au président Monier lors de la cour d'assises de Boulogne-sur-Mer. Georgette n'acceptait que les caresses. Mais elle est néanmoins formelle : Heaulme avait des érections. Et comme elle se refusait toujours, il finissait par se masturber, puis jetait les préservatifs à la poubelle. Elle ignorait s'il éjaculait... mais apparemment, il bandait.

Les conclusions des experts confirment ces affirmations. Ils soulignent bien que Heaulme a une verge normale et peut avoir une érection. Il est simplement stérile, puisqu'il ne peut quasiment pas éjaculer. Et il en joue, ne cessant de répéter de cour en cour qu'il ne peut violer en raison de son handicap, se réfugiant derrière son syndrome. Les instances policières et judiciaires, suivies par les médias, semblent avoir décidé une fois pour toutes que Heaulme ne pouvait violer une femme, ni même tenter de le faire. Alors qu'en est-il vraiment de ces traces présentées par ses victimes ? Car si Heaulme peut avoir une érection, cela montre que, mécaniquement, il peut. Mais psychologiquement, ça ne suit pas. Il ne sait pas faire. Il peut, mais il ne sait pas.

Selon le Dr Masson, la taille de ses testicules a une incidence telle sur sa vie sexuelle que dans le passage à l'acte, Heaulme recherche inconsciemment un orgasme. Il aurait une revanche à prendre sur la société qui l'a affublé d'une tare sexuelle, une revanche qu'il va rechercher dans l'alcool et la violence. Et c'est cette violence qui lui procure une sensation d'orgasme. Tout est dit ! Si Heaulme souffre du syndrome de Klinefelter, rien ne l'empêche pour autant d'essayer de violer une victime livrée à sa violence et à ses fantasmes… Ce pan de sa personnalité ne sera jamais vraiment exploré lors des audiences. Poussé par le président Monier sur les conséquences de cette tare génétique, l'expert s'interrogera sur l'importance qu'accorderait Freud à « l'absence de couilles ». Et prenant la précaution de rappeler que les faits criminels sont toujours la résultante de plusieurs facteurs, il confirme encore que l'argument anatomique apparaît déterminant, même s'il est difficile d'en évaluer précisément l'impact puisqu'il est doublé d'un problème d'alcoolisation et de prise de médicaments. Mais il confirme bien que ce qui importe au tueur, c'est le fait de passer à l'acte. Pour Heaulme, le passage à l'acte est le substitut à l'orgasme sexuel, satisfaisant la recherche inconsciente d'un plaisir. Il rappelle également qu'un homme sur mille est atteint de ce syndrome, mais à des degrés divers ; tous ne sont donc pas agressifs. La plupart ont des relations sexuelles normales malgré l'atrophie plus ou moins importante de leurs testicules et la stérilité dont ils sont, en principe, atteints. Chez Heaulme, le tableau clinique est poussé à l'extrême. Son syndrome induirait en outre une sexualité ambiguë, et malgré son rejet massif des homosexuels, elle contiendrait une forte composante d'homosexualité refoulée qui aggraverait encore la situation. Il faut donc tenir compte de l'ensemble de ces éléments en ce qui concerne l'évaluation de sa responsabilité, en retenant que si Heaulme n'est pas performant sur le plan sexuel, il n'est pas pour autant privé de sexualité. Ce n'est pas parce qu'il ne peut pas qu'il ne veut pas.

Ces anomalies permettraient pour partie d'expliquer certains actes perpétrés par Francis Heaulme sur ses victimes, à commencer par leur déshabillage sans rapport sexuel. On remarque que quasiment toutes sont intégralement dévêtues, ou juste le bas du corps. Cherche-t-il d'abord à observer leurs parties génitales... ? Lui prétend qu'il veut observer les plaies de ses victimes, ce qui n'est pas incompatible. On voit, par exemple, que lors du meurtre de Sylvie Rossi, qu'il commet seul, il positionne le corps de façon à ce que son sexe soit apparent, bras et jambes écartées, comme offert. Il avouera être resté longtemps à la contempler... Est-ce un hasard ? Mais lui qui se trouve chaque fois exposé, mis à nu, sans manifester de colère, qui ne semble pas en être dérangé outre mesure, se met en colère lorsqu'on aborde ce qu'il aurait pu infliger de sexuel à ses victimes, ou si l'on suppose qu'il les a déshabillées pour les regarder ou en jouir... À Boulogne, il dira : « J'ai regardé où qu'il était blessé [...], je voulais lui remettre son parka, j'ai pas arrivé (*sic*). » Pourtant, certains des vêtements de sa victime demeureront introuvables ; il s'en débarrasse, imposant aux autres la vue de ses victimes, de ses exploits. Et lorsqu'on lui demande pourquoi il n'a pas déshabillé Aline, à Brest, il répond, amusé, qu'elle était déjà en maillot de bain...

Ne nous y trompons pas, l'homme a des pulsions sexuelles violentes. Et même si la thèse officielle édulcore beaucoup cet aspect chez lui, il est comme les autres serial killers, un tueur sexuel. Il est excité par la conjonction du sang et du sexe, et certaines présentent des traces de tentatives de viol que ses complices nieront toujours avoir perpétrées, des tentatives qu'ils auraient immanquablement mieux menées là où Heaulme, cet inadapté sexuel, ne pouvait qu'échouer. Mais il a désormais intégré ce qui s'est dit lors des cours d'assises pour atténuer sa culpabilité. Alors il aborde le sujet lui-même : « Je suis stérile dû au syndrome de Klinefelter et je ne pourrai jamais avoir d'enfants, ce que je regrette beaucoup. » Il a tout compris...

Arthur Shawcross... ou quand le chromosome Y s'en mêle

Il est intéressant de constater que la composante génétique peut être importante dans la sexualité d'un homme au point d'être un facteur de violence. À l'inverse de Heaulme qui, pour faire simple, présente un ou plusieurs chromosomes X en trop, il y a Arthur Shawcross, un tueur en série américain que nous avons déjà croisé, qui présente une anomalie génétique reconnue : il possède un chromosome Y de plus que la normale. « Les symptômes majeurs de cette affection sont de graves problèmes de comportement. Les individus ne peuvent plus contrôler leur fureur, ont des sautes d'humeur, ne supportent pas le bruit, sont hypersensibles à la lumière et ont tendance à vivre la nuit [1] »... Interrogé sur cet aspect, il confie : « J'ai toujours été différent. En fait, je suis un 47XYY selon la science, c'est un mâle dominant [2]. »

Selon les autorités médicales américaines, deux mille hommes porteurs de cette aberration génétique naîtraient chaque année aux États-Unis... mais tous ne deviennent évidemment pas des tueurs en série... Il faut d'autres facteurs associés, néanmoins ce handicap y contribue.

Pour Shawcross, les symptômes majeurs de son anomalie consisteraient en des crises de fureur incontrôlables, comme Heaulme, dues à une production de testostérone hors du commun... et, peut-être, un appareil génital en conséquence. Il s'attaquera à des enfants, mutilera lui aussi leurs organes sexuels.

À sa sortie de prison, il change de type de victimes et s'attaque désormais à des prostituées, des meurtres moins visibles. Mais il choisit des femmes de très petite taille, toujours moins d'un mètre cinquante-cinq, à peine plus hautes que des enfants. Il s'adapte...

Comme quoi, la génétique n'est pas tout... Elle peut prédisposer un individu à la violence, mais pour le reste, pour ce qu'il va faire de cette tendance à la violence, d'autres facteurs entrent en jeu. Alors certes, la génétique ne suffit pas à faire le tueur. Mais déceler de telles anomalies chromosomiques semble pourtant capital. Nous gardant bien de toute forme d'eugénisme, il apparaît nécessaire de tenir compte de ces prédispositions. Quand

---

1. Nichols Beverley, *Les Fils de l'oncle Sam*, Hachette, 1951.
2. « Les tueurs en série », *Science et Avenir*, novembre 1998.

on voit ces hommes dans le box des accusés, on est parfois pris de pitié... Quelle vie misérable... Si seulement on avait pu savoir, prévenir, peut-être aurait-on pu les soigner à temps, peut-être ne se seraient-ils jamais retrouvés là... et leurs victimes seraient toujours en vie.

Pierre Bodein, une balle dans les baloches

Pierre Bodein aussi connaîtra quelques problèmes génitaux. Leur origine n'est ni génétique ni maladive, lui sera blessé aux testicules par une arme à feu, ce qui explique peut-être certains des actes qu'il fit subir à ses dernières victimes.

En décembre 1992, Pierre Bodein s'évade du centre psychiatrique d'Erstein, en Alsace, où il est détenu. Suivent alors trois jours de cavale infernale, de course-poursuite avec les forces de l'ordre. Tous les services de police et de gendarmerie de la région seront mobilisés pour l'interpeller. Bodein, déjà multirécidiviste, a un lourd passé. Considéré comme un malfaiteur chevronné et dangereux, c'est une véritable chasse à l'homme qui sera déclenchée pour le reprendre. Cependant, dans ce court laps de temps, il réussit à commettre deux casses, l'un dans une armurerie et l'autre dans une banque, vole des véhicules, braque deux policiers, leur tire dessus et en blesse un grièvement à la tête. Mais lui aussi est blessé... Lors d'un échange de tirs, une balle vient l'atteindre aux testicules. Malgré cela, il parvient encore à procéder à des kidnappings et, pire, à violer une femme qu'il a prise en otage ; ce qui, compte tenu de ses blessures, est proprement incroyable ! Est-ce en raison de cette balle mal placée que, par la suite, il lacèrera les parties génitales de ses victimes ?

Dans le cadre des meurtres de Jeanne-Marie, Julie et Edwige en 2004, pour lesquels il est poursuivi et qu'il nie farouchement, il affirmera à plusieurs reprises que, ayant été blessé aux testicules lors de sa précédente arrestation, il lui est impossible d'avoir une érection, et donc de violer les victimes. Il affirme d'ailleurs qu'il n'est qu'un braqueur, un voleur, pas un violeur. Pourtant, à son casier judiciaire, figurent déjà deux condamnations pour viol, une en 1973 et une en 1996, celle relative à sa folle évasion de 1992. Un viol qu'en toute logique il n'aurait pas dû être capable de perpétrer si la blessure avait été si grave... Dès lors, s'il en était capable en 1992, il l'était d'autant plus en 2004.

S'attendait-il à ce que la justice le prenne au mot ? Car elle décide, en effet, de faire procéder aux vérifications utiles et ordonne l'expertise médicale de son appareil génital. Ne reste plus qu'à déballer le matériel devant les médecins commis par le magistrat instructeur. Ils l'examinent : Pierre Bodein présente des organes génitaux externes dont les cicatrices ne sont pas susceptibles de limiter ses rapports sexuels. Selon eux, il ne présente donc aucun trouble de l'érection.

Lui aussi dessine !

Cependant, cette blessure a pu avoir un impact sur l'évolution de ses « goûts pervers » ou des ses fantasmes morbides. Entre cette blessure et les mutilations qu'il fait subir à ses victimes en 2004, il y a peut-être une relation de cause à effet.

Dans sa caravane, les enquêteurs vont retrouver un croquis représentant de manière anatomique les organes génitaux féminins. Interrogé sur ce dessin, il prétend que celui-ci lui a été donné par un codétenu. Mais Pierre Bodein sait parfaitement dessiner. En prison, il peignait ou dessinait des tableaux naïfs et bucoliques, représentant des biches dans une forêt ou un paysage sympathique au bord d'un cours d'eau. Et il semble qu'il affectionnait particulièrement ce type de paysage. Mais ses tableaux n'étaient peut-être pas aussi anodins qu'ils y paraissaient... Ils pourraient bien être une représentation codée de ses fantasmes pervers, les biches symbolisant ses futures victimes au bord de l'eau. Une fois libéré, en effet, il tue et mutile Jeanne-Marie, Julie et Edwige dont il abandonne les corps martyrisés dans des paysages identiques, au bord de ruisseaux et rivières... Il est dès lors difficile de penser que ces croquis anatomiques ne sont pas de sa main... et n'ont pas été réalisés suivant modèles, les organes génitaux de ses victimes dont les corps ont été retrouvés le bas-ventre lacéré, le sexe mutilé. Ce qu'il a fait subir à ces malheureuses ressemble étrangement à son histoire.

Pierre Bodein n'est pas non plus un solitaire...

Pierre Bodein, comme la plupart des serial killers, vient encore démontrer que les tueurs en série ne sont pas les loups solitaires que l'on croit, sans femme ni vie sexuelle. La plupart, à un moment où un autre, ont vécu en couple ou même étaient en couple au moment des meurtres. Bodein aurait pu avoir une vie familiale normale, trois femmes au moins ont partagé sa vie. Ce qui est étonnant, puisqu'il a passé la plupart de son existence en prison ou en internement. Lors de sa remise en liberté en 2004, puis des trois meurtres qui suivent, il a cinquante-sept ans et comptabilise déjà trente-six ans d'enfermement. Il est pourtant parvenu à fonder trois familles lors de ses courtes périodes de liberté. En 1973, il épouse Chantal, avec laquelle il aura un enfant. En 1979, c'est avec Brigitte qu'il a deux enfants. Enfin en 1987, il se marie avec Marlyse, avec laquelle il aura une fille. Ces femmes nous intéressent parce qu'elles peuvent nous parler de ses travers. Et justement, ses trois ex-compagnes soulignent qu'il était particulièrement porté sur le sexe, leur imposant jusqu'à une quinzaine de relations sexuelles par jour ! C'était donc un homme qui pratiquait de manière compulsive. Des situations déjà pathologiques en soi, que seuls des spécialistes, des sexologues, des endocrinologues, des urologues sauraient interpréter. Eux seuls pourraient apporter des solutions à cette frénésie sexuelle, réguler une pulsion frénétique due à des problèmes hormonaux ou à des anomalies génétiques. Des solutions qu'il serait utile d'envisager en collaboration entre ces soignants et les professionnels habitués à suivre de tels dossiers parmi les avocats, juristes, criminologues, policiers, enquêteurs et magistrats. Alors peut-être éviterions-nous ces séries de crimes.

Les ex-compagnes de Bodein précisent par ailleurs qu'il pratiquait d'une manière brutale, n'obtenant de réelle jouissance que dans des rapports de domination. Selon elles, il ne prenait de plaisir que lorsqu'il sentait qu'elles n'en avaient pas envie et qu'il les forçait. Il lui arrivait même de les menacer à l'aide d'un couteau afin d'arriver à ses fins, et ce même pendant l'acte... Parfois, il leur demandait de simuler des situations de viol. Toutes trois le décrivent comme un véritable obsédé sexuel.

Émile Louis… à moitié couillu !

Il y a la tristement célèbre série de meurtres dans l'Yonne, mais il y a aussi une série d'agressions sexuelles et de viols sur des mineurs, surtout des petites filles. C'est ainsi qu'ayant fui l'Yonne à sa sortie de prison, Émile Louis est à nouveau interpellé, en 1989, dans le Var, du côté de Port-Grimaud où il séjourne dans un camping. C'est que le brave grand-père jovial à la chevelure blanche et à la bonhomie rassurante rendait facilement service. Il gardait les gosses de ses voisins, de couples ou de parents isolés contraints d'élever ou de recevoir leurs enfants dans un mobil-home. Mais les enfants se plaignent du gentil papy, il leur fait de drôles de choses…

Il est alors interpellé par la gendarmerie locale, présenté à un juge d'instruction qui, compte tenu de son passé, ordonne une expertise psychiatrique. L'homme a en effet déjà été condamné pour des faits similaires dans l'Yonne, en 1984. Devant l'expert, il évoque spontanément une maladie à un testicule, qu'il présente de la façon suivante : « J'ai été opéré d'un hydrocèle en 1949. Le testicule est toujours resté gros et douloureux. Je veux me les faire enlever […]. Quand on n'a plus de rapports, ça finit par pourrir. Un ami se les est fait enlever. Je souffre trop […]. Qu'on m'enlève au moins un testicule, mais je préfèrerais les deux. »

Lors des diverses cours d'assises qui auront lieu après ses aveux concernant les meurtres des sept jeunes filles handicapées de l'Yonne, et les actes de barbarie et viols qu'il a ensuite perpétrés sur sa dernière femme et sa belle-fille, cette opération est systématiquement abordée. À la cour d'assises d'appel des Bouches-du-Rhône, le président Vogt l'interroge sur cet épisode douloureux de sa vie de jeune homme : « Vous parlez à un psy de quelque chose de désagréable [...]. Vous n'arrêtez pas d'en parler [...]. Cela vous manque tellement que vous voulez le montrer aux psychiatres ? »

Émile Louis évoque également, et pour lui tout cela est lié, une absence totale de désir sexuel depuis 1981... Et, ajoute-t-il, heureusement qu'il manquait de désir, sinon il serait devenu un criminel ! Tout cela est en réalité stratégique, compte tenu de ses précédentes condamnations : les agressions pour lesquelles il a été jugé dans l'Yonne ayant eu lieu avant 1981, il tente de faire croire qu'il ne peut plus rien faire depuis, puisqu'il est devenu inoffensif précisément à partir de cette année-là ! Dire que l'on n'a pas de désir revient évidemment à dire qu'on ne peut agresser des enfants... Même Heaulme, avec son QI limité, l'avait compris...

Mais ce qui nous intéresse ici, ce sont les conditions dans lesquelles il a subi cette opération alors qu'il était tout au plus âgé de seize ans, et les conséquences de l'intervention. Peuvent-elles se trouver à l'origine de son mode opératoire ? Lors des audiences, il prétendra que c'est à ce moment qu'il a connu ses premières relations sexuelles, avec une infirmière. Que s'est-il vraiment passé ? Cette aventure relève-t-elle du fantasme ? Ce qui est intéressant, c'est qu'on se trompe souvent sur son histoire. En effet, ses deux sœurs et sa mère nourricière ont été tondues à la Libération. On a longtemps pensé que cet épisode avait été un des facteurs déclencheurs de sa violence[1]. En réalité, c'est lui qui a conduit les résistants auprès d'elles, et voilà qu'il est tondu à son tour. Le vrai traumatisme se situe très probablement à ce moment-là. Ce qui lui est arrivé d'essentiel, c'est cette opération.

1. Voir chapitre 8.

Comment cette opération a-t-elle été pratiquée ? Quelles douleurs en a-t-il ressenti ? Quelle était l'importance de la mutilation qu'il a subie ? Le fait qu'il a été rasé pourrait-il induire qu'il fasse la même chose aux enfants qu'il agresse, ou qu'il prétende que ceux-ci l'ont rasé ? En 1989, l'expert note : « À ma question concernant son sexe rasé par les enfants, il précise : "Ils étaient montés sur moi avec des rasoirs. Ils me tenaient et m'ont même tailladé la jambe." » Or les enfants racontent le contraire : il leur mettait de la mousse à raser sur le sexe et tentait de les raser. Ce qui, compte tenu de leur âge, était totalement incohérent. Il ligote ses victimes, leur fait absorber des médicaments les plongeant dans une certaine inconscience, les bâillonne… Fut-il attaché pendant son opération, drogué ? Il joue avec une seringue, sodomise des enfants avec, pique les hémorroïdes de sa femme, des viols et des actes de barbarie pour lesquels il sera jugé. Cela lui rappelle-t-il son propre état d'alors, et les sensations physiques qu'il a pu éprouver ? Jamais il ne s'est livré sur ce point. On ne sait ni l'importance de son opération – suivant l'hydrocèle, il en existe plusieurs variantes –, ni si les conditions dans lesquelles elle s'est déroulée étaient ou non traumatisantes, ni quelles séquelles il en a conservé. Seul un spécialiste aurait pu nous éclairer et nous aider à décrypter les actes de cet homme, et cela nous aurait peut-être permis de le faire avouer plus vite, plus facilement.

Et finalement, lorsque en 1989 Émile Louis dit : « Je souffre trop », n'est-ce pas la stricte réalité ? Toute sa vie, ses testicules ne le feront-ils pas souffrir, au propre comme au figuré ? N'aurait-il pas fallu étudier cet aspect pour comprendre et, peut-être, enrayer toute récidive ?

Mais il nous dit autre chose dans cette courte phrase, à la fois une sorte d'aveu et une condamnation… une chose tout droit sortie des expressions que l'on entend au café du commerce : « Qu'on me les coupe » !

Mais ce n'est pas son seul problème, il a un autre handicap… un sexe de moins de cinq centimètres !

Émile Louis, « monté moustique » comme dirait Boudard

On le surnommait « bout d'piau » (bout de peau) en raison de la taille de son pénis. C'est le compagnon de sa belle-fille, celle qu'il a violée alors qu'elle était encore mineure, qui le baptise ainsi, pour le charrier, après une confidence de sa belle-mère qui lui dit « qu'ils n'ont plus de rapports normaux ». Alors, les proches du tueur s'amusent de lui, ils l'appellent « bout d'piau ». À la barre de la cour d'assises d'appel des Bouches-du-Rhône, il raconte : « Je lui demandais comment allait son bout d'piau, s'il était toujours en vie. » Le président Vogt interroge le témoin : « Ce n'est pas une plaisanterie de très bon goût… » L'autre répond : « Il l'a cherché », rappelant qu'Émile Louis se promenait souvent nu dans son appartement et faisait en permanence des allusions, plus ou moins vulgaires, au sexe. Ses proches le décrivent, et c'est important, comme un homme au langage cru, grossier, vicieux, pervers et hypocrite. Il parle beaucoup de femmes, en des termes crus, de sexe, de fesses, joignant parfois le geste à la parole sur des adolescentes passant à sa portée. Le tueur le reconnaît, la nudité ne lui a jamais posé de problèmes, il a toujours dormi nu et s'est toujours promené nu dans l'appartement. Ce qui est paradoxal puisqu'il doit droguer, ligoter et bander les yeux de ses conquêtes ou ses victimes pour avoir des relations sexuelles avec elles. Mais en dehors de ces moments, pas de difficultés… Interrogé sur ce surnom par le président

Vogt, Émile Louis répond : « C'est pas méchant... » et avoue que si on l'appelle comme ça, c'est aussi à cause de la taille de son sexe. Il raconte en effet s'être fait mesurer le sexe par les adolescentes présentes à son domicile pour les vacances d'été : « J'étais seul dans la salle de bains, je me séchais les cheveux, elles me tirent sur le sexe, le mesurent... », indique-t-il, presque amusé. Résultat : cinq centimètres... une fois tiré ! Le président le rabroue presque : « Ce n'est pas drôle. » Émile Louis, un peu décontenancé, lui répond alors : « Qu'est-ce que vous voulez que je vous dise... ? » Mais ceux qui sont dans la salle retiennent surtout que tout était bon pour se faire tripoter par des jeunes filles... et ils rapprocheront cela de ce qu'il a dit aux experts en 1989, concernant les faits relatifs à d'autres enfants : « Je ne comprends pas moi-même, les gosses [...] c'étaient des petits vicieux [...]. Quand j'étais couché l'après-midi, ils rentraient par la cuisine, retiraient le drap, se mettaient sur moi, m'ouvraient la raie des fesses, me tiraient le sexe... »

Reste que son pénis est extrêmement petit... Est-il anormalement petit, au point que cela justifie pour partie sa sexualité déviante, l'utilisation d'objets de substitution, les tortures infligées aux femmes ? Le fait qu'il les ait réduites à l'immobilité, empêchées d'y voir, ligotées, bâillonnées, aveuglées, droguées ? Les femmes auxquelles il faisait l'amour étaient comme mortes... Cela lui facilitait-il la tâche, compte tenu de sa conformation génitale ? Là encore, il aurait été bien utile qu'un spécialiste se penche sur cette affaire !

Mais lui n'avouera jamais être diminué. Il se présente comme un homme à femmes, affirme leur plaire. Et il est vrai que, de force ou de bon gré, il en a eu beaucoup, surtout des femmes amoindries par les médicaments ou l'alcool, le handicap mental ou l'extrême jeunesse. Des femmes qui ne pouvaient le comparer à d'autres... Mais quand le président Getty l'interroge, lors de la cour d'assises de l'Yonne, sur ses relations sexuelles, Louis les qualifie de « normales ». On voudrait bien savoir ce qu'il entend par là... Le président le pousse alors dans ses retranchements, mais l'accusé répète : « Normal, c'est normal ! » Alors, avec tact, le président tente de le questionner sur d'éventuelles difficultés sexuelles, mais il se rebiffe : « Ah, ça, non, monsieur ! Ça, non... » Pourtant, rien n'est moins sûr !

Chanal, autopsie d'une anatomie

On n'est jamais mieux servi que par soi-même ! La vie sexuelle et affective de Chanal était un désert, comme le soulignent tous ceux qui l'ont approché professionnellement ou à l'occasion des affaires criminelles pour lesquelles il a été poursuivi. Quant à ceux qui le connaissaient un peu, ils ne peuvent cependant en dire plus sur sa famille ou son intimité : ils ne lui ont connu aucune compagne, aucun compagnon, et pas davantage de relations de passage. Ce n'est pas un homme qui serait simplement secret, c'est juste le vide.

Alors, il s'autosatisfait... jusqu'à se mettre lui-même en scène et se filmer en train de se masturber. Visionnant les cassettes retrouvées dans son combi vert et dans sa chambre, les enquêteurs ont la surprise d'y découvrir, mêlées à des reportages militaires ou des films pornographiques filmés à partir d'un écran de télévision, des scènes d'exhibition à des fins qui semblent personnelles. Visions surprenantes de cet homme si raide et sérieux, filmé en slip blanc se caressant, puis exhibant son sexe en gros plan, tout en se masturbant, parfois à l'aide d'un vagin artificiel… Nul visage dans ces films, juste un corps, mais pas toujours le même, de l'autoexhibitionnisme, des scènes automasturbatoires, de l'autovisualisation…

Probablement que cela ne lui suffisait pas… Bientôt, ce sont ses proies qu'il filme… Rappelez-vous la caméra dans le combi, le calvaire du Hongrois et l'objectif qui n'en perd pas une miette, tandis que le jeune auto-stoppeur vit la terreur et l'humiliation de sa vie pendant plusieurs heures… Cette caméra sera finalement l'un des témoins principaux de ce qu'était capable de faire le militaire. Et ce n'est pas donné à tout le monde d'avoir la force de manipuler un autre être de cette manière ! Cela ne s'improvise pas… Ses défenseurs tenteront de dire qu'il ne l'a fait qu'une seule fois, que c'est un accident de vie, une pulsion soudaine… Impossible à croire lorsqu'on parcourt l'inventaire des accessoires retrouvés dans sa camionnette : un vagin artificiel, de la vaseline, des vibromasseurs, une pelle, divers objets pour immobiliser une personne.

Des objets attestant qu'il ne s'agit pas d'un accident de parcours. L'homme était au contraire bien organisé, rien n'avait été laissé au hasard. Dans l'affaire du Hongrois, aucune improvisation, le matériel est prêt… La seule inconnue, c'est l'identité de la victime, et encore, avant de prendre le jeune homme à son bord, il l'a repéré sur la voie d'accès à l'autoroute A6, à hauteur de Chalon-sur-Saône, et ne le fait monter que « trois heures après », prenant le risque que sa proie lui échappe. Il rôde autour… puis frappe. Mais auparavant, il attend que la nuit tombe pour ne pas être facilement repéré ou reconnu, et peut-être mettre en place son arsenal. Le jeune Hongrois raconte qu'au péage de Chalon-Nord, vers 19 heures, alors qu'il fait du stop à l'entrée de l'autoroute, une camionnette verte est passée devant lui. « Le conducteur était seul à bord, il avait l'air de chanter [...] j'ai rigolé en le voyant faire, le conducteur a fait demi-tour devant les cabines de péage, il a repris la route [...]. Ce même homme est revenu vers 22 heures, il s'est arrêté devant moi, je lui ai demandé s'il allait à Lyon, il a acquiescé, et je suis monté... »

La suite, on la trouve en partie dans la vidéo tournée dans le van. L'auto-stoppeur est filmé, obligé de se masturber, les poignets enchaînés. Rien n'est épargné à l'objectif, sauf le visage de la victime. Il n'apparaît pas, mieux vaut qu'on ne puisse pas le reconnaître. Certains y voient la preuve que, pour Chanal, l'autre n'est qu'un objet sexuel à l'image du vagin artificiel dont il se sert. Ce n'est pas totalement faux. Mais ce n'est probablement pas la raison première... Mettons-nous quelques secondes à la place de cet homme, un militaire sans tache surnommé le « moine soldat », un criminel libre... La seule chose qui compte pour lui, c'est de conserver sa liberté pour continuer à vivre ses passions, celles qui sont avouables, comme le parachutisme ou le modélisme, et celles qui ne le sont pas... Or si ces vidéos étaient découvertes, l'impossibilité de reconnaître le visage des hommes filmés présenterait deux avantages : on ne pourrait ni identifier les victimes, ni voir leurs regards de terreur ou de désespoir le cas échéant. Ainsi, il s'assurait une impunité absolue. Il avait pensé à tout, rien n'était laissé au hasard. Mais le sort devait lui jouer un vilain tour. Il n'avait pas prévu le flagrant délit, un coup imparable porté à sa stratégie presque parfaite.

Lors du procès qui s'ensuivit, au moment du visionnage de la vidéo, certains n'hésiteront pas à mettre en doute le témoignage du Hongrois en raison d'un début d'érection, obtenu avec peine par la masturbation imposée par son tortionnaire. Chanal maintiendra d'ailleurs que le jeune homme avait accepté d'avoir des relations homosexuelles avec lui : « Je lui ai fait des avances qu'il n'a pas refusées. C'est lui qui m'a demandé de l'attacher. C'est quand j'ai voulu le sodomiser [il s'agit d'un viol] qu'il n'a plus été d'accord. Je l'ai laissé attaché, car je voulais le garder la nuit pour continuer (*sic*) [...]. À la fin, je l'aurais ramené à Lyon. » Lui parle de jeux sexuels. Des affirmations contestées par Falvay Paläzs : « Ceci est absolument faux [...]. Il m'a pris par surprise, il m'a étranglé avec une corde par surprise, je ne lui ai jamais demandé de m'attacher, je n'ai jamais été consentant, je ne suis pas homosexuel... »

Difficile de penser qu'un homme rencontré au hasard des routes accepte non pas d'avoir une relation sexuelle, mais d'être ligoté et séquestré par un inconnu, puis filmé dans ces conditions... Si le visage de l'auto-stoppeur avait été filmé, peut-être que toute insinuation aurait été définitivement balayée ? Du fait qu'il a été filmé, on peut d'ailleurs penser que le Hongrois n'avait aucune chance d'en réchapper. Chanal pouvait-il cnvisager de laisser repartir une personne violée face à la caméra ? L'acte était si grave que seule la mort pouvait éviter à Chanal de voir ses « manies sexuelles » révélées... Le summum étant de conserver les images de ses victimes sans qu'elles soient reconnaissables par d'autres.

Après sons arrestation, lors des perquisitions menées dans sa chambre, on retrouve une cinquantaine de slips de tailles différentes de la sienne, certains déchirés. Il est peu probable qu'ils lui appartiennent... Appartiennent-ils aux disparus de Mourmelons ? À d'autres [1] ? Ils dénotent des autres effets très spartiates de l'adjudant, vêtements et livres militaires concernant surtout la Seconde Guerre mondiale, une passion qu'il partage avec Émile Louis. On

1. On ignore si ces scellés ont été soumis à des analyses génétiques.

y trouve également plusieurs magnétoscopes et caméras vidéo, un matériel encore onéreux à l'époque, accompagnés de vidéos pornographiques sur lesquelles apparaissent surtout des adolescents se masturbant, qui viennent confirmer ses goûts sexuels « homo-porno-ados »... et onze photographies d'appelés, nus sous leur douche à la suite de manœuvres...

Ils saisissent également une cassette audio où se mêlent des chants militaires et des bruits de reniflement, puis des râles de jouissance, entrecoupés de propos terrifiants concernant la simulation d'une attaque de sentinelle surprise et maîtrisée, et qui s'achève en agression sexuelle dans des conditions extrêmement violentes et perverses. Des propos tenus pas Chanal et qu'il niera, puis avouera après avoir visionné une vidéo où il s'est filmé devant sa glace en train de se masturber et où l'on entend son ronflement particulier, identique à celui de la cassette audio. Il s'effondre alors, crie des insultes, traite les enquêteurs de sadiques, se donne des coups contre les meubles, se tape contre les murs, au point que les gendarmes doivent le menotter pour le calmer. Les bruits de fond sur cet enregistrement n'ont jamais pu être décryptés avec certitude, mais ils glacent le sang... Y avait-il quelqu'un pour jouer, contre son gré, le rôle de la sentinelle maîtrisée ?

Un sexe hors de proportion ?

Tout cela n'a-t-il pas également une explication physique ? Il semblerait que Chanal ait pu être doté d'un sexe avantageux. Peu de gens en parlent, notamment parmi ceux qui ont visionné les fameuses cassettes vidéo. Pourtant, Falvay Paläzs, lors d'un de ses interrogatoires, est très explicite : « [Chanal] a essayé de me sodomiser à plusieurs reprises, il n'a pas pu car son sexe était trop gros, alors il m'a pénétré avec un doigt, puis avec un vibromasseur [...] à plusieurs reprises, il a essayé de me sodomiser sans y parvenir [...] toute la nuit s'est passée comme ça... » L'arrêt de renvoi de la cour d'assises de la Saône-et-Loire du 26 octobre 1989 indique également que Chanal « avait tenté à plusieurs reprises de le sodomiser sans succès, parce que son membre viril était trop gros ».

Chanal, lui, fournit une version différente. Il prétend n'avoir pu le sodomiser pour cause d'érection insuffisante... et non parce que son sexe était trop gros, ce qui est étonnant. Quel homme refuserait de reconnaître un tel avantage... ?

Lorsque son avocat l'interroge sur sa vie privée, il lui répond avec difficulté, en rougissant : « Vous savez tout là-dessus [...]. C'est pas bien reluisant [...] je me sentais seul [...] je me suis renfermé, j'ai fait n'importe quoi... »

N'importe quoi... ?

D'autres dessins...

Fourniret aussi a un bon coup de crayon... Il aime dessiner ses personnages sous forme d'œufs avec des bras et des jambes, le visage inclus dans la partie la plus pointue. Ils sont bien réussis, très expressifs. Michel Fourniret aurait-il grappillé quelques miettes du génie belge ? Ses dessins ont été publiés dans un journal flamand[1]. L'un d'eux mérite qu'on le décrive plus précisément. Il s'agit d'un œuf masculin, nu, avec juste une feuille de vigne là où il faut... Pudeur ? Cela reste à déterminer, et l'on en saura plus après son jugement. En face, un autre œuf,

1. *Dag Allemaal Express*, 7 mars 2006.

celui-ci manifestement féminin, également nu, sauf ses jambes, couvertes par des bas résille. Ce second œuf est ligoté à un arbre et présente plusieurs bosses sur la tête, mais il semble s'en amuser et en rire tout en prenant la main de l'œuf masculin qui, a-t-on oublié de préciser, de l'autre main tient au-dessus de sa tête une sorte de planche ou de bâton, dont il semble se servir pour frapper l'œuf féminin… À chacun son interprétation…

Ce couple est-il le sien, est-il une représentation de l'un de ses meurtres ? Ne s'agirait-il pas là d'une sorte d'autoportrait ? Il nous faudra suivre le procès pour le savoir. Mais ce qui est d'ores et déjà intéressant, c'est que Fourniret est l'un des seuls tueurs à cacher son anatomie, à ne pouvoir ni la représenter ni l'évoquer. Les psychiatres qui l'ont examiné ont-ils su décrypter sa véritable personnalité grâce à ces représentations ? Ou bien les a-t-il, lui aussi, comme tant d'autres, roulés dans la farine ?

11

Avec la bénédiction des psys...

Le plus célèbre des serial killers après Jack l'éventreur est un tueur en série de fiction, le Dr Hannibal Lecter, surnommé « Hannibal le cannibale ». Ce personnage, créé par Thomas Harris, présente plusieurs visages, ceux des tueurs dont l'auteur s'est inspiré pour le faire naître, en particulier Ted Bundy et Ed Kemper, dont il a étudié les cas auprès des enquêteurs spéciaux du FBI. Mais ce tueur de fiction exerce une profession qui n'est pas celle de ses modèles. Il est psychiatre, et même un éminent psychiatre. Est-ce un hasard ? Bien sûr que non ! Thomas Harris permet ainsi à son « héros » d'expliquer à Clarice Sterling, une jeune stagiaire du FBI, le fonctionnement de ces tueurs hors norme, et en particulier de celui qu'elle recherche, surnommé « Buffalo Bill », un personnage lui-même inspiré d'autres tueurs authentiques. Mais c'est aussi une sorte d'avertissement ou de mise en garde de l'auteur, pour nous indiquer que le seul psychiatre véritablement capable de les comprendre et de les décrypter devrait être lui-même affecté des mêmes tares et tourments qu'eux, et ne pourrait donc qu'être lui-même un redoutable tueur en série ! Car c'est très exactement le rôle que tient Hannibal Lecter dans l'œuvre de Thomas Harris. Est-ce parce que les tueurs qu'il a pu étudier auprès des services du FBI ont su duper sans grande difficulté les psychiatres qui les ont examinés ?

L'ogre de Santa Cruz

C'est le surnom de Ed Kemper, l'un des plus célèbres serial killers américains, mais aussi l'un des plus dangereux tueurs nécrophiles et cannibales américains ayant sévi sur le territoire de l'Union au début des années 1970. Il est également l'un des visages d'Hannibal Lecter, l'une de ses composantes. Le véritable Edmund Emil Kemper est un colosse de deux mètres quinze, de cent quarante kilos, présentant une intelligence très au-dessus de la moyenne, un petit 135 de QI[1]. Un tueur d'autant plus dangereux qu'il allie sa puissance physique et sa violence inouïe à son intelligence. Son palmarès sanglant s'élève à douze personnes parmi lesquelles sa propre mère et une amie de celle-ci. Ses autres victimes étaient essentiellement de jeunes étudiantes qui faisaient du stop à proximité du campus de l'université de Californie, au bord des highways de la région de Santa Cruz. La plupart du temps, il les ramenait chez lui pour les violer, puis les démembrer, par curiosité mais aussi pour que les corps soient plus difficiles à identifier. Il se livrait à des actes de cannibalisme et de nécrophilie, et prenait des Polaroid de ses victimes dépecées, qu'il regardait souvent, en fantasmant. Il chargeait ensuite des morceaux des corps dans son véhicule et parcourait des centaines de kilomètres avant de les abandonner en des lieux et des comtés diffé-

1. Il est communément admis que la moyenne se situe à 100.

rents. Il aurait pu tuer bien davantage, mais il a décidé de mettre lui-même fin à sa série macabre en se dénonçant aux forces de police... Il est l'un des seuls à avoir agi de la sorte [1]. Ce ne sont ni les psys, ni les profileurs qui le stoppèrent... S'il n'avait fallu compter que sur eux, il tuerait peut-être encore !

Des psychiatres clairvoyants !

Les premiers meurtres d'Ed Kemper sont ceux de ses grands-parents, il les abat dans leur ferme alors qu'il n'a que quatorze ans. Auparavant, il avait déjà manifesté une violence et une cruauté anormales, il avait notamment démembré deux chats. Jugé pour ces meurtres, il est interné dans une institution psychiatrique californienne, l'institution d'Atascadero, jusqu'à ses vingt et un ans. À peine relâché, il s'attaque aux étudiantes. Pourtant, à cette même période, il est examiné par des psychiatres qui n'actionnent aucune sonnette d'alarme... Voici, au contraire, un extrait du rapport de l'un des experts psychiatres, qui demandera que le casier judiciaire de Kemper soit effacé : « Si j'avais ignoré le passé de cet homme, je dirais que je me trouve face à un jeune homme intelligent, équilibré et qui ne manque pas d'esprit d'initiative. Bref, quelqu'un de dépourvu de troubles psychiatriques [...]. En fait, l'adolescent de quinze ans qui a commis cet acte atroce et le jeune homme de vingt-trois ans que j'ai rencontré dans mon cabinet sont deux personnes totalement différentes (*sic*). Cela prouve l'efficacité du traitement qu'il a reçu à Atascadero ; d'un point de vue psychiatrique, Edmund Emil Kemper ne représente

1. Voir chapitre 2.

aucun danger pour lui-même ou la société. » Il y a juste un hic : au moment où ce rapport est rendu, Ed Kemper a déjà tué trois étudiantes. « Je devenais de plus en plus assoiffé de sang [...] c'est comme une drogue qui me pousse à en vouloir toujours plus », explique-t-il. Belle réussite des traitements !

Son jeu favori : se moquer des psychiatres

Lors des entretiens qu'il accorde à John Douglas, un agent spécial du FBI, Kemper admet qu'il aime se moquer des psychiatres, et on peut le comprendre quand on prend connaissance de leurs précédentes conclusions... Il explique aussi qu'il a éprouvé une satisfaction personnelle à se rendre à l'un des entretiens psychiatriques qui lui étaient imposés dans le cadre de sa mise en liberté conditionnelle, avec, dans le coffre de sa voiture, la tête coupée de l'une de ses victimes... Une séance à l'issue de laquelle les psychiatres le déclareraient sans dangerosité et guéri.

On est bien loin des superpsychiatres des fictions télévisées, des romans ou du cinéma. Pourtant, c'est à de tels professionnels que l'on confie finalement notre sécurité. Ce sont eux qui facilitent la remise en liberté des criminels... Mais quel suivi sont-ils vraiment capables d'effectuer, s'ils ne sont pas en mesure d'évaluer avec efficacité la dangerosité de ceux qu'ils examinent ? Il y a de quoi trembler. Thomas Harris a raison : peut-être n'y a-t-il qu'un autre tueur pour être en mesure de les détecter !

Ed Kemper n'est pas un cas isolé. Les psys sont régulièrement roulés dans la farine par les serial killers.

Le fils de Sam

David Berkowitz, surnommé « le fils de Sam », a terrorisé New York à partir de 1976. La nuit, il s'attaquait à de jeunes couples venus s'isoler dans des lieux régulièrement fréquentés par les amoureux. Il s'approchait du véhicule du côté passager et, un peu comme le tueur du Zodiac [1], ouvrait le feu sur la passagère. Interpellé par hasard lors d'un banal contrôle routier au courant de l'été 1977, il avoue dans un premier temps les meurtres, puis se rétracte en plaidant l'irresponsabilité pour aliénation mentale. Dans des lettres qui seront publiées, il explique son délire : il aurait tué six hommes et femmes parce que le chien de son voisin lui en aurait intimé l'ordre par ses aboiements. D'autres fois, ce chien, un labrador nommé Harvey, habité de l'esprit d'un démon vieux de trois mille ans, lui aurait donné l'ordre télépathique de tuer. Ses lettres sont de plus bourrées de symbolisme obscur.

Les experts psychiatres qui l'examineront et prendront connaissance de ses écrits concluront qu'il est atteint de schizophrénie paranoïde. Ils ne démasquent pas le simulateur… Lui aussi accordera des entretiens à John Douglas et tentera de lui faire avaler son histoire, mais il dévoilera son jeu en reconnaissant qu'il prenait du plaisir à tuer ses victimes. Comme l'écrit John Douglas, cette raison a « tout de suite affolé les cadrans de mon détecteur de foutaises [2] ». Il souligne que le mensonge est un trait de caractère commun à ce type de tueurs. Ils sont capables de manipuler et d'abuser tout le monde, leur entourage, les journalistes, les avocats, les juges et même les psys ! Diffi-

---

1. Voir chapitre 7.

2. John Douglas et Mark Olshaker, *Agent spécial du FBI : prédateurs et victimes*, Éditions du Rocher, 2005.

cile de ne pas entrer dans leur jeu, pour cela il faudrait connaître les faits au détail près... Car ce sont les faits qui permettent de recadrer leurs mensonges. Ainsi, lorsque David Berkowitz explique à John Douglas qu'il aimait rôder seul dans les rues à la recherche de ses victimes et que s'il n'en trouvait pas, il retournait sur les lieux de ses précédents crimes pour s'y masturber et revivre ses moments de triomphe, il prouve par-là que l'histoire du chien possédé n'est qu'un mensonge grossier : c'est son plaisir à lui de tuer. Devant la réaction de l'agent qui lui demande d'arrêter ses bobards, il explose de rire et reconnaît ses mensonges. Il admet avoir tenté de le manipuler, comme il a manipulé les autres, à commencer par son avocat, mais aussi magistrats, psychiatres et journalistes. John Douglas conclut que la réinsertion de tels individus est impossible.

L'affaire Roberto Succo le démontre également. Cette fois, il s'agit d'un tueur italien. Le 9 avril 1981, à dix-neuf ans à peine, il élimine ses deux parents à coups de couteau, de hachette et de pic à glace, et s'enfuit en utilisant la voiture familiale. Considéré comme irresponsable, il ne sera jamais jugé pour ces crimes, mais interné pour une période de dix ans dans un établissement spécialisé de Bologne. Les psychiatres ont diagnostiqué des troubles mentaux et une schizophrénie. Il est censé être pris en charge dans cet établissement, en réalité son traitement est rapidement interrompu ainsi que son suivi. En 1985, il dépose une demande de mise en semi-liberté qui finit par lui être accordée avec avis positif des psychiatres ! Une décision qui laisse rêveur. On accepte de le laisser s'inscrire à la faculté pour y suivre des cours. Pire, alors qu'il doit être encadré par du personnel social, accompagné et ramené le soir à l'hôpital, on le laisse seul, livré à lui-même. Les responsables de son suivi diront : « On lui faisait confiance. » Face à un tueur, et de la part de professionnels, rien de plus incohérent, et même de criminel ! Il s'évade, bien sûr. Direction la France où sa cavale meurtrière va engendrer une réelle psychose pendant deux ans qu'il va passer à tuer, violer, voler, cambrioler à travers le Sud-Est, mettant toutes les forces de police et de gendarmerie sur les dents. Et il commence fort, le bougre : il tue un policier à Chambéry, un meurtre bientôt suivi de cinq autres, sans compter les viols et agressions. Il ne sera interpellé que le 28 février 1988.

Mais Succo était-il réellement fou ? Lors de sa semi-liberté, il s'agaçait des questions des étudiants : « Tout ça m'énerve [...] ils ne savent pas que si je voulais, je pourrais [...] les écraser, mais je me retiens parce que je veux devenir libre [...] je ne supporte pas qu'on me rappelle toujours le délit [crime !] que j'ai commis. » Sont-ce là les paroles d'un fou ou d'un manipulateur ? Le plus surprenant, c'est qu'il est capable d'organiser pendant deux ans sa cavale et d'assurer son impunité en changeant de nom – il se fait appeler André Colin, sa compagne l'appelle Kurt. Il prétend travailler pour les services secrets italiens, parvient à faire disparaître si besoin son accent italien, se procure de nombreux faux papiers, change en permanence le lieu de ses agressions. C'est donc un homme plus organisé qu'on veut bien nous le faire croire, ce qui nécessite un minimum de maîtrise. Alors, simulateur ou véritable malade mental ? Succo était-il réinsérable, comme le préconisaient les psychiatres italiens ? Ne les a-t-il pas manipulés ?

Pierrot le fou... pas si fou !

Alsace, 11 décembre 1992, centre hospitalier spécialisé d'Erstein. Parmi les patients, il y a cet homme, assis dans une chaise roulante, tremblant, le visage figé, le regard dans le vide, la bouche ouverte, la mâchoire presque pendante. Placé d'office plus d'un an et demi plus tôt, le 24 juin 1991, il est, selon les psychiatres, dans un état totalement régressif, grabataire et mutique, il ne parle plus, ne marche plus, n'est même plus capable de satisfaire seul ses besoins. Pourtant, ce 11 décembre, il se lève d'un coup de sa chaise, enjambe une fenêtre malencontreusement laissée ouverte, et s'évade... S'ensuivent trois jours de folle cavale au cours de laquelle, nous l'avons vu, il blessera un policier, violera une femme, sera lui-même blessé aux testicules et commettra plus de quinze crimes et délits. Son évasion surprend tout le personnel. Elle est incroyable. Et l'on peut se demander comment cet homme, qui n'est autre que Pierrot le fou, a pu se lever, marcher et s'évader après des mois d'immobilisme.

Pourtant, ce n'est pas la première fois qu'il roule les psy dans la farine. En 1976, il est examiné dans le cadre de poursuites pour vols qualifiés et association de malfaiteurs. Les experts considèrent son comportement comme fortement altéré, en régression, il est prostré, ne semble rien comprendre à ce qu'on lui dit, fait ses besoins sans aucun discernement et se barbouille de matières fécales. Selon eux, son état a l'aspect d'une schizophrénie catatonique probablement consécutive à une atrophie cérébrale, un état de santé incompatible avec la détention. Il est alors hospitalisé dans un service pour malades difficiles, et transféré à Erstein. Il présente déjà des troubles de la marche et se déplace en chaise roulante. Il obtient même une carte de handicapé à quatre-vingts pour cent.

Pourtant, relâché en 1980, il est rapidement capable de commettre des cambriolages et braquages… Pour cela, il tient debout sans problèmes ! En 1991, il est à nouveau placé à Erstein. Il présente à peu près les mêmes symptômes. Se souvient-on de lui ? Se rappelle-t-on sa capacité à simuler ? Prend-on des précautions supplémentaires ? Sur ce point, l'un des experts, le Dr Brunner, se confiera avec courage et sincérité au *Parisien*, le 23 juillet 2004 : « On aurait dû faire attention, le tableau clinique était trop spectaculaire… »

À l'évidence, le cas Bodein pose des problèmes aux experts, ils sont souvent divisés, voire contradictoires concernant l'appréciation de son état mental. Il y a ceux qui vont le dire irresponsable, demander son internement d'office, et ceux qui le disent au contraire manipulateur, simulateur et prétendent qu'il peut être incarcéré. Pendant ce temps, lui joue avec eux, et avec nous tous… Et selon sa stratégie, il peut apparaître pitoyable aux audiences, semblant totalement fou, fournissant des réponses insensées, quasiment impossible à interroger et à juger tant il est incohérent. Sauf qu'il a déjà démontré son extraordinaire aptitude à simuler la folie. Et lorsqu'on se prépare à supporter son cinéma, qu'on s'attend à ce qu'il simule encore, il change de stratégie, apparaît lucide, mais mystique, comme en 1996 où il prétendra avoir rencontré Jésus-Christ et Marie et affirmera vouloir s'amender… La suite prouvera que là encore, il jouait un rôle.

Prédateur ou fou ?

Qui est cet homme de cinquante-huit ans qui a déjà passé plus de la moitié de sa vie enfermé ? Pierre Bodein a été surnommé « Pierrot le fou », un surnom qui semble tout résumer, mais est-il vraiment mérité ? Bodein est-il si fou que cela ? Rien n'est moins sûr ! La réponse doit être recherchée dans son parcours de multirécidiviste de plus en plus violent. Il suffit en effet d'examiner sa carrière criminelle pour trouver des raisons objectives de douter de sa folie. Tout d'abord, son passé de délinquant et de criminel démontre sa maîtrise lorsqu'il agit. S'il a fait l'objet de trente-six ans d'enfermement en milieux hospitalier et carcéral, ce n'est qu'à la suite de délits ou de crimes qu'il semble bien avoir commis en toute conscience, et avec la maîtrise que nécessitait leur exécution. En étudiant son parcours, on voit bien la progression de sa violence ; de simples larcins, il est passé à des braquages avec violence et à des viols, puis à des meurtres.

Il cumule quelques records impressionnants que n'a pas manqué de rappeler le juge d'instruction dans l'acte qui renvoie Pierre Bodein devant la cour d'assises pour les trois meurtres et les autres agressions qu'il a commis depuis sa mise en liberté le 25 février 2004, soit en moins de quatre mois depuis sa libération. Il y souligne que l'addition des peines prononcées contre lui depuis 1992 représente cinquante-quatre ans de réclusion. Mais il indique aussi que « ses peines ont fondu de près de quarante ans en application du système légal ». Incroyable ! Alors il peut bénéficier d'une libération conditionnelle dès le 25 février 2004. Mais face à de tels multirécidivistes dont la violence s'aggrave à chaque sortie, il y a peut-être une réflexion à mener sur leurs droits à bénéficier de toutes les remises légales, qui est loin d'avoir été conduite à son terme à l'heure où nous écrivons.

Quant à sa libération conditionnelle, conseillée afin d'éviter une « sortie sèche », c'est-à-dire sans accompagnement ou suivi, elle soulève également quelques questions. On voit bien l'intérêt limité de cette mesure dans un cas comme celui de Bodein. Cela a-t-il changé quoi que ce soit ? Ce qui était pourtant prévisible compte tenu de son passé, de ses récidives systématiques et de la progression de sa violence, s'est réalisé : il a tué trois personnes, dont deux mineurs, en moins de quatre mois de liberté…

On relâche un fauve

Une réflexion sérieuse sur l'application des peines dans le cas de tels récidivistes, ainsi que sur l'aménagement de leur suivi en cas de libération doit également être menée. On peut même se demander comment on peut parler de mise en liberté dans ces cas-là, il faut rappeler que Bodein avait déjà violé plusieurs femmes… Mais qu'importe, on ne sait pas quoi en faire, alors on applique à ces prédateurs les mêmes remises de peine qu'aux autres, comme à de simples voleurs ou braqueurs… et on relâche dans la nature de véritables fauves.

Le fameux suivi dont on nous parle devrait être mené dans un cadre fermé. Michel Fourniret aussi bénéficia, en 1987, d'une libération conditionnelle assortie d'un suivi, après avoir été condamné pour sept agressions sexuelles. Deux mois à peine après sa mise en liberté conditionnelle, il tuait Isabelle Laville à Auxerre, entre deux pointages. Aucun suivi ne l'a jamais empêché d'agir. Il tuera ainsi plusieurs enfants et jeunes filles pendant son temps de conditionnelle… Pour Bodein, c'est la même chose. On décide malgré tout de relâcher un homme qui confiait à ses codétenus être obsédé par la virginité, écrivait des lettres obscènes à des mineures, dont sa propre fille, et qui, toujours selon eux, allait jusqu'à se masturber devant la photo de cette dernière. Comme si cela ne suffisait pas, il leur disait : « Je prends, je baise, je nique, je tue. » Il est pourtant libéré, sans que personne se demande comment un multirécidiviste, extrêmement violent et dont la rage n'a cessé d'empirer en détention, pourrait se réadapter à l'extérieur… Au lieu de quoi il met à profit cette mise en liberté pour franchir encore un palier, en devenant un meurtrier en série. Il avait pourtant fait la promesse de se tenir à carreau, se justifiera le procureur de la République… Voilà qui laisse perplexe !

On nous parle à longueur d'émissions et de films d'outils psychologiques pour détecter ces prédateurs et les interpeller. On les décrit par avance, sans les connaître. Afin de les repérer et les intercepter, on établit leur « profil psychologique », c'est le *profiling*. Mais avant de rechercher de tels outils et de les exploiter sur des scènes de crime pour arrêter les tueurs, il faudrait peut-être empêcher ces derniers d'agir lorsqu'on les tient ! Dans le cadre des atteintes aux personnes, les multi-récidivistes doivent-ils bénéficier des mêmes remises légales que d'autres ? Peut-on accepter le fatalisme de certains devant la mise en liberté de tels hommes dont ont connaît le risque de récidive ? Il est tout de même incroyable de penser que ces tueurs sont déjà dans nos filets, et qu'on les rejette à l'eau comme le feraient des pêcheurs avec de trop petites prises ! Et certains petits poissons sont en réalité de dangereux prédateurs, tels les piranhas…

De nombreuses questions se posent qui relèvent de la compétence des psys, lesquels sont capables d'orienter un magistrat vers une décision qui peut avoir de graves conséquences. Et pourtant, dans le cas de Bodein, ils ont eu l'air perdu.

Bodein n'est pas un cas unique, loin de là ! Le sujet est loin d'être épuisé, et les professionnels de la santé mentale sont souvent démunis devant ce type de criminels. D'autres que Bodein sauront simuler pour échapper au système judiciaire. Parfois, ils vont même plus loin, ils commettent des actes d'autoagression ou d'automutilation pour bénéficier d'un placement et se réfugier dans des établissements spécialisés. Le comble, c'est que les thérapeutes qui les réceptionnent ne semblent pas toujours mesurer leur dangerosité... Ont-ils même conscience du fait que ces tueurs vont jusqu'à se dissimuler derrière leurs blouses et leurs diagnostics bien incertains ?

Des établissements bien protecteurs

Van Geloven a avoué l'assassinat d'Ingrid et Muriel qu'il a enlevées au bord d'une route en plein jour, au milieu du village d'Elne, non loin de Perpignan. Il les a étranglées, violées, dénudées et a dissimulé leurs corps dans un gouffre. Auparavant, il avait agressé plusieurs enfants et avait été condamné à plusieurs reprises pour ces agressions. C'est un multirécidiviste dont la violence amènera les enquêteurs des quatre coins de l'Hexagone à le soupçonner de toute une série de meurtres d'enfants non résolus. Immédiatement après avoir tué les deux petites filles, Van Geloven se rend à Lourdes, mais le sanctuaire est fermé. Il prétend y voir le signe que Dieu l'a abandonné, et rentre dans sa chambre d'hôtel avec l'intention de s'y suicider. Il se taille les veines, avale des barbituriques, tente une autostrangulation et essaye même de s'électrocuter. Une débauche de moyens qui tendrait à faire croire qu'il est réellement déterminé à mourir. Mais c'est surtout une mise en scène qui, certes l'amène au seuil de la mort, mais surtout lui permet d'obtenir une hospitalisation psychiatrique et d'éviter la prison qu'il redoute. Ce n'est pas la première fois qu'il agit ainsi. Le procureur général de la cour d'assises des Pyrénées-Orientales le soulignera : « Ses nombreuses tentatives de suicide sont des simulacres. » Dieu, la Vierge, sainte Bernadette (une enfant...) n'ont pas voulu entendre sa confession ni lui accorder audience ? Qu'à cela ne tienne, les psychiatres les remplaceront avantageusement. Mais pour cela, il faut auparavant les convaincre de sa volonté de mourir et ainsi parvenir à se faire admettre dans un établissement spécialisé. Ce qui lui permettra ultérieurement de se prétendre malade, donc irresponsable. Pour Van Geloven, la faiblesse du système tient à celle des experts en psychiatrie ou en psychologie. Alors il exploite la faille. Il dit à ces experts très exactement ce qu'ils veulent entendre, puis en tire profit tout en s'en amusant. Il ira jusqu'à dire à l'un d'eux : « Plus je vois des gens comme vous, plus c'est bon pour l'article 64 [1] ! »

L'enquête révélera qu'il procède de la même manière chaque fois qu'il a commis ce qu'il qualifie de « grosse bêtise ». Il se débarrasse de sa culpabilité en confiant ses actes à sa femme et à ses psys, un peu comme on le fait dans un confessionnal. Comme pour Francis Heaulme, son refuge sera le monde psychiatrique. Comment des soignants ont-ils pu accepter d'entendre ses confidences sans réagir ? Comment sa femme a-t-elle pu le protéger si longtemps ? À l'audience, elle racontera son calvaire, ces années passées à attendre la rechute du « malade ». En bonne épouse chrétienne, elle le soigne et attend avec angoisse le prochain appel du commissariat la prévenant d'une nouvelle mise en garde à vue. « Mon mari, dira-t-elle, c'était tout, je l'aimais, je l'ai aidé... » Elle l'aide

1. Cet article de l'ancien Code de procédure pénale évoque la démence du suspect au moment de l'acte et permet de le déclarer irresponsable, lui évitant ainsi d'être condamné et incarcéré. Les individus concernés sont alors hospitalisés dans des établissements spécialisés.

même lorsqu'il s'en prend à une amie de sa fille. « Il demandait pardon, il fallait l'aider, il nous aimait [...] nous étions touchés par ses lettres. » Mais apparemment pas par la souffrance des victimes... Une « femme de l'ogre » de plus, comme Michelle, comme Monique peut-être, comme tant d'autres [1].

C'est dans l'établissement psychiatrique de Saint-Dizier où il a été placé que les gendarmes, alertés par leurs homologues néerlandais, viendront enfin l'interroger sur son emploi du temps le jour du meurtre. Ayant lu le récit des disparitions d'Elne dans la presse, la mère adoptive de Van Geloven, en réalité sa tante, vérifie où il se trouvait à la date des disparitions. Apprenant qu'il était du côté de Perpignan, elle en parle à un ami policier néerlandais, lequel juge prudent d'envoyer un Télex aux gendarmes français signalant la présence dans leur région d'un personnage connu de la police pour des problèmes de mœurs. D'origine néerlandaise et avant-dernier-né d'une fratrie de onze enfants, Van Geloven a été adopté par sa tante. Puis, alors qu'il est adolescent, elle adopte un second enfant, Isabelle, une toute petite fille. Jaloux, il va la violer pendant des années et continuera à la harceler par la suite. Des actes terribles qu'elle décrira avec pudeur et retenue lors de l'audience des assises, racontant à quel point son enfance fut noire à cause de lui. Il violait donc des enfants depuis l'âge de quinze ans...

Les gendarmes se rendent à Saint-Dizier pour vérifier le renseignement qui leur a été fourni. Parmi eux, se trouve Johnny Gendre, lui aussi d'origine néerlandaise. C'est lui qui parviendra à faire parler Van Geloven. Il a préalablement rencontré les psychiatres qui le suivent pour comprendre son fonctionnement. Ces derniers lui

1. Voir chapitre 5.

apprennent que l'homme a besoin de dominer. Alors Gendre le laisse diriger la conversation, parler de sa vie, de son travail. Le temps passe, et c'est finalement Van Geloven qui amène la question des deux fillettes : « Vous ne seriez pas venu me voir pour les disparitions des gamines dans la région de Perpignan ? » Et d'avouer en avoir entendu parler malgré son hospitalisation. Il admet même avoir été dans la région à ce moment-là, mais nie être l'assassin. Cependant, c'est déjà un premier pas. Le gendarme a alors l'intelligence de continuer à le laisser parler. Il l'écoute, et Van Geloven poursuit sa confession. Il décrit les lieux où il s'est rendu, notamment le village d'Elne, mais sans le nommer. Il joue, il jubile. Mais le gendarme reconnaît la description et lui dit simplement : « Vous avez oublié de parler de la cabine téléphonique... » Van Geloven a compris que son interlocuteur sait qu'il se trouvait à Elne. Il a été piégé à son propre jeu. Alors il avoue tout. Après avoir réitéré ces aveux devant le juge d'instruction, il acceptera d'indiquer l'emplacement des corps des fillettes. Pour ces meurtres, il sera condamné à la réclusion à perpétuité assortie d'une période de sûreté incompressible de trente ans.

Quant aux experts, qu'auraient-ils fait si Van Geloven avait demandé à sortir de l'établissement où il s'était caché ? On ne peut que s'inquiéter de lire que l'un d'eux, qui l'examinera lors du procès, indiquera qu'il ne « présente aucune pathologie mentale caractérisée, mais [que] c'est une personne perverse, sadique et fétichiste, difficilement réadaptable s'il n'est pas soigné ». À ceci près qu'il était régulièrement soigné depuis plus de dix années lorsqu'il tua sauvagement Ingrid et Muriel... Ces soins ne l'ont pas empêché de se rendre à plusieurs reprises à Manille et à Bangkok, soi-disant pour y développer une filiale de son entreprise. Mais nous savons que sa carrière de pervers a commencé à l'âge de quinze ans. Il ressort de ces deux éléments deux inquiétudes : celle liée à cet expert qui croit que l'homme sera réadaptable s'il est soigné, et omet de se souvenir du dossier médical du tueur... mais aussi celle qui résulte de l'absence de résultat des soins qu'il a suivis pendant dix ans...

Van Geloven va tout tenter pour faire croire qu'il est malade, victime de ses pulsions : « Lorsque je suis pris de pulsions, j'ai des sueurs froides, ça me prend à la gorge. J'éprouve un grand stress, j'essaie de me retenir. Je suis un malade, j'ai essayé de résister, j'ai demandé une lobotomie mais c'est interdit en France », indique-t-il à son procès en 1992. Un autre expert apportera un nouvel éclairage : « On ne peut pas le soigner, donc il n'est pas malade. »

Van Geloven se réfugie donc auprès de ceux qui peuvent le protéger de la justice, c'est du moins ce qu'il pense... Que confie-t-il aux thérapeutes pour gérer son stress, jusqu'où iront ses confidences ? Leur racontera-t-il les soixante agressions de mineurs dont il se vantera auprès des enquêteurs ? Et tout cela sans qu'aucun d'eux ne puisse réagir... Quels tourments pour ces thérapeutes, surtout s'ils découvrent que l'homme n'est pas un malade mais un simulateur. Que faire ? Voici une bonne façon pour un tueur d'échapper aux mailles du filet, c'est presque imparable... sauf si les enquêteurs font ce qu'ils devraient faire : le tour des établissements spécialisés. Pas seulement ceux d'une région, il faudrait lancer un appel à tous les établissements nationaux. On le voit bien avec Van Geloven qui se réfugie du côté de Lourdes, puis est transféré à proximité de son domicile du côté de Saint-Dizier.

Un autre redoutable tueur utilisera la même technique, c'est Francis Heaulme, le routard du crime...

Heaulme et ses cent vingt hospitalisations psys

Il a un système, un truc imparable pour disparaître, il se fait hospitaliser dans un établissement spécialisé. Pour cela, il a plusieurs techniques : l'automutilation sur la voie publique ou une bonne alcoolémie doublée de quelques médicaments, et les policiers qui le ramassent sur la voie publique s'en débarrassent auprès d'un établissement spécialisé. Parfois il demande son hospitalisation en menaçant de se tuer, et il a d'autres techniques bien au point. Son système est redoutable, surtout s'il se fait hospitaliser à distance de son crime. Le pire, c'est que Heaulme est comme un poisson dans l'eau dans ces établissements, il en connaît tous les rouages, tous les défauts, et il va les exploiter autant qu'il le pourra tout au long de son itinérance sanglante. On recensera plus de cent vingt hospitalisations en huit ans, de durée variable, cent vingt hospitalisations sans qu'aucun psychiatre ou psychothérapeute n'ait émis de doutes, n'ait signalé sa dangerosité, n'ait refusé sa sortie, n'ait trouvé un moyen d'agir. Au contraire, dans l'affaire Joris Viville, par exemple, on organise son impunité : on vire l'homme du centre, on le met dans un train direction Metz, après l'avoir dopé à mort pendant quelques jours pour qu'il se taise. En effet, Francis Heaulme est rentré au centre après avoir accompagné quelqu'un au camping des Prairies-de-la-Mer alors qu'il n'aurait pas dû pouvoir sortir, en affirmant qu'il a tué un homme sur le port... Le lendemain, les journaux ne parlent que de la disparition du jeune Belge. Au centre, on le dope, il se tait du fond de son lit, puis on le met dans un train, on le lâche dans la nature. À défaut de le dénoncer, n'auraient-ils pas pu prendre au moins une décision médicale d'enfermement ? Des pages de certains registres disparaissent, l'équipe médicale consulte son avocat, et à la barre de la cour d'assises de Draguignan, ce sera l'omerta. Tous évoquent le secret médical, le secret professionnel, sous les yeux éberlués des parents de Joris Viville, du public et des journalistes. Jusqu'à ce médecin psychiatre, qui fait pitié quand ses doigts se tortillent et se croisent dans son dos lorsqu'il fera face à l'excellent président Bréjoux qui manque de peu d'obtenir de lui des explications... Des doigts croisés comme ceux d'un gosse qui ment ! Des professionnels qui sont avant tout des hommes avec leurs peurs, leurs doutes. Des professionnels qui sont des spécialistes des maladies mentales, non des crimes... et peuvent être bernés. N'a-t-on pas trop compté sur eux, sur leur avis ?

Heaulme pousse le bouchon plus loin, il recrute la plupart de ses complices dans les établissements où il séjourne à Draguignan, dans la région de Metz, des malades et des alcooliques comme le personnel des établissements, du moment qu'ils disposent d'une voiture, ce qui est essentiel pour lui. Et c'est d'ailleurs ainsi que les enquêteurs parviendront à reconstituer une partie de son itinérance criminelle. L'autre partie résultera de l'analyse de ses séjours dans des foyers Emmaüs qu'il utilisera de la même manière que les établissements spécialisés : le gîte, le couvert et une protection assurée... Le plus inquiétant, c'est que ces hospitalisations commencent avant le décès de sa mère, ce qui laisse penser qu'il a pu agir avant...

Le plus étonnant, c'est que Francis Heaulme présente un QI évalué aux alentours de 70, c'est-à-dire à la limite de la débilité mentale. Comment un homme doté d'un si petit QI a-t-il pu manipuler, utiliser tout le système psychiatrique français ? Il s'amuse des psychiatres, il leur dit lors d'expertises, par exemple concernant les tests de Rorschach : « Je ne me souviens pas de ce que j'ai déjà dit à d'autres experts, je refuse de le passer. » Il dira aussi : « Des fois je mens, des fois pas », obligeant les experts à essayer de reconstituer sa parole. Certains notent même dans les dernières expertises qu'il s'est tellement habitué aux tests et aux techniques de questionnement des psys qu'il sait en jouer, s'inventer des symptômes et en masquer d'autres. Peut-on encore considérer qu'ils sont efficaces le concernant ?

Trompé par Mr Hyde ou Dr Jekyll ?

Joe, surnom de Guy Georges, avait un ami psychiatre, mais il l'a trompé ; ce dernier n'a rien vu, rien su, rien détecté malgré cinq années d'amitié, de soirées, de fêtes, de discussions... Il s'en explique dans un livre où il admet n'avoir rien soupçonné et souligne que l'homme avait bien une face cachée indécelable... Pourtant, c'est souvent ce qu'on demande à ces professionnels, de les décrypter, les détecter... Cela fait peur ! Comment ose-t-on alors se prononcer sur le sort de tels criminels, sur leur état mental, si l'on ne peut les détecter ? Certes, l'aveu de ce psychiatre est courageux, mais il est également édifiant... Il parle du Guy Georges courageux et sympa, de ses blessures, et s'interroge sur l'autre Guy... le tueur, le Mr Hyde... Le problème, c'est que ce sont ces mêmes psys qui deviennent nos profileurs...

Édifiante aussi, l'erreur de ce profileur missionné dans la même affaire. Les familles avaient en effet saisi un psy pour tenter d'établir le profil du tueur de l'est parisien. Il a dressé un profil qui ne ressemblait en rien à Guy Georges : un militaire bien inséré dans la société, et père de deux enfants !

Cela nous amène à nous interroger : le profilage peut-il être considéré comme une technique fiable ?

Histoire du premier vrai profilage français

Quelque part en Bourgogne, le long d'un sentier qui s'enfonce dans la forêt sombre, dissimulé derrière des fougères, un homme est tapi, tel un animal guettant sa proie. Il tient à la main un couteau. Une jeune fille s'approche. Il l'entend, la voit, tous ses sens sont en éveil… Elle sera bientôt à sa portée. Augustine avance dans sa direction, elle guide ses moutons à travers les pâtures et se rapproche tandis que l'homme sent l'adrénaline envahir ses veines, décupler ses forces et sa volonté. Elle est enfin à sa portée. Alors, il surgit du bois et lui laisse à peine le temps d'apercevoir sa silhouette dissimulée sous une vareuse militaire avant que d'un geste entraîné, il lève son bras armé du couteau et l'abatte sur elle. Il sourit. Ce n'est que le début de son scénario, de son fantasme de mort. Il observe le corps qui se vide de son sang, puis entreprend son rituel, s'acharne sur le corps, le mutile et le souille de diverses manières. Eugénie, partie ramasser du bois, subira le même sort. Les villageois découvrent son cadavre dans un fossé, la gorge tranchée et la poitrine barrée d'une croix faite au couteau, elle a été violée, mutilée. Puis c'est au tour de ce petit garçon de neuf ans, qui observait les oiseaux sur un sentier. On le retrouve mutilé, la gorge tranchée et la poitrine barrée d'une croix sanglante.

On estime à plus de quatre-vingts les victimes ainsi sacrifiées par ce tueur qui a erré sur l'ensemble du territoire, et principalement sur les routes du sud-est de la France, de la Nièvre à la Savoie, de la Côte d'Or à l'Ardèche... De quel tueur s'agit-il ? Heaulme, Gentil, d'un inconnu ? Les médias en ont largement parlé. Il a occupé leurs « unes » pendant plusieurs semaines. Ils ont même publié une lettre dans laquelle il avouait ses meurtres, ce qui a fait scandale. Les journalistes ont souligné que la situation était unique et que les circonstances qui lui avaient permis de nuire si longtemps ne se reproduiraient jamais. « Plus jamais ça ! » scandaient-ils. Manquaient-ils de clairvoyance ? Comment pouvaient-ils savoir que les « Joseph Vacher » allaient se multiplier ? Parce que le tueur d'Augustine et des autres, c'est bien Joseph Vacher, l'un des plus grands tueurs en série français de la fin du XIXe siècle, et même l'un des plus grands tueurs en série référencés à ce jour sur le territoire national, « l'éventreur des bergères ».

Nous sommes en 1895. Vacher est le portrait-robot avant l'heure du tueur en série moderne. Il ne détonnerait pas dans la galerie de portraits des tueurs interpellés ces deux dernières décennies. Il correspond même aux critères définis par le FBI près d'un siècle après sa mort... Il a un rituel précis et identique, empreint d'un sadisme terrifiant, choisit ses victimes sans les connaître auparavant, n'a aucun mobile autre qu'une satisfaction personnelle et sexuelle, espace ses meurtres, etc. Avant d'être interpellé, il sera interné à plusieurs reprises. Il a un langage empreint de mysticisme, hérité de sa mère et des moines.

Arrêté en 1896 pour coups et blessures, il est condamné à un mois de prison, mais n'est pas identifié comme étant le vagabond tueur aperçu à proximité des meurtres des bergères, et recherché. À peine libéré, il recommence... Tels nos tueurs modernes, il continuera son périple sanglant. Il pourra tuer encore et encore, parce que les autorités publiques n'ont pas su l'empêcher d'agir...

Profilage avant l'heure

C'est une première dans l'Hexagone. Un simple juge dijonnais va opérer des rapprochements entre plusieurs crimes à l'aide de critères de ressemblances du mode opératoire. Une approche que les analystes comportementaux du FBI, que la culture populaire désigne sous le terme de « profileurs », affineront un siècle plus tard. On doit cette nouvelle approche à deux magistrats français. Le premier est un procureur de la République du nom de Fonfrède. Il œuvre à Dijon et rapproche trois crimes commis dans trois départements différents. Il sent intuitivement qu'il y a d'autres crimes identiques dans d'autres régions, peut-être commis par le même homme. Il fait rédiger une circulaire qu'il adresse aux différents parquets des départements du sud-est de la France, en leur demandant de rechercher dans leurs archives des crimes irrésolus présentant des caractéristiques similaires. Il a déjà compris que les barrières des circonscriptions administratives ne sont pas celles des criminels et empêchent leur arrestation. Révolutionnaire pour l'époque. Révolutionnaire aujourd'hui encore ! Combien de magistrats acceptent de solliciter leurs confrères pour des rapprochements ? Peu, demandez aux victimes et à leurs avocats, ils vous diront que les magistrats hésitent, refusent, traînent. La création du fichier Salvac devrait représenter néanmoins un progrès. Il permet d'effectuer automatiquement des rapprochements entre diverses affaires ayant eu lieu dans des régions différentes. Mais encore faut-il qu'il soit doté de moyens de fonctionnement suffisants, qu'il soit régulièrement renseigné, et que le choix des critères de rapprochement soit pertinent !

Dès 1896, le procureur éclairé est débordé par les réponses qu'il obtient. À la fois étonné et catastrophé par le nombre de dossiers qu'on lui adresse, il essaye de procéder de manière méthodique et de se livrer à un tri sélectif. Il décide de ne retenir que les crimes strictement identiques. Il en trouve au moins sept. Mais l'homme finit par douter de sa bonne idée. Devant la monstruosité des faits qui lui sont signalés, face au nombre invraisemblable d'affaires se ressemblant et qui continuent d'affluer, il hésite et commet une faute de jugement, parfaitement compréhensible pour l'époque. Il doute de l'existence d'un seul tueur et pense être devant une épidémie meurtrière se propageant comme une maladie infectieuse, une sorte de « peste criminelle ». Il pense même à une maladie se répandant spécifiquement chez les vagabonds. La tâche lui paraît alors impossible. Il est évidemment difficile de trouver le moyen d'identifier des coupables atteints de « contagion criminelle » parmi les centaines de milliers de délirants circulant sur les routes de France.

Mais un autre magistrat, génial et ambitieux, prend le relais. Il s'agit du juge Fourcade. Il vient d'accéder à ses fonctions dans l'Ain, étudie les dossiers en souffrance et tombe sur le meurtre non élucidé d'un petit garçon. Les faits sont tellement atroces qu'il décide de tout entreprendre pour arrêter lui-même le meurtrier et a l'idée de procéder à des rapprochements entre plusieurs affaires criminelles. A-t-il eu vent de la tentative de Fonfrède ? Toujours est-il qu'il s'y prend autrement. Il rapproche des rapports d'autopsie, les modes opératoires, les circonstances des meurtres. Pour lui, le sud-est de la France est bien le terrain de chasse d'un « égorgeur » ressemblant à l'éventreur de Londres. Alors il innove, établit des tables de concordance entre certains crimes non élucidés mais similaires. Il dresse ainsi un portrait type du tueur... c'est-à-dire le premier profil de tueur en série probablement établi en France. Pour cela, il s'est appuyé sur les rapports d'autopsie, les constatations sur les scènes de crime et les témoignages de ceux qui ont aperçu le vagabond. Le portrait qu'il dresse est à peu de chose près le suivant : l'homme surprend ses victimes dans les bois, les attrape par le cou, les étrangle, les égorge, puis les éventre, en principe en croix, il les viole, et enfin mutile leurs parties génitales. Il abandonne les corps sur place. Ses victimes de prédilection sont autant des jeunes filles que des femmes plus âgées ou des garçonnets. Il est décrit comme un vagabond portant sur la tête un bonnet blanc en peau de bête, le corps parfois couvert de fourrure, le visage monstrueux, tordu, partiellement paralysé et balafré. Fourcade diffuse ce portrait sous forme de commission rogatoire à tous les membres des parquets du centre et du sud-est de la France… et son initiative paye rapidement. Elle permet l'identification de Vacher. Le 4 août 1897, il est appréhendé à Champis, en Ardèche, pour outrage aux bonnes mœurs. Il venait de tenter de violer une jeune femme sur laquelle il s'était jeté armé d'un couteau. Sa victime lui a échappé, elle a crié, son mari l'a entendue et il est intervenu. Vacher écope de trois mois de prison, mais le juge saisi de son dossier, destinataire de la notice descriptive du juge Fourcade, trouve que Vacher ressemble fort au signalement de « l'éventreur du Sud-Est »…

Le juge et l'assassin

Le juge Fourcade tient son homme. Dès lors, tout est bon pour obtenir ses aveux. Ainsi, les interrogatoires vont laisser la place à des face-à-face très controversés. Le juge tente de faire croire au criminel errant qu'il veut écrire un livre sur le vagabondage et a besoin de son aide. Joseph Vacher est flatté qu'on s'intéresse enfin à lui ; en outre, c'est un passionné d'écriture. Est-il dupe lorsque le juge lui demande d'expliquer son errance en lui indiquant les régions, puis les villes et les dates de son périple ? Pas vraiment. Il évite intelligemment de nommer les lieux de ses crimes. Le juge d'instruction décide alors de s'entretenir avec lui chaque jour, sans témoin, sans notes, de mener des face-à-face dans la plus grande illégalité. Peu à peu, une proximité s'établit entre les deux hommes. Elle va durer près de trois longues années. Ce face-à-face inspirera un film célèbre de Tavernier, *Le Juge et l'Assassin*. Ce film met en scène la confrontation de Joseph Vacher, appelé Bouvier et interprété par Michel Galabru, et le juge Fourquet, interprété par Philippe Noiret.

Mais le juge se lasse de ce jeu du chat et de la souris, et décide de piéger Vacher. Il corrompt douze témoins et les amène à identifier Vacher. Ce dernier se laisse prendre et décide alors d'avouer ses crimes. Il écrit une lettre au juge, admettant avoir commis tous les crimes dont il est accusé, l'informant même de ceux qui n'avaient pas été repérés. Il reconnaîtra ainsi dix-huit crimes, refusant cependant d'avouer ceux relatifs à des petites filles. Mais dans le même temps, il tentera de se faire passer pour fou et irresponsable. Il met ses actes sur le compte du breuvage que le sorcier de son village lui aurait fait avaler de force pour le protéger de la rage... Cette mixture l'aurait transformé en bête enragée et c'est, selon lui, ce qui l'aurait fait basculer dans une sorte de folie meurtrière. Il explique au juge : « Je suis un pauvre malade innocent dont Dieu a voulu se servir pour faire réfléchir le monde, dans un but que nul humain n'a le droit de sonder... » ou encore : « Il y a des moments où je n'étais pas maître de moi, je courais comme un fou à travers le monde, droit devant moi, me guidant sur le soleil et ne sachant où j'ai erré, ce n'est pas ma faute si on m'a empoisonné le sang... » Et enfin :

« Chaque fois, je suis pris d'une espèce de fièvre, d'un tremblement nerveux, je ne veux pas tuer ni violer, mais il faut que je le fasse. » Il prétextera d'autres motifs, comme l'opération à ses testicules évoquée plus haut [1].

Mais le juge d'instruction n'accepte pas de considérer Vacher comme fou. A-t-il compris que les criminels en série sont parfaitement conscients de leurs actes ? Une exécution était, selon lui, la seule façon de débarrasser la société de ce prédateur. Il fit procéder à de nombreuses expertises. L'un des médecins officiels de la prison où était incarcéré Vacher déclara qu'il était fou, précisant qu'il était atteint de « débilité mentale, d'idées fixes, d'idées de persécution et de dégoût profond pour la vie... ». Pour lui, la responsabilité de ce criminel était « très notablement diminuée ». Mais le juge n'accepta pas ce diagnostic. Pour lui, Vacher était un simulateur. Le célèbre professeur Lacassagne, alors directeur du laboratoire de criminologie de Lyon, confirma cet avis du juge après avoir examiné Vacher. Pour lui, le tueur était sadique mais pas fou, et il était donc responsable de ses crimes. Il le voit plutôt comme un psychopathe manipulateur. Selon Lacassagne, on devait le condamner à la peine capitale. Une vraie bataille d'experts va se tenir autour de son cas. Manipulations, pressions, tout sera bon pour faire valoir son avis. Ce débat se poursuit encore aujourd'hui, heureusement sans risque, Vacher ne pouvant plus nuire...

Mais aujourd'hui, quel serait son sort ? Le juge Fourquet et le professeur Lacassagne n'avaient pour leur part aucun doute. Pourtant, le débat est toujours ouvert et certains experts maintiennent que Vacher était irresponsable. Sont-ce les mêmes qui pourraient être consultés pour un

1. Voir chapitre 10.

Bodein ou un Heaulme ? L'hypothèse fait frémir... Car Vacher était un simulateur, allumé certes, mais un simulateur. Et ce pour une raison simple : il organisait son impunité, s'éloignait rapidement de tout lieu où il avait commis un meurtre.

Pendant l'audience, il se comporte comme un fou, un peu comme Bodein à une époque. Si bien que la presse s'interroge. Tout au long du procès, son avocat tentera de contester les expertises qui ont été effectuées. Mais même si le comportement de Vacher à l'audience pouvait effectivement faire douter de sa santé mentale, les jurés décideront à l'unanimité de le reconnaître coupable de meurtre avec préméditation.

Il fera l'objet de livres, de thèses, d'essais et ce jusqu'à nos jours. Le film de Tavernier en témoigne. Il sera guillotiné le 31 décembre 1898, à l'âge de vingt-neuf ans. La mémoire collective véhiculera longtemps l'histoire du tueur des bergères, mais elle oubliera celle de son juge éclairé qui tombera en disgrâce... Pourtant, il avait raison. Il aurait encore raison aujourd'hui et subirait peut-être encore les mêmes disgrâces, et ne serait peut-être pas davantage récompensé alors qu'il est un véritable précurseur. On ferait bien de s'inspirer de sa façon de dresser le profil d'un tueur ou de rechercher la concordance entre plusieurs crimes. On commence à peine aujourd'hui à reprendre ses techniques. Que de temps perdu ! Clin d'œil macabre de l'histoire du crime en série, la dernière victime recensée de Joseph Vacher se serait appelée Laville, comme la première victime supposée de Fourniret...

Des psys devenus des profileurs…

À l'époque de Vacher, les « profileurs » étaient des policiers ou des magistrats, dans tous les cas des personnes qui suivaient un dossier de A à Z, en vivaient intimement les évolutions, y mettaient tout leur savoir. Ils ne portaient pas ce nom, ils étaient des professionnels inspirés… Il y en eut aux États-Unis au XIXe siècle, comme celui qui rapprocha tous les meurtres du terrible Dr Holmes. Avant eux, d'autres tentèrent d'étudier les criminels de façon à les repérer facilement et à faciliter le travail des enquêteurs, comme le sulfureux médecin italien Lombroso. Il identifie les tueurs à la forme de leur crâne ou de leur visage, et invente le « délit de sale gueule » c'est-à-dire le fait d'exclure ou de poursuivre une personne en raison de son apparence. Une idée heureusement abandonnée. Aujourd'hui, les choses sont bien différentes. En France, ce sont les psys qui se sont approprié le domaine. Est-ce une bonne chose ? Nous avons vu que leur capacité à évaluer ou percevoir ces tueurs est finalement limitée, avec les outils et protocoles dont ils disposent aujourd'hui. Dans l'avenir, les choses seront peut-être différentes…

Les profileurs au sens américain

Le « profilage », traduction du mot anglo-saxon *profiling*, est un concept américain né dans les années 1950 pour faciliter l'identification des serial killers. Le profilage psychocriminologique recouvre la construction virtuelle d'un profil psychologique, typologique, social et physique d'un criminel non identifié. Ce travail est effectué par un spécialiste du comportement humain à partir de l'analyse de la scène du crime, du *modus operandi*, de la personnalité de la victime, de la totalité de la procédure d'enquête (photos, P-V, expertises, auditions) et des éléments matériels rassemblés par les enquêteurs. L'enjeu est de faire le lien entre ces différents éléments. Des réunions entre les protagonistes permettent d'élaborer des hypothèses construites à partir de la psychologie supposée de la victime, la signature du criminel, etc., éléments qui doivent impérativement être liés aux indices concrets recueillis par les enquêteurs ou apportés par les expertises. Ceci implique la collaboration de tous les acteurs de l'enquête et de différentes disciplines : psychologie et psychiatrie criminelles, sociologie, ensemble des approches techniques (empreintes digitales, balistique, microanalyse, signal image parole, biologie et toutes ses applications, toxicologie, entomologie, thanatologie, anthropologie, odontologie, etc., et fichier ADN depuis peu), et surtout des professionnels de l'enquête policière... Tout part de la définition fournie par Robert Ressler, pour qui un tueur en série a tué trois personnes ou plus dans des circonstances et des lieux différents mais selon un mode opératoire identique, caractérisé par des périodes d'accalmie entre les meurtres. On a vu que cette définition est totalement hors de la réalité.

Les Canadiens, très à la pointe sur les techniques d'investigation, de recherche et de traitement de ces tueurs, indiquent que l'on peut définir le tueur en série dès le premier meurtre selon sa façon d'opérer. C'est pourquoi ce livre traite évidemment de tueurs réunissant toutes les caractéristiques de dangerosité de tueurs en série, incluant ceux n'ayant commis « que » deux meurtres, mais ayant perpétré auparavant une ou plusieurs séries d'autres crimes. C'est pourquoi, il convient de rapprocher non seulement les meurtres commis sur le territoire, mais aussi d'autres crimes, comme des séries de viols, afin d'en dégager le mode opératoire et de les comparer aux traces retrouvées sur des scènes de crimes irrésolues.

Le métier de profileur n'existe pas en tant que tel. Aussi voit-on fleurir des vocations de profileurs chez des individus n'ayant que la connaissance de la criminologie, ou de la psychologie, voire de la victimologie, mais aucune de l'enquête, des techniques de police scientifiques ni de l'instruction et du procès pénal. Seuls les juges d'instruction peuvent délivrer une mission spécifique de profilage, commission d'experts qui doit disposer de la totalité de la procédure dont la lecture analytique constitue le premier pas dans la connaissance du dossier. Ce dernier est souvent constitué de plusieurs milliers de pages, ce qui représente des mois d'analyse, rien n'est magique !

Restent les pseudo-profileurs privés, extérieurs au système. Ceux-là sont nombreux et, pour la plupart, incompétents mais beaux parleurs. Ils ont tendance à appliquer le vieux modèle américain au fonctionnement de nos tueurs et à notre société, ce qui entraîne des erreurs, notamment liées à la légende du mode opératoire immuable… Car immuable, il ne l'est pas ; il évolue, se modifie en fonction des contraintes de l'acte criminel ou imposées par l'attitude de la victime, mais aussi en fonction de l'évolution des goûts du tueur, de son exploration de nouveaux plaisirs, de l'intervention d'un complice, etc. En outre, un criminel peut facilement changer de mode opératoire, surtout s'il lit des ouvrages de profiling ou, tout simplement, des commentaires dans la presse sur ses crimes ou ceux de ses « confrères »…

Ainsi les techniques américaines, telles que véhiculées par les médias et les fictions, font courir de fausses idées, comme cette théorie empruntée aux Américains selon laquelle le tueur en série ne tue que les membres de sa communauté. Un Noir tue des Noirs, un Asiatique des Asiatiques, un Maghrébin des Maghrébins, un Blanc des Blancs, sauf s'ils s'attaquent à un certain genre de victimes qu'ils considèrent comme des rebuts de la société comme des clochards, des prostituées. Les policiers ont une victime blanche, ils vont donc chercher un meurtrier blanc. Mais Guy Georges et Thierry Paulin tuent des femmes blanches... Quant à Fourniret, il tue indifféremment des victimes blanches, noires ou d'origine asiatique. Les enquêteurs auraient pu perdre leur temps à rechercher trois tueurs différents, de type européen, asiatique et africain, or il n'y en avait qu'un...

À propos de l'âge, ils commenceraient jeunes. Oui, mais Henri Landru commence à quarante ans, Michel Fourniret, Pierre Bodein et Émile Louis plus tard encore. Alors ?

Malheureusement, dans le mot « profiler », il y a le mot « filer »... et c'est ce qui arrive à la plupart des profileurs français : il les laissent filer... Et ce n'est guère étonnant si l'on applique des règles obsolètes et inadaptées, que l'on ne poursuit aucune recherche sur ces phénomènes et qu'on se contente de reprendre, sans les comprendre, des règles édictées par d'autres sur des cas relevant d'une culture qui n'est pas la nôtre. Pourtant, ces profileurs font rêver des générations d'étudiants et de jeunes. Ils sont nos nouveaux héros, l'alter ego du tueur qui mène un duel fascinant d'homme à homme... Sauf que ce duel n'existe pas, et que ces héros n'interpellent pas grand monde, ou alors seulement dans des fictions... Dans la réalité, les tueurs sont rarement, voire jamais interpellés à la suite de l'analyse de leur trace psychologique sur une scène de crime. Même les célèbres profileurs américains, qui commencèrent leurs activités à la fin des années 1960 et au cours des années 1970, n'eurent pas tant de succès que cela. Leur véritable contribution fut d'établir et de faire reconnaître ce type de tueur et de le distinguer des autres criminels, mais également de l'étudier à travers des dizaines d'entretiens. Ce qui est déjà considérable. Maintenant, trente ans après, il faut relativiser les principes posés par ces profileurs et les moderniser en fonction de ce qu'on sait aujourd'hui de ces tueurs et des moyens dont ils disposent. Eux-mêmes connurent de nombreux échecs, comme dans l'affaire de la Green River[1]. Gary Ridgway leur échappa pendant plus de vingt ans. Ils furent plusieurs à se casser les dents sur ce dossier. Les victimes s'accumulaient et le tueur demeurait introuvable. C'est que l'homme ne correspondait pas tout à fait à leur profil, mais plutôt à un profil assez général pour pouvoir s'appliquer à beaucoup d'hommes, indique John Douglas. Il n'avait pas de signature particulière. Le seul intérêt des profileurs dans un cas semblable, c'est d'aider les enquêteurs à mettre en place des techniques proactives, c'est-à-dire des moyens permettant d'amener le tueur à se trahir. Des échecs qui les ont amenés à parler désormais plutôt d'« analystes comportementaux » que de profileurs, et même à envisager de remettre en question ces techniques, au point qu'il n'existerait plus de formation de profileurs aux États-Unis.

Mais en France, le mythe résiste… Comme expliqué plus haut, ce sont essentiellement les psys qui s'arrogent ce titre. Consultez des profileurs privés, ou ceux qui se prétendent tels. Ils ont sorti un ou plusieurs ouvrages sur le sujet, qui leur assurent des droits d'auteur à défaut d'assurer l'arrestation des tueurs… et parfois, aussi, des droits sur des films tirés de leurs écrits. C'est certain, avec

---

1. Voir chapitre 2.

leurs théories, il est plus facile d'arrêter un tueur dans une fiction que dans la réalité... Et grâce à cela ils ont l'air d'avoir un QI aussi impressionnant que celui des tueurs – et voici encore une idée fausse : les tueurs en série ont rarement le QI d'Hannibal Lecter. Il reste que si on les écoute, on est quasi certain de passer à côté des tueurs...

L'enquête à l'envers...

Avant l'arrestation d'un tueur, pas de miracle. Ils leur passent tous entre les pattes sans difficulté. Les profileurs savent juste expliquer aux médias que l'on peut redouter qu'un tueur en série soit à l'œuvre. Ce qui est tout de même moins grave que les agissements de certains pseudo-profileurs, comme celui qui n'a pas hésité à se faire missionner par un magistrat et est allé ensuite solliciter un paiement auprès des familles des victimes. Une véritable escroquerie puisque les frais d'expertise doivent être réglés par la justice... À moins qu'il ait tenté de se faire payer des deux côtés... ? Méfiance, donc. Ce profileur est beau parleur, au point que la victime n'a pas porté plainte contre lui. Quant à ses « expertises », elles ne méritent pas d'être développées... et le tueur, lui, court toujours. Bien sûr, le profileur a une réponse toute faite. Dans les affaires de la Somme [1], des spécialistes des tueurs en série nous expliqueront pourquoi, dans le deuxième meurtre, on ne retrouve pas le téléphone de la victime. Ils précisent aux médias que lors du premier meurtre, les voix des tueurs ont été enregistrées par le biais du téléphone de la victime qui était en ligne avec les secours. Alors, pour le meurtre suivant, ils ont simplement volé le téléphone de la

1. Voir chapitre 4.

victime pour ne pas laisser d'indices. C'est pour cette raison qu'on ne l'a pas retrouvé. Cette analyse, pitoyable et risible s'il ne s'agissait pas d'affaires si graves, a été reprise pas de nombreux médias ! Car les enquêteurs avaient bien retrouvé le téléphone. Ils avaient juste conservé cet élément secret, le principe même de l'enquête. On pourrait raconter des dizaines d'anecdotes du même type. Ce qu'on peut souligner, c'est que le profileur intervenu sur le premier dossier de la Somme n'a pas fait avancer l'enquête d'un iota, c'est même aujourd'hui le seul des trois dossiers qui demeure non élucidé.

Pourtant, ces profileurs de pacotille ont pignon sur rue… enfin, sur journaux et télévisions… La plupart sont des psys, experts de surcroît, ou des pseudo-criminologues dont on ne sait pas très bien d'où ils sortent et quels dossiers ils ont vraiment traités. Tous se cachent derrière un langage très hermétique et spécialisé, vous récitent les tableaux des maladies mentales par cœur… De la poudre aux yeux. Car sur le terrain, que savent-il faire ? Pendant ce temps, les tueurs en série se multiplient. On peut d'ailleurs d'emblée exclure leur aide en matière de disparition. Sachant que de nombreux tueurs en série font disparaître les corps de leurs victimes, cela limite drôlement leur champ d'action, car pour intervenir, il leur faut une scène de crime à étudier, et là, il n'y a pas de scène de crime, pas de sang, pas de victime portant les traces des actes du tueur, rien. Pour les autres affaires, il n'existe pas de tueur en série qui ait été interpellé grâce à eux. Pourtant, ils ont une visibilité médiatique inversement proportionnelle à leurs compétences, prennent la parole à la place des véritables professionnels retenus, eux, par leur devoir de réserve, la protection de leurs informations ou le secret professionnel. Ils n'obtiennent aucun résultat, mais sont devenus comme des commentateurs sportifs : à chaque nouveau tueur, ils commentent, expliquent, décortiquent ses actes au fur et à mesure de l'évolution de l'enquête, sortent même des livres lorsqu'ils ont assez d'éléments... Sauf qu'il ne s'agit là que d'un profilage à l'envers. Car ils ne sont capables de commenter le mode opératoire, les fantasmes et la technique des tueurs en série qu'une fois que ces tueurs ont été interpellés et ont avoué !

Les profileurs sont jugés peu crédibles. Seuls les enquêteurs intégrés aux forces de police et de gendarmerie, et notamment ceux intervenant au sein de l'IRCGN à Rosny-sous-Bois, pourraient être considérés comme sérieux. Ce sont des analystes comportementaux qui interviennent dans le cadre des enquêtes. Sur ce point, la gendarmerie innove : ce projet n'en est qu'à son début, reste à voir ce que cela apportera.

Pour ce qui est de la période postarrestation, nos profileurs sont tous là, marchent sur les pieds des victimes, des avocats, des magistrats pour nous décrypter le dernier tueur en date, pour tout nous expliquer et, si possible, tout nous raconter... surtout ce que d'autres leur ont confié, ne nous épargnant aucune description macabre, une façon de nous hypnotiser... et de se vendre, fournissant des détails inutiles au grand public et très souvent faux... On l'a vu dernièrement pour Fourniret où ils n'ont pas hésité à détailler comment il donnait la mort à ses victimes. Tout cela n'a donc rien à voir avec l'image du profileur héros de série ou de roman. On ne résout pas d'affaire, on explique les choses après coup, une fois que les tueurs se sont eux-mêmes expliqués, on dévore les informations et on les distille avec des concepts savants ou très « profilants ». Une fois que le tueur est passé aux aveux, c'est facile de donner les clés de son comportement, ce n'est pas là que l'on attendait leur aide...

Mais ces profileurs privés sont appelés à disparaître. Sur le terrain, on en revient aux bonnes vieilles méthodes d'enquête, aujourd'hui améliorées par les méthodes de la police technique et scientifique, et à l'aide de fichiers de rapprochement ou par l'intervention d'offices centraux[1]. La recherche de la preuve matérielle alliée aux techniques classiques d'enquête.

Les Américains eux-mêmes sont donc revenus de cette technique. Même si leurs profileurs étaient des policiers ou des enquêteurs formés aux techniques de comportement criminel, il semble bien qu'aucun d'eux n'ait jamais résolu une affaire. Leur apport a été d'instaurer des systèmes de rapprochement des affaires sur un territoire donné. Pour le reste, la technique de profilage élaborée depuis le début des années 1970 soulève de nombreuses questions. Selon Richard Poulin, professeur de sociologie à l'université d'Ottawa, les profils qui ont été dressés, nous l'avons vu pour l'affaire de la Green River, basés sur des évidences presque toujours de type mixte, sont quasi inutilisables, reposant sur des a priori contestables. Nous l'avons vu dans les chapitres précédents, le tueur en série n'est pas conforme à l'image véhiculée par les médias et les fictions. Rechercher les tueurs à l'aide de ces clichés revient à passer à côté d'eux, à poser nos filets au mauvais endroit, et l'utilisation d'un profileur n'est pas toujours décisive, surtout lorsque c'est un psy.

Mais nos experts privés ont senti le vent tourner, et ceux-là mêmes qui ont vu leurs expertises annulées, parfois par la cour de cassation, ont été critiqués par des victimes, des magistrats ou des enquêteurs, sortent de nouveaux livres où ils nous expliquent à présent qu'il faut

1. Voir chapitre 15.

faire attention aux faux profileurs, se méfier... et là, ce sont de véritables experts !

Le problème, c'est que le profilage n'est pas une science exacte. On ne peut lui appliquer de protocole systématique reproductible par ordinateur, ce qui réduit son efficacité. Il n'y a alors plus qu'à se fier à Hannibal Lecter. Le psy tueur, lui, peut vraiment entrer dans la tête du tueur... Et c'est bien le seul. Le duel est en lui, entre lui et ses concurrents.

D'aucuns verront probablement dans ce qui précède une sorte de réquisitoire contre une profession, contre des experts, il n'en est rien. Cet ouvrage traite de nos défaillances. C'est pourquoi ce thème est éclairé sous cet angle. Il reste que les exemples cités, et qui ne sont pas les seuls, sont réels et particulièrement inquiétants pour notre sécurité à tous. Cela étant, le rôle des psys peut être extrêmement décisif et constructif lors de l'enquête et du procès, notamment par l'aide qu'ils nous apportent pour décrypter le langage, les attitudes, déjouer les mensonges de ces tueurs manipulateurs. C'est utile surtout pour les jurés, qui ne voient dans le box qu'un homme qui ressemble à leur voisin, un homme dont on ne peut à aucun moment imaginer la violence et la brutalité... Certains psychiatres et psychologues sont particulièrement habiles à décrypter leur personnalité et leur langage, et c'est donc de toute première utilité dans un procès. C'est utile... mais ce n'est pas le propos de ce livre.

Parfois, d'ailleurs, ils n'ont plus besoin d'intervenir, lorsque, malheureusement, le tueur a décidé de nous échapper pour toujours et de se faire la belle, de s'enfuir là d'où personne ne pourra jamais le ramener...

12

Déserteurs de justice

Goutte à goutte, seconde après seconde, son sang se répand en une tache sombre, visqueuse, qui s'étale peu à peu sur le sol. Rien de spectaculaire, pas de jaillissement, juste du sang qui afflue, silencieux, sinueux tel un serpent le long de sa cuisse, imbibant ses draps, imprégnant son matelas, à la cadence des battements de son cœur, et goutte sous son lit, tandis que la vie s'échappe dans les vapeurs d'un engourdissement qui semble paisible ; seul son souffle subsiste, un peu… faiblement… s'éteint.

Il est parti, ils l'ont tué.

Tant de violence, tant d'incompréhension, ils voulaient sa peau, ils l'ont eue.

Dans sa main, le témoin de cette violence, une lame de rasoir, celle qui servit à sectionner l'artère fémorale gauche, juste au-dessus du garrot, permettant à son sang de s'écouler rapidement, afin que personne ne puisse plus intervenir, interrompre son évasion…

Lorsque le garde l'observe au travers du sas vitré de la porte, Chanal semble dormir paisiblement. Un détail l'alerte cependant : l'homme a la tête qui part à la renverse, dans une position très anormale qui semble indiquer qu'il va mal. Il prévient le médecin de garde, mais il est déjà trop tard. L'agonie n'a duré que quelques minutes, aucune réanimation n'a été possible. Chanal a utilisé l'élastique de son survêtement pour se faire un garrot, une technique commando qui accélère l'hémorragie tout en la rendant moins douloureuse. Un acte parfaitement maîtrisé et exécuté. Lui qui était au centre d'un procès retentissant, attendu depuis des années par les familles de jeunes hommes disparus ou retrouvés assassinés, était censé bénéficier d'une surveillance particulière… L'adjudant Chanal, « l'ogre de Mourmelon », a déserté. Innocent à tout jamais, il a emporté avec lui l'histoire de tant de vies brisées, celles de fils disparus, de fils assassinés, l'histoire de ses victimes. Il a gagné, il ne sera jamais jugé pour ces faits. Il a emporté avec lui la vérité. C'est son dernier crime, le tueur a tué le militaire !

Ne restent ici-bas que le désespoir, des vies gâchées à la recherche d'une vérité qui ne sera jamais connue, ni reconnue…

Chronique d'une mort annoncée

Personne n'ignorait la menace. C'était écrit, il l'avait dit, et il y eut plusieurs répétitions.

Dès novembre 1994, Chanal clame son innocence du fond de sa cellule, mais se rend vite à l'évidence : on ne l'écoute pas, il ne convainc personne. Pire, les médias annoncent publiquement sa mise en examen prochaine dans l'affaire des « disparus de Mourmelon », ce qui risque de contrecarrer sa demande de mise en liberté. Alors il tente de se faire entendre autrement et se taillade les veines. Les blessures sont sans gravité, et les médias minimisent l'acte pour insister sur sa mise en examen.

Chanal menace alors de se tuer si on lui refuse sa demande de mise en liberté et si sa détention est prolongée, mais ses craintes se réalisent : sa demande est rejetée. Il vient de comprendre qu'on ne le laissera pas sortir alors qu'il pensait pouvoir retrouver la liberté après avoir effectué la moitié de son temps pour les actes auxquels il s'était livré sur un jeune Hongrois [1]. Lui qui a été un détenu modèle se sent injustement retenu en cellule. Son passé lui colle à la peau, l'affaire des disparus de Mourmelon le rattrape. Déprimé et marqué par la détention, il repousse toute visite, même celles de sa famille, et passe aux actes. Il refuse de s'alimenter, entame une grève de la faim qui durera plusieurs semaines. Il l'avait dit, il l'a fait. Il écrit à son avocat : « À mon grand désespoir, je viens de recevoir samedi matin une notification de mise en examen [...]. Je suis depuis ce jour dans un état de déprime totale, l'organisme réagit mal, je souffre d'anorexie mentale, je n'ai pas envie de manger ; depuis samedi, je refuse toute nourriture de l'administration, je n'ai mangé que quelques fruits que j'avais achetés en cantine. Je ne me lève plus, je me néglige physiquement, je crois que je suis en train de devenir fou, je n'ai plus la force morale et physique pour continuer. » Il n'a plus rien de l'ogre, la machine à tuer se dégrade, se détraque...

En 1995, il recommence et s'entaille le bras et le visage – un soi-disant cri d'alarme et de révolte qui lui vaut d'être hospitalisé d'urgence. Un codétenu l'avait dénoncé auprès des surveillants et l'administration pénitentiaire avait fait procéder à une fouille au cours de laquelle les gardiens avaient découvert une boîte métallique contenant deux lames de rasoir. C'est avec une troisième, mieux dissimulée, qu'il s'est mutilé. Déjà les lames !

1. Voir chapitre 2.

Sa libération conditionnelle, en juin 1995, mettra fin pour un temps à ses tentatives de suicide, mais pas aux menaces qu'il continue de proférer par médias interposés. Les parents des victimes découvriront dans le journal *L'Union* de Reims, par Radio France ou d'autres médias, les états d'âme de celui qui est suspecté d'avoir tué leurs enfants. Il déclare au journaliste de *France-Soir* : « Je l'ai programmé [...]. Je l'ai déjà tenté à plusieurs reprises, je pense tout le temps à la mort, ce sera plus facile de me suicider en liberté, je ne revivrai pas ce que j'ai vécu en prison ; si je suis réincarcéré, je me tue [...] ; je sortirai de prison les pieds devant. »

En liberté conditionnelle, il vit huit ans dans la banlieue de Saint-Étienne, chez sa sœur qui n'a jamais cessé de le défendre. Il perçoit sa petite pension de retraité de l'armée, fait des maquettes et fréquente le club d'aéromodélisme, sa passion. Mais en 2003, il donne tout à coup ses avions et son matériel à un membre de son club : « Je n'en aurai plus besoin, je vais partir, je vais être condamné, ils sont trop remontés contre moi, je ne reviendrai plus. »

Lorsque l'accusé fixe les règles du jeu

Reims, mai 2003.

Pour l'instant, le box est vide. On le scrute comme pour essayer de l'imaginer, là, sur le siège. L'audience va commencer. Les uns et les autres se demandent si ce procès aura enfin lieu. L'angoisse monte, presque palpable. Comparaîtra-t-il ? Alors la terrible nouvelle tombe : Chanal est en soins intensifs.

Que s'est-il passé ? La veille de son procès à la cour d'assises de la Marne – devant laquelle il devait répondre de trois assassinats –, Pierre Chanal a décidé de mettre ses menaces à exécution, d'en finir afin de ne pas se présenter à l'audience. Il se sentait condamné d'avance. Alors, il a tenu sa promesse. Il a tenté de se suicider en absorbant un cocktail de somnifères et de psychotropes. Pour mourir, il a choisi le moment et le lieu, un lieu chargé de souvenirs, à proximité du lieu où se situait l'ancienne ferme de sa famille, désormais rasée, et du petit aérodrome de Saint-Étienne, tout près des avions qu'il aimait. Mais son beau-frère le recherchait : Chanal avait disparu du domicile de sa sœur depuis le soir précédent, et ses proches le savaient désespéré. Il le retrouvera inanimé dans son véhicule et alertera les secours.

La présidente de la cour d'assises commet un expert pour déterminer l'état exact de Chanal. On le dit dans le coma, sous ventilation artificielle, intransportable. Le procès est donc retardé de quelques jours. Son avocat expliquera que son client n'acceptait pas d'être jugé par des jurés convaincus d'avance de sa culpabilité dans l'affaire des disparitions des jeunes appelés de Mourmelon, considérant que cela ne lui laisserait aucune chance. Il voulait demander le renvoi du procès pour suspicion légitime. Sa sœur, accordant une interview au *Parisien*, expliquera que son frère était gravement dépressif et avait perdu plus de dix kilos depuis qu'il avait appris la date du procès, ce qui rendait son état incompatible avec sa comparution à l'audience.

En réalité, Chanal n'acceptait pas que le procès ne soit pas organisé selon ses conditions. Il ne voulait pas que l'on entende le témoignage des familles des cinq jeunes hommes disparus pour lesquels des preuves formelles de sa culpabilité n'avaient pu être mises en évidence. Il ne supportait pas que le jeune Hongrois qu'il avait séquestré, violé et torturé raconte son calvaire, ni que la cassette qu'il avait tournée alors soit visionnée. Il savait que ça jouerait contre lui. Chanal organise alors sa sortie mais en s'arrangeant pour avoir le dernier mot. Il expédie des courriers avant d'absorber son cocktail. Il écrit, notamment à son avocat et à la présidente de la cour d'assises, des lettres qui devaient être posthumes… Des lettres dans lesquelles il plaide son innocence, récuse les preuves, affirme sa certitude d'être condamné d'avance, se présente comme une victime.

La présidente de la cour d'assises ordonne sa prise de corps pour l'empêcher de recommencer, et une expertise médicale. Mais il est dans une agitation extrême au sortir de son coma et il est difficile de le maîtriser, si bien que les médecins sont contraints de lui mettre des sangles de contention et de le plonger dans un sommeil artificiel. Furieux d'être vivant, il a arraché ses perfusions et refusé tout soin. Mais bien que les experts déterminent qu'il n'a pas absorbé une dose mortelle de médicaments, son état s'aggrave brutalement : il fait une embolie pulmonaire, ce qui va entraîner l'ajournement du procès.

Pendant une semaine, c'est un suspense insupportable pour les familles des victimes. Lui mène une lutte à mort, une lutte pour la mort ! Il maîtrise, une fois de plus, la situation au péril de sa vie. Et condamne ainsi les familles à l'enfer, celui de l'attente d'un procès hypothétique. Il les oblige à vivre au rythme des bulletins de santé de « l'ogre de Mourmelon », des « tuyaux » de la presse. Et le box de l'accusé demeure désespérément vide.

Mais ce n'est pas fini. Les médecins vont décider de le placer d'office en unité psychiatrique. Ils ont des doutes sur son équilibre mental. Selon eux, il aurait sombré dans un état délirant, répétant en permanence que l'on veut sa mort, qu'il ne veut pas être jugé. C'est une idée fixe. Pour cette raison, il présente une dangerosité potentielle pour lui-même et les autres. Averti, son avocat plaide pour qu'on le laisse libre. Mais après avoir été brièvement hospitalisé à l'hôpital pénitentiaire de Fresnes, il est placé dans une unité psychiatrique de l'hôpital de Villejuif, sous surveillance permanente.

Sombre-t-il dans la folie ? Ou est-ce une manipulation de plus ? Le souvenir de Pierre Bodein amène à se poser la question : il était parvenu à simuler la folie, et même un état quasi grabataire pendant des mois, aux yeux et à la barbe des psychiatres [1].

Malgré cette hospitalisation, Chanal refuse à nouveau de s'alimenter. Il lutte, il jeûne, il s'affaiblit. Alors que la date du procès est à nouveau fixée, il concentre toute son énergie pour mourir. Il a perdu tellement de poids qu'il est à nouveau sous perfusion, au point que les médecins sont à nouveau très réservés sur sa capacité à supporter une audience. Il est maintenu sous une surveillance médicale étroite ; malgré cela, il parvient à nouveau à se taillader le corps après avoir démonté les lames de son rasoir électrique. Aucune artère importante n'est touchée, mais on se demande comment il a pu obtenir de se raser seul dans son état. On se demande également ce qu'il fuit ainsi. Il accepte de parler de tout aux psychiatres, sauf de sa sexualité. Selon eux, il a mis en place de puissants moyens de défense psychique ; ils expliquent qu'il a deux faces, deux visages, comme une sorte de double noir de lui-même, et il aurait passé sa vie à simuler, à masquer sa véritable personnalité. La démasquer, c'est le détruire. Or le procès risque de mettre au grand jour l'envers du décor, de démasquer son double noir… Et celui-là, il ne veut pas le présenter au public, c'est un combat qu'il ne peut mener. Alors il préfère déserter.

---

1. Voir chapitre 11.

Une volonté farouche d'échapper à ses juges

Le 14 octobre 2003, le procès s'ouvre pour la deuxième fois, mais au désespoir des familles des victimes, le box est toujours vide... Eux sont là, dans l'angoisse, l'épuisement. Chanal, lui, refuse toujours de comparaître. Le procès commence donc sans lui. Pourtant, selon les experts, il est apte à comparaître. Son avocat le dit au contraire incapable de marcher tant il est amaigri et affaibli, et demande un nouveau renvoi de l'audience. La présidente de la cour d'assises passe outre et décide, fait rarissime, que dans ce cas, on ira lui faire chaque soir un compte rendu de l'audience. Le procès doit être digne, on ne fera pas venir de force un moribond, mais l'audience se tiendra

Chanal est transféré au CHU de Reims et placé dans une chambre de haute sécurité. La suite, on la connaît. À peine ouvert, le procès se referme. Et alors que les familles rentrent à leur hôtel après une longue audience qui ne prend fin qu'à 22 heures, l'esprit hanté par les paroles des témoins qui ont été entendus, ils apprennent dans la nuit, par les journalistes, comme d'habitude, que Chanal vient de déserter... définitivement.

Pas de procès, pas de vérité, pas d'explications, pas de corps, pas de coupable... Les jeunes appelés sont des disparus pour l'éternité. Chanal est mort, il échappe à son destin judiciaire, comme il avait toujours laissé entendre qu'il le ferait depuis 1995. Sa volonté est accomplie ! On pourrait croire sa résistance héroïque, courageuse, c'est tout au contraire la force de la lâcheté qui l'emporte et lui inflige la peine de mort. Gisèle Gache, sœur de Patrick Gache, un des disparus, dira : « Je crois qu'il était trop lâche et égoïste pour avouer quoi que ce soit, trop fier de son personnage comme de sa profession pour s'humilier et humilier sa famille, l'armée[1]. »

Déroute judiciaire

Quant aux familles, elles demeureront pour l'éternité face au vide. Pour toujours orphelines de leurs disparus. À défaut de procès, elles devront se contenter d'une sorte d'ersatz de vérité, celle des enquêtes administratives qui vont être diligentées afin d'étudier les dysfonctionnements qui ont eu lieu, et notamment d'élucider les conditions dans lesquelles Chanal a pu se suicider. Il y aura plusieurs versions : celle des lames de rasoir cachées sous son dentier, puis des lames de rasoir dissimulées dans l'étiquette de son jogging, ou sous un pansement. Des lames qui ont, quelle que soit leur cache, échappé aux surveillants malgré des fouilles régulières et minutieuses, et une surveillance accrue. Ce que les journalistes, notamment du journal *Libération*, appelleront la fouille « des manchots aveugles ».

Il y a plusieurs façons de s'échapper, de s'évader. Chanal le savait, il a choisi la sienne. Quand il n'y a plus d'espoir, il subsiste une issue, une seule : la mort. Innocent pour l'éternité ! C'est souvent le choix des criminels, et c'est une manière de passer entre les mailles du filet.

Gisèle Gache interrogera : « Quelle justice pour nos familles ? Quelle justice pour mon père, ma mère, morts de chagrin ? Quelle justice pour mes frères ? Quelle justice pour Patrick ? Quelle justice pour moi qui tangue

1. Gisèle Gache et Laurent Montet, *Les Disparus de Mourmelon*, Le Pré aux Clercs, 2004.

entre la vie et la mort ? [...] Peut-être que les assassins sont punis après leur mort, dans une autre vie... »

L'exception qui confirme la règle

On nous dit que Chanal était une exception, que les cas de suicides de tueurs en série sont rares. Rares... Comme celui de Roberto Succo ? Ou comme celui de Sid Ahmed Rezala ?

« Je ne veux pas rester en prison, les oiseaux meurent en cage et je suis comme un oiseau ! » Cette nuit, « Succo le fou » est léger, léger... À quoi rêve-t-il ? Se prend-il pour un oiseau qui s'envole ? S'échappe de sa cage ? Il est léger, flotte, rit... rit de ses méprisables humains qui voulaient lui prendre sa liberté. Quelques tranquillisants, quelques aspirations de gaz butane, et le voilà libre comme l'air, fuyant vers d'autres cieux... Plus de gardien, plus de comptes à rendre, il vient de s'évader de sa cage. Seul son corps demeure étendu sur son lit, la tête dans un sac-poubelle noir attaché au cou, dans lequel il a glissé une cartouche de gaz butane de son petit réchaud, le tout recouvert d'une taie d'oreiller. C'est tout ce qu'il leur a légué. Enfin, non, pas tout à fait. Reste la douleur incommensurable qu'il a causée. Et des questions en suspens. Tant de questions, celles des victimes. Des victimes qui n'auront jamais de réponses, et auxquelles il ne rendra jamais de comptes...

Roberto Succo, surnommé par les médi s « le ravisseur de la pleine lune » ou encore « le killer aux yeux de glace », a semé la terreur et la mort sur les routes. Cinq meurtres, vingt viols, vols et autres agressions diverses qui demeureront impunis à tout jamais, parce que, cette nuit du 23 mai 1988, il a décidé de refermer lui-même le dossier, de s'évader de sa cage dans un rêve gazeux ; à vingt-six ans à peine, il a choisi de s'enfuir par la seule issue qui lui restait, la mort. C'était sa décision, sa dernière volonté, déserter. Une façon de dire : « Qu'ils fassent ce qu'ils veulent de ce qui reste là, inanimé sur mon lit, jamais ils ne connaîtront le secret de mes actes. »

Lorsque les policiers l'avaient interrogé après son arrestation et lui avaient demandé sa profession, il avait répondu : « Killer. » Personne ne saura jamais à quel point il avait exercé cette « profession », ni ce que sous-entendait vraiment cette réponse. Il a tout fait pour ne jamais rendre de comptes.

Il a d'abord essayé de se faire tuer, tel un héros romantique, sous les yeux des caméras... L'homme au visage d'ange, au sourire charmeur, voulait mourir en martyr des policiers. Le lendemain de son arrestation, le « killer » profite d'un instant d'inattention de ses gardiens pour s'échapper sur le toit de la prison où il est détenu. Très rapidement, des policiers, des journalistes et des curieux s'amassent devant le bâtiment, spectateurs privilégiés de ses frasques et pitreries diverses. Roberto s'avance au bord du toit, pieds nus, les bras ouverts. Puis il retire son pull et son tee-shirt, tout en insultant ceux qui le contemplent : « Sales vendus... Pourquoi vous ne me tirez pas dessus ? Salauds ! » Se faire descendre, une façon radicale de mettre fin à tout. Mais rien n'y fait. Alors, faisant signe aux cameramen de le filmer, il continue à insulter l'Italie, la justice, la police, sa petite amie, cite *Le Rouge et le Noir* tout en ramassant des tuiles pour les jeter sur les véhicules en contrebas. Il hurle qu'il ne supporte pas d'être enfermé, qu'il se nomme André[1], qu'on lui a tendu un piège, qu'il exige de rencontrer les autorités judiciaires.

1. Succo se faisait appeler « André » ou « Kurt ».

Puis il se redresse pour remettre son tee-shirt, tourne comme une bête acculée, revient, s'assoit, se relève, se déshabille à nouveau, jusqu'à se retrouver en slip. Là, les spectateurs assistent à une scène incroyable, totalement décalée. Roberto Succo prend des poses de culturiste ! Pour finir, il se suspend à bout de bras à un câble reliant deux bâtiments mais, à bout de forces, ne parvient pas à remonter sur le toit, il tombe lourdement sur sol et se casse plusieurs côtes. Il avait raison de crier aux journalistes : « Je ne veux pas me balancer, ce n'est pas assez haut pour mourir ! » En effet, sa chute ne lui vaut que de banales blessures. Pour autant, il n'a pas renoncé à sa volonté d'en finir.

Et celui qui, de son toit, défiait le monde et la justice, faisant ainsi la une des médias, notamment des journaux télévisés français, italiens et suisses, atterrit dans la petite cellule d'infirmerie d'une prison de haute sécurité, sous étroite surveillance, assommé de tranquillisants. Mais il l'avait dit à plusieurs reprises : « Je n'ai personne. Ni famille, ni amis. Je suis foutu. Je ne veux pas retourner en prison. Je vous jure que je me tirerai une balle dans la tête si je suis pris. » Killer jusqu'au bout, il se condamnera lui-même à la peine de mort et exécutera seul sa sentence. Mais c'est la méthode douce qu'il emploiera, bien loin de celle qu'il a appliquée à ses victimes.

Ahmed Rezala, lui aussi, aura le dernier mot. Le 28 juin 2000, de la même manière que Roberto Succo, il referme son dossier en s'évadant par la seule issue praticable, la mort. Il choisit un soir de match pour quitter sa prison et fuir la justice des hommes pour, comme il le dit, « faire ses comptes avec Dieu ».

Surnommé par la presse « le tueur des trains », Sid Ahmed Rezala aimait qu'on l'appelle Sid. Il a à peine vingt et un ans lorsqu'il décide d'en finir dans sa cellule du quartier d'isolement de la prison centrale de Lisbonne où il est détenu, en principe sous haute surveillance, depuis son arrestation le 11 janvier 2000 dans la banlieue de Lisbonne, à la suite d'une traque mémorable en France, en Espagne, puis au Portugal, qui fit de lui pendant plusieurs mois l'homme le plus recherché d'Europe. Mais ce soir, il organise sa dernière cavale. Alors qu'un match de foot important, la demi-finale du championnat d'Europe, se joue entre la France et le Portugal, il procède à ses préparatifs d'évasion. Il sait que les surveillants, l'œil rivé au petit écran, fixé sur les passes de leur équipe, seront moins attentifs. Il a dû les observer lors des précédentes retransmissions. Hasard ou signe ? Il choisit le soir où la France se bat contre le Portugal… alors que les autorités judiciaires françaises se battent contre les autorités judiciaires portugaises pour son extradition qu'elles sont en passe d'obtenir. Il le sait, mais il ne veut pas rentrer en France. Alors il décide de déserter à sa façon. Il bloque la porte de sa cellule à l'aide de son sommier, puis tente vraisemblablement de mettre le feu à son matelas. Celui-ci étant ignifugé, il se consume en dégageant des fumées toxiques, mais pas de flammes. Et ces fumées se répandent peu à peu, emplissent sa cellule, commencent à ravager ses poumons et à l'asphyxier. Un suicide sans une goutte de sang, plus efficace que n'importe quelle lame de rasoir. Une mort bien plus douce que celle de ses victimes. Pendant ce temps, les gardiens restent scotchés devant leur écran… Personne, pas d'alerte, pas d'intervention. Sid s'en va sans bruit, tandis que le match de foot se poursuit. Ce n'est que vers 23 heures que les gardiens tentent de forcer le passage, repoussent son installation et ouvrent la porte de sa cellule pour le trouver inanimé au milieu des fumées âcres. Lorsqu'ils l'en sortent, il est encore vivant mais inconscient, et meurt peu après malgré les tentatives de réanimation. Il s'est défilé pour toujours.

En choisissant de mourir ainsi, il adresse un dernier pied de nez aux policiers et leur file une fois de plus entre les doigts. Il reste le maître du jeu et il le montre, en fournissant le témoignage de ses actes criminels à un journaliste avant de se tuer. C'est lui qui décide, il l'avait dit !

Lui qui pleurait en entendant sa fille au téléphone, touchait les surveillants au point qu'ils lui accordaient du temps supplémentaire, lui qui affirmait au journaliste du *Figaro* : « Si on avait fait ça à quelqu'un de ma famille, j'aurais tué le coupable, je lui aurais arraché le cœur et je l'aurais bouffé, que Dieu aide les familles et qu'il me donne que du malheur », ne s'est pas réellement préoccupé des attentes des parents de ses victimes. Eux ne sauront jamais la vérité. Ils doivent se contenter d'une interview à laquelle il est difficile de se fier. Une interview où c'est encore lui qui maîtrise tout, où il décrit ses actes criminels comme il le veut, où il commente lui-même les faits, sans contestation possible... Il a eu le dernier mot.

Certains proches des victimes de Sid Rezala diront : « Pour nous, c'est une nouvelle épreuve, nous voulions qu'il s'explique [...]. Même si cela ne nous console pas, on se dit qu'il ne fera plus de mal à personne ! » C'est toujours l'une des préoccupations des victimes « qu'ils ne recommencent pas ». Et ils ne savent pas quel point ils ont raison. Sid Rezala l'avait écrit à son ex-compagne : « Je sais très bien que même si je passe vingt ans derrière les barreaux, ça ne va pas éteindre ma haine contre la société, et je sais très bien qu'à la moindre occasion, je vais me venger ! »

Il disait se sentir fort, n'avoir peur de personne sauf de Dieu, que le mal ne pouvait l'atteindre...

Un suicide sans répétition

Yvan Keller, surnommé « le tueur de vieilles dames » ou « le tueur à l'oreiller », ferme son dossier si rapidement que les médias ont à peine le temps de savoir qu'un nouveau tueur en série vient d'être interpellé dans le Haut-Rhin. Du coup, il n'existe aucune certitude concernant son parcours meurtrier. Est-ce un mythomane ? Un tueur en série ? L'homme, son histoire, sa personnalité, son parcours risquent de demeurer totalement mystérieux, ainsi que toutes les complicités dont il a bénéficié.

Il se suicide en 2006 sans que les enquêteurs aient pu vérifier ses aveux, dès sa première audition par le juge d'instruction. La situation est d'autant plus grave qu'il utilise un mode opératoire peu repérable. D'ailleurs, l'affaire a été découverte par hasard, lorsque l'un de ses complices l'a livré au cours d'une audition dans le cadre d'une enquête menée sur une série de vols commis en Alsace. Ces meurtres auraient pu passer inaperçus pour toujours.

Sans le témoignage du « tueur à l'oreiller », il est difficile de connaître avec précision tous ses complices, leur rôle précis, ainsi que le nombre exact de leurs victimes. Une source d'angoisse pour ceux qui pourraient douter des conditions de la mort de leurs proches, surtout en Alsace.

Il se pend à l'aide de ses lacets, dans l'une des geôles du tribunal de grande instance de Mulhouse. Une désertion en guise de punition ? Ou une désertion pour protéger quelqu'un ? Il avait tenté de négocier avec le juge d'instruction des avantages pour sa compagne : il exige qu'elle soit relogée, il ne veut pas qu'elle soit importunée par des voisins. Pour lui, il sollicite une cellule seul ; en retour, il aurait accepté de livrer quelques-uns de ses secrets macabres. Il se disait prêt à montrer sur des cartes les lieux où il avait agi. S'est-il senti trahi ? A-t-il eu l'impression que le marché ne serait pas respecté ? Le juge a-t-il clairement refusé ses demandes ? Toujours est-il qu'à l'issue de son audition par le juge d'instruction, au cours de laquelle il est apparu agité, il refuse de signer le procès-verbal comportant ses aveux, revient même sur ceux-ci, puis se tue immédiatement après dans sa cellule. Un suicide sans appel, sans répétition, sans discussion. Il laisse derrière lui de nombreuses familles dans le doute et le désespoir. Espérons que personne parmi ses complices ne prendra sa suite... Et si tel devait être le cas, que la justice se souviendra suffisamment de son mode opératoire pour les confondre. Rien n'est moins sûr !

Mais il n'y a pas qu'en France, d'autres systèmes judiciaires sont confrontés aux mêmes difficultés. Ainsi, en Grande-Bretagne, en Allemagne, en Autriche et, bien sûr, aux États-Unis.

Doctor Death... is Death !

Secret médical... à tout jamais !

Le médecin anglais Harold Shipman a fui, lui aussi, avec ses secrets. Il laisse un grand silence. Un silence assourdissant empli des cris de deux cent quinze morts suspectes. Ses gardiens le retrouvent pendu à l'aide de l'un des draps de son lit, accroché aux barreaux de sa fenêtre, le 13 janvier 2004. Ils l'ont bien cherché, ils l'ont puni tel un enfant, l'ont privé de télé, lui, le VIP ; lui, qui avait ses habitudes, exigeait le respect dû à son rang de médecin, de tueur hors norme, ils l'ont puni, ont suspendu ses privilèges. Alors il les punit en retour en se donnant la mort.

Au mépris de tout, de tous, il part sans jamais avoir avoué, sans avoir livré une parcelle de son mystère.

Il était poursuivi pour une quinzaine de meurtres, mais les enquêteurs avaient recensé bien plus de victimes, deux cent quinze, son suicide ne permet plus de le vérifier. Lui, qui exerçait dans le village de Hyde, était bien le double du héros de Robert Louis Stevenson, *Dr Jekyll and Mr Hyde*. Le bon Dr Shipman avait bien un double, son Mr Hyde. Les médias anglais le surnommeront « Dr Jekyll of Hyde ». Son double inavouable falsifiait des ordonnances pour se procurer de la drogue, et pour la payer, il utilisait le porte-monnaie de vieilles dames qu'il tuait.

Mais un jour, il y a la victime de trop, comme pour tous. Celle qui fait tomber le masque pour révéler le tueur derrière le médecin. Une patiente dont le legs à son seul profit attire les suspicions de sa fille, déshéritée et... avocate. La tuile ! Elle refuse l'incinération, fait établir que le testament est un faux, obtient l'exhumation de sa mère. L'autopsie révèle que la défunte a été assassinée, un meurtre par surdose de diamorphine – un dérivé de l'héroïne. Une dizaine d'autres victimes du docteur démoniaque seront également exhumées, celles qu'il n'est pas parvenu à faire incinérer. Autant de preuves de sa culpabilité. Vingt-trois ans de carrière criminelle s'achèvent par une condamnation à perpétuité pour quinze meurtres au total, et par un suicide, ultime vengeance envers la société.

Peine capitale !

En Allemagne, Eckert Volker n'attend pas d'être jugé pour se condamner lui-même et s'appliquer la peine capitale. Le routier allemand, surnommé « le tueur au Polaroid » parce qu'il conservait des photographies de ses victimes dans la cabine de son camion, se serait attaqué à plus de vingt-trois femmes[1] essentiellement des prostituées, mais pas seulement. Ainsi, depuis vingt ans, il a semé la mort dans plusieurs pays européens au hasard des routes que ses chargements lui faisaient emprunter. Interpellé le 17 novembre 2006 à Cologne, il reconnaît certains meurtres dès le stade de sa garde à vue et avoue aux enquêteurs être heureux d'avoir été interpellé, leur précisant : « Je ne pouvais plus m'arrêter de tuer. » Mais il lui restait une personne à éliminer. Le 2 juillet 2007, il passe à l'action, il se pend dans sa cellule. Un verdict sans appel. Il s'est définitivement arrêté de tuer, mettant un point final à son errance sanglante à travers les routes d'Europe.

Quelques années avant lui, un autre tueur de prostituées, Jack Unterweger, débarrasse le plancher. Il a lui aussi sillonné l'Europe, le Canada et les États-Unis, à la rencontre de ses victimes. Il était autrichien, célèbre, écrivain et journaliste, et effectuait des reportages à travers le monde tout en y répandant la mort. Fils d'une prostituée assassinée, il assure la continuité et assassine lui aussi des prostituées. Son premier meurtre lui vaut, à vingt-trois ans, une première condamnation à perpétuité ! Mais le jeune homme prend la plume et, du fond de sa cellule, publie des poèmes qui émeuvent l'intelligentsia autrichienne, suivis d'un ouvrage qui le rend célèbre. Le tout, associé à un physique avantageux, lui permet de s'assurer le soutien de nombreux intellectuels et artistes autrichiens, lesquels exerceront des pressions suffisantes pour obtenir sa libération anticipée. Mais peu de temps après, la banlieue de Vienne palpitera au rythme de macabres

1. Ce chiffre n'est que provisoire...

découvertes, les corps de prostituées assassinées. Bientôt la contagion gagnera d'autres villes autrichiennes, puis de la République tchèque, sur la frontière des deux pays. Jack Unterweger, qui sent le vent tourner, s'échappe au Canada, puis aux États-Unis, mais son vice l'accompagne et il tue trois prostituées à Los Angeles. Trois de trop. Pris par le FBI le 27 février 1992, extradé en Autriche, il y est jugé le 29 juin 1994 pour onze meurtres de prostituées et condamné pour neuf. Lors de son procès, il fait un véritable show, manque de convaincre les jurés de son innocence, mais il sera malgré tout condamné à la perpétuité. Comme un fauve en cage, il ne veut ni ne peut revivre l'enfermement. Il se suicide dans sa cellule à l'aide de ses lacets et de divers objets. Une expertise effectuée sur les nœuds, notamment ceux lui liant les mains dans le dos selon un stratagème savant, démontrera que ces nœuds ont été confectionnés exactement de la même manière que ceux retrouvés sur les prostituées assassinées... Sa dernière volonté de semer le doute sur sa mort n'a pas abouti.

Le mort vous salue bien

Et ainsi de suite, de prison en prison, de pays en pays, ces tueurs échappent définitivement à la justice des hommes. Nous n'avons retenu ici que les plus connus, il en existe bien d'autres. Il est donc nécessaire de s'adapter et de mettre en place des moyens permettant d'éviter que ces tueurs puissent passer à l'acte. Rien de plus difficile, il n'existe pas de remède miracle, et celui qui veut se supprimer y parviendra, même sans lacets, même sans drap. Il faut bien avouer que les moyens de surveillance mis en place, qui consistent à les fouiller régulièrement et à les observer presque en permanence, ne sont pas toujours suffisants, nous l'avons vu. Et d'ailleurs, qui supporterait d'être réveillé toutes les heures par la lumière, ou pire, de dormir en pleine lumière ? Personne. Les détenus s'en plaignent, évoquent leur fatigue, leurs droits bafoués, la torture subie. La camisole chimique n'est guère plus satisfaisante, elle modifie leur comportement naturel, ils ne sont plus eux-mêmes devant les jurés, sont apathiques, se contrôlent, rien à voir avec leur vraie nature. Didier Gentil et Francis Heaulme à Périgueux auraient-ils été capables de se maîtriser sans traitement ? Le verdict aurait-il été le même ? Cependant, les mesures qui sont prises ne les empêchent pas de se tuer. Celui qui a la volonté de se supprimer y parviendra toujours. C'est un phénomène contre lequel on ne peut quasiment rien faire, mais qui crée chaque fois des suspicions sur les circonstances dans lesquelles ces suicides ont pu avoir lieu. Peut-être serait-il temps qu'un groupe de travail se penche sur ce sujet, plutôt que de multiplier les commissions d'enquête sur les circonstances de chaque suicide, au terme desquelles rien ne semble changer.

Quant aux familles, privées de la vérité tant recherchée, au-delà de la souffrance, de l'absence cruelle de la victime, parfois sans même une tombe à fleurir, elles doivent surmonter une nouvelle difficulté : malgré leurs convictions, malgré leurs certitudes, le suspect qui a choisi de s'appliquer la peine capitale va demeurer éternellement innocent, les privant presque du droit de le désigner comme un tueur au risque d'être poursuivis, ce qui est un comble !

Ils nous échappent comme ils le veulent, quand ils le veulent, d'une manière royale, définitive, ils se font la belle, referment leur dossier, et nous demeurons impuissants devant le désastre de tant de vies perdues, de tant d'énergie et de moyens gâchés, devant un abîme de silence et de questions sans réponses, devant un silence empli des cris des victimes.

Et Chanal doit bien rire… innocent de plusieurs assassinats pour l'éternité !

Cinquième partie

Complices indirects

13

Presse, documentaires, fictions : outils d'impunité ?

À l'école des médias...

Retour chez les copistes...

Il faut parfois énoncer des évidences pour que les choses paraissent claires. La notion de copycat ou d'imitateur est intimement liée à l'existence des médias. Déjà, aux siècles précédents, certains tueurs, fascinés par les crimes relatés par la presse, s'inspiraient des exploits et des procédés de leurs prédécesseurs pour perpétrer leurs propres crimes, espérant impressionner à leur tour leurs contemporains au moins autant que leurs modèles... ou, peut-être bien aussi, impressionner leurs contemporains autant qu'ils le furent eux-mêmes. La plupart d'entre eux seraient de toute façon devenus des tueurs. Mais ils auraient peut-être été moins efficaces en ne copiant pas les pires de ceux qui les avaient précédés, devenant parfois d'autant plus redoutables qu'ils ont observé, analysé et évité les obstacles ou les erreurs commises.

Le crime réincarné

Lorsqu'on examine l'histoire des criminels en série à travers les affaires qui ont été les plus médiatisées et qui, de ce fait, ont particulièrement marqué une époque, on fait de drôles de découvertes. Parmi celles-ci, il en est une surprenante, c'est celle de l'affaire Julan et Lafortune.

Nous sommes au début de l'année 1928. La police parisienne est sur les dents, surtout celle du XVIIIe arrondissement qui se fait harceler par les habitants terrorisés de la rue Poissonnière. Il faut dire que l'affaire Caroline Mézard, veuve Lemoine, terrorise le quartier. Cette grand-mère de soixante-dix-huit ans a été retrouvée morte par un voisin intrigué par une échelle appuyée contre le mur et atteignant l'une des fenêtres de l'appartement de la vieille dame. Montant à l'échelle, il découvre que l'un des carreaux a été fracassé, et que l'appartement est sens dessus dessous, le contenu des tiroirs et des armoires éparpillé sur le sol. Dans la chambre, sur le matelas, un tas de linge duquel dépassent deux pieds... ceux de la grand-mère. Sur son cou, on aperçoit des traces de doigts et de griffures d'ongles. Elle a été étranglée dans son sommeil. On lui a volé ses quelques économies. Des empreintes ont été retrouvées, mais elles ne correspondent à aucune de celles qui sont fichées par l'Identité judiciaire.

L'affaire est confiée au commissaire Fauvel, du quartier de Maison-Blanche. Très vite, il apparaît que celui ou ceux qui ont agi connaissaient la vieille dame et ses habitudes. Mais cela n'aide pas beaucoup l'enquête qui piétine malgré les deux cent cinquante individus interpellés, interrogés, puis relâchés, une enquête d'envergure qui occupe la une des journaux. Les policiers obtiennent cependant la description d'un homme de couleur, élégant, qui aurait été vu à proximité des lieux, accompagné d'un autre. Il fait rapidement office de suspect. Il s'agit d'un dénommé Lafortune. D'origine guyanaise, il écume les bals, en particulier un music-hall de Montmartre où il rencontre des femmes riches et seules qui vont l'entretenir… un gigolo, en somme ! Il est interpellé le 11 juillet dans son appartement de la rue Poissonnière, après que son ami, Lionel Julan, un métis guadeloupéen, a été appréhendé. Leurs empreintes sont relevées, celles de Julan correspondent à celles retrouvées sur une bouteille chez la veuve. Il finira par avouer les faits. Il a bien étranglé la mamie.

On leur reprochera une seconde affaire rue Poissonnière. En février 1928, la veuve Élise Marteau, qui tenait une échoppe à journaux, est retrouvée par le cafetier du coin s'inquiétant de ne plus la voir à sa caisse, dans son arrière-boutique, allongée à terre, un bas autour de la gorge, baignant dans son sang, la tête fracassée à coups de fer à repasser. Lafortune accusera Julan qui a encore laissé des empreintes sur place. Le premier a aussi tenté d'étrangler une femme qui, espérant une aventure, l'avait laissé entrer chez elle. Et combien d'autres affaires inconnues, ou qui n'ont pu être prouvées. Lors de la cour d'assises de la Seine en mars 1929, le procureur général, arguant que « les deux hommes, unis dans le plaisir et dans le crime, doivent être unis dans la mort sur l'échafaud », demandera l'application de la peine capitale.

Moins de soixante ans plus tard, à Paris, dans le XVIIIe arrondissement, deux hommes arrivés de Martinique et de Guyane vont prendre leur succession… Deux nouveaux assassins de veilles dames. L'histoire se répète-t-elle par hasard ? Quel sort a bien pu réunir Thierry Paulin et Jean-Thierry Mathurin, telle une réincarnation du couple Julan et Lafortune ? Des historiens de la police se sont-ils posé la question ? En cas de copie, ou même d'imitation partielle, ces professionnels pourraient être d'une grande utilité pour décoder les actes de ces prédateurs et orienter le travail des enquêteurs lors des interrogatoires. Paulin et Mathurin avaient-ils eu vent du couple Julan et Lafortune ? Leur avait-on parlé de cette affaire, avait-elle occupé l'actualité locale au point que, des années plus tard, elle soit encore dans les mémoires et fasse partie de la culture martiniquaise ou guyanaise ?

Paulin et Mathurin étaient, eux aussi, des noctambules insatiables, tueurs de vieilles dames qu'ils dévalisaient, notamment dans le XVIIIe arrondissement [1]. Paulin était originaire de la Martinique, et métis comme Julan le Guadeloupéen. Engagé comme serveur au Paradis Latin où il se produit dans un numéro de travesti, lui aussi aime le monde de la nuit et du music-hall. Mathurin est également originaire d'outre-mer, il vient de Guyane comme Lafortune... Lequel des deux a l'idée de s'en prendre à des vieilles dames, comme leurs prédécesseurs ? Lequel s'cst inspiré de Julan et Lafortune ? Ont-ils voulu relever le défi ? Ce qui est certain, c'est qu'ils déclencheront la même psychose que le couple de 1928, une psychose là aussi attisée par la presse. Le reste du scénario de leurs affaires est semblable à l'épisode de 1928 sur bien des plans, au point qu'il est difficile de n'y voir qu'un hasard.

Les apprentis serial killers

Les tueurs qui s'inspirent ou copient des affaires criminelles ultramédiatisées sont nombreux. Ils choisissent presque exclusivement comme modèles des tueurs en

1. Voir chapitre 6.

série qui font la une, et parviennent parfois eux-mêmes à être sur le devant de la scène, comme Petiot, Émile Louis, Paulin et d'autres encore. Il n'y a pas de hasard. Bien sûr, ce ne sont pas les médias qui font d'eux des tueurs, encore que cela mériterait une étude approfondie. Il est certain que ces tueurs copistes réunissent au préalable les composantes nécessaires à leur passage à l'acte, pour ensuite s'inspirer d'autres tueurs via la relation détaillée de leurs actes dans la presse. Tous, cependant, ne parviennent pas à devenir des tueurs en série. Dans l'est de la France, Pierre Navelot, fasciné par tout ce qui touchait aux serial killers, ayant dévoré articles, émissions et autres livres spécialisés sur le sujet, avait décidé de passer de la théorie à l'action avec l'ambition de devenir le plus grand tueur en série français, et même du monde ! S'inspirant du film *Seven*, il avait fantasmé d'offrir à son ex-petite amie la tête de sa première victime, comme dans la dernière scène du film. Ainsi, avec l'aide d'un complice, il attira une jeune étudiante dans un piège pour la décapiter. Finalement, ils la larderont de vingt-deux coups de couteau. Au procès, dans son délire de supériorité, il assura sa défense lui-même, avouant s'être senti heureux après avoir tué sa victime. Cet apprenti serial killer avait, par avance, relaté son projet en détail dans son journal intime. Pour autant, il ne parviendra pas à le réaliser comme prévu. Non seulement il ne deviendra pas le grand serial killer qu'il avait rêvé – il avait dressé une liste de ses futures victimes –, mais il ne sera même pas parvenu à réaliser son scénario de mort. Comme quoi, ce n'est pas si simple de tuer… De la théorie à la pratique, il y a un fossé. Il ressort de la cour d'assises de la Moselle que Navelot avait bien envisagé une carrière de tueur en série. « Je suis embêté que vous m'arrêtiez », dira-t-il aux policiers venus l'interpeller, « car vous mettez un terme prématuré à ma carrière de tueur en série. »

Parmi ces apprentis, il y a David Hotyat. Lui non plus n'a pas eu le temps de devenir un prédateur hors norme, n'était-ce l'horreur de ses actes... S'il n'avait pas été interpellé, il aurait pu récidiver. Il n'y eut donc qu'un seul épisode criminel, heureusement pour nous tous, mais il était sur la voie... Lui aussi s'inspira d'une grande affaire criminelle qui a tenu la une un temps, l'affaire Stranieri[1]. Hotyat aura fait cinq morts dont trois enfants. Avec une sauvagerie indicible, il a assassiné Graziella Ortolano, son compagnon Xavier Flactif, et leurs trois enfants âgés de six à onze ans, en avril 2003, au Grand-Bornand, en Haute-Savoie[2]. Cet homme, qui a largement eu l'occasion de s'exprimer devant les médias en sa qualité de « bon voisin et locataire » avant d'être démasqué, avait confié être particulièrement marqué par l'affaire Stranieri. Les parents de Graziella, solidaires de la douleur des victimes de Stranieri, assisteront à son procès. Point commun entre les deux affaires, la cupidité affichée de ces tueurs, et la présence de leur femme, ou de complices.

Concernant l'appropriation des biens de ses victimes, Hotyat convoitait leur chalet, Stranieri leur restaurant. Ce dernier tuera deux couples, Nathalie et Frédéric, et Claude et Nicole, qu'il enterrera. Ils disparaissent ainsi sans laisser de trace, comme la famille Flactif au Grand-Bornand. Pour ce qui est de la dissimulation des corps, David Hotyat pensait-il faire mieux que son modèle ? Afin qu'ils ne soient pas découverts et identifiés, il les

1. Stranieri, tueur en série, fut condamné à la réclusion criminelle à perpétuité pour quatre assassinats et une tentative.

2. Jérôme Glaize, *Le Parisien*, 5 mars 2004.

brûle. Aucune trace, croit-il. On trouvera son ADN sur la scène de crime, mêlé au sang des victimes.

L'affaire dite « Flactif » est un exemple édifiant. David Hotyat expliquera que l'idée du massacre avait germé dans son esprit en regardant un documentaire sur Alfredo Stranieri [1]. Dès lors, l'ombre de ce tueur planera sur le procès Flactif, au point que le procureur de la République en fera mention dans ses réquisitions, évoquant une sorte de « big bang » provoqué par cette émission. Pour lui, ce jour-là, la machine infernale s'est amorcée. Quant aux parents des victimes de Stranieri, ils iront, eux aussi, assister au procès Flactif aux côtés des parties civiles.

Ainsi, ces apprentis serial killers s'inspirent des pires. Et peu importe qu'ils deviennent à leur tour de grands tueurs en série ou non, ils laissent malgré tout derrière eux de nombreuses victimes.

Les fictions et les romans s'inspirent également des pires tueurs en série et de leurs actes, et ce faisant, ils donnent des idées à des apprentis tueurs en mettant à leur portée l'histoire de ces prédateurs. Comme Navelot qui s'est inspiré de *Seven*, d'autres apprentis tueurs en série s'inspirèrent de *Scream*, une série pour adolescents où un serial killer sévit sur un campus américain. Pourtant, jusqu'à aujourd'hui, qui s'est vraiment intéressé aux conséquences de ces fictions ? Qui a tenté de démonter et d'expliquer les mécanismes ayant amené certains à passer à l'acte ? En novembre 2001, en Belgique, un jeune homme, Thierry Jaradin, tue sa voisine de vingt-deux coups de couteau parce qu'elle refuse ses avances. Avant de passer à l'acte, il a enfilé la tenue du tueur en série de *Scream*, tunique noire et masque blanc. Un crime prémédité et préparé, donc, qui confirme l'idée de la copie… En

1. France 2, 19 janvier 2003.

avril 2000 aussi, à Fontenay-aux-Roses, la cape noire et le masque blanc sont enfilés. La tenue du tueur endossée, le personnage envahit Nicolas, seize ans, qui poignarde son père et sa belle-mère.

Nous l'avons vu, romanciers, scénaristes et autres auteurs s'inspirent eux aussi des serial killers. On peut même dire que ces derniers font vivre toute une industrie. D'une certaine manière, les créateurs sont eux-mêmes les imitateurs des tueurs, des copistes qui à leur tour inspirent de nouveaux copistes qui, eux, n'ont pas l'intention de s'en tenir à la fiction. Les auteurs créent des personnages à partir de la réalité qu'ils étudient, ils passent à l'acte dans la fiction ; mais d'autres, qui n'ont pas les mêmes clivages, passent à l'acte dans la réalité. Ceux-là aussi élaborent des scénarios à partir des mêmes références. Alors que l'on cesse de nous dire que les copistes n'existent pas parce que, tout comme les romanciers et les scénaristes, ils savent s'inspirer d'autres tueurs. Et cela est d'autant plus vrai que la circulation des informations s'accélère de jour en jour avec les nouvelles technologies de l'information et des médias.

Facteur déclencheur

Le fameux facteur déclencheur, ce moment qui fait basculer le tueur dans sa série criminelle, peut avoir diverses origines. Ce peut être un événement familial, professionnel, sentimental, mais ce peut être aussi, on peut l'imaginer, une fiction, un article de presse, qui crée une émotion, un traumatisme suffisant pour que tout bascule. Et lorsque les tueurs de l'extrême sont médiatisés à l'extrême, cela peut provoquer des séismes, aussi bien dans la société que dans l'esprit de ceux qui sont fascinés par ces prédateurs, ou qui réunissent déjà tous les facteurs de risque d'un passage à l'acte…

Psychose…

À sa façon, l'affaire Guy Georges fut un véritable séisme. Les médias créèrent la psychose dans Paris. La situation est telle que les autorités françaises décident, via les médias, de diffuser des conseils de sécurité de base aux femmes, des conseils qui restent valables même lorsque aucun tueur en série ne chasse dans les environs, tant il existe d'autres prédateurs. Le soir et la nuit, il leur est recommandé d'éviter de rentrer seules, de prier leur chauffeur d'attendre qu'elles aient pénétré dans l'immeuble avant de repartir ; si elles sont suivies, d'entrer dans un lieu public, un lieu ouvert, un taxi, jamais chez elles ; enfin, de programmer sur leur portable les numéros de police. À cette époque, il ne fait pas bon habiter dans l'est parisien.

La capitale connut d'autres grandes psychoses du même genre, comme lors de l'affaire Paulin-Mathurin, et pas seulement à Paris. Des affaires qui laissent une trace indélébile dans les mémoires et ont un impact terrible sur certains esprits, le choc psychologique pouvant être tel qu'ils vont basculer dans la violence. Et c'est sans compter l'avalanche de lettres anonymes, témoignages inutiles et affirmations fantaisistes de voyants et médiums de tout poil qu'elles ne manquent pas de déclencher. Lorsque les médias s'enflamment ainsi, que la peur, l'angoisse et le mystère se mêlent autour d'une série de meurtres, les conséquences vont au-delà de ce que l'on croit. Il suffit de se rappeler ce jeune homme qui tenta de « voler » l'un des crimes de Guy Georges…

Voleur de meurtres

Fascination pour l'horreur, identification, tout est possible. Via les médias, ces tueurs étendent leur pouvoir de fascination sur n'importe qui. C'est ainsi que certains individus, n'ayant pas la possibilité de passer à l'acte, décident de s'approprier les crimes d'un autre... au risque de perturber des procès et de permettre à un tueur bien réel de rester dans l'impunité. Au risque aussi de troubler une enquête et de permettre au tueur de multiplier ses victimes.

Dans le procès Guy Georges, un événement inattendu viendra troubler l'audience et faire planer le doute. Alors que la cour d'assises de Paris tente d'obtenir des aveux de l'accusé concernant les sept meurtres qui lui sont reprochés, et notamment le premier, celui de Pascale Escarfail, qu'il persiste à nier, le président de la cour reçoit les 30 mars et 5 avril 2001 deux lettres anonymes dans lesquelles un homme revendique le meurtre. Et ce, au moment même où l'audience met en évidence le manque de preuves concernant cette affaire. Il s'appelle Christophe et fournit des détails troublants, notamment sur sa rencontre avec la victime et l'aventure qu'ils auraient eue ensemble. Il accompagne ses affirmations d'une photographie de la victime, prétendant l'avoir prise lors d'un séjour aux États-Unis. Il y ajoute une description troublante de la scène du crime. Les courriers contiennent des empreintes digitales qui permettent l'identification de leur auteur. Placé en garde à vue, Christophe A. reconnaît avoir écrit ces lettres. Il sera condamné pour outrage à magistrat. Mais lors de son jugement, il n'en démordra pas, il racontera à nouveau comment il a rencontré la victime à la Sorbonne en 1990, soutiendra qu'il veut faire rouvrir le dossier, quitte à risquer la cour d'assises. Le président du tribunal correctionnel tentera de lui faire reconnaître qu'il a pu amalgamer des informations recueillies sur Internet, dans la presse et lors de l'audience à laquelle il a assisté, mais lui continue dans son délire, il raconte son admiration, pratiquement son amour pour elle. Elle était, selon lui, belle comme un mannequin. Il lui aurait offert une coupe de champagne au café L'Odessa, place Edgar-Quinet, dans le quartier de Montparnasse, l'aurait raccompagnée rue Delambre, cette rue qui fait le trait d'union entre le métro Vavin et le métro Edgar-Quinet. Il lui aurait demandé de monter chez elle pour téléphoner à sa tante, elle aurait accepté. À partir de là, il ne se souvient de rien mais dit avoir des hallucinations correspondant au crime. Christophe a décidé de faire parler de lui aux dépens de Guy Georges. Alors il tente de prendre sa place… sans tuer. Il a choisi cette victime pour deux raisons au moins : parce qu'il a assisté à l'audience de cette affaire, et parce qu'il est tombé amoureux d'une photo. Il va alors se livrer à un véritable travail de documentaliste, réunir des détails dans la presse et sur Internet, scanner la photo de la victime publiée dans un hebdomadaire et l'adresser au président de la cour d'assises. Il aurait pu égarer l'enquête, occasionner un acquittement, faire relâcher un criminel, s'il n'y avait eu les autres meurtres. Lui n'a fait « que » s'approprier un meurtre médiatisé. D'autres ne se contentent pas d'endosser un rôle, forts de la documentation dont ils disposent, ils passent à l'acte.

Quand les médias dérapent

La fascination-répulsion qu'éprouve le public pour ces tueurs amène parfois la presse à déraper gravement… au risque d'être directement à l'origine de leur impunité.

Le serial killer et ses méfaits représentent par excellence la transgression des normes, des lois et des habitudes du quotidien. Cette réalité dérange autant qu'elle intrigue, fascine et effraie, parce que s'y dévoile l'envers violent, pervers et terrifiant de l'humain. Les journalistes savent exploiter le sentiment de fascination-répulsion du lecteur pour ces tueurs extrêmes. Le lecteur vit par procuration des événements, une enquête ou une traque, une affaire à laquelle il ne participera jamais dans la réalité, mais dont il partage des parcelles. Le spectateur assiste ainsi à l'arrestation filmée d'Émile Louis dans son appartement, puis aux fouilles dans la forêt icaunaise et à la découverte des premiers corps sur les indications du tueur ; quelques années plus tard, toujours à travers son petit écran, il participe aux fouilles dans le château du Sautou, dans les Ardennes, Fourniret désignant à la pelleteuse les lieux où creuser. Et ainsi de suite… Nous nous passionnons pour ces affaires, les émissions qui les décortiquent, les films qui les retracent. Nous n'en avons jamais assez, cela nous tient en haleine. Mais cette surmédiatisation, cette surenchère permanente, présente des dangers considérables. Elle peut aller jusqu'à tuer.

Quand les médias prennent le risque de tuer… d'un scoop

Les médias ont soif de scoops, mais en certaines circonstances cela peut se révéler dramatiquement dangereux.

Ainsi, dans l'affaire Guy Georges, l'intervention intempestive de RTL faillit faire basculer l'enquête. Le jeudi 26 mars 1998, à 18 heures, avant l'interpellation du tueur en série de l'est parisien, RTL diffuse un scoop incroyable, qui aurait pu coûter des vies : « Le tueur de l'est parisien a été identifié grâce à son empreinte ADN [...]. La police a mis un nom sur l'homme le plus recherché de France [...] il s'appelle Guy Georges on le recherche, la traque est lancée ! » Quelle inconscience. Quel dérapage. Des jeunes filles sont mortes, d'autres pourraient être tuées par le même homme si, averti, il fuyait. L'AFP, qui dispose pourtant de la même information, ne la diffuse pas. Outre la question de savoir qui parle et diffuse des informations aussi graves – et l'on sait que cela part autant des ministères que des enquêteurs, des tribunaux ou des avocats –, on peut se demander comment, professionnellement et déontologiquement, on peut prendre la décision de faire passer une telle information, mettant en danger des enquêteurs et susceptible d'aider un criminel à s'échapper, ou de l'amener à se suicider. D'autant que, nous le savons, les tueurs en série surveillent dans les médias les évolutions des enquêtes les concernant. Guy Georges aurait très bien pu apprendre qu'il était identifié et recherché. Anne Gautier, mère d'une victime, est sidérée : « Je n'ai pas de mots pour dire ma colère. » Elle raconte dans son livre qu'elle a téléphoné, affolée, à la radio : « Mais qu'avez-vous fait, vous vous rendez compte ? Il peut se sauver maintenant, s'il vous a entendu ! Il peut tuer de nouveau ! » Même réaction de colère chez les policiers et le juge. Par la suite, les familles des victimes recevront des excuses du directeur de la radio. Mais la question reste posée : comment est-il possible de diffuser une telle information, surtout dans une affaire aussi grave ? Il s'agit d'une véritable mise en danger d'autrui.

Mais le mal est fait. Tous attendent l'issue de la traque. Que se va-t-il se passer ? Le tueur a-t-il entendu l'info ? L'attente est lourde alors que l'angoisse monte. Au 36 quai des Orfèvres, c'est l'effervescence et la mobilisation, une cellule de crise est montée, l'homme est dangereux, il faut le serrer rapidement, réparer la bourde. Un journaliste avait bien appelé la brigade, mais les policiers avaient pu négocier avec lui de retenir l'information. Alors ? L'informateur de ce journaliste avait peut-être intérêt, lui, à ce que l'information sorte. Il aura alors contacté d'autres journalistes, espérant que l'un d'eux, moins scrupuleux, diffuse l'information. L'attitude de cet informateur, quelles que soient ses raisons, est criminelle. Il faut faire vite. De la discrétion, il faut passer à l'action. Tous les policiers disponibles sont mobilisés, mille cinq cents seraient déployés sur le terrain. Heureusement, ce jour-là, Guy Georges n'a pas écouté la radio. Et alors que toute la France connaît son nom, que tout Paris est quadrillé de policiers qui ont sa photographie dans leur poche, l'homme déambule nonchalamment sur le boulevard de Clichy, à la surprise de deux gardiens de la paix qui le repèrent tout de suite. Ils l'interpellent en douceur dans un Monoprix de la place Clichy, au rayon parfumerie. Le suspect le plus recherché de France vient de tomber. Mais cela a tenu à si peu de chose qu'il en soit autrement…

Les médias, suppose-t-on, ont retenu la leçon. Eh bien, non ! Dans l'affaire Rezala, c'est encore plus grave.

Le tueur des trains s'évade grâce à la presse...

Moins d'un an après Guy Georges, une nouvelle traque tient la France en haleine. La presse a clairement retardé l'interpellation du suspect numéro un dans l'assassinat de trois jeunes femmes. Ce sont des journalistes qui vont lui apprendre qu'il est recherché. Sa photo d'identité a été rapidement diffusée à tous les services d'enquête. Alors que la pression médiatique monte, le procureur adjoint, Pierre Denier, à Dijon, décide de recevoir les médias. Par deux fois, il « implore » les journalistes de ne pas publier le nom et la photo du suspect, au risque de « casser l'enquête ». Il apprend que des reporters parisiens, grâce à des fuites de la Direction centrale de la police judiciaire, sont déjà en possession de ces éléments. Comment de telles fuites ont-elles été possibles ? Certains mentionnent des rivalités entre les médias, entre les services d'enquête... Or c'est de cette manière que l'on permet à un redoutable tueur en série de s'échapper au Portugal. « Livrer un nom, c'est donner de l'avance au meurtrier », précise le procureur. Mais rien n'y fera. Certains s'estimeront tout de même autorisés à publier. Ainsi, *Le Parisien* met en une un véritable avis de recherche, accompagné de la photo d'identité de Rezala et d'un article bien renseigné. Pire, *France-Soir* dépêche un journaliste chez les parents de Rezala à Marseille. Il pense faire mieux que *Le Parisien* en décrochant l'interview du tueur le plus recherché... L'envoyé de *France-Soir* va croiser Sid Ahmed dans l'escalier. Il est au téléphone avec d'autres journalistes qui, manifestement, sont parvenus à le trouver plus rapidement que les policiers. Mais Rezala, déjà en fuite, se fait passer pour son frère. S'il n'était pas déjà informé ayant vu *Le Parisien*, l'appel de ses interlocuteurs ne laissait guère de doute sur ce qui l'attendait en restant sagement chez sa mère. Que penser de ces journalistes… ? Est-ce une attitude vraiment professionnelle ? Si l'on peut comprendre l'excitation engendrée par la traque, on ne peut admettre cette mise en danger. Les policiers n'avaient pas encore fini de tendre leurs filets pour attraper le tueur, ils seront doublés par les journalistes. Mais pourquoi certains policiers ont-ils jugé utile de parler ? Car c'est toujours comme cela que ça se passe ! Rezala s'est fait la belle, il s'est enfui avant qu'on vienne le cueillir. Tandis que des témoins le voient partout, il est déjà bien loin. Et alors que la justice, la police et les journalistes règlent leurs comptes, lui coule des jours tranquilles au Portugal.

Le débat fut houleux pour Rezala, mais la leçon n'a toujours pas été retenue… Il se pose même encore aujourd'hui de façon grave et l'on ne comprend pas qu'aucune sanction ne soit prise.

Le problème se posera à nouveau un an après, lors de l'arrestation d'Émile Louis.

Draguignan, 12 décembre 2000, 6 heures du matin, HLM des Billettes. Deux voitures se font face, deux Clio grises. Dans chacune d'elles, des journalistes, une équipe du *Parisien* et une équipe de la télévision. Ils s'observent, les uns croyant voir en les autres des policiers en civil en planque. Les deux véhicules se trouvent devant l'appartement d'Émile Louis. Cette fois, pour l'un au moins des journalistes présents, c'est la gendarmerie qui a fuité. L'interpellation de l'homme serait imminente. C'est un événement. Personne ne croit vraiment à cette affaire de handicapées disparues et tuées par un tueur en série, un tueur qui a plus l'air d'un grand-père qu'autre chose… Mais on ne sait jamais. Si l'affaire était vraie, ce serait le seul tueur en série qui ait accordé des interviews avant son arrestation, qui ait parlé publiquement de ses victimes et des meurtres qui lui sont reprochés et qui ait nié face aux caméras. Il a même été filmé en train de se regarder à la télévision, en train de se regarder nier, manifestement satisfait de sa prestation. Une première en France. Alors, cela vaut le coup. Les heures s'égrènent, les journalistes guettent, rien ne se passe. Émile Louis manque même de les démasquer en passant à proximité de leurs voitures avec son caniche... Et la journée s'écoule comme ça, tandis que de plus en plus de fuites ont lieu dans les médias. Cette fois, ce sont des gendarmes de l'Yonne qui alertent les médias locaux au risque de mettre leurs collègues en danger. L'information commence à circuler dangereusement, tandis qu'Émile Louis n'est toujours pas interpellé. Au fur et à mesure que le temps passe, l'agitation se fait de plus en plus sentir. Au bout de plus de dix heures d'attente, les journalistes se retirent. Il est presque 18 heures. C'est à ce moment que les gendarmes décident d'agir. Ils attendaient depuis le matin que les journalistes s'éloignent. Ils frappent à la porte d'Émile Louis... Mais les caméras n'avaient fait que feindre de partir. L'équipe de télévision s'était cachée, elle réapparaît, filme l'ouverture de la porte, puis l'arrestation de l'homme en direct. Une nouvelle première. Sauf que l'opération aurait pu capoter. Émile Louis connaissaient ces journalistes, il leur avait déjà accordé une interview. S'il les avait reconnus, il aurait pu se douter que quelque chose se préparait et se sauver, voire leur tirer dessus – il était armé. C'est grave.

Parler aux tueurs

Les journalistes ne prennent pas toujours la mesure des conséquences d'une parution. En publiant des articles, ils s'adressent directement aux tueurs. Il ne faut jamais oublier que lorsqu'on écrit sur une affaire criminelle, sur un tueur en série connu ou recherché, on lui parle directement. Car ils sont particulièrement à l'écoute de ce qui se dit sur eux ou leur affaire. On peut dès lors utiliser les médias pour faire passer un message au tueur, le provoquer, le faire réagir. Ce peut donc être un outil intéressant, d'ailleurs très utilisé dans d'autres pays.

Mais plus généralement, le tueur en série surveille attentivement l'évolution de l'enquête à travers les médias. Ainsi, il peut modifier son scénario ou son mode opératoire pour brouiller les pistes des enquêteurs. Il y trouve une manne d'articles sur les affaires qu'il surveille et peut ainsi tout savoir sur ce qui se passe dans un dossier.

Le tueur en série est toujours mégalomane et narcissique, il aime se mettre en scène pour assouvir son insatiable besoin de reconnaissance et afficher sa puissance. Or les médias font sa célébrité : « Les tueurs en série, ayant un ego surdéveloppé [...] adorent que la presse parle de leurs tristes exploits. Cela les flatte et les conforte dans leurs choix. Ils conservent ainsi soigneusement les coupures de journaux ou articles de magazines mentionnant les meurtres, les recherches des policiers. Lorsqu'ils sont arrêtés, on retrouve presque toujours des cahiers sur les pages desquels ils ont collé ces coupures[1]. » Il faut donc en profiter pour leur parler, leur adresser des messages indirects. Il ne faut pas oublier que le tueur tire son plaisir de ses meurtres, il recherche donc l'impunité pour poursuivre ses actes. Il a besoin de savoir où il va, les éventuelles erreurs qu'il a commises, comment ses actes sont analysés, pour s'adapter et modifier sa façon de faire.

1. Élisabeth Campos et Richard Nolane, *Tueurs en série. Enquête sur les serial killers*, Plein Sud, 1995.

Après son arrestation, il continue, étudiant ce qui se dit, réajustant son discours et sa stratégie de défense en fonction de ce qu'il entend et lit dans les médias.

En décryptant leurs actes et en détaillant la progression de l'enquête, on leur apprend comment organiser techniquement leur impunité.

À l'université des médias : la formation MDN – Maigret-Derrick-Navarro

Lorsque Anne Gautier, mère d'Hélène Frinking, l'une des victimes de Guy Georges, le « tueur de l'est parisien », tente de soumettre aux policiers les rapprochements qu'elle croit devoir être faits entre diverses affaires, on lui répond : « Mais c'est une idée à la Derrick, ça, madame ! » Alors, dans son livre témoignage [1], elle ironise en faisant référence aux questions qu'elle s'est posées tout au long de l'enquête. Des questions auxquelles elle n'avait pas de réponse, peut-être inutiles ou sans intérêt, soulevées par d'autres « idées à la Navarro ! », avec toujours cette angoisse que les policiers n'y aient pas pensé, et que l'on découvre de nouvelles victimes. Et « c'est bien normal, on ne peut pas penser à tout, ma culture Derrick est si grande ! »... Elle ajoute : « Si un jour une université européenne osait créer un poste de professeur ès Derrick, peut-être oserais-je postuler ! Sans rire, si je plaisante avec Derrick, c'est pour lutter contre une angoisse terrible... » Et elle précise : « On peut imaginer beaucoup avec notre culture MDN – Maigret-Derrick-Navarro –, on est tous de merveilleux limiers ! »

1. Anne Gautier, *Victime d'un tueur en série*, Éditions Méréal, 2000.

La culture MDN de Mme Gautier, on l'acquiert simplement en poussant le bouton de la télévision, éventuellement en faisant l'effort de zapper. C'est ainsi qu'avant d'avoir cette culture, on suit une formation MDN plus ou moins intensive... Et d'ailleurs, on devrait aujourd'hui parler plutôt de formation ENR – Experts-NCIS-RIS –, parce que dans les médias comme dans la réalité, c'est la preuve matérielle qui l'emporte. ENR, ça sonne comme le sigle d'une grande école, mais cette grande école-là est à la portée de tous, y compris des pires criminels, et c'est bien là le problème. Les tueurs s'inspirent largement de cette culture, des informations véhiculées par ces fictions, mais pas seulement. Ils s'inspirent également des divers articles, émissions et autres docufictions relatifs aux « grandes affaires criminelles ».

Les délinquants de tous poils décryptent les actes de leurs prédécesseurs, étudient leur technique, utilisent les commentaires de médias qui analysent et décortiquent, parfois avec l'aide de spécialistes et techniciens de la police, ce qui leur permet de se former rapidement et à moindres frais. Et tout le monde semble trouver cela normal. Pire, personne n'est capable de mettre en relation leurs agissements et ces séries télévisées. Il y a ceux qui s'inspirent d'une culture MDN facile d'accès, et il y a les autres, plus sophistiqués, qui se forment grâce à des émissions de plus haut niveau. Et ils nous le disent lors des procès. De fait, ils savent aujourd'hui comment faire pour ne pas laisser leur trace génétique sur une scène de crime. Ils sont à bonne école.

Comme Anne Gautier, dans ce type d'affaires criminelles, la plupart des victimes, le premier choc passé, se lancent dans une recherche de la vérité et ont une soif de compréhension de l'enquête et des techniques scientifiques, qui passe par la « consommation » de diverses séries télévisées, mais également par les médias, la littérature, le cinéma et, bien sûr, le Net.

C'est en examinant les diverses sources d'information sur la preuve scientifique que l'on prend conscience de la masse incroyable d'informations à la portée de tous, au point que les sujets qui s'y rapportent sont désormais entrés dans le club très fermé de ce que l'on désigne en termes journalistiques comme des « marronniers ». Il s'agit de sujets que l'on ressort ou rediffuse régulièrement, notamment dans des périodes calmes, comme l'été, parce qu'ils sont l'assurance d'une recette minimum. Difficile donc d'y échapper. Nous sommes régulièrement abreuvés de séries, d'articles ou rediffusions télévisuelles, reprenant les « grandes » affaires criminelles, les énigmes policières ou judiciaires, et tout ce qui touche à la police technique. Ainsi en 1999, le quotidien *Libération* publiait une série de cinq articles sur le Quai des Orfèvres, intitulée « Quai des Orfèvres – Sur les traces de la Brigade criminelle », dans lequel le travail de la police technique et scientifique se trouvait particulièrement détaillé. Le même quotidien récidivait en juillet 2000, publiant une série de six articles sur la médecine légale, intitulée « Voyage au cœur de la médecine légale » avec, entre autres épisodes, « Cadavres intimes » et « Intérieur morgue ». Les autres quotidiens ne sont pas en reste, comme *Le Monde*, ou *Le Figaro* qui, au cours de l'été 2007, consacre une série aux empoisonneurs. *Libération*, cette année, a publié une série sur les messages codés, année du tueur du Zodiac oblige, ce tueur inconnu qui adressait des lettres codées aux enquêteurs et aux journalistes. Gageons que quelques modes opératoires s'en inspireront, mais qui se souviendra, à la prochaine lettre codée, de cette série journalistique ?

À la télévision, en revanche, c'est maintenant toute l'année que l'on parle de tueurs en série, de police technique et de techniques d'enquête. À longueur de semaines, elle rediffuse émissions et séries relatives à des affaires criminelles mettant en scène des enquêtes exceptionnelles, des experts de la police technique ou scientifique. Ainsi, ce qui, auparavant, était réservé à l'été, fait tellement d'audience que certains jours, plusieurs chaînes diffuseront le même type de programme en même temps, et à des heures de grande écoute. Sur le terrain, les vrais policiers techniques devront mener une course contre la montre pour maintenir leur avance sur les criminels. Cette course serait-elle perdue d'avance ? Il semble que, dans la série *Les Experts*, du matériel appelé à être utilisé par les services techniques soit d'abord soumis aux scénaristes et mis en images, comme une démonstration commerciale, pour être ensuite proposé aux services de police technique ! Une belle inversion éthique ! Cette surenchère a pour effet de littéralement bombarder nos tueurs actuels d'informations relatives à la criminalistique, une formation technique qui rend plus difficile encore le travail des enquêteurs.

Et ce n'est pas tout ! L'information fournie par ces émissions ou ces publications est ensuite recyclée dans des romans policiers, films, séries télévisées et autres documentaires, journaux ou magazines qui véhiculent cette culture et aident les criminels à envisager de nouveaux moyens d'action.

De même, la publication d'une pléthore de romans policiers qui remplissent des rayons conséquents de nos librairies, offre un panel considérable d'informations sur les techniques de police scientifique, facilement assimilables par le lecteur parce que mises en scène dans le cadre d'un scénario policier passionnant… Plus un seul bestseller sans un zeste de police technique ! Or les descriptions et informations contenues dans ces romans, particulièrement pointues, sont le plus souvent exactes.

Il n'est pas question de porter ici un quelconque jugement de valeur sur la « vulgarisation » de telles informations, mais bien de souligner que, quoi qu'on en pense, et nous l'entendons de plus en plus en audience, grâce à de telles publications ou diffusions les tueurs comprennent facilement le fonctionnement de la preuve scientifique.

Et s'il n'y avait que cela… Ces romans trouvent dans les rayonnages des librairies de nombreux concurrents qui, pour celui qui souhaiterait se perfectionner, constituent une source de formation complémentaire. Il s'agit de livres bien plus sérieux, publiés par des experts en police technique, des magistrats, des policiers et des avocats qui témoignent et fournissent leur expérience, éprouvée sur le terrain. De quoi bénéficier d'une formation supérieure ! Et si les professionnels sont nombreux à s'en inspirer, ils ne sont pas les seuls. Cette formation est si facile d'accès par le biais de la télévision qu'il n'est nul besoin de lire, il suffit d'attendre les films… D'une certaine manière, donc, la télévision enseigne « le bien tuer » et le « bien enquêter ». Connaître ces publications et ces diffusions, c'est en quelque sorte entrer dans la tête et les projets des tueurs, et peut-être les confondre plus facilement.

Quand le malheur se transforme en mine d'or…

Le meilleur moyen et le plus rapide de passer de l'ombre à la lumière, c'est de tuer, pensent certains… Est-ce si faux que cela ? C'est assurément la garantie d'avoir un film, un livre sur son histoire. Et, ce n'est pas nouveau. Déjà, Charlie Chaplin exploita l'histoire de Landru dans un film qui dérangea beaucoup mais qui est peut-être le plus réaliste, une grande œuvre, *Monsieur Verdoux*. Alfred Hitchcock aussi réalisa des chefs-d'œuvre à partir d'histoires de tueurs en série américains extrêmement médiatisés, comme *Psychose*, inspiré de l'affaire Ed Gein, un tueur en série américain qui se confectionnait un costume à l'aide de la peau de ses victimes, et qui conserva sa mère morte à côté de lui pendant des années. Un tueur qui inspira également le personnage du fameux Buffalo Bill du *Silence des agneaux*. Cette façon d'exploiter leurs actes est loin de ralentir aujourd'hui. Outre les multiples sites qui leur sont consacrés sur le Net, les livres ou émissions, des thrillers de toutes sortes s'en inspirent. Désormais, nous avons droit à des docufictions, un bon moyen d'éviter des procès : on scénarise ce qui doit l'être pour contourner les réglementations. Ces tueurs et leurs actes sont déjà devenus une source importante de revenus… alors que les victimes qui ont payé ces actes de leur sang et de leurs larmes n'ont droit à rien, si ce n'est le droit de voir encore et encore, de film en film, d'article en article, le tueur réapparaître sous leurs yeux. Au point que certaines avouent ne plus pouvoir allumer la télévision de peur de tomber sur la bande-annonce d'une émission consacrée à l'un de ces prédateurs… Contre ces créations, les victimes n'ont rien à dire, d'une façon ou d'une autre le tueur est toujours un héros. En revanche, lui peut intenter un procès, comme le fit Heaulme contre le film diffusé sur TF1, *Dans la tête du tueur*. Une situation pour le moins choquante !

Cette première « fiction du réel », basée sur des faits authentiques mais utilisant le langage de la fiction, a battu des records d'audience avec plus de dix millions de téléspectateurs et une part d'audience de 42,9 pour cent. Des dommages et intérêts ont été versés au criminel pour l'utilisation de son image… rien pour les victimes. Même là, ils sortent vainqueurs aux côtés de ceux qui ont compris leur valeur marchande. Avides d'accroître encore leur célébrité, quasiment tous écrivent leurs mémoires en prison. Sur ce point, la loi Perben II proposait d'interdire aux détenus, condamnés pour les atteintes à la vie ou des crimes sexuels, de publier un livre ou d'intervenir publiquement sur le crime ou le délit pour lequel ils ont été jugés. Le texte prévoit qu'il pourra être imposé au condamné de « s'abstenir de diffuser tout ouvrage ou œuvre audiovisuelle dont il serait l'auteur ou le coauteur et qui porterait, en tout ou en partie, sur l'infraction commise et s'abstenir de toute intervention publique relative à cette infraction ». Une disposition que certains ont déjà trouvé le moyen de contourner : ils écrivent aux journalistes des lettres que ces derniers s'empressent de publier ! C'est ce que fait Fourniret. Ainsi, c'est encore lui qui manipule et domine, quoi qu'on en dise… À sa façon, il participe au débat médiatique.

Comme l'écrit Blandine Holuigue[1] : « Émile Louis, Guy Georges, Francis Heaulme, Michel Fourniret, Patrice Alègre… leur statut de tueurs en série et de meurtriers sanguinaires leur a permis d'accéder au rang de véritables vedettes médiatiques. Des films, des séries policières, des ouvrages, des émissions, des interviews, le mythe du tueur en série a complètement intégré notre culture. Par exemple, comment rester indifférent en apprenant que le parcours criminel de Roberto Succo,

1. Blandine Holuigue, « Médiatisation et surmédiatisation du phénomène des tueurs en série en France : un âge d'or du fait divers, 1980-2005 », master 1 en Sciences de l'information et de la communication, Université de Nice.

tueur en série italien, a inspiré l'écriture d'un livre, le scénario d'un film, mais également la création d'une pièce de théâtre ? Devant la multiplication de ce type de productions "culturelles", il est désormais indispensable de se demander jusqu'où les journalistes et les producteurs seront prêts à repousser les frontières de la moralité, et à piétiner le respect dû aux victimes et à leur famille pour satisfaire la fascination ambiguë du public. »

Il convient de s'interroger sur la responsabilité de ceux qui contribuent à surmédiatiser les tueurs en série en leur donnant la parole. L'admiration malsaine ainsi engendrée ne risque-t-elle pas de s'avérer favorable au développement du phénomène des serial killers ? Si la société est fascinée par le tueur en série et le glorifie, alors ces meurtriers ne se sentiront-ils pas confortés dans leur dérive criminelle ? Pour devenir célèbre, ce n'est peut-être plus tant le nombre de meurtres qui compte, que celui des articles, livres et fictions diffusés… Et là, nul doute, Michel Fourniret est en train de remporter la palme… On est bien loin de Francis Heaulme avec ses deux ou trois livres, son film et, comme il le confia à une psychologue, ses « soixante-quinze articles »…

14

Pas de prédateur pour les prédateurs... Les dysfonctionnements des institutions

La Bourgogne, et plus particulièrement l'Yonne, est un exemple incroyable de ratages policiers, gendarmiques, judiciaires et politiques. Quatre criminels en série au moins ont sévi dans l'Yonne depuis 1980 parmi lesquels des tueurs en série ayant pu bénéficier d'une impunité particulièrement longue. Plusieurs autres ont agi en Bourgogne, dont certains ne sont pas encore identifiés. La région réunirait-elle tous les dysfonctionnements possibles ? Abriterait-elle une pépinière de tueurs en série ? Comment et pourquoi ont-il pu opérer si longtemps sans être pris ?

Une affaire en particulier, celle dite « des disparues de l'Yonne », a mis en évidence les lacunes d'un système. Pour autant, quasiment aucune des promesses faites aux associations et aux victimes par des ministres et autres politiques n'ont été tenues dans cette région. On a endormi les colères et la peine par de fausses promesses. Quant aux nombreux manquements, nul n'a jamais été sanctionné. Ni les magistrats qui ont failli, ni les enquêteurs, personne n'est responsable de rien. Tous ont été « recasés », placés à d'autres postes souvent plus prestigieux... l'incompétence récompensée !

Dès que la presse nationale tourne les yeux vers d'autres affaires, que les victimes pansent leurs plaies, que la population s'efforce d'oublier, les promesses, elles aussi, sont oubliées. D'autres affaires non résolues et inquiétantes subsistent dans la région, comme celle de cet homme retrouvé dépecé dans des sacs en plastique du côté d'Auxerre... Mais les institutions locales ont-elles aujourd'hui les moyens de mieux faire ?

L'affaire Émile Louis ou le naufrage des institutions

Dans l'affaire des disparues de l'Yonne, les dysfonctionnements des autorités ont bénéficié à un multirécidiviste. Ils ont touché divers secteurs et on peut même parler d'un « réseau de dysfonctionnements » pour illustrer ce naufrage des institutions d'une région.

Le 5 juillet 1981, le corps de Sylviane Durand, épouse Lesage, maîtresse d'Émile Louis, est retrouvé à Rouvray sous un tas de fumier. Six mois plus tard, Émile Louis est interpellé et placé en garde à vue pour homicide volontaire, puis incarcéré. Il nie les faits, nie même qu'elle ait jamais été sa maîtresse, ce qui renforce les soupçons le concernant. Et pour rendre ses dénégations plus crédibles, il se dénonce pour des agressions sexuelles qu'il a perpétrées sur des enfants confiés par la Ddass à sa concubine. Une attitude stratégique : se dénoncer pour des faits « mineurs », sachant que les enquêteurs les découvriront de toute façon, et nier le pire en laissant croire qu'on l'avouerait également si l'on était coupable. Mais lors de sa garde à vue, Émile Louis confie à l'adjudant Jambert, qui mène l'interrogatoire, qu'il est l'objet de crises de violence incontrôlables qui le prennent trois à quatre fois par an. Christian Jambert établit alors un rapprochement avec les disparitions de six jeunes femmes qu'il a recensées dans le département alors qu'il tentait d'identifier le corps découvert sous le fumier. Or, toutes ces jeunes femmes se trouvaient dans l'environnement immédiat d'Émile Louis. Et s'il avait été chaque fois soupçonné, aucune enquête sérieuse n'avait jamais été menée sur ces disparitions, rapidement classées comme « fugues ».

Christian Jambert décide de s'en charger. Il met tout en œuvre pour vérifier si, comme l'affirme Émile Louis, les disparues ont simplement quitté la région pour refaire leur vie autre part – ce qui semble bien improbable compte tenu de leur état mental. Jambert fait diffuser des avis de recherche, inscrit leurs noms au fichier des personnes disparues, fait procéder à des fouilles, sans résultat. Il entend aussi les proches d'Émile Louis et là, c'est clair, chaque fois il est le dernier à avoir été en contact avec elles. Sa femme, sa maîtresse, les mères nourricières des jeunes femmes (toutes des enfants de la Ddass) l'affirment. Si bien que le 22 juin 1984, il établit un procès-verbal de synthèse de la procédure d'enquête, dont la conclusion est rédigée ainsi : « De l'enquête effectuée, il ressort que malgré les recherches actives, les femmes objets de l'enquête sont bien disparues. Elles étaient toutes d'anciennes pupilles de la Ddass, elles n'ont absolument jamais été revues, toutes ont tout abandonné, laissant leurs affaires, voire leurs enfants (pour les sœurs Lemoine) alors qu'elles s'en occupaient encore […]. Il est certain que pour les six connues officiellement, elles se trouvaient toutes dans l'environnement de Louis Émile ; ces circonstances sont étranges, d'autant plus que la découverte du cadavre de Durand Sylviane, disparue donc dans des conditions identiques aux autres, a amené une fois de plus les enquêteurs vers Louis Émile. »

Tout était dit. Il ne restait plus qu'à ouvrir une information. Il faudra pourtant plus de treize ans pour qu'elle le soit enfin, et sans ce procès-verbal qui, entre-temps, aura été « perdu »... puis retrouvé dans un coffre du parquet d'Auxerre dans des circonstances inexpliquées... Ce P-V a bien été remis par Jambert au substitut du procureur, qui lui-même l'a adressé, le 26 juin 1984, au juge d'instruction déjà chargé de l'affaire Sylviane Durand-Lesage et qui, contre toute attente, vient d'ordonner un non-lieu pour ce meurtre ; ce juge applique la même logique au dossier des disparues, auquel il ne donne pas suite... et qui disparaît. Et ce alors même que la dangerosité d'Émile Louis est de plus en plus manifeste : il est mis en cause pour huit meurtres et au moins trois agressions sexuelles. Pour quelles raisons ce dossier est-il fermé ?

Ce n'est pas la première fois que la justice donne une suite anormale à un dossier dans lequel Émile Louis est suspecté par le gendarme Jambert. L'enquêteur comprendra-t-il pourquoi les magistrats n'ont pas donné la suite logique à ces enquêtes ? Est-ce parce que toutes ces victimes sont considérées comme des citoyennes de seconde catégorie ? Est-ce parce que Émile Louis est effectivement protégé, comme il n'a cessé de le dire en toisant les enquêteurs ? Protégé par ses relations au sein même de la gendarmerie, alors qu'il assure le transport des élèves gendarmes et de leurs enfants, qu'il est conseiller municipal à Seignelay, élu sur la liste d'un maire ex-colonel de gendarmerie ? Est-ce parce que, de toute façon, il s'apprête à quitter l'Yonne et qu'après tout, on va en être débarrassé ? Ou bien y a-t-il d'autres causes ? Est-ce un règlement de comptes destiné à Christian Jambert ? Est-ce parce que d'autres affaires, extrêmement graves, surgissent au cours de cette même année 1984 ? Une affaire chasserait-elle l'autre ? Il est pour le moins curieux que personne ne s'étonne qu'en 1984, à Auxerre, il n'y ait pas moins de douze affaires concernant des pupilles ou anciennes pupilles de la Ddass de l'Yonne, qui ont fait l'objet de meurtres, viols, actes de torture, d'enlèvements, ou qui ont disparu. Pourtant, aucun rapprochement n'est opéré par les magistrats qui sont pourtant des professionnels… Officiellement, l'affaire des disparues en reste là. Pire, les dossiers disparaissent ou sont volontairement dissimulés et conservés à l'écart [1]… Peut-être simplement pour protéger l'institution, ceux qui ont failli et commis des fautes. Nous ne saurons jamais comment ils ont disparu… ni comment ils ont réapparu. Jambert le savait-il, lui ? Son procès-verbal ne sera officiellement réutilisé qu'après 2000.

Quant à Jambert, il poursuivra ses investigations. Il en a fait une affaire personnelle. Lui-même enfant de la Ddass, il est révolté de constater que personne ne s'intéresse au sort de ces jeunes filles. Il demeure convaincu qu'Émile Louis est un individu dangereux. Il le soupçonne d'autres affaires de mœurs, d'autres agressions, d'autres meurtres dans le Var où il s'est installé, en avertit ses collègues varois. Mais nul ne semble l'entendre. Pourquoi personne n'agit ? Un complot ? Un réseau ? Émile Louis est-il protégé ? Nous avons déjà vu que non, son mode opératoire démontre qu'il agissait seul, pour son plaisir personnel [2]. Il y a donc d'autres causes à ces dysfonctionnements. Ces mêmes manquements vont permettre à Fourniret de passer au travers des mailles du filet.

---

1. Ce que révèlent les différents rapports d'inspection des services judiciaires et du Conseil supérieur de la magistrature.

2. Voir chapitre 8.

Là non plus, nul complot, nul réseau. Lui aussi profite tout simplement d'un filet déchiré qui laisse filer les plus gros poissons.

Des dysfonctionnements qui profitent à Fourniret

En 1987, à peine sorti de prison, Michel Fourniret est placé sous le régime de la mise à l'épreuve pendant trois ans. Il commettra pourtant son premier meurtre précisément à cette période. Peu avant de tuer Isabelle Laville, il a fait un esclandre dans le bureau du maire de Saint-Cyr-les-Colons, manifestant de l'agressivité en public, révélant son passé ; pourtant, personne ne fera le lien entre cet ex-taulard pédophile et la disparition d'une jeune fille.

Attardons-nous sur la disparition d'Isabelle Laville et la manière dont la justice auxerroise va traiter ce dossier. Âgée de dix-sept ans, la jeune fille est décrite comme timide et réservée. Elle disparaît alors qu'elle regagne à pied son domicile, en revenant du collège. Des fouilles de grande ampleur seront menées : gendarmes, policiers, pompiers, hélicoptère, et jusqu'aux membres du club de football auxerrois qui se mobilisent, dont Guy Roux et Basile Boli. Pourtant, malgré cela, à Auxerre quelqu'un va classer ce dossier. Or, une enquête sérieuse aurait dû permettre de découvrir l'installation récente dans les parages d'un multirécidiviste, un homme qui s'en était pris à des victimes pouvant ressembler à la jeune disparue. Une telle enquête aurait pu permettre de sauver de nombreuses vies. Qui classe ce dossier ? Quelqu'un s'y intéresse-t-il seulement ? A-t-on tenté de référencer les criminels sexuels de la région ? De vérifier, comme c'est l'usage, leurs emplois du temps ce jour-là... ? Le fait que celui de Fourniret ne l'ait pas été semble attester que non.

Le traitement judiciaire du « dossier » Isabelle Laville a été étudié à l'occasion de l'inspection générale[1] ordonnée au tribunal de grande instance d'Auxerre par le ministre de la Justice, en décembre 2001, en pleine affaire des « Disparues de l'Yonne ». Les magistrats locaux n'avaient pas fait grand cas de ces disparitions au début des années 1980. Du coup, l'Inspection des services judiciaires a examiné tous les dossiers non élucidés. Conclusion : le dossier Laville a été correctement géré par le parquet d'Auxerre dans les premières semaines qui ont suivi la disparition de la jeune fille. Le substitut du procureur, Frédéric Clot, avait coordonné le travail de recherche des gendarmes, il avait sollicité la presse locale afin que des avis de disparition soient publiés, et personnellement suivi les investigations. En revanche, il n'avait pas ouvert d'information judiciaire, et donc aucun magistrat instructeur n'avait été désigné pour poursuivre l'enquête. En conséquence, le dossier Laville avait été rapidement classé. Il l'a même été deux fois : une première fois le 14 janvier 1988 par le procureur André Ride lui-même, et une seconde le 7 juin 1988 par le substitut Frédéric Clot. L'Inspection générale des services judiciaires n'a cependant pas relevé de faute de la part des magistrats du parquet d'Auxerre. En effet, ils n'étaient pas dans l'obligation d'ouvrir une information judiciaire, aucun corps n'ayant été retrouvé. Cependant, que penser de magistrats censés protéger la société de ces prédateurs et qui ne se sont pas préoccupés du sort réservé à une mineure ? Ces magistrats auront-ils à répondre devant

1. Inspection générale ordonnée à la suite de la parution de notre livre (Corinne Herrmann et Philippe Jeanne, *Les Disparues d'Auxerre*, Ramsay, 2001) et des diverses affaires sur lesquelles nous réclamions des vérifications, dont l'affaire Laville. L'inspection fait mention des cas traités dans le livre, qu'elle vérifiera.

leurs pairs de ces décisions maintenant que nous savons combien de victimes les ont payées de leur vie une telle décision ? L'hypothèse d'une fugue d'Isabelle Laville était-elle vraiment envisageable par ces professionnels ? Cet argument rappelle étrangement celui, fallacieux, utilisé par certains dans l'affaire des disparues de l'Yonne. Car on peut parler de fugue lorsque la personne part et revient. Si elle ne revient pas, il s'agit bien d'une disparition.

En ne donnant pas à cette enquête les développements qu'elle méritait, la justice s'est mise dans l'incapacité de traquer Michel Fourniret, un homme au casier judiciaire pourtant chargé, condamné aux assises pour des viols et agressions sexuelles, et placé sous le contrôle d'un juge d'application des peines depuis sa libération. Mais il n'y a pas de coupable, pas de responsable…

Pourtant, il y a forcément une explication à ces manquements. Il faut reprendre les choses depuis le départ, chercher pourquoi la seule question à laquelle aucune enquête – administrative, journalistique ou policière – ni aucun procès n'ont jamais répondu reste celle de la cause réelle des dysfonctionnements des institutions locales, et notamment du tribunal d'Auxerre. Pourquoi toutes les institutions – police, gendarmerie, justice, Ddass, politiques, presse – ont laissé s'installer et agir sur « leur territoire » rien moins que quatre tueurs en série, peut-être plus ? Cette situation a été imputée aux politiques locaux, et il est vrai que traditionnellement, devant certains scandales, les responsables politiques n'aiment pas trop que les journalistes nationaux viennent enquêter chez eux, stigmatisant leur région… Pourtant, et même si le contexte politique et les réseaux d'influence locaux posent question et nécessiteraient de mener des investigations, cela seul ne suffit pas à expliquer de telles défaillances. De même, les incompétences personnelles des intervenants ne permettent pas, à elles seules, de justifier l'ensemble des dysfonctionnements, même si elles ont concouru à aggraver la situation.

Il faudra attendre que les affaires Fourniret, Muenstermann[1] et Jambert soient jugées pour tenter de comprendre ce qui s'est réellement passé. Mais il y a un facteur, au moins, qui n'a jamais été évoqué et qui illustre les difficultés de fonctionnement de nos institutions. Une affaire qui a pesé de tout son poids sur des institutions locales déjà bien sinistrées. Une affaire qui a concentré sur elle tous les moyens, privant les autres de l'attention nécessaire, et qui démontre la faute majeure d'institutions qui, incapables de « répondre à la demande », ont dû faire des choix.

Lorsqu'un tueur prend la justice dans ses filets

L'affaire Hakkar, surnommé le « tueur de flics », connaîtra un retentissement national et même européen. Pourtant, personne n'en parle jamais dans le cadre des affaires de l'Yonne. Aucun journaliste, aucun rapport d'enquête administrative, pas même ceux qui ont dû rendre compte du fonctionnement du tribunal d'Auxerre à cette période... Est-ce un hasard ?

Or cette affaire a pu avoir un impact essentiel sur le fonctionnement des institutions locales. Elle a joué un rôle capital dans les dysfonctionnements constatés par la suite et, de fait, a contribué à assurer l'impunité de plusieurs tueurs... D'une certaine façon, elle a élargi les

1. Nous reviendrons plus loin sur ce tueur.

mailles du filet ou, plus exactement, elle a déplacé le filet, laissant passer les pires prédateurs...

À cette époque trouble de l'histoire des institutions auxerroises, où d'aucuns perdaient opportunément des dossiers ou des pièces, commettaient des fautes de procédure, l'affaire que nous allons examiner n'est pas celle d'un tueur en série, mais c'est celle qui masqua les autres. Car pendant que tous les regards étaient tournés vers celle-ci, d'autres passaient à la trappe. Il faut dire que l'émotion qu'elle suscite est d'envergure nationale, elle occupe l'avant-scène et ne peut être étouffée puisqu'il s'agit de la mort d'un policier, froidement abattu en plein centre-ville. Et entre la mort d'un policier et celle de handicapées ou de jeunes filles fragiles, le choix sera vite fait... Après quoi, l'Yonne ne doit, ne peut, supporter de scandale supplémentaire. C'est ainsi que, pendant plusieurs années, l'affaire Hakkar va monopoliser l'emploi du temps des magistrats et enquêteurs, principalement de 1984 à 1990. Or c'est précisément à cette période que, dans l'Yonne, des jeunes femmes sont mortes, ont disparu ou ont été violées, séquestrées et torturées, et que leurs dossiers d'instruction, comme d'autres plus anciens et encore en cours, ont été fermés dans des délais express et des conditions anormales, mais ont également été perdus, mis de côté ou ont fait l'objet d'erreurs de procédure.

Un bref rappel s'impose. Janvier 1984 : arrestation de Claude Dunand, le tortionnaire du « pavillon d'Appoigny ». Cette affaire associait déjà la région à l'horreur. Une jeune femme avait réussi à s'échapper de ce pavillon où, séquestrée avec une autre, elle servait d'esclave sexuelle, offerte à des clients qui payaient pour les torturer et les violer. Le scandale est énorme, l'affaire mobilise les moyens de ce petit tribunal et de ce fait, les affaires qui suivent sont délaissées. La mécanique infernale se met en route, les erreurs se succèdent et l'un après l'autre les dossiers commencent à connaître des dysfonctionnements. Ainsi, l'affaire Dunand bouscule le tribunal à tel point que tout ce qui suit est traité anormalement. Mars 1984 : libération d'Émile Louis. Mai 1984 : le dossier relatif à la mort de Sylviane Lesage est classé sans suite. Juin 1984 : l'enquête Jambert est enterrée, et perdue. 1985 : des enfants handicapés sont maltraités, dix plaintes, classées ou perdues, n'aboutiront jamais. Parmi ces victimes, une jeune fille au moins semble avoir disparu d'Auxerre... Quelqu'un l'a-t-il seulement recherchée ? Puis, en 1987, survient l'affaire Laville... classée en quelques jours. En 1988, c'est l'affaire Domece, classée en quelques semaines. Puis vient l'affaire Baton et Bernard en 1989, puis l'affaire Parrish... et celles que l'on ignore encore. Mais au milieu de ces dossiers, il en est un qui va concentrer toutes les énergies, au point de faire oublier l'affaire d'Appoigny. Un dossier qui va définitivement bloquer la machine judiciaire...

Tueur de flic

Auxerre, 30 août 1984, 21 heures. Une course-poursuite à travers les rues du centre-ville, des coups de feu claquent, deux policiers à terre. L'un d'eux agonise, abattu de sang-froid, victime du devoir. Tout a commencé bêtement. Place des Cordeliers, deux motards sèment le trouble et s'amusent à frôler la grand-mère de Michel. Le jeune homme proteste, ce n'est pas du goût du passager de la moto, qui lui répond en lui assénant un coup violent. Michel alerte alors le commissariat qui délègue deux policiers de la Brigade de surveillance. Ils se rendent sur place, les motards ne sont plus là. Mais Michel s'obstine. Il les cherche et finit par les retrouver à une terrasse de café, il rappelle le commissariat. Se retrouvant face à face avec les deux policiers, les loubards tentent de fuir. Commence alors la course-poursuite. Les deux policiers sur les talons, les motards, qui connaissent mal Auxerre, s'engouffrent dans une impasse où ils sont acculés. Pendant que l'un escalade une grille, l'autre tire sur un des policiers, Alain Gounel, grièvement blessé, avant d'abattre à bout portant le second policier, Claude Schaeffer, et de s'échapper. Les faits se déroulent sous l'œil de nombreux témoins, un jour d'été, alors que des passants flânaient encore dans les rues historiques ou paressaient aux terrasses des cafés.

Lorsque les Auxerrois se réveillent le lendemain, ils découvrent une ville en état de choc. Déjà, l'affaire fait la une des journaux. Bientôt, le choc est national, relayé par divers syndicats de policiers ou de magistrats qui s'emparent de l'événement. Le SRPJ de Versailles est chargé de l'enquête, prioritaire pour le ministère de l'Intérieur. Des policiers et gendarmes de Lyon et de Paris sont réquisitionnés en renfort. Les témoins sont auditionnés et une équipe parisienne spécialisée, déléguée sur place, établit rapidement les portraits-robots qui sont adjoints aux avis de recherche diffusés à l'ensemble des forces de police et de gendarmerie. Une infirmière deviendra l'un des témoins principaux. Elle passait près de la tour de l'Horloge lorsqu'elle a croisé l'un des fuyards. Elle indiquera aux enquêteurs : « Lorsque Claude Schaeffer l'a rejoint sur la place du Général-Leclerc, il a sorti son arme, le policier a mis sa main sur l'étui de son pistolet et lui a dit : "Ne tire pas ! Ne fais pas le con !" Mais il a tiré, je me suis précipitée vers le policier à terre, il est mort dans mes bras [...]. L'homme est revenu vers Schaeffer et moi, nous a regardés, et il est reparti tranquillement. » Elle a donc vu les deux hommes face à face, l'homme qui tire, Schaeffer qui s'écroule. Lorsque le tueur sera interpellé, elle l'identifiera formellement, soulignant qu'« un regard comme celui-là, on ne l'oublie pas ». Interrogée en 2005 lors de la dernière cour d'assises, elle évoquera « son regard noir, froid, sans peur ».

Des témoins qui se trouvaient à la terrasse d'un bar racontèrent que le tireur était passé tranquillement devant le café avant de s'enfuir au volant d'une camionnette C35 bleue, immatriculée dans le Doubs. Des renseignements précieux. Par ailleurs, les premières constatations permettent d'établir que les deux hommes ne sont pas des Auxerrois, leur trajectoire à travers les rues le démontre, ils ne se seraient pas jetés dans un cul-de-sac s'ils avaient connu la ville. Les vérifications ne doivent donc pas s'orienter vers les délinquants locaux.

Selon certains journalistes de l'époque, la psychose s'est emparée d'Auxerre. Cette petite ville venait d'être le théâtre d'un fait divers digne des rues marseillaises. La voilà qui inscrivait son nom à la liste des cités où l'on n'a pas peur de « rectifier » les flics. Ce crime allait-il l'entraîner sur la voie du grand banditisme ? Déjà, l'affaire du pavillon d'Appoigny ne collait pas avec l'image d'une ville tranquille et sereine. Et pourtant, certains de ses habitants payaient pour torturer des jeunes filles... L'affaire d'Auxerre mobilise les journalistes. Quant au SRPJ de Versailles, obligé de se focaliser sur ce nouveau dossier alors qu'il est déjà saisi de l'affaire Dunand, comment pourrait-il mener de front deux enquêtes aussi lourdes et éloignées de sa base ? L'affaire d'Appoigny en a-t-elle subi des retards, des ratés ? Des clients du tortionnaire ont-ils pu échapper aux recherches ? Si tous les regards n'avaient pas été tournés vers cette nouvelle affaire, l'évolution des autres dossiers n'aurait-elle pas été différente ? Une chose est sûre, l'enquête menée dans le dossier d'Appoigny connaît un arrêt significatif à partir de ce moment. Les investigations qui seront ensuite effectuées se réduisent à une peau de chagrin…

Le gang des BMW

L'enquête sur le meurtre du policier Schaeffer, elle, avance à grands pas. Dès le mois de septembre, les meurtriers sont repérés. Ils se sont réfugiés dans l'appartement de la sœur de l'un d'eux, à Avallon, à soixante kilomètres au sud d'Auxerre. Selon la version officielle, les meurtriers ont commis une erreur qui a permis de les « loger » : ils se sont débarrassés de la camionnette, après y avoir mis le feu, dans un bois proche d'Avallon. Les recherches se sont donc naturellement concentrées sur cette région, et c'est ainsi qu'après des vérifications systématiques, ils ont été localisés dans cet appartement. Avallon est alors envahie par les policiers. Les deux fugitifs tentent de négocier leur sortie : ils exigent de parler au procureur de la République. À l'époque, c'est René Meyer qui occupe le poste. Il se déplace et leur garantit qu'ils ne seront pas abattus. C'est ainsi qu'après des heures de négociations, ils se rendent. Ils sont identifiés. Il s'agit d'Abdelhamid Hakkar et Gilles Blanchard, des braqueurs chevronnés et bien connus du SRPJ de Dijon pour une série de hold-up à main armée en Franche-Comté. Surnommés « le gang des BMW », ils étaient recherchés par toutes les polices de France, en particulier Hakkar, identifié comme le chef, connu pour avoir réussi à s'évader en 1978 du palais de justice de Besançon, menottes aux poignets, et passant pour un dur et un pervers. Mais ce que les journaux ne soulignent pas, c'est que le domicile de la jeune sœur de Blanchard, suspecté d'être une planque du gang des

BMW, avait été placé sous surveillance par le SRPJ de Dijon depuis plus d'un mois...

La police dijonnaise savait donc qu'ils se trouvaient dans l'Yonne. N'avait-elle pas averti ses collègues auxerrois de leur présence dans la région ? Des rumeurs circulent. Hakkar et Blanchard auraient été suivis dans Auxerre par des policiers dijonnais en planque. Des policiers qui, les soupçonnant de préparer un mauvais coup, espéraient les interpeller en flagrant délit, et auraient alors assisté aux faits, impuissants... Un policier tué en pleine rue alors que d'autres planquent et n'ont pas averti leurs collègues locaux de la présence de ces braqueurs à Auxerre, les faits sont gravissimes. A-t-on alors voulu étouffer un scandale de plus, éviter que les journalistes ne « creusent trop » ? A-t-on ainsi étouffé plusieurs autres dossiers ?

L'impact médiatique de l'affaire Hakkar fut extrêmement puissant. Claude Schaeffer bénéficiera d'obsèques nationales en présence de Pierre Joxe, alors ministre de l'Intérieur. Ce dernier rendra hommage aux deux policiers, décernant à Schaeffer la Légion d'honneur et la médaille d'honneur de la Police à titre posthume. L'émotion suscitée sera d'autant plus forte que, cette année-là, Schaeffer est le douzième policier français tué dans l'exercice de ses fonctions. Une bien mauvaise publicité pour Auxerre, dont les élus locaux se seraient bien passés. Dans un tel contexte, les autres affaires ne pèsent plus bien lourd...

L'adjudant Jambert avait-il, comme la plupart de ses collègues gendarmes ou policiers, assisté aux obsèques nationales réservées à Claude Schaeffer ? Nous pouvons le supposer, d'autant que le fils du policier était lui-même gendarme auxiliaire au peloton d'Avallon. Entre-temps, Alain Gounel, qui a survécu à sa blessure, a pu témoigner. Il explique qu'Hakkar lui a tiré dessus à bout portant, alors qu'il allait l'appréhender. Ce que confirmera le principal témoin ayant assisté à la scène. Le policier dira que l'homme lui a « tiré dessus de sang-froid, à un mètre de distance, quand il s'est senti pris au fond de l'impasse où il s'était retranché [...] nous pensions intervenir sur une affaire bénigne, j'ai sorti mon arme en la pointant vers le ciel et les sommant de s'arrêter, je n'allais quand même pas tirer sur des gamins [...] surtout dans le dos de celui qui escaladait la grille. Je l'ai laissé partir et je me suis approché de celui qui était contre le mur, j'avais toujours la main armée en l'air, je lui ai dit : "Bon, allez, c'est fini", je voulais juste l'appréhender. Il a tiré à travers la poche de son anorak, je n'ai vu son arme à aucun moment, j'ai été projeté en arrière, j'ai appris ensuite qu'il s'agissait d'un 357 magnum. Je suis tombé à terre, mais je n'ai pas perdu conscience tout de suite. Quand il m'a mis son revolver sur la tête, j'ai cru que c'était fini, jamais je n'oublierai ça [...]. J'ai été blessé le premier, mon collègue, lui, a été tué à bout portant sous la tour de l'Horloge, sa chemise était brûlée au niveau du cœur[1] ». Ce témoignage, capital, permet de jauger le sang-froid et l'attitude du tueur : rien à voir avec un petit loubard ! Mais quelle aurait été l'issue de cette affaire si les policiers avaient été avertis de la présence du gang des BMW dans l'enceinte de la ville ? Le débat soulevé par cette question va encore aggraver la situation de blocage des institutions.

1. Les vêtements sont brûlés par les résidus de tir entraînés avec les projectiles ; quand le tir est rapproché, ils s'impriment sur les tissus ou la peau – ce qui sert en balistique à déterminer la distance de tir et parfois la position de tir. Ces témoignages ont été reconstitués à l'aide de divers documents publiés.

Un procès sans fin

On peut dire que le procès d'Abdelhamid Hakkar dure depuis près de vingt-cinq ans, et il n'est peut-être pas encore fini. Car Hakkar fera tout pour enrayer la machine judiciaire. Devenu un spécialiste du droit et de la procédure pénale, il parvient même à faire figure de victime du système judiciaire.

Le procès est fixé à septembre 1989, l'année même où Sylvie Baton et Danielle Bernard sont assassinées. C'est l'événement de l'année judiciaire icaunaise. Dix accusés doivent comparaître dans le box, car ce n'est pas seulement le meurtre du policier qui sera évoqué, c'est le gang des BMW dans son intégralité qui va être jugé pour ses braquages. La salle est pleine à craquer. Pourtant, le président de la cour d'assises décide de reporter l'audience de deux mois : Hakkar s'est présenté sans ses avocats, qu'il vient de renvoyer. Alors on lui en commet un d'office et on lui accorde un délai pour préparer sa défense…

Le 4 décembre 1989 au matin, la salle est à nouveau comble et le service de sécurité extrêmement important afin de prévenir toute tentative d'évasion. Mais nouveau coup de théâtre : Hakkar refuse de sortir de sa cellule. Son avocat, bâtonnier d'Auxerre, demande alors un nouveau renvoi du procès, au désespoir et à la colère des parties civiles. L'incertitude règne à nouveau, mais le président de la cour d'assises décide de maintenir le procès. Mais rien n'y fait, Hakkar refuse toujours de venir. Pire, il intime l'interdiction à son avocat de le défendre, car il s'est désigné un nouvel avocat et refuse de comparaître sans lui. Mais le président tient bon. Hakkar refuse de se défendre, il applique la politique de la chaise vide. Condamné à la réclusion criminelle à perpétuité, il invoquera son absence au procès pour attaquer sa condamnation.

Hakkar enraye la machine judicaire

La justice est prise dans les filets du criminel. C'est lui qui décide et manipule. Il est soutenu dans son combat contre l'institution par diverses personnalités politiques, judiciaires et médiatiques qui ont, pour certaines, trouvé là une médiatisation à bon compte et qui se prononceront pour sa libération. L'homme a utilisé tous les moyens de procédure pour échapper à sa confrontation aux victimes et à la justice, jusqu'à saisir la CEDH (Cour européenne des droits de l'homme) d'un recours contre sa condamnation. Et, contre toute attente, la CEDH annulera le jugement de la cour d'assises de l'Yonne, considérant que le procès d'Auxerre s'est tenu dans des conditions inéquitables. La Cour conteste aussi la durée de l'instruction, condamne la France à rejuger Hakkar et à lui verser plus de sept mille cinq cents euros de dommages et intérêts pour… préjudice moral [1] !

Ainsi, Hakkar devra bénéficier d'un nouveau procès. C'est une première judiciaire. Mais notre arsenal juridique n'étant pas adapté à une telle décision, l'organisation de ce procès va traîner, instaurant un véritable bras de fer entre les instances européennes et la France, créant des tensions diplomatiques aggravées par les courriers et plaintes incessantes d'Hakkar qui n'hésite pas à assigner les plus hautes instances de la République pour non-respect des conventions internationales. Des actions dont il sera tout de même débouté. Mais par ailleurs, on finira par créer pour lui un amendement à la loi, renforçant la pré-

---

1. Quand on connaît les montants des indemnisations versées aux familles pour le préjudice moral né de la perte d'un enfant à la suite d'un acte criminel, cette décision est totalement choquante. On peut se demander si les parties civiles ne devraient pas, elles aussi, saisir la CEDH pour indemnisations inéquitables.

somption d'innocence, ainsi qu'une juridiction spécialisée, la Commission de réexamen des condamnations pénales. Hakkar sera finalement renvoyé devant une nouvelle cour d'assises en 2003.

Mais ce qui grippe les institutions locales entre 1984 et 1990, ce sont les multiples tentatives d'évasion de Hakkar et le harcèlement systématique de l'institution juridique auquel il se livre. Il essaie de pousser la justice à la faute, de manière à l'obliger à le libérer. Une véritable tentative « d'évasion juridique ». Il utilise tous les artifices de la procédure pénale. Son système est simple : il dépose chaque jour plusieurs demandes de mise en liberté – jusqu'à trois par jour –, il sait qu'elles seront refusées mais peu lui importe ; ce qu'il espère, c'est faire dérailler la justice en la submergeant de demandes… et obtenir, au bénéfice de cette faute, sa libération. Ce qui serait inconcevable compte tenu des faits qui lui sont reprochés. Il n'empêche que la justice doit être particulièrement vigilante et traiter ses demandes de mise en liberté dans les délais impartis par la loi, consciente que toute faute du tribunal profiterait au détenu.

Il parviendra au moins une fois à provoquer la faute attendue. Débordée, la chambre de l'instruction a statué hors délais ; le mandat de dépôt était donc susceptible de sauter. Heureusement, d'autres mandats de dépôt subsistaient, pour tentative d'évasion. Hakkar reste donc incarcéré, et l'on sollicite une vigilance accrue des magistrats.

Ainsi, de 1984 à 1990, après son procès, Hakkar harcèle l'institution et engorge le modeste tribunal d'Auxerre de ses requêtes et recours incessants. Peut-on s'étonner, dans ces conditions, que le tribunal ait dysfonctionné, que des procédures aient été délaissées ?

Outre ces demandes réitérées, Hakkar trouve d'autres moyens encore pour harceler la justice. Il tentera notamment de s'évader du palais de justice d'Auxerre où il est convoqué par le juge d'instruction. Il obtient d'aller aux toilettes, où une arme l'attend grâce à une complicité extérieure. Ces tentatives d'évasion seront lourdement réprimées et ces condamnations se cumuleront avec les précédentes. Elles viendront se surajouter au temps qui lui reste à effectuer, allongeant d'autant la durée de sa détention de près de quinze années supplémentaires. Ce qui est paradoxal, c'est que s'il n'avait pas tenté de s'évader, s'il n'avait pas tenté tous ces recours, il serait sans doute déjà libre ! Il s'est pris à son propre piège et fera plus d'années de prison que celles auxquelles la cour d'assises l'a condamné.

Mais Abdelhamid Hakkar attaque encore et encore l'institution. Pour sortir de sa cage, il n'hésite pas à exploiter tous les moyens à sa portée. Ainsi, selon lui, la procédure doit être annulée en raison de l'existence de faux documents figurant à son dossier. L'acte désignant le juge d'instruction chargé d'informer son dossier, qui date de 1984, serait un faux inséré postérieurement au dossier, car les imprimés utilisés ne dateraient que de 1988. L'instruction serait donc nulle. Il dépose alors une plainte contre l'État avec constitution de partie civile, pour faux et usage de faux en écritures publiques. Il assaillira ainsi régulièrement le tribunal de ses plaintes incessantes. Il redéposera plainte devant la CEDH. La cour d'assises annulée sera rejugée en 2003 à Nanterre, puis en 2005 à Versailles, et Hakkar écopera de deux nouvelles condamnations à perpétuité.

Ainsi, entre 1984 et 1990, Hakkar harcèle la justice, déposant plaintes et demandes de mises en liberté ; entre 1984 et 1988, il tente plusieurs fois de s'évader et fait l'objet d'une nouvelle procédure qui aboutit à un nouveau procès en 1988. Au tribunal, il n'y a que deux juges d'instruction, les moyens sont insuffisants... Or c'est à ce moment-là que des jeunes filles disparaissent et d'autres sont assassinées. À ce moment-là aussi que Fourniret rôde dans les parages...

Dans un tel contexte, les syndicats de policiers réclament le rétablissement de la peine capitale pour les assassinats de magistrats, de policiers et de gendarmes, de personnes âgées, d'enfants et de personnes handicapées. Des directives sont-elles alors données de taire absolument les autres affaires qui, justement, concernent des personnes handicapées dont certaines étaient mineures ? Pour que l'on ignore ces autres affaires ou qu'on les minimise, et que la Bourgogne cesse de faire la une ? Des tueurs tels Fourniret et Muenstermann ont-ils pu bénéficier d'une impunité du fait de cette conjoncture ? Hakkar est-il le grain de sable qui a fait dérailler la machine judiciaire ?

Mais parfois, la justice n'a pas besoin d'aide pour déraper...

Expertises techniques et moyens de la justice : ou comment on perd la trace des tueurs dans nos tribunaux...

« Carole reposait sur un brancard, sous un drap blanc, Betty a hurlé et arraché le linge, attrapé sa fille, elle l'a secouée, elle voulait la voir se lever, se réveiller[1]. » Aujourd'hui, près de seize ans plus tard, Betty hurle encore, la nuit, quand elle croit entendre sa fille l'appeler au secours... Et elle attend toujours une réponse, de ce juge qui refuse de la recevoir, de ces greffiers qui ont

1. Elsa Vigoureux, « Les étranges meurtres de l'autoroute A6 », *Le Nouvel Observateur*, 22 septembre 2004.

perdu les scellés, de ces enquêteurs qui ont baissé les bras et laissé son dossier disparaître peu à peu sous la pile d'autres drames. Comme elle, Anne Gautier, la mère d'Hélène Frinking, une des victimes de Guy Georges, a souffert, attendu, appelé au secours, cauchemardé, supplié, réclamé des expertises scientifiques. Et dans son livre, elle rappelle que « pour les victimes, les policiers scientifiques sont souvent leur dernier espoir... ». Betty y a cru, elle aussi, elle a cru en la science, c'était son dernier espoir... Depuis, elle a appris que de nombreux scellés avaient disparu et ne seraient jamais analysés... Elle a aussi appris que pour ce qui est des scellés restants, le juge n'a pas les moyens de les analyser... Et comme Betty n'est pas très riche ni très connue, son cas importe peu... et le tueur court depuis dix-huit ans, on n'est pas près de le rattraper...

Dans l'esprit des victimes comme dans celui des juges, des médias et de certains policiers, la preuve scientifique, devenue un élément incontournable de l'enquête criminelle, est en tout premier lieu exigée comme garante d'une issue judiciaire. Elle est une composante essentielle de la quête de la vérité. Betty s'est rapidement rendu compte qu'elle était considérée comme quantité négligeable par la justice, mais elle veut, pour les autres, alerter sur certaines dérives du fonctionnement judiciaire français, qui concourent à l'impunité de nombreux criminels au risque de perdre de nouvelles vies innocentes. Tout ne peut être exploré ici, nous nous en tiendrons à certains aspects, en particulier ce qui concerne ce qu'on appelle « l'administration de la preuve scientifique en matière d'homicide ».

La problématique des scellés

Si l'on considère que l'essentiel de la criminalistique concerne l'analyse de traces et d'indices prélevés sur une scène de crime, cette problématique est très simple. On mesure alors l'importance des prélèvements effectués sur la ou les scènes de crime, sur la victime, sur des suspects, etc., et que l'on nomme « scellés ». Sur ceux-ci, la trace du tueur peut apparaître et permettre de l'identifier. Mais en l'absence de ces scellés, la police scientifique ne pourra être sollicitée. En d'autres termes, pas de scellés, pas de police scientifique, et pas de trace du tueur. Or la conservation des scellés par les tribunaux français est affligeante. Il est courant qu'ils soient égarés, perdus, détruits. Déjà, en 1981, alors qu'Émile Louis était suspecté du meurtre de Sylviane Durand-Lesage, les scellés avaient été égarés. Il s'agissait de bandes de tissu retrouvées dans le véhicule d'Émile Louis et qui étaient identiques à celles qui servaient de liens à la victime. Elles n'ont donc pas pu être comparées. Et dans une affaire où il n'existait quasiment pas de scellés, l'absence de cette preuve matérielle a concouru à la décision de non-lieu dont a bénéficié Émile Louis. Un dysfonctionnement grave qui a permis à ce tueur de demeurer libre… vingt ans de plus ! Pour se rassurer, on se dit que les choses ont évolué depuis, que cette situation n'est plus possible au XXIe siècle.

Ce n'est pas si évident. Les pertes de scellés dans les tribunaux sont courantes. Pires, des scellés sont régulièrement détruits en toute légalité et dépit du bon sens. Ils sont conservés de diverses manières selon leur nature. Certains restent au tribunal dans la salle dite des scellés. Mais, contrairement aux assurances fournies aux parents et à ce qu'ils peuvent entrevoir dans n'importe quelle série policière, les scellés ne sont pas conservés dans de bonnes conditions. Si bien que tout avocat débutant qui ferait visiter la salle des scellés à des jurés pourrait obtenir sans difficulté l'acquittement de certains de ses clients, induisant un doute sur la pollution de ces preuves par d'autres ! À ce sujet, dans un procès récent où les victimes, refusant de croiser les médias lors de leur déplacement dans le tribunal, entraient par une porte dérobée, elles étaient amenées à traverser une sorte d'entrepôt-garage dans lequel des objets disparates étaient entassés pêle-mêle, à même le béton, sans précaution aucune : canapés et lampadaires, miroirs et vélo, bidons et pneus, etc. Tout le personnel du tribunal, et même les fourgons effectuant le transfert des détenus, et donc les détenus eux-mêmes, empruntaient également ce passage pour accéder au tribunal. Pour certains des accusés, il aurait été facile d'induire un doute sur la qualité et la validité des expertises qui auraient pu les mettre en cause à partir de scellés ainsi conservés... L'expert, lui, ne saurait être tenu responsable de cet état de fait. Mais s'il en est informé à la barre, pourra-t-il encore assurer la fiabilité de ses résultats ? Et ce n'est pas un exemple unique. Il est évident qu'une vaste réforme du fonctionnement des services des scellés des tribunaux est indispensable. Elle est d'autant plus nécessaire que tous les jours, ces derniers ordonnent la destruction de scellés relatifs à des homicides, notamment lorsque les dossiers ont fait l'objet d'un non-lieu.

Dans un article paru dans *Le Parisien*, Christophe Dubois évoque un cas intervenu au tribunal de grande instance de Nanterre, où des scellés ont été prématurément détruits, compromettant toute chance d'élucidation d'un homicide volontaire perpétré en 1986, alors même que les victimes étaient parvenues à obtenir la réouverture de l'instruction [1]. Parmi ces scellés détruits figuraient, par exemple, des poils retrouvés sous les ongles de la victime. Cette destruction empêchait également de comparer cette affaire à d'autres... Et la situation n'a rien d'exceptionnel. Il existe de nombreux autres cas où les scellés sont détruits sans aucune analyse, alors même que les faits ne sont pas prescrits, privant le dossier de la preuve matérielle.

Les progrès de la criminalistique permettent d'analyser des prélèvements qu'on ne pouvait exploiter il y a encore quelques années. Et le progrès va continuer. Un soin particulier doit donc être apporté à la conservation des scellés. En effet, cette progression constante permet de résoudre des affaires de plus en plus anciennes. Il faut savoir que la loi, les décrets, circulaires et autres textes applicables en matière de scellés sont pour la plupart très anciens, incompréhensibles, voire contradictoires et inadaptés aux progrès de la science. En définitive, ils laissent à l'initiative des parquets, qui en délèguent aux greffiers, la gestion de ces scellés. Depuis des années, les victimes réclament au ministère de la Justice une législation adaptée. En attendant cette loi qui ne vient pas, les preuves de la culpabilité de tueurs sont détruites chaque jour dans les tribunaux français, c'est inacceptable ! Et la réforme de la carte judiciaire va occasionner de nombreuses destructions prématurées de scellés, une situation inadmissible. Car tous les professionnels le savent, lorsqu'un tribunal déménage, de nombreux vieux dossiers, et donc les scellés qui les accompagnent, sont détruits...

Mais cette demande se heurte à l'absence de volonté politique de s'atteler à un tel chantier pourtant urgent.

1. « La destruction des scellés enterre l'enquête », *Le Parisien*, 18 octobre 1999.

Peut-être parce que l'état des lieux risquerait de révéler un scandale majeur de la gestion de la preuve en matière criminelle dans notre pays ? Dans certaines affaires anciennes, les rayonnages sont vidés sans que les procureurs aient pris la précaution de faire au moins procéder, à titre conservatoire, à des expertises. Des telles analyses devraient pourtant être systématisées avant toute destruction, afin de vérifier qu'aucune empreinte exploitable qui pourrait au moins être inscrite au fichier des empreintes génétiques ne disparaisse.

Combien d'empreintes de tueurs en série encore en activité sont là, qui dorment dans les greffes ? Du point de vue des victimes, il est insupportable de savoir qu'on pourrait peut-être y trouver « leur tueur ».

Dans l'affaire Chanal, où l'État a été condamné, le 26 janvier 2005, par le tribunal de grande instance de Paris pour faute lourde du service public de la justice, de nombreuses et graves négligences ont été commises concernant la gestion et l'exploitation des scellés. Nombre d'entre eux ont été égarés de manière inexplicable, d'autres ne feront l'objet d'analyses scientifiques que des années plus tard. Compte tenu du temps écoulé et des conditions de préservation et de conservation, il est certain que de nombreux indices ont été irrémédiablement perdus. Si bien que sur les huit assassinats imputés à Chanal, seuls trois pourront être poursuivis. C'est le juge Chapart qui va sauver l'enquête, sans toutefois parvenir à réparer toutes les erreurs de ses prédécesseurs, notamment lorsqu'ils ont égaré des pièces à conviction. Ce juge inspiré va partir en exploration dans les greniers du tribunal de Châlons-en-Champagne, fouiller les cartons d'objets saisis. C'est là qu'il fait une trouvaille stupéfiante : à l'intérieur de gros sacs de plastique noir, les poussières et poils aspirés sur le sol du combi de Chanal, et surtout les trois blocs de mousse qui constituaient sa couchette, les draps et la literie ! Autant de scellés que ses prédécesseurs avaient oubliés... Sur ces prélèvements, quatre cent cinquante-sept éléments pileux seront découverts, dont trois appartiennent à trois des victimes. Il est grand temps de mettre en place les moyens de procéder à la traçabilité des prélèvements dans les tribunaux.

Une justice de classes ?

Lorsqu'on constate les dysfonctionnements de l'Yonne, on se rend compte que ce petit tribunal ainsi que les services d'enquête locaux, extrêmement réduits, n'avaient pas les moyens, financiers, en personnel, en compétences, de traiter et suivre de tels dossiers. Nul doute que d'autres tribunaux français ont connu les mêmes problèmes. Et là, nul complot ! C'est une situation objectivement vérifiable. Ce manque de moyens des acteurs de l'enquête et du procès permet toutes les dérives. Mais depuis quelques années, cela ne fait qu'empirer... Nos tueurs en série, actuels et futurs, pourraient bien bénéficier, comme leurs prédécesseurs, d'une longue impunité...

Aujourd'hui, on tente de mieux gérer les fonds de fonctionnement des tribunaux, mais on met tout au même niveau, le chauffage, les crayons, les frais d'expertise... Les juges doivent mettre des laboratoires en concurrence. Comment conserver la qualité à moindre prix ? Mais en bons gestionnaires qu'ils sont devenus, ils perdent du temps à solliciter, de la part des laboratoires qu'ils comptent saisir, des devis que ces derniers mettent un temps considérable à produire, pendant que les scellés susceptibles d'apporter une preuve se dégradent peu à peu. De même, lorsqu'un dossier a la chance que des prélèvements ont été faits dans les règles de l'art, il n'est pas toujours possible d'en obtenir l'analyse. On écrit alors aux familles qu'en application de la loi de finance, les crédits alloués ont un caractère limitatif, et que chaque dépense doit être appréciée au vu de la plus-value qu'elle peut apporter à la manifestation de la vérité... Une manière d'informer la victime que les crédits de la justice ne permettent pas l'expertise sollicitée. Un argument utilisé par un magistrat qui, en outre, n'a pas toujours les compétences techniques et scientifiques nécessaires pour évaluer le bien-fondé de l'expertise demandée...

Cette situation, particulièrement choquante, risque d'ouvrir la porte à des dérives de toutes sortes dont on ne mesure pas aujourd'hui les conséquences. Il est vrai que, théoriquement, la victime peut faire appel de cette ordonnance de refus devant le président de la chambre de l'instruction, mais en pratique, on estime que deux fois sur trois, la juridiction d'appel aura tendance à confirmer la décision du magistrat chargé de l'instruction. En outre, s'agissant de se battre pour des questions de budget, il sera difficile à la victime de trouver des arguments pour décider des magistrats et des parquetiers se trouvant eux-mêmes au cœur du système d'ordonnancement des dépenses du tribunal et de la cour d'appel en cause. Ainsi, on peut légitimement se demander ce qu'il adviendra des dossiers qui ne défrayent pas la chronique, ne concernent aucun notable, aucune personne connue, face à des dossiers plus visibles et à la réalité du fonctionnement d'un tribunal. Car il existe bien une réalité incontournable de la vie des tribunaux, à laquelle les victimes se confrontent régulièrement et qui risque de peser plus encore à l'avenir. Les magistrats côtoient forcément certains notables, responsables et journalistes locaux. Il est évident que cet état de fait peut orienter leurs choix budgétaires. Certains auront ainsi tendance à protéger leur carrière, parce que des victimes influentes ou plus instruites, et disposant des moyens de se payer un bon avocat, seront plus facilement amenées à leur demander des comptes et à les contredire. Le montant des frais d'expertise alloué à d'autres dossiers en subira donc des conséquences. Quoi qu'on nous dise, toutes les affaires n'ont donc pas les mêmes chances de réussite puisque tout dépend désormais, avant même la qualité des indices, des enquêteurs ou des magistrats, des moyens financiers qui seront « investis ». Parce que c'est bien de cela dont il s'agit aujourd'hui.

N'est-ce pas là l'image d'une justice de classes, réservée à une certaine élite ? Un choix qui échappe d'ailleurs totalement aux experts eux-mêmes puisqu'il résulte de la décision des magistrats. Ce qui, dans l'esprit des victimes, signifie déjà que le traitement de leur dossier sera dépendant de leur niveau social ou de leur capacité à communiquer, et donc à exercer des pressions. Et c'est déjà le quotidien de ces victimes qui se voient refuser des demandes d'expertises nécessaires pour des questions de budget. Et ce qui est valable pour les expertises est valable pour tout le fonctionnement de la justice.

Un état des lieux déplorable et alarmant

On nous dit aujourd'hui que les frais d'expertise ont littéralement explosé. C'était prévisible. Certains intervenants ont abusé, on a laissé faire. Quant aux experts, ils ne cessent de dénoncer l'état déplorable de la situation, dû au manque de moyens. La plupart jettent l'éponge, las d'attendre d'être payés. On perd en efficacité. Et lorsqu'on constate l'efficacité des services étrangers, que l'on compare les moyens investis dans leur justice et ceux qui le sont en France, c'est inquiétant… et scandaleux. Dans un monde judiciaire où l'on préconise l'abandon de l'aveu et le renforcement de la preuve matérielle, on comprend mal cette situation. Or, aujourd'hui, comme le souligne *Le Monde*, « la justice est déjà piégée par l'explosion des coûts des enquêtes[1] ». Quels seront les dysfonctionnements qui en découleront ? Nos dirigeants n'ont pas réagi en bons gestionnaires. Il fallait négocier les prix avec les opérateurs téléphoniques ou les laboratoires d'analyses génétiques, et adapter les budgets en tenant compte de cette évolution. De ce point de vue, il faut souligner que la Commission européenne pour l'efficacité de la justice (CEPEJ), organe indépendant du Conseil de l'Europe, qui a établi pour la première fois une comparaison de quarante systèmes judiciaires, a placé la France en vingt-troisième position, soulignant qu'elle consacre moins de budget à sa justice que des pays beaucoup moins développés. En conclusion, en 2002, la France était une très mauvaise élève. Comment pouvons-nous accepter cela ? Dans ces conditions, il ne faut pas s'étonner de la situation actuelle, où la justice française, et en particulier la justice pénale, est quasiment en état de faillite ! Toujours selon cette étude, si l'on rapporte l'effort consenti au niveau de vie du pays, les dépenses publiques consacrées à la justice par habitant représentent moins que dans des pays comme le Portugal ou la Pologne…

Ce constat est particulièrement préoccupant et choquant, parce qu'il ne peut y avoir de justice efficace et de qualité si on ne lui donne pas les moyens nécessaires. Ce rapport doit préfigurer la création d'un Observatoire européen de la justice, par la mise en place d'une charte

---

1. *Le Monde*, 30 novembre 2004.

européenne de la qualité de la justice. Mais comme le souligne encore *Le Monde* dans l'article précité, « on est loin du résultat »...

Dans cette analyse, cependant, on omet un point crucial : il est difficile d'anticiper les frais des expertises de police technique ou de fonctionnement d'un tribunal en fonction des affaires qu'il gère. Rien ne permet en effet de prévoir que des meurtres vont se succéder dans une région plutôt qu'une autre. En outre, l'état des lieux est déjà alarmant concernant, par exemple, l'absence de rémunération des experts judiciaires. On sait déjà qu'ils ne pourront être honorés dans leur intégralité. Certains tribunaux seraient même en état de cessation de paiements. Il semble enfin que certains experts judiciaires, qui dans certaines régions ou dans certaines matières n'étaient déjà pas nombreux, commencent à démissionner. Ce constat alarmant risque de poser d'autres problèmes de nature, à court terme, à générer des inégalités graves dans le traitement des dossiers criminels, mais surtout à permettre à certains tueurs en série de continuer à sévir.

Cet état de fait pose alors un autre problème : celui, crucial, de l'évolution de nos techniques d'analyse. Or, sur ce point, grâce à la culture MDN, les criminels sont au fait de certaines techniques et prennent leurs précautions. Il est donc nécessaire que les policiers puissent être à la pointe des techniques. Pour cela, il faut qu'ils puissent les tester sur le terrain, ce qui a un coût. La recherche sera-t-elle encore possible dans un tel contexte ? Ne risque-t-on pas une standardisation des expertises les moins chères et qui ont fait leurs preuves ? Les magistrats ne risquent-ils pas de conserver leurs budgets et de les concentrer sur des affaires sensibles ou médiatiques afin de se protéger des pressions diverses ? Ainsi les moyens seront encore plus concentrés sur ces affaires si rien n'est prévu pour en garantir le financement autrement. C'est déjà ce que préfigurait l'affaire dite « de Pleine-Fougères » où Caroline Dickinson a été assassinée dans l'auberge de jeunesse de cette petite commune[1]. Des budgets hors norme et hors de proportion avec les moyens de la justice locale ont été débloqués. Pourquoi ? Qu'est-ce qui différenciait cet assassinat de celui d'une autre jeune fille ? Qu'est-ce qui le différenciait de l'assassinat d'une autre Anglaise, à Auxerre, où l'enquête a été bâclée pendant des années sans que l'on investisse de moyens ? Dans l'enquête de Pleine-Fougères, les frais consacrés à la criminalistique seront parmi les plus importants jamais déboursés. Bien sûr, pour identifier le coupable. Mais aussi, en l'absence de coupable, pour apaiser une région et faire cesser les suspicions. C'est ce qui a été dit aux médias : il s'agissait de disculper Pleine-Fougères. Mais il faut bien constater que de tels moyens n'ont pas été employés pour disculper d'autres communes où des meurtres tout aussi abominables ont pourtant été commis. Est-ce normal ?

Mais il convient surtout de retenir que le budget devient l'alibi du refus. D'une certaine manière, l'argument facilite la « non-action » du juge d'instruction, auquel le Code de procédure pénale impose de motiver ses ordonnances. Il bénéfice désormais d'une motivation toute trouvée difficile à discuter en appel. Or ce « refus facilité » ne pourra que faire naître de nouveaux dysfonctionnements, en créant une justice à deux vitesses qui profitera aux criminels, déjà si difficiles à repérer. Il ne faut pas oublier que nos services d'enquête sectorisés sont incapables de suivre leurs pistes.

1. Voir chapitre 4.

Pistes sanglantes, pistes croisées

Quand les pistes se croisent, les enquêtes s'emmêlent et les prédateurs demeurent impunis.

La véritable recette de l'impunité des tueurs en série résulte parfois d'éléments qu'ils ne maîtrisent pas eux-mêmes. Parmi ces facteurs, il y a les insuffisances du système judiciaire que nous venons d'évoquer, mais pas seulement. Il y a surtout la prolifération des serial killers associée à leur itinérance. Plus ils sont nombreux, plus ils se déplacent et chassent sur les mêmes terres, plus les pistes se brouillent et moins on les distingue. Certes, on dit qu'ils laissent leur signature sur la scène de crime. On dit aussi que leur mode opératoire permet de les distinguer les uns des autres. Mais cela ne fonctionne qu'à la condition de les connaître déjà chacun, de les avoir étudiés, de comprendre leur fonctionnement et de connaître leur localisation… c'est-à-dire de les avoir déjà interpellés. Pour ceux qui sont en activité, difficile de suivre leurs pistes. Alors les enquêteurs procèdent à tâtons, s'efforçant de rapprocher les scènes de crimes et les modes opératoires. Ainsi, après avoir vérifié qu'un meurtre ne peut être attribué à un meurtrier classique ou à l'un ou l'autre des tueurs en série déjà connus, il faut rechercher un tueur encore en chasse, trouver sa piste, la suivre et la remonter jusqu'à lui. Mais ils sont nombreux. Il y a ceux qui sont déjà identifiés – plus de soixante depuis les années 1980 –, mais on ne sait pas le nombre exact de leurs crimes. Et il y a ceux qui sont en activité et dont on ignore tout. Et il est bien difficile de démêler l'écheveau de leurs itinérances meurtrières.

Avant que Heaulme soit repéré et interpellé, sa route a croisé celle de Fourniret. Un croisement, un crime… Les enquêteurs tirent le mauvais fil, et ils s'égarent. Nous l'avons vu, ces parcours criminels entrecroisés ne sont pas visibles, et les enquêteurs avancent souvent à l'aveuglette. La plupart du temps, ils ignorent même que des crimes similaires ont eu lieu dans d'autres régions. C'est ainsi que des innocents se sont retrouvés en prison à la place des véritables tueurs, leur permettant de poursuivre leur course folle…

Ce n'est que lorsque l'un d'eux est interpellé que le travail de reconstitution peut véritablement commencer, que l'on peut tenter de démêler le fil de son parcours de celui des autres tueurs, et distinguer la trace de ses crimes à travers les routes de France. Ce travail peut mobiliser des enquêteurs pendant des années. Après l'arrestation de Fourniret, un service d'enquête sera enfin chargé de référencer toutes les affaires non résolues qui pourraient correspondre à sa façon de procéder. Plus d'une soixantaine d'affaires ont ainsi été recensées comme pouvant lui correspondre, mais il est certain que, dans ces dossiers, d'autres tueurs sont à l'œuvre…

Reprenons la route, direction la Bourgogne par l'A6.

Zone infestée… Sur les terres d'Émile Louis

Bourgogne, Monéteau, 17 mai 1990. À quelques centaines de mètres de l'A6, Un corps féminin dénudé flotte dans l'Yonne, là où le fleuve forme un coude, à deux pas du centre de formation des gendarmes. Le long de la rive, services de secours et gendarmes s'affairent pour retirer le corps de l'eau et rechercher des vêtements ou indices utiles à l'enquête, alors que les journalistes prennent déjà des photographies macabres. Elles seront publiées dans le quotidien local du lendemain, laissant deviner le corps de la malheureuse sous un drap dont un coin est relevé afin de permettre aux enquêteurs de l'observer, révélant du même coup le manque de soin apporté à la scène de crime. Plusieurs témoins précisent à la presse locale que la jeune inconnue présentait des ecchymoses sous les yeux, des traces de strangulation et de liens aux poignets. L'affaire est inquiétante, c'est le troisième meurtre de femme en une année. La victime est une jeune assistante d'anglais, Joanna Parrish, vingt ans. Ce nouveau crime déclenche l'émoi dans la région, déjà marquée par de nombreuses autres affaires d'assassinats et de disparitions...

Tandis que le corps de Joanna est rapatrié en Grande-Bretagne, les médias soulèvent de nombreuses questions. La presse française se demande si cette affaire sera rapprochée des disparitions successives d'autres jeunes Anglaises en France, depuis 1988[1]. Quant à la presse anglaise, elle enquête sur place et se déchaîne en apprenant qu'à Auxerre, deux autres crimes ont eu lieu quelques mois auparavant. Les journalistes britanniques s'étonnent que les enquêteurs affectés à ces dossiers soient si peu nombreux, et que les autorités judiciaires ne mettent pas en garde les jeunes Auxerroises. La gestion de l'affaire leur paraît tout simplement incompréhensible.

C'est dans ce contexte que *L'Yonne républicaine* va publier un article faisant le point sur l'enquête, dans lequel le colonel Hermetey fera mention d'une des dernières pistes travaillées par les enquêteurs : « Il y a eu le crime de Metz, une fillette assassinée pendant la fête foraine [...] on a immédiatement fait le rapprochement avec Joanna qui, elle aussi, fut assassinée à l'époque de la foire d'Auxerre », affirmant : « On n'a rien négligé. » Le crime de Metz, c'est celui de Laurence Guillaume, qua-

1. Il semblerait que ces affaires ne soient toujours pas résolues.

torze ans, pour lequel Francis Heaulme a été condamné [1]. On a donc pensé un temps qu'il s'agissait d'un seul et même meurtrier. Lors de son arrestation, Heaulme sera d'abord soupçonné, puis mis hors de cause. Il est vrai qu'il a pu transiter dans la région, il est d'ailleurs curieux que ce gendarme ne fasse pas un rapprochement avec le meurtre de Sylvie Baton, un an auparavant, le 5 mai 1989, à Avallon. Cette jeune fille de vingt ans, étudiante à Dijon, avait été retrouvée morte dans sa baignoire, battue, violée, étranglée, alors que la foire battait son plein, à quelques kilomètres à peine d'Auxerre, un peu plus bas sur le trajet de l'A6… Là encore, la culpabilité de Heaulme est écartée. On pensera à Émile Louis, après ses aveux dans l'affaire des disparues de l'Yonne. Mais pour le meurtre de Joanna Parrish, il a un alibi en béton, il est en prison en Corse.

Il fallait donc envisager qu'un ou plusieurs autres prédateurs aient pu œuvrer dans l'ombre d'Émile Louis, de Dunand et de Hakkar, grâce à la défaillance pathétique des institutions locales… c'est-à-dire à l'absence de prédateurs des prédateurs [2]. C'était en 1990. La situation a-t-elle évolué depuis ? À part un magistrat qui aujourd'hui semble avoir la volonté de résoudre les affaires non résolues et l'installation d'une antenne de police capable de suivre des affaires criminelles, rien n'a changé… Les bonnes volontés ont-elles les moyens suffisants pour agir ? On est loin de ce qui avait été promis aux familles des victimes d'Émile Louis. Peu de temps avant l'arresta-

---

1. Voir chapitre 3 et chapitre 6.

2. Dans notre livre sur l'affaire des disparues de l'Yonne (Corinne Herrmann et Philippe Jeanne, *Les Disparues d'Auxerre*, *op. cit.*), nous soulignions déjà que d'autres prédateurs comme Émile Louis avaient pu bénéficier de la situation des institutions pour agir dans cette région en toute impunité, une zone où ils n'avaient pas de prédateurs naturels. Ils en ont donc profité pour agir et poursuivre leur route.

tion de Fourniret, des gendarmes placés en haut lieu, chargés d'une pseudo-cellule d'enquête créée dans le but de reprendre les affaires non résolues sur place, n'hésiteront pas à dire aux représentants des familles des disparues de l'Yonne qu'il n'y a pas lieu de rapprocher les affaires Laville, Domece, Parrish, Baton et Bernard[1]. Quelques semaines plus tard, Monique Fourniret désignait les meurtres de son époux, qu'il reconnaîtrait par la suite. Parmi eux, l'affaire Laville. Dans une deuxième vague d'aveux, elle mentionnera les meurtres de Joanna Parrish et de Domece…

Les gendarmes se sont ridiculisés. Alors que nous réclamions qu'une véritable enquête commune soit effectuée, un des patrons de la gendarmerie nous a répondu ne pas être saisi des dossiers de police et qu'il n'y avait pas lieu de rapprocher les autres dossiers entre eux… Rien n'est fait, la cellule d'enquête meurt de sa belle mort, en douceur, en silence. Mais l'histoire n'est pas finie pour autant. Car le sort va jouer un tour à ces enquêteurs. Car nous avions raison, un autre prédateur était tapi dans l'ombre du chauffeur de car… Michel Fourniret, accompagné de sa femme. Et ces gendarmes qui savaient tout vont se précipiter voir la bête pour l'interroger, sans honte et avec l'assurance d'une promotion à la clé qui viendra récompenser leur immobilisme et leur refus d'agir et d'accéder aux demandes des familles. Là encore, on nous dira : « Cela n'arrivera plus. » Faux. Nous le verrons lorsque nous évoquerons les meurtres de l'autoroute A6, dans le sud de la Bourgogne.

Quant à Michel Fourniret, il connaît parfaitement la région. Sa mère y a vécu, il y a vécu lui-même avec sa

---

1. Ce que nous avons fait dans notre livre en 2001, annonçant d'autres prédateurs.

femme, plusieurs mois, et y a laissé quelques cadavres dont celui d'Isabelle Laville dont il avoue le meurtre, indiquant où il a dissimulé le corps. La disparition avait un temps été attribuée à Émile Louis, permettant à certains journalistes peu sérieux ou avides de notoriété d'évoquer l'existence d'un réseau derrière Émile Louis. Il y avait bien un réseau, mais c'était celui créé par l'entrelacs des routes de ces tueurs...

Ainsi, à cette période, les routes de trois criminels hors norme se sont croisées dans l'Yonne. De quoi brouiller les pistes. Dans l'affaire Sylvie Baton, les enquêteurs ont également eu à s'interroger sur la culpabilité de Guy Georges. Elle vivait en effet dans un petit pavillon appartenant à la famille de l'une des victimes du tueur de l'est parisien... Le hasard, peut-être, mais alors un hasard troublant. Restent donc en suspens les affaires Baton et Bernard, et d'autres disparitions, d'autres meurtres. Danielle Bernard a été tuée de quatre-vingt-quatre coups de tournevis en juillet 1987 à son domicile d'Auxerre. Un dossier de plus qu'on s'est empressé de clore encore anormalement. Il y a donc Heaulme, Émile Louis, Fourniret et Guy Georges... Mais ce ne serait pas eux. Serait-ce celui qui vient d'être identifié dans l'affaire Sylvie Baton, un réparateur de télévision ou électricien ? Il est vrai qu'un réparateur de télévision ou d'antenne a été aperçu dans la rue de Danielle Bernard le jour du meurtre... Quelqu'un employait-il le tueur ? Des vérifications sont-elles effectuées ? À moins qu'il s'agisse encore d'un autre criminel...

La Bourgogne est donc une région bien infestée. Mais elle n'est pas la seule.

En Bretagne, sur les terres de Heaulme

Le corps d'Aline Pérès, une aide-soignante, est retrouvé par des promeneurs, le 14 mai 1989, sur la plage des Sables-Rouges – un nom prémonitoire – dans la région de Brest. Le corps porte des blessures à l'arme blanche à la gorge, au thorax et au bras droit. Le médecin légiste établira que la mort résulte d'une plaie au cœur provoquée par un instrument tranchant et piquant ayant pénétré le ventricule droit. L'enquête s'oriente rapidement vers les milieux des marginaux dont certains sont hébergés par la communauté Emmaüs locale. Parmi eux, se trouve un certain Francis Heaulme qui a quitté les lieux la veille, mais qui a attiré l'attention d'un enquêteur de la section de recherche de Rennes, Jean-François Abgrall, qui l'interpellera trois ans plus tard pour le meurtre d'Aline Pérès. Dès janvier 1992, Heaulme va donner plusieurs versions. Il parle de « l'autre » qu'il aurait vu frapper la victime, mêlant à son mensonge des aveux sincères. « J'ai frappé plusieurs fois, raconte-t-il, j'ai senti mon couteau toucher les côtes de la femme, c'était très dur, dans mon rêve c'était lui qui donnait les coups de couteau à la femme... » Puis il précise qu'il l'a frappée à quatre reprises, ce qui correspond bien aux constatations médico-légales.

Est-il également impliqué dans l'affaire Natacha Danais[1] ? Les premières constatations permettent d'établir qu'elle a été tuée de trois coups de couteau à la poitrine[2]. Les gendarmes font immédiatement le rapprochement avec l'avis de recherche diffusé trois jours plus tôt dans toute la France par les policiers nantais, concer-

1. Voir chapitre 4.

2. *Le Figaro*, 26 novembre 1990.

nant une toute jeune adolescente de treize ans ayant disparu de Rezé, dans la banlieue sud de Nantes. Depuis, on sait que le couple Fourniret a fait tomber cette petite fille dans ses filets en demandant sa route. Mais si les époux démoniaques ont régulièrement tendu ce même piège à leurs victimes, Fourniret, lui, ne procède pas toujours de manière identique. Un an et demi après le meurtre d'Aline Pérès, il se rend à Nantes où il doit comparaître devant le tribunal de grande instance pour répondre de la dégradation de toiles appartenant à l'ex-époux de sa femme. L'audience passée, le couple reprend la route et enlève Natacha. Fourniret se souvient-il alors du meurtre d'Aline Pérès ? Du mode opératoire employé ? A-t-il fantasmé de tuer de la même manière que le tueur de Brest ? Le corps de Natacha Danais est découvert sur une plage, comme celui d'Aline Pérès. Il porte deux plaies par arme blanche dans la région du cœur. Or, pour les crimes qui ont précédé celui de Natacha, Fourniret a toujours dissimulé les corps de ses victimes. Un comportement qui le différencie de Heaulme, jusqu'au meurtre de Nantes. Depuis, sous réserve des affaires qui n'ont pas encore été révélées, il n'a jamais reproduit ce mode opératoire. A-t-il cherché à brouiller les pistes ? Ou à varier les plaisirs ?

Dans un premier temps, les deux affaires vont être rapprochées. Les modes opératoires se ressemblant, les enquêteurs se demandent si les deux victimes n'ont pas croisé la route du même prédateur. Francis Heaulme sera interpellé en janvier 1992. Dès lors, des vérifications sont entreprises sur toute une série d'affaires pouvant correspondre à son mode opératoire et à ses déplacements. L'affaire Danais en fait partie, mais Heaulme est disculpé. Peut-être tout simplement parce qu'il ne sait pas conduire et qu'on l'a éliminé des suspects en raison du témoignage relatif à la fourgonnette. Ainsi, les concordances dans la manière de tuer entre ces deux prédateurs, Heaulme et Fourniret, sont volontairement très troublantes. Difficile de reconstituer le parcours de Fourniret sans avoir connaissance, année par année, mois par mois, des affaires qui défrayent les chroniques judiciaires.

Mais le cas de Fourniret est particulier. Teste-t-il des façons de tuer ? Est-il un imitateur ? Imite-t-il les modes opératoires qui ont été utilisés dans certaines régions, et qui concernent des affaires non élucidées, pour assurer son impunité ? Espère-t-il que ses meurtres seront attribués à un autre ? Est-ce pour accroître son plaisir, celui d'essayer plusieurs manières de faire souffrir et mourir ? Est-ce pour que la police recherche un seul homme, se fondant sur la théorie du mode opératoire unique, qu'il rend ses modes opératoires synchrones avec les affaires locales, empêchant les enquêteurs d'établir un lien entre ces meurtres d'apparence si différents ?

Sur les terres de Chanal

Le 9 août 1988, près de Mâcon, dans le sud de la Bourgogne, Chanal est interpellé en flagrant délit. Il est transféré à Chalon-sur-Saône et immédiatement interrogé. Du même coup, l'affaire des disparus de Mourmelon rebondit. L'affaire est très médiatisée, Michel Fourniret la connaît bien. Il y fait d'ailleurs expressément référence dans les aveux qu'il forme en juin 2004 au sujet du meurtre de Fabienne Leroy. Fabienne est tuée d'un coup de fusil. C'est la première fois, semble-t-il, que Fourniret utilise une arme à feu. Il confiera à sa femme s'être inspiré des méthodes du tueur de Mourmelon, est-ce pour que ce crime lui soit attribué ?

Ainsi, Michel Fourniret a « chassé » sur les terres d'autres tueurs, dans l'Yonne sur le terrain d'Émile Louis, en Champagne sur les terres de Pierre Chanal, en Bretagne sur les terres de Francis Heaulme. On a l'impression qu'il n'agit que dans des lieux où des affaires non résolues ont été perpétrées et selon un mode opératoire semblable. Comme en Belgique...

Mercredi 20 décembre 1989, Saint-Servais, banlieue de Namur, 15 h 30. Élisabeth enfile sa doudoune mauve pour se rendre au domicile de son amie Vanessa qui l'a invitée à passer l'après-midi chez elle, rue de Waterloo. Les deux amies vont ensemble chercher du pain à la boulangerie du coin et rentrent chez Vanessa. Élisabeth quitte son amie, personne ne la reverra plus.

Tout sera tenté en Belgique, en Europe et à travers le monde pour la retrouver. Plus le temps passe, plus les chances s'amenuisent. Petit à petit, les enquêteurs finissent par abandonner l'idée de la retrouver vivante. Ils décident de se recentrer sur la région de Namur et sur la recherche de son cadavre, penchant pour la thèse d'un rapt suivi d'un crime. Le juge belge chargé du dossier donne alors mission aux enquêteurs d'interroger un certain Francis Heaulme. Ce dernier fait depuis peu les gros titres des journaux français, il est soupçonné d'être le pire tueur en série que la France ait connu. L'homme vient d'être condamné par la cour d'assises du Finistère pour le meurtre sauvage d'Aline Pérès, une aide-soignante, et il est déjà soupçonné pour le meurtre d'un enfant, un petit Belge, Joris Viville, assassiné dans le sud de la France, une affaire qui fait la une des journaux belges. Dès lors, il apparaît naturel d'interroger ce tueur itinérant sur la disparition d'Élisabeth Brichet.

Les enquêteurs prennent contact avec leurs homologues français. C'est ainsi qu'ils sont amenés à vérifier la présence de Heaulme dans la région au moment de la disparition d'Élisabeth. Ils trouvent sa trace dans un foyer Emmaüs de Namur. Heaulme est donc bien passé en Belgique à cette époque. Ils interrogent le « routard du crime » qui reconnaît avoir séjourné à Namur : « En fait, à Namur, j'y étais, mais en novembre 1991, je me trouvais dans un foyer de SDF. » Puis il leur avoue y avoir eu « un problème », sans autre précision. Et, comme à son habitude, il leur tient des propos décousus et mystérieux, par bribes : « Si j'avais eu à tuer quelqu'un à Namur, je l'aurais étranglé et jeté à l'eau. » Les enquêteurs pensent tenir leur coupable, même s'il nie. Car Heaulme nie avoir rencontré Élisabeth, il nie l'avoir tuée et affirme qu'il est incapable de faire du mal à un enfant. Les enquêteurs ne le croient pas, et ils vont perdre du temps, beaucoup de temps. Car Heaulme ne ment pas. Ce n'est pas lui.

Tapi dans l'ombre de Heaulme, Fourniret était là, lui aussi, libre. C'est lui le meurtrier. Il l'avouera plus de dix ans après.

À la place de Heaulme

Émile Louis n'a pas la chance de Fourniret. Il se fait arrêter à la place de Heaulme, et cela lui vaut quelques années de prison. Joris Viville est enlevé alors qu'il séjourne avec ses parents dans un camping proche de celui où vit Émile Louis, du côté de Port-Grimaud. Les enquêteurs chargés du dossier recensent tous les agresseurs pédophiles séjournant dans la région. Parmi eux, figure Émile Louis qui a déjà été condamné pour des agressions sexuelles sur mineurs et qui sera dénoncé par les enfants de ses voisins et amis du camping qu'il gardait. Il sera donc soupçonné du meurtre de Joris Viville avant d'être innocenté. Quant au meurtrier du petit Joris, c'est bien Heaulme. Mais jusqu'à l'audience de la cour d'assises de mai 1997, le mystère de l'identité de son complice subsistera. Et si Émile Louis avait été ce complice ? se demande-t-on alors. La question se posera sérieusement, puis sera éliminée. Il reste qu'Émile Louis et Francis Heaume se sont bien croisés dans cette région du Var… Et ils y ont croisé un autre tueur, Van Geloven.

Le cas Van Geloven

Dans les années 1980, la seule évocation de ce nom faisait frémir. Van Geloven était considéré comme l'un des pires tueurs d'enfants qui ait traversé l'histoire criminelle française. Pendant des années, les enquêteurs viendront des quatre coins de l'Hexagone pour l'interroger. Les gendarmes locaux ne cesseront de recevoir des demandes de renseignements de la part des autres brigades, toutes relatives à la mort ou à la disparition d'enfants. Les quotidiens s'en feront l'écho, entretenant ainsi l'image du monstre. De nombreux dossiers seront ainsi rouverts, et Van Geloven sera régulièrement extrait de sa cellule pour être entendu sur l'une ou l'autre affaire, tel le meurtre de Natacha Danais dans la région de Nantes, aujourd'hui reconnu par Michel Fourniret, et celui de Joris Viville dans le Var, avoué par Francis Heaulme. Dès décembre 1992, les gendarmes vont également l'entendre au sujet du meurtre d'une adolescente de quatorze ans, Laurence Guillaume, tuée près de Metz, à proximité de son domicile. Là encore, c'est Heaulme le coupable. Mais il n'en reste pas moins que Van Geloven était dans la région et que sa route y a croisé celle du routard du crime.

Il est également suspecté d'avoir enlevé et tué Anaïs Marcelli, à Mulhouse, en Alsace. Les enquêteurs belges s'y réintéresseront en 2003, suspectant Michel Fourniret[1]. Il finit par connaître toutes les affaires d'enfants martyrisés avant son arrestation, parce qu'il est systématiquement entendu... C'est au tour d'une série de quatre meurtres d'enfants dans la région parisienne en 1987. Aujourd'hui encore, cette affaire demeure un mystère. Quelle jubilation, pour un homme aimant dominer, de voir ces enquêteurs défiler devant lui pour l'entendre comme leur dernière chance... Même les policiers belges viendront l'interroger à Pau au sujet de l'affaire Élisabeth Brichet[2], et de celle d'une fillette de dix ans, disparue du côté de Louvain. Dès 1992, *France-Soir* soulignera que de nombreux dossiers encore à l'étude, parmi lesquels la disparition de Nathalie Geijsbregts, une écolière belge de dix ans disparue à Bertem. Selon certains témoins, elle serait montée dans une voiture grise, le 26 février 1991. Or, à cette date, Van Geloven se trouve à vingt kilomètres de là, il possède une voiture de la même couleur, et son emploi du temps est confus. Il nie. Mais est-il le seul ? D'autres ne chassaient-ils pas sur les mêmes terres, de la même manière ? Cette affaire fait-elle encore partie des cent trente affaires belges non résolues à ce jour ?

Tant d'enfants enlevés, torturés, violés, tués... Tant de parents dans le désespoir... Tant de criminels d'enfants demeurant dans l'impunité... Pendant des mois, des enquêteurs de la France entière vont tenter de reconstituer sa vie presque heure par heure, pour ne rien oublier, ne rien manquer. Ses carnets de rendez-vous et jusqu'à ses notes de frais sont épluchés et son parcours retracé. Diffi-

1. Cette affaire a-t-elle été résolue depuis ?
2. *Libération*, 2 juin 1993.

cile de suivre l'itinéraire d'un VRP... Lui continue à jouer de sa supériorité. Ainsi voit-on encore apparaître dans des dossiers et des audiences la trace de Van Geloven, de ses notes de frais, de ses factures d'hôtel, d'essence ou de péage. Autant d'éléments qui ont permis de l'innocenter dans toute une série d'affaires où sa culpabilité aurait pu être engagée.

Aujourd'hui, de nombreux meurtres ou disparitions de mineurs datant de la fin des années 1980 demeurent irrésolus. La vérification systématique des emplois du temps des tueurs serait-elle passée de mode ? Il est vrai que passer au tamis les emplois du temps de criminels tel qu'Émile Louis, qui ont sévi pendant des dizaines d'années, nécessiterait la mobilisation de moyens d'enquête lourds et onéreux. Et puis, il y a la prescription. Les affaires de meurtres non résolues dans le sud de la France, qui présenteraient des similitudes avec le mode opératoire d'Émile Louis, ont-elles été rapprochées ? L'enquête s'est concentrée sur les seuls actes perpétrés sur ses proches dans le Sud. Il en va de même pour d'autres tueurs. On peut se demander si le parcours d'Arce Montes, qui a tué Caroline Dickinson à Pleine-Fougères, a été méticuleusement vérifié... Fourniret, dans ce cadre, semble être un cas à part puisqu'on vérifie son éventuelle culpabilité dans toute une série d'affaires – une soixantaine. Cette exception pourrait s'expliquer par le travail déjà été effectué par les enquêteurs belges, et par une certaine compétition entre les différentes équipes françaises et belges. Mais c'est en réalité un leurre car, au contraire des Belges, les Français laissent courir. Rien ne change.

Un cas exemplaire ?

« Toutes les convictions vacillent lorsqu'on voit ainsi confrontées l'incarnation du mal et la parfaite innocence. » C'est ce que dit l'un des enquêteurs présents lorsque les corps dénudés, disloqués et putréfiés de deux fillettes disparues à Elne sont enfin hissés hors du gouffre où ils avaient été dissimulés. Ce matin-là, si le froid est cinglant sur ce plateau du Larzac, près du cirque de Navacelles, il n'atteint pas les hommes qui participent aux opérations de recherche. Ils avoueront avoir perdu toute humanité envers celui qui vient de leur désigner cet aven où il a dissimulé les corps de deux petites filles. Ce n'est qu'au bout de plusieurs heures d'efforts qu'ils parviendront à les ramener à la surface. Van Geloven aurait accepté de désigner l'emplacement des corps, les enquêteurs l'ayant convaincu, s'appuyant sur sa croyance en Dieu, qu'il serait mieux que ces fillettes disposent d'une sépulture plus digne qu'un trou noir et froid rempli d'eau saumâtre.

Pour l'ensemble des médias de l'époque, dont *Le Monde* du 22 mars 1994, l'affaire Van Geloven est l'exemple même d'un ratage incroyable de la justice et de la médecine… Un cas d'école qui ne faisait qu'annoncer une longue série d'autres ratages plus dramatiques encore, qui se sont produits dans les mêmes années mais n'ont été révélés qu'au XXIe siècle. Encore un meurtrier de bord de routes. Dans l'Est, nous l'avons vu, les tueurs se sont aussi croisés ; derrière Heaulme, se cachait un Poirson qui en était encore à ses premières expérimentations à Strasbourg, un Bodein lui aussi en gestation, un Yvan Keller déjà bien actif. En Champagne, derrière Chanal, il y avait Heaulme, ils se sont peut-être croisés, et qui sait si Chanal n'a pas croisé Heaulme sur l'une ou l'autre des routes marnaises ? Car Heaulme a tué en Champagne à plusieurs reprises. Et derrière eux, d'autres que Heaulme et Fourniret se cachaient-ils ? Il y en eut au moins un, Michel Peiry, un tueur en série qui s'attaquait aux hommes et avait circulé en Champagne à la période des disparitions de Mourmelon. Il a été mis hors de cause, mais il était bien là, tapi dans l'ombre des autres, et il n'est pas certain que l'on connaisse toutes ses victimes françaises… Car il tua à deux reprises en traversant la France.

Sur la route des tueurs, pas de frontières, pas de limites…

Le découpage des juridictions ne s'impose à eux que lorsqu'ils sont confrontés à la justice. Auparavant, leurs routes se croisent sur la carte judiciaire comme sur la carte des routes de France, mais ils se fichent de ce découpage des institutions et des frontières administratives. Nous l'avons vu, ils se déplacent sur l'ensemble du territoire et ils ne connaissent aucune frontière pour les retenir. Ils agissent partout en France, peuvent sévir à l'étranger, ou croiser dans nos frontières des tueurs étrangers comme Jack Unterweger qui tue aux États-Unis et en Tchécoslovaquie, en Autriche et peut-être même en France, mais là… nulle enquête, malgré les demandes des enquêteurs autrichiens, comme aussi Michel Peiry, Eckert Volker ou Roberto Succo.

Au contraire, tout ce qui représente une frontière constitue pour eux un atout. Car ils jouent avec ce découpage administratif qui leur permet de s'éloigner des services d'enquête et des tribunaux chargés de leurs dossiers. On se trouve alors dans une situation judiciaire totalement incohérente, aberrante et incompréhensible.

Ainsi, dans le dossier Rezala, trois tribunaux et trois services d'enquête différents seront saisis, qui ne parviendront jamais à se mettre d'accord, un grave dysfonctionnement qui profite au tueur. Dans le cas de Chanal, trois tribunaux différents seront également saisis, résultat : cette enquête titanesque accouche d'une souris, et de nombreux scellés sont égarés ! Pour Heaulme, plus de sept tribunaux seront saisis, aucun juge ne connaîtra donc le dossier à fond. Dans l'affaire Leconte, deux tribunaux différents seront saisis, pourtant les deux victimes concernées présentent les mêmes blessures… Conclusion : le second dossier met deux ans de plus à être jugé, et les victimes attendent.

Aujourd'hui, rien n'a changé. Chaque tribunal veut conserver son dossier, chaque service d'enquête fait de même, même s'il est en situation d'échec. Il est impératif de regrouper tous les dossiers qui peuvent répondre à un même tueur, devant les mêmes magistrats et services d'enquête, afin de centraliser les mêmes compétences, de sorte à dégager d'autres preuves que la preuve matérielle, qui tiennent à la façon de procéder du tueur. Cela reste encore quasi impossible en France. Alors il faut prendre des mesures radicales afin que tout crime répondant à des critères restant à déterminer soit obligatoirement confié à un pôle de juges spécialisés, et surtout que les enquêtes soient attribuées à des services nationaux ayant les moyens d'intervenir partout. Le juge Fonfrède l'avait déjà compris à la fin du XIXe siècle, qui tenta d'analyser comment Vacher avait pu tuer autant et échapper aux recherches, alors qu'on disposait de son signalement. Il découvrit alors qu'un crime commis dans une commune donnée donnait lieu à des investigations n'outrepassant pas les limites de la compétence territoriale du parquet et du juge d'instruction. Il suffisait donc à l'assassin de se rendre dans une autre circonscription pour ne pas être recherché ! L'échec était donc dû à l'inorganisation ou à la mauvaise coordination de la police, mais aussi à la magistrature et à sa manière de conduire des enquêtes. À cette époque, les enquêteurs ne reliaient les crimes que s'ils avaient eu lieu dans un même département et à des dates très proches. Vacher avait donc profité des failles du système. Il n'agissait jamais au même endroit.

Cent ans plus tard, Francis Heaulme ne s'y prend pas autrement. Il traverse la France de part en part en quelques heures, brouillant les pistes aussi aisément que Vacher un siècle plus tôt. Francis Heaulme frappait, puis il disparaissait de la région. La situation n'a pas changé. Les tueurs se rendent toujours invisibles de la même manière. Avons-nous des outils d'aide à l'enquête, permettant de pister ces ombres sur le territoire national ? Existe-t-il seulement une carte nationale des crimes, par type de victimes, par mode opératoire, par dates, actualisant les affaires résolues et celles qui ne le sont pas ? Ce n'est pas certain. Les fichiers qui ont été mis en place, ce qui est déjà un sérieux progrès, sont-ils suffisamment « renseignés » ? Sur le terrain, nous constatons que non, sans compter que les juges d'instruction ou les enquêteurs ne les consultent pas toujours.

Il semble bien que les circonscriptions demeurent les limites de l'enquête. Les criminels en profitent. Il faut donc abattre ces frontières, ou bien les contourner en mettant en place des outils de pistage spécifiques. Il existe quelques avancées timides, mais insuffisantes. Il est impératif de mettre en place des systèmes susceptibles de regrouper et d'analyser toutes les informations concernant ces crimes. Enfin, il faut un service d'enquêteurs et de magistrats centralisé, qui soient capables de réunir tous les dossiers et de les traiter en bloc.

En 1958, aux États-Unis, l'agent spécial Ressler tente de regrouper les différentes informations recueillies sur des crimes présentant une certaine similitude. Cette recherche fut très vite informatisée. En 1969, Pat Mullany et Howard Teten créent une unité spécialisée (Behavioral Science Unit ou BSU) afin de regrouper les informations concernant les caractéristiques propres à chaque homicide, afin de pouvoir construire le profil psychologique de son auteur. Cette unité a aujourd'hui pour mission de développer des programmes d'entraînement, de recherche et de consultation pour toute organisation luttant contre le crime. Elle a créé une base de données informatisée permettant d'établir des rapprochements entre différents crimes. Au Canada, un système d'analyse des liens entre les crimes et violences, connu sous le nom de Viclas, a été mis en place dès 1991. Ce système a ensuite été adopté par la Belgique, l'Autriche et la Hollande. Dans l'enquête sur Fourniret, le procureur général de Reims, Yves Charpenel, a déclaré : « Si le système Viclas était au point, l'enquête pourrait être menée plus rapidement. Mais le système n'est pas suffisamment nourri et il ne nous est donc pas encore très utile. » Car nous disposons enfin d'un système décliné du Viclas, le Salvac, qui est très en retard dans son application mais tout de même susceptible d'apporter quelques débuts de réponses.

Jusqu'en 1994, le Royaume-Uni a utilisé le système Holmes, actuellement remplacé par Holmes 2, qui est très élaboré. Quant aux pays de l'Est, ils confient ce type de rapprochements à des services de l'État. En France, nos outils sont encore trop insuffisants. Dernièrement, un office central de policiers et gendarmes a été créé, destiné à intervenir sur des dossiers de disparitions ou de meurtres en série, et à opérer les rapprochements utiles. C'est la bonne voie, mais cela reste insuffisant et ne saurait pallier les dysfonctionnements que nous continuons de déplorer. Ils ne peuvent pas toujours travailler avec facilité, les enquêteurs locaux rechignant parfois à accepter leur intervention. En outre, il n'est pas certain qu'ils aient les personnels et moyens financiers suffisants… Pourtant, dans tous les dossiers de l'A6 en souffrance, ces dossiers où l'on ne peut prononcer ces mots maudits de « tueur en série », c'est le seul outil utile dont nous disposons à ce jour…

ÉPILOGUE

L'autoroute des larmes

Les souvenirs de leurs visages s'effacent et se désagrègent au fur et à mesure de notre lecture, leur histoire s'évanouit peu à peu au milieu de tant d'autres, leurs cris et leurs pleurs ne sont plus audibles, leurs morts sont trop insupportables et leurs tortionnaires trop diaboliques. On a envie de chasser tout cela d'un revers de la main, de s'échapper de cette atmosphère pesante, oppressante. On est dégoûté, ou on se révolte de savoir qu'on les côtoie, nos proches et nos enfants aussi. Pour se rassurer, on doute, ce n'est pas la réalité… Mais alors, comme un signal d'alarme, les bruits de l'autoroute envahissent à nouveau nos esprits, des coups de klaxon retentissent et s'étirent dans nos pensées. Du fond de notre mémoire, le pont de Charnay-lès-Mâcon réapparaît et se rapproche peu à peu, et l'ombre est là, se dessinant dans le lointain, accrochée à sa rambarde… On voudrait allumer la radio, mettre de la musique, se vider l'esprit, mais il flotte comme un air grégorien impossible à dissiper. À la fois rassurante et terrifiante, l'ombre envahit nos pensées. On ne voudrait pas refaire ce voyage à l'envers dans l'effroyable monde des tueurs en série, pourtant rien ne sert de fermer les yeux, ils comptent parmi nos prédateurs, et ils sont là.

Car si les tueurs dont nous avons parlé jusque ici ont été interpellés, sont emprisonnés ou morts, il reste les autres. Ceux qui agissent actuellement, certains depuis les années 1980, d'autres depuis moins de temps. Que fait-on les concernant ?

Dans le sud de la Bourgogne, tant de jeunes filles ont connu une mort violente. Leur point commun ? Le bitume… À l'heure de refermer ce livre, il est temps de partir à leur rencontre.

Sylvie est une jeune femme de vingt-trois ans. Elle rentre tranquillement chez elle en cyclomoteur après son travail. Il fait froid, il fait nuit, on est le 14 novembre 1986. Elle qui redoutait de prendre la nationale à cause des camions, se volatilise sur cette route moins fréquentée. Mais une route facile à atteindre de l'autoroute. Qui a-t-elle rencontré ce jour-là ? Nous ne le savons toujours pas, l'affaire reste mystérieuse. Son corps sera retrouvé quelques mois plus tard dans la rivière, des liens enserrent ses poignets et son cou. Aujourd'hui, l'affaire est toujours en suspens…

Le 18 décembre 1986, tandis que l'on recherche encore Sylvie, Christelle Maillery, seize ans, rentre du collège. On la voit passer sur son chemin habituel. Il est midi, il pleut à verse, elle n'arrivera jamais chez elle. On la retrouve une heure et demie après, gisant dans la cave d'un immeuble proche du sien. Christelle a été tuée de trente-trois coups de couteau et étranglée. Cette affaire non plus n'est pas résolue ; pire, la justice a purement et simplement oublié Christelle pendant longtemps ! Comment expliquer qu'un magistrat ait décidé de clore son enquête au bout de moins de trois ans par un non-lieu, au prétexte qu'on ne trouvait rien ? C'est une véritable démission ! Un tel dossier ne devrait jamais risquer d'être clos. Comment admettre qu'un juge se débarrasse ainsi d'une affaire ? L'instruction a été rouverte depuis, mais il n'existe plus de scellés, ils ont été détruits, sans que personne n'ait pensé à effectuer des analyses auparavant ! À moins que ce soit par choix, pas de dépenses pour une telle affaire, il y a plus urgent, plus important…

Sauf que l'hécatombe continue. C'est le tour de Marthe et Nathalie, retrouvées sur l'aire de Saint-Albain, nous avons vu comment elles ont été tuées. Là encore, ces affaires ne sont toujours pas résolues[1].

Sont-ce leurs âmes perdues qui ont attiré frère Antoine sur les routes de Bourgogne ? Pourquoi est-il parti de Cîteaux vers son pont ? Il dit qu'une main l'a poussé de l'abbaye vers la route, « comme si Dieu m'obligeait à le faire ». Pour penser aux souffrances de la terre, aux souffrances de la route ? Les frères de la règle de saint Benoît, eux, ne comprenaient pas les souffrances de la route. Lui, si. Il dit même sentir la mort venir, celle des moines de l'abbaye, et peut-être pas seulement. Mais il garde ses secrets. Pourtant, il a traversé ce fameux triangle de la mort chalonnais, il a pris la route, il est parti de Cîteaux en direction de Charnay-lès-Mâcon. Comment ? Quand ? Nous ne le savons pas. Mais sur sa route, il a croisé les lieux de tous les meurtres de Saône-et-Loire, les reliant, par ses chants et ses prières, à ce pont. Comme si tout se rejoignait là. Et si c'était le cas ?

Pour Marthe ou Nathalie, pas de réponse de la justice. Pour Marthe, un véhicule avec quatre occupants l'aurait prise en stop. Que s'est-il passé ? Marthe n'a eu d'autre solution que de sauter en marche, choisissant la mort… Pour échapper à quoi, à qui ? La justice s'en fiche. Ces

1. Voir chapitre 1.

hommes, on les connaît. Pourtant, ils ne sont pas inquiétés. Quant à Nathalie, des scellés prélevés sur la scène de crime – des cheveux, des bouts de chair – se sont perdus entre les deux laboratoires qui devaient les analyser et le tribunal… Mais peu importe. Les autres ont été conservés dans des conditions inavouables, sans protection, mêlés à d'autres. Parmi eux, pourtant, l'arme du crime, tachée de sang et tenue par la main du tueur… Là encore, qu'importe. Ces jeunes filles sont nos natives à nous, un peu comme les indiennes du Canada. Leurs mères pleurent, n'osent marquer les lieux des meurtres avec des panneaux, cela ne se fait pas chez nous.

De 1986 à 1990, il y eut une petite accalmie en Saône-et-Loire. Le diable ou la mort avaient-ils eu leur quota de vies volées de ce côté de la Bourgogne ? De 1987 à 1990, les meurtres se concentrent alors dans la région d'Auxerre, mais toujours le long du trajet de l'autoroute A6 : Isabelle Laville (1987), Marie-Angèle Domece (1988), Danielle Bernard (1989), Sylvie Baton (1989), Joanna Parrish (1990)… Deux tueurs au moins ont l'air d'être impliqués dans ces affaires : Fourniret – il a avoué les meurtres d'Isabelle, Joanna et Marie-Angèle – et aussi Ulrich Muenstermann[1], un tueur allemand déjà condamné dans son pays pour plusieurs viols ou tentatives de viol, et un meurtre, celui de Karen Œhme en 1983. En cavale en France à partir de 1986, il sillonnera à plusieurs reprises le pays au volant de sa camionnette blanche et bleue et se rendra notamment à Avallon, où il est suspecté du meurtre de Sylvie Baton en 1989. Sa trace génétique a été retrouvée sur des scellés qui manifestement avaient été mal, ou pas exploités auparavant. Il fallut

1. Tant qu'il n'a pas été jugé pour les faits qui lui sont reprochés, Muenstermann est présumé innocent.

attendre que le septième juge d'instruction saisi du dossier décide de mettre en œuvre tous les moyens pour le faire enfin avancer. Mais combien de magistrats ont-ils cette conscience professionnelle ? Au moment de presque toutes les affaires du Sud-Bourgogne, Muenstermann est libre. C'est donc une piste à vérifier… Pour autant, le sera-t-elle ?

Et qui s'est intéressé à cet autre tueur en série qui a sévi dans l'Yonne au début des années 1992 ? Alors que Fourniret et Muenstermann s'y croisaient, un autre passait dans leur ombre : Jorge Garcia Barbas, un chauffeur routier portugais, qui vivait en Seine-et-Marne. Il reconnaîtra avoir tué deux auto-stoppeurs et un VRP courant juillet 1992. Ce dernier sera tué dans la région de Fontainebleau, et l'un des deux auto-stoppeurs, un jeune homme d'origine australienne, près de Nemours, non loin du lieu où Fourniret agressa un représentant. On retrouvera son corps au bord de l'A6, à hauteur d'Avallon, ce qui vaudra à Barbas d'être jugé à Auxerre. Mais a-t-on seulement reconstitué tout son périple sanguinaire dans la région ? A-t-on recherché toutes ses victimes ? Rien n'est moins sûr !

Mais le diable n'a pas oublié pour autant la Saône-et-Loire. Lui aussi reprend la route vers le sud de la Bourgogne, fauche de nouvelles vies. À Mâcon, Carole, treize ans, revient de faire des courses ce samedi 18 novembre 1990. Elle n'arrivera jamais chez elle. Elle sera retrouvée le lendemain dans un bois à plus d'une dizaine de kilomètres de son domicile, tuée de quatre coups de couteau, étranglée, brûlée. Une scène de crime qui ressemble à s'y méprendre à celles laissées par Francis Heaulme. Les enquêteurs y penseront, mais les vérifications effectuées sont incomplètes. Son empreinte génétique sera vérifiée tardivement, elle ne correspond pas à celle retrouvée sur la victime, mais cela ne suffit pas à le disculper, ce peut être celle d'un complice. Connaissant Francis Heaulme, il est incompréhensible que son implication n'ait pas été réellement vérifiée. Mais en France, lorsque la série officielle de meurtres a été « décrétée », on ne revient pas dessus. On ne peut plus obtenir de nouvelles vérifications (y a-t-il eu des directives ?...) et on perd alors toute l'expérience de ceux qui connaissent l'homme.

Il en va de même pour Émile Louis. Dans le Sud où il s'est installé, il y a eu des morts et des disparitions inexpliquées, toujours dans son environnement. Aucune de ces affaires n'est examinée. Pourquoi ? Peut-être parce que ces dossiers ne sont pas confiés à des spécialistes de ces prédateurs. Il faudrait en effet créer une cellule d'enquête confiée à un juge et à des enquêteurs spécialisés. Ne plus laisser de telles enquêtes entre les mains de services capables d'affirmer à des parents qu'il n'y a pas de tueur en série en Saône-et-Loire, les modes opératoires ne se ressemblant pas. C'est ce que soutiendra l'un des responsables des services de police locaux. Pourtant, ces affaires figurent bien dans la liste des soixante répertoriées en France et qui pourraient correspondre au mode opératoire de Fourniret. Parmi elles, figurent certains des meurtres non résolus de Saône-et-Loire, comme celui de Christelle Bletry. Mais rien n'est fait, et Marie-Rose Bletry, sa mère, continue de crier son désespoir à ne plus en pouvoir. Et ces familles vivent une lente agonie...

Le 27 décembre 1996, Christelle rentrait d'une soirée avec des amis à Blanzy, la petite ville où elle habitait. Elle marchait tard dans la nuit le long de la route, un bout de nationale, puis une petite voie... Elle sera retrouvée le lendemain matin, gisant sur le bas-côté, criblée de cent vingt-trois coups de couteau. Qui est ce tueur fou ? Une chose est sûre, cet assassin est libre depuis plus de dix ans... On le laisse courir tranquille. Pourquoi personne ne fait rien ? Un fou criminel est libre parmi nous, et ni les politiques, ni les magistrats, ni aucune des autorités sollicitées ne réagissent. Pourquoi ? Pourquoi ne nous révoltons-nous pas ? Tant de pourquoi auxquels seuls quelques journalistes tentent de répondre de leur plume. Mais ils dérangent. Alors certains font tout pour masquer leurs insuffisances professionnelles, tout pour que rien ne leur soit demandé, qu'on les laisse en paix, et il existe un moyen efficace d'obtenir cette paix : livrer à d'autres journalistes bien choisis des informations erronées, allumer un contre-feu, quitte à discréditer les victimes.

On a mis en place des systèmes d'analyses et de rapprochements, pourtant, là encore, aucun lien n'est établi, pas même avec les autres dossiers non résolus dans lesquels la victime a succombé dans des conditions semblables. Alors, pour les affaires non résolues du Sud-Bourgogne, l'association Christelle, qui rassemble les mamans des victimes, a fait appel à des enquêteurs privés. Eux ont trouvé des dossiers qui mériteraient d'être rapprochés. Faudra-t-il que cette association résolve elle-même ces affaires ? Elle n'a cessé de solliciter la création d'une cellule d'enquête, qu'on lui a refusée au motif que les dossiers sont trop anciens, qu'il n'y a pas assez d'enquêteurs disponibles, invoquant même une guerre des polices…

Sur le dossier Christelle aussi, la justice a gravement dysfonctionné. À sa tête, un magistrat qu'on dit dépressif, qui ne demande aucune analyse des vêtements de la victime, aucune recherche ADN, incroyable ! Pire, les scellés sont conservés sans protection au milieu du fatras de la salle des scellés. Pourtant, ce magistrat défaillant ne sera probablement pas considéré plus coupable que ceux d'Auxerre. Il répond volontiers aux interviews télévisées et, parlant des victimes du Sud-Bourgogne, il les appelle

« ces gens » ! Celui qui lui a succédé tente désormais, avec courage et humanité, de rattraper les dégâts, avec l'aide d'un procureur qui fait, lui aussi, ce qu'il peut… Mais ces magistrats travaillent sans moyens et on ne leur dégage pas le temps nécessaire pour étudier ces dossiers non résolus. Pourtant, ils devraient s'y consacrer exclusivement et disposer d'enquêteurs qui ne travailleraient que sur ces affaires. Mais il n'y a qu'un seul enquêteur…

Les « gens », ce sont aussi les parents de Virginie, dix-sept ans. Nous sommes le 7 février 1997, moins d'un mois et demi après le meurtre de Christelle. Le corps de la jeune fille est retrouvé dans l'eau, un lieu accessible par une bretelle qui quitte l'autoroute. Elle a été défigurée, elle est bâillonnée et a les mains attachées dans le dos. Le dossier est confié au même magistrat dépressif… Même catastrophe.

Deux meurtres si rapprochés qu'on ne rapproche pas ! Le dossier est clos. Et aujourd'hui, ce tueur croise nos enfants. Pourtant, « ces gens » feraient mieux de se taire, comme la maman de Vanessa, dix-sept ans, disparue dans la nuit du 2 juin 1999 et dont le corps est retrouvé dans la Saône, non loin de Mâcon, dévêtu. Là encore, on apporte peu de soin au dossier. D'autres seront retrouvées ensuite dans le même périmètre… Et là non plus, aucun rapprochement ne sera effectué. Il est vrai que « ces gens » étaient de petites gens…

Et il y en a tant d'autres dans la région ! Les deux jeunes auto-stoppeuses belges disparues de Mâcon avaient pris la route vers Aix-les-Bains. La dernière fois qu'elles ont été aperçues, ce serait à Mâcon, sur la voie rejoignant l'autoroute. Il y a aussi la jeune inconnue dont le corps a été retrouvé dans un sac avec son bébé. La liste est trop longue, trop douloureuse… Tous ces meurtres se concentrent dans une toute petite zone, une zone qui draine le plus important trafic autoroutier, routier et ferré de France et d'Europe. Mais il n'y aurait rien à voir, rien à rapprocher, ce ne seraient pas les mêmes tueurs. Ceux qui nous disent qu'on ne peut créer de cellule d'enquête, arguant que ces crimes ne sont pas liés, sont en échec, incapables d'identifier les tueurs de ces jeunes filles. Comment peuvent-ils alors formuler de telles affirmations ? Dans l'Yonne, on nous avait dit : « Plus jamais ça ! » Et pourtant... C'est certain, dans la Saône-et-Loire, plusieurs tueurs en série, connus et inconnus, se sont côtoyés, ont emmêlé leurs pistes sanglantes. Nous l'aurons dit.

Cependant, sur place, pas de prédateurs des prédateurs, pas de chasseurs de criminels. Rien. Le champ est libre et des jeunes filles continuent de mourir ou disparaître, car l'espace est ouvert au crime. Et un prédateur sans prédateur n'a guère de limites. Il bénéficie du contexte local et de l'incapacité des institutions à traiter de telles affaires. C'est de cette manière que les institutions contribuent, à leur façon, à favoriser la carrière des tueurs en série. C'est précisément ce qui s'est passé dans la région auxerroise où un juge avouera : « On a refusé d'instruire, on a fermé le robinet, on ne voulait plus ouvrir d'affaires... »

Quant aux journalistes locaux qui devraient alerter, ils ne rendent pas compte de cet état de fait et donnent plus volontiers la parole à ceux qui veulent que ces mamans lâchent prise, quitte à les discréditer. Hormis France 3, ils ne traitent ces affaires qu'avec désintérêt et produisent le plus souvent des articles truffés d'inexactitudes. Est-ce parce que les personnalités locales ne souhaitent pas que leur ville ou leur région fasse la une des journaux de cette façon ? Il y a de nouvelles disparitions que l'on tait, de nouvelles morts que l'on classe en douce, et d'autres dossiers qui végètent. On nous reproche de créer la psychose en avertissant, via les médias nationaux, les jeunes femmes de la région que des prédateurs sont là, qui les guettent, et qu'elles doivent prendre des précautions. Là où d'autres pays mettraient en place des mesures de protection et alerteraient la population, en Sud-Bourgogne, on ne fait rien.

Et le drame est qu'il existe d'autres séries, d'autres triangles de la mort où les affaires non résolues s'accumulent. Tous se trouvent à proximité de grands axes de circulation, ces axes au bord desquels meurent des anges…

Restent des paroles que, professionnel de l'enquête ou de la justice, conducteur, piéton ou auto-stoppeur, l'on doit bien se garder d'oublier. Car frère Antoine, l'ombre sentinelle, sait la vérité, la seule, et comme il nous le rappelle dans sa grande sagesse : « On ne peut pas recommencer une vie… On ne le peut pas. »

Bibliographie

Ouvrages consultés

Frédérique Césaire, *L'Affaire Petiot*, Éditions De Vecchi, coll. « Grands Procès de l'Histoire », 1999 et 2006.

Christine Sagnier, *L'Affaire Landru*, Éditions De Vecchi, coll. « Grands Procès de l'Histoire », 2006.

Jacques Zimmer, *L'Affaire Roman*, J'ai lu, coll. « Crimes et enquêtes », 1994.

Gérard Chemla, Vincent Durtette et Joël Vaillant, *Chanal, la justice impossible*, Michalon, coll. « Enquête à charge », 2004.

Joseph Vacher, *Écrits d'un tueur de bergers*, Éditions À Rebours, 2006.

John Douglas et Marl Olshaker, *Agent spécial du FBI. Enquêtes sur les serial killers*, Éditions du Rocher, 1999.

John Douglas et Marl Olshaker, *Agent spécial du FBI. Prédateurs et Victimes*, Éditions du Rocher, 2005.

Nicolas Corato (sous la direction de), *Grands Criminels et Grands Bandits du XVe au XXe siècle*, Prat, 2005.

Éric Alary (sous la direction de), *Les Grandes Affaires criminelles en France*, Éditions Geste, 2007.

Alfonse Boudard, *Les Grands Criminels*, Le Pré aux Clercs, 1989.

Marie-Laure Susini, *L'Auteur du crime pervers*, Fayard, 2004.

Frédéric Vézard, *La France des tueurs en série*, Flammarion, 2002.

Michel Dubec et Chantal de Rudder, *Le Plaisir de tuer*, Le Seuil, 2007.

Gisèle Gache et Laurent Montet, *Les Disparus de Mourmelon*, Le Pré aux Clercs, 2004.

Sylvain Larue, *Les Grandes Affaires criminelles de Paris*, Éditions de Borée, 2007.

Stéphane Bourgoin, *Les serial killers sont parmi nous*, Albin Michel, 2003.

Lygia Négrier-Dormont, *Néo-contes de crimes, de l'imaginaire à la réalité*, Éditions E-dite, coll. « Criminales », 2002.

André Buffard, *Mort d'un présumé innocent : l'affaire Chanal ou comment se fabriquent des coupables*, Ramsay, 2005.

Jean-Pierre Vergès, *Les Tueurs en série, grands criminels, enquêtes, profils*, Hachette Pratique, coll. « Toutes les clés », 2007.

Michel Barroco, *Les Tueurs en série*, Le Cavalier Bleu, coll. « Idées reçues », 2006.

Omar Guendouz et Franck Spengler, *Guy Georges, contre-enquête sur « le tueur de l'est parisien »*, Mango, coll. « Documents », 2001.

Anne Gautier, *Hélène F., victime d'un tueur en série*, Éditions Méréal, coll. « Témoignages », 2000.

Autres sources

Nombreuses archives de presse et articles parus dans les quotidiens et hebdomadaires suivants : *France Soir*, *Le Figaro*, *Libération*, *Le Nouvel Observateur*, *Le Parisien*, *Le Point*, *VSD*, *Le Monde*, *Le Nouveau Détective*, *Charlie Hebdo*, *Elle*, *Marie-Claire*, *Closer*, *Paris Match*, *Historia*.

Ont également été visionnées de nombreuses émissions télévisées, telles que « Faites entrer l'accusé » et « Envoyé spécial » (France 2), « Secrets d'actualité » et « Zone interdite » (M6), « Le Vrai Journal » (Canal Plus) et d'autres émissions traitant de faits divers.

Divers sites Internet traitent de ces sujets avec plus ou moins d'exactitude, dont les sites http://www.tueursenserie.org, ou Wikipédia.

Enfin, des archives de l'INA, de la police, ainsi que certains journaux du XIXe siècle et du début du XXe siècle ont également été consultés.

Associations

Ces associations ont besoin d'aide et de soutien, elles se sont constituées autour de parents de victimes, afin de les épauler dans leur combat, car il ne faut pas s'y tromper : pour obtenir justice, il leur faut mener un véritable combat, solliciter les ministères, les médias, des experts, etc. Ce ne sont pas des associations nationales subventionnées par les pouvoirs publics, elles ont besoin de moyens. N'oublions pas que leurs actions peuvent nous protéger. Pensez à ces parents, car eux, c'est à nos enfants qu'ils pensent parce que leur seule terreur… c'est que cela recommence.

Christelle
Association d'aide aux familles victimes d'agressions criminelles
Président : Bernard Hommey
Mairie de Blanzy – 71450 Blanzy
E-mail : assoc.christelle@wanadoo.fr

N'oubliez pas Charazed
Mairie de Laragne-Montéglin
Avenue Arthur Audibert – 05300 Laragne-Montéglin
E-mail : oubliezpas@hotmail.fr

Association Angélique
Présidente : Isabelle Boquel
2, square Charles Garnier – 60200 Compiègne

Association de défense des handicapés de l'Yonne (ADHY)
Président : Pierre Monnoir
Boîte postale 42 – 89301 Joigny cedex

Remerciements

Je tiens à remercier mon éditrice, Véronique de Bure, pour sa compétence et son aide, sans lesquelles ce livre n'aurait jamais existé. De même, je tiens à remercier Véronique Bedin, pour tout ce qu'elle a fait pour ce livre.

Maître Didier Seban et Philippe Jeanne également pour leur aide.

Sonia Kanoun pour sa patience, son enthousiasme ainsi que pour ses recherches pendant la rédaction de cet ouvrage. Corinne Bichard, chez Ficelle, pour son soutien et son excellent café qui m'a inspiré plus d'une fois. Maître My Kim, Yang Paya et Jeanne Gautheron pour leur relecture, Maître Laure Jeannin et Caroline Navion pour leurs recherches.

Pour les documentations qu'ils ont bien voulu me confier, Cloé Triomphe, Jean-Marc Ducos, Frédéric Vézard, Graham Tearse, Pierre Monnoir, Jean-Pierre Vergès, Elsa Vigoureux, et Marc Weymuller pour m'avoir adressé la copie de son film sur frère Antoine, intitulé *Malgré la nuit*, diffusé sur France 3 Bourgogne.

Et plus généralement tous ceux sans lesquels ce projet n'aurait peut-être pas abouti, notamment certaines familles de victimes de ces prédateurs, qui m'ont encouragée.

Enfin, mes proches pour leur patience.

Table

Quatrième partie
Sexe et manipulation, la face cachée du serial killer

Cinquième partie
Complices indirects

Ce volume a été composé
par FACOMPO à Lisieux (Calvados)
et achevé d'imprimer en avril 2008
sur presse Cameron
dans les ateliers de ***BUSSIÈRE***
à Saint-Amand-Montrond (Cher)
pour le compte des Éditions Stock
31, rue de Fleurus, 75006 Paris

Imprimé en France

Dépôt légal : avril 2008.
N° d'édition : 02. – N° d'impression : 081441/4.
54-07-6141/3